U0689671

中华经典名著

全本全注全译丛书

陈曦　周旻　等◎注
陈曦　王珏　王晓东　周旻◎译
韩兆琦◎审阅

史　记　四

表书

中華書局

史记卷十九

惠景间侯者年表第七

【释名】

本表接续《高祖功臣侯者年表》，谱列了惠帝元年（前194）以来，中经高后、文帝，到景帝末年（前141）共五十四年间所封之侯的历史，包括受封原委、传承情况、撤销缘由等。本表形式上与《高祖功臣侯者年表》一致，只是没有"侯第"栏，武帝朝不再放在一栏里，而是以太初为界分两栏。所封之侯依司马迁表序所说，分为五类：一、高祖时应封而遗漏的功臣；二、随文帝一同进京有功的原代国属臣；三、平定吴楚之乱的功臣；四、已封诸侯王的子弟及皇室姻亲即外戚；五、归附于汉朝的周边民族首领。

表题之所以不再提"功臣"，是因为从上面被封为侯的五类人来看，已不全是功臣。本表所列共九十三人，以功封及功荫者只有四十五人，多数不以功封。

太史公读列封至便侯[①]，曰：有以也夫！长沙王者[②]，著令甲[③]，称其忠焉。昔高祖定天下，功臣非同姓疆土而王者八国[④]。至孝惠时，唯独长沙全[⑤]，禅五世，以无嗣绝[⑥]，竟无过，为藩守职，信矣。故其泽流枝庶，毋功而侯者数人[⑦]。及孝惠讫孝景间五十载[8]，追修高祖时遗功臣[9]，及从代来[10]，吴楚之劳[11]，诸侯子弟若肺腑[12]，外国归义[13]，封者九十有余[14]。咸表始终，当世仁义成功之著者也[15]。

【注释】

①列封：指列侯受封的档案资料。便（biàn）侯：此指吴浅，长沙王吴芮之子。其于惠帝元年（前194）九月被封侯，封国一直传国到武帝元鼎五年（前112），共八十二年，在受封诸人中是传国最久的。

②长沙王：此指吴芮，初为秦朝鄱阳令，号"鄱君"（即"番君"）。秦末，率百越起兵，并派部将领兵从刘邦入关。后项羽为西楚霸王，立他为衡山王，都邾（今湖北黄冈）。楚汉战争中，吴芮一直臣属于刘邦，汉朝建立，于高祖五年（前202）改封为长沙王。同年卒，谥文。

③著令甲：封吴芮为诸侯王的诏令编在律令的第一篇。令甲，法令的第一篇。如淳曰："令有先后，故有令甲、令乙、令丙。"颜师古注："甲、乙者，若今之第一、第二篇耳。"《集解》引邓展曰："汉约，非刘氏不王，如芮王，故著令使特王。或曰以芮至忠，故著令也。"臣瓒曰："汉以芮忠，故特王之。以非制，故特著令。"

④疆土：划分疆界。疆，划定界限。王者八国：指赵王张耳、楚王韩信、淮南王黥布、梁王彭越、燕王臧荼、长沙王吴芮、韩王信、燕王卢绾。

⑤至孝惠时，唯独长沙全：上述八家异姓诸侯王至惠帝继位时除长沙王吴芮外，其他人多因受刘邦猜忌，或被杀，或逃亡，封国转给了刘姓宗亲。当时吴芮已死，长沙王是吴芮之子吴臣。

⑥禅五世，以无嗣绝：从刘邦封吴芮为长沙王后，共传文王吴芮、成王吴臣、哀王吴回、恭王吴右、靖王吴著五代，至文帝后元七年

（前157）吴著死，无后国除，可谓善始善终。禅，传位。

⑦毋功而侯者数人：如吕后元年（前187）封成王吴臣之子吴阳为沅陵侯，景帝元年（前156）封文王吴芮的少子吴浅为便侯。

⑧孝惠讫孝景间五十载：自惠帝元年（前194）至景帝后元三年（前141），其间相隔五十三年。

⑨追修高祖时遗功臣：追封高祖时应封而遗漏的功臣。

⑩从代来：随文帝一同进京的原代国属臣。

⑪吴楚之劳：平定吴、楚七国之乱的功臣。

⑫诸侯子弟：已封诸侯王的子弟。若：和，及。肺腑：犹言“骨肉”，这里指因与皇家有亲密关系而获封侯者。如张敖与鲁元公主之子信都侯张侈、吕后之侄祝兹侯吕荣等。

⑬外国归义：指归附于汉朝的周边少数民族首领。

⑭封者九十有余：本表所列共九十三人。

⑮当世仁义成功之著者也：当代有仁有义、获得成功的突出人物。一说意谓诸侯传国有长有短，只有那些谨守仁义之道的才能成功地传世久远，这是最明显的，可以供人们借鉴。凌稚隆引董份曰：“太史公独以长沙起论，即贾生所谓‘欲诸王之忠附，则莫若令如长沙’，反复论叙，以见其国小而得完。见疆土之不可盛，而侯王之不可不忠也。”按，此表“太初以后”格，恐非司马迁原有。

【译文】

太史公阅读列侯的档案，读到便侯吴浅的时候，说道：长沙王吴芮长期保全封国，这是有原因的啊！长沙王吴芮封为诸侯王的诏令编在诏令的第一篇，汉朝皇帝称赞他是忠臣。当初高祖平定天下时，非刘姓而得以裂土封王的功臣一共有八个。到了惠帝时期，只剩下长沙王还能保全封国，长沙王传承了五代，由于没有后嗣继承封国才被撤销，从始至终没有任何过错，作为谨守藩屏之道的臣子而尽心尽职，情形真的就是这样。所以他家的福泽能够延及庶出旁系，好几人都是没有任何功劳就被封侯。从惠帝到景帝的五十年间，被封为列侯的共有五种人：第一种是高祖时的功臣而当时未能封为列侯现在追封的，第二种是跟随文帝入承大统有功的原代国属臣，第三种是平定吴楚七国之乱的功臣，第四种是现有诸侯王子弟和与皇室关系紧密的姻亲，第五种是率部归降汉朝的周边民族首领，总共有九十余人。现在我把他们的始末根由表列出来，这都是当代有仁有义、获得成功的突出人物。

国名	便[1]
侯功	长沙王子[2]，侯，二千户。吴浅是长沙王吴芮的小儿子，封侯，享有食邑二千户。
孝惠七	**七**[3] 元年九月[4]，顷侯吴浅元年。吴浅在惠帝朝为侯共七年。惠帝元年九月，吴浅被封为便侯，“顷”为其谥号，该年是其元年。
高后八	**八**[5] 吴浅在吕后执政期间继续为侯，共八年。
孝文二十三	**二十二**[6] 吴浅在文帝朝为侯共二十二年。 **一**[7] 后七年，恭侯信元年[8]。吴信在文帝朝为侯共一年。文帝后元七年，吴浅的儿子吴信袭侯，“恭”为其谥号，该年是其元年。
孝景十六	**五**[9] 吴信在景帝朝为侯共五年。 **十一**[10] 前六年，侯广志元年[11]。吴广志在景帝朝为侯十一年。景帝前元六年，吴信的儿子吴广志袭侯，该年是其元年。
建元至元封六年三十六	**二十八**[12] 元鼎五年，侯千秋坐酎金，国除[13]。吴广志与吴千秋在武帝朝为侯共二十八年。武帝元鼎五年，吴广志的儿子吴千秋因献给朝廷供祭祀之用的贡金不合格，被废，封地被取消。
太初已后	

轪[1]
长沙相[2],侯,七百户。利仓是长沙王吴臣的丞相,封侯,享有食邑七百户。
六 二年四月庚子[3],侯利仓元年[4]。利仓在惠帝朝为侯共六年。惠帝二年四月庚子,利仓被封为轪侯,该年是其元年。
二 利仓在吕后执政期间为侯共两年。 **六** 三年,侯豨元年[5]。利豨在吕后执政期间为侯共六年。吕后三年,利仓的儿子利豨袭侯,该年是其元年。
十五 利豨在文帝朝为侯共十五年。 **八** 十六年,侯彭祖元年[6]。利彭祖在文帝朝为侯共八年。 文帝十六年,利豨的儿子利彭祖袭侯,该年是其元年。
十六 利彭祖在景帝朝继续为侯,共十六年。
三十 元封元年,侯秩为东海太守[7],行过不请[8],擅发卒兵为卫,当斩,会赦,国除[9]。利秩在武帝朝为侯共三十年。武帝元封元年,轪侯利秩担任东海太守,路过长安时不入朝拜见,擅自调动军队士卒充当其卫士,被判死罪,正值大赦没被处死,封地被取消。

【注释】

便

①便:侯国名。在今湖南郴州永兴。惠帝元年(前194)始封吴浅,传三侯,元鼎五年(前112),侯吴千秋因酎金不合格,封国撤销。

②长沙王子:吴浅是长沙王吴芮之子。

③七:吴浅在惠帝时期为侯七年。按,此处数字为该侯在惠帝在位期间为侯年数。

④九月:《汉书》"九月"下有"癸卯"二字。九月癸卯,九月初二。

⑤八:吴浅在吕后执政期间一直为侯,共八年。此处数字指该侯在吕后执政期间为侯年数。

⑥二十二:吴浅在文帝时期为侯二十二年。此处数字指该侯在文帝在位期间为侯年数。

⑦一:吴信在文帝时期为侯一年。此处数字指该侯在文帝在位期间为侯年数。

⑧后七年,恭侯信元年:吴浅卒于文帝后元六年(前158),后元七年(前157),其子吴信袭位为侯。

⑨五:吴信在景帝时期为侯五年。此处数字指该侯在景帝在位期间为侯年数。

⑩十一:吴广志在景帝时期为侯十一年。此处数字指该侯在景帝在位期间为侯年数。

⑪前六年,侯广志元年:吴信卒于景帝五年(前152),六年(前151),其子吴广志袭位为侯。侯广志,吴信之子吴广志。谥号不详。

⑫二十八:吴广志与其子吴千秋在武帝时期共为侯二十八年。此处数字指该侯在武帝在位期间为侯年数。《史记》《汉书》均未记吴广志之卒与吴千秋嗣位之年,这里只能笼统记载二人在武帝时期为侯的总年数。

⑬侯千秋坐酎金,国除:此年是武帝用酎金不合格的罪名废掉诸侯

最多的一次，吴千秋也在此次被废，便侯封国被撤销。

轪（dài）

①轪：侯国名。在今河南信阳光山县西北临息县界。惠帝二年（前193）始封利仓。传三侯。元封元年（前110），侯利秩有罪，封国撤销。

②长沙相：利仓因是长沙国相而封侯。1973年于马王堆二号汉墓中出有“长沙丞相”“轪侯之印”“利仓”三印。

③四月庚子：四月初三。

④利仓：《汉书》作“朱仓”“黎朱仓”，据马王堆二号汉墓中印章可证皆误。

⑤三年，侯豨元年：利仓卒于高后二年（前186），三年（前185）其子利豨袭位为侯。

⑥十六年，侯彭祖元年：利豨卒于文帝十五年（前165），文帝十六年（前164），其子利彭祖袭位为侯。

⑦侯秩：利彭祖之子利秩。利彭祖为侯二十四年，在景帝后元三年（前141）去世。其子利秩于武帝建元元年（前140）袭位为侯。东海：汉郡名。治郯县（今山东临沂郯城北）。

⑧行过不请：路过长安时不入朝拜见。

⑨会赦，国除：遇到大赦，免除死罪，但封国被撤销。

国名	平都[1]	
侯功	以齐将,高祖三年降,定齐[2],侯,千户。刘到为齐王田广的将领,在高祖三年降汉,跟随韩信平定齐地,封侯,享有食邑一千户。	
孝惠七	**三** 五年六月乙亥[3],孝侯刘到元年。刘到在惠帝朝为侯共三年。惠帝五年六月乙亥,刘到被封为平都侯,"孝"为其谥号,该年是其元年。	
高后八	**八** 刘到在吕后执政期间继续为侯,共八年。	右孝惠时三 以上是惠帝时期三位被封侯者的年表。
孝文二十三	**二** 刘到在文帝朝为侯共两年。 **二十一** 三年,侯成元年[4]。刘成在文帝朝为侯共二十一年。文帝三年,刘到的儿子刘成袭侯,该年是其元年。	
孝景十六	**十四** 后二年,侯成有罪,国除。刘成在景帝朝为侯共十四年。景帝后元二年,平都侯刘成犯罪,封地被取消。	
建元至元封六年三十六		
太初已后		

扶柳[1]
高后姊长姁子[2],侯。吕平是吕后的大姐吕长姁的儿子,封侯。
七　元年四月庚寅[3],侯吕平元年[4]。八年,侯平坐吕氏事诛[5],国除。吕平在吕后执政期间为侯共七年。吕后元年四月庚寅,吕平被封为扶柳侯,该年是其元年。吕后八年,扶柳侯吕平在吕后死后大臣诛杀诸吕的事变中被杀,封地被取消。

国名	郊[1]
侯功	吕后兄悼武王身佐高祖定天下[2]，吕氏佐高祖治天下，天下大安，封武王少子产为郊侯[3]。吕后的长兄悼武王吕泽亲身辅佐高祖刘邦平定天下，吕氏一家辅佐刘邦治理天下，使天下大安，封吕泽的小儿子吕产为郊侯。
孝惠七	
高后八	**五** 元年四月辛卯[4]，侯吕产元年。六年七月壬辰[5]，产为吕王，国除。八年九月[6]，产以吕王为汉相[7]，谋为不善[8]。大臣诛产，遂灭诸吕[9]。吕产在吕后间为侯共五年。吕后元年四月辛卯，吕产被封为郊侯，该年是其元年。吕后六年七月壬辰，封吕产为吕王，郊侯的封地被取消。八年九月，吕产以吕王的身份担任汉朝相国，谋为不轨之事。大臣诛杀吕产，于是灭了吕氏家族。
孝文二十三	
孝景十六	
建元至元封六年三十六	
太初已后	

南宫[①]
以父越人为高祖骑将[②],从军[③],以大中大夫侯[④]。张买凭借父亲张越人作为高祖刘邦的骑将,参军征战的功劳,以大中大夫的身份封侯。
七　元年四月丙寅[⑤],侯张买元年。八年,侯买坐吕氏事诛[⑥],国除。张买在吕后执政期间为侯共七年。吕后元年四月丙寅,张买被封为南宫侯,该年是其元年。吕后八年,南宫侯张买在吕后死后大臣诛杀诸吕的事变中被杀,封地被取消。

【注释】

平都

①平都：侯国名。《索隐》说为东海郡属县，《汉书·地理志》东海郡有都平侯国（其地未详）而无平都，字或误倒；王先谦《汉书补注》说为上郡平都县，在今陕西延安子长境。惠帝五年（前190）始封刘到。传一侯。景帝后元二年（前142）侯刘成有罪，封国撤销。

②“以齐将”几句：刘到本是齐王田广的将领，高祖三年（前204）在韩信攻齐时投降，并随韩信平定齐国。

③六月乙亥：六月二十六。

④三年，侯成元年：刘到卒于文帝二年（前178），文帝三年（前177），其子刘成袭位为侯。

扶柳

①扶柳：侯国名。《索隐》说为信都扶柳县，治今河北衡水冀州西北；《水经注·胶水》说为琅邪郡“扶县”，扶县即“郝县”，治今山东青岛胶州西南。高后元年（前187）始封吕平。高后八年（前180），吕平在诛诸吕中被杀，封国撤销。

②高后姊长姁（xū）子：吕平因是吕后大姐吕长姁的儿子而封侯。

③四月庚寅：四月二十七。

④侯吕平：颜师古曰：“平既吕氏所生，不当姓吕，史家唯记母族也。”

⑤坐吕氏事诛：吕平因是吕氏宗族，在刘氏宗亲与大臣联手诛杀诸吕时被杀。

郊

①郊：侯国名。在今安徽蚌埠固镇东濠城。《齐鲁封泥集存》有“郊侯邑丞”封泥。高后元年（前187）始封吕产。高后六年（前

182）吕产被封为吕王，郊侯封国撤销。

②吕后兄悼武王：指吕后的长兄吕泽，高祖八年（前199），谥“悼武”。

③封武王少子产为郊侯：吕产是吕泽的小儿子，因吕泽的功劳而被封侯。

④四月辛卯：四月二十八。

⑤六年七月壬辰：高后六年（前182）七月三十。

⑥八年：高后八年。前180年。

⑦产以吕王为汉相：吕产在高后七年已改封为梁王，吕后去世时遗诏拜其为相国。

⑧谋为不善：指吕禄、吕产等图谋篡位。

⑨大臣诛产，遂灭诸吕：吕产为当时吕氏家族最有权威的人物，并掌管南军。在刘氏与功臣发动的政变中刘章杀死吕产，太尉周勃遂派人分头将吕氏族人全部捕杀。

南宫

①南宫：侯国名。其地未详。《索隐》说“属信都”，在今河北邢台南宫西北。高后元年（前187）始封张买。高后八年（前180），张买在诛诸吕中被杀，封国撤销。

②骑将：泛指骑兵将领。亦称骑郎将、郎中骑将。

③从军：此指张买跟随其父加入汉军。

④大中大夫：即太中大夫。郎中令属官。掌议论，无定员。虽为顾问一类散职，但汉世多以宠臣贵戚和功臣充任，与皇帝关系亲近，为机密之职。

⑤元年四月丙寅：高后元年四月初三。

⑥侯买坐吕氏事诛：张买因依附诸吕被杀。

国名	梧[①]
侯功	以军匠从起郏[②],入汉,后为少府[③],作长乐、未央宫,筑长安城,先就,功侯,五百户。阳成延以军匠的身份在郏县跟随刘邦起兵,进入汉国,后来担任少府,建造长乐宫、未央宫,筑造长安城,提前完工,立功封侯,享有食邑五百户。
孝惠七	
高后八	**六** 元年四月乙酉[④],齐侯阳成延元年[⑤]。阳成延在吕后执政期间为侯共六年。吕后元年四月乙酉,阳成延被封为梧侯,"齐"为其谥号,该年是其元年。 **二** 七年,敬侯去疾元年[⑥]。阳成去疾在吕后执政期间为侯共两年。吕后七年,阳成延的儿子阳成去疾袭侯,"敬"为其谥号,该年是其元年。
孝文二十三	**二十三** 阳成去疾在文帝朝继续为侯,共二十三年。
孝景十六	**九** 阳成去疾在景帝朝为侯共九年。 **七** 中三年,靖侯偃元年[⑦]。阳成偃在景帝朝为侯共七年。景帝中元三年,阳成去疾的儿子阳成偃袭侯,"靖"为其谥号,该年是其元年。
建元至元封六年三十六	**八** 阳成偃在武帝朝为侯共八年。 **十四** 元光三年,侯戎奴元年[⑧]。元狩五年,侯戎奴坐谋杀季父弃市,国除。阳成戎奴在武帝朝为侯共十四年。武帝元光三年,阳成偃的儿子阳成戎奴袭侯,该年是其元年。武帝元狩五年,梧侯阳成戎奴犯了谋杀叔父的罪而被杀,封地被取消。
太初已后	

平定[1]
以卒从高祖起留[2]，以家车吏入汉[3]，以枭骑都尉击项籍[4]，得楼烦将功[5]，用齐丞相侯。一云项涓[6]。齐受以士卒的身份在留县跟随高祖刘邦起兵，后以家车吏的身份进入汉国，后来担任枭骑都尉攻打项羽，俘获项羽的一员楼烦将而立功，又以齐国丞相的身份封侯。另一种说法是他俘获了项羽的部将项涓。
八　元年四月乙酉，敬侯齐受元年。齐受在吕后执政期间为侯共八年。吕后元年四月乙酉，齐受被封为平定侯，“敬”为其谥号，该年是其元年。
一　齐受在文帝朝为侯共一年。 **四**　二年，齐侯市人元年[7]。齐市人在文帝朝为侯共四年。文帝二年，齐受的儿子齐市人袭侯，“齐”为其谥号，该年是其元年。 **十八**　六年，恭侯应元年[8]。齐应在文帝朝为侯共十八年。文帝六年，齐市人的儿子齐应袭侯，“恭”为其谥号，该年是其元年。
十六　齐应在景帝朝继续为侯，共十六年。
七　齐应在武帝朝为侯共七年。 **十八**　元光二年，康侯延居元年[9]。齐延居在武帝朝为侯共十八年。武帝元光二年，齐应的儿子齐延居袭侯，“康”为其谥号，该年是其元年。 **二**　元鼎二年，侯昌元年[10]。元鼎四年，侯昌有罪，国除。齐昌在武帝朝为侯共两年。武帝元鼎二年，齐延居的儿子齐昌袭侯，该年是其元年。武帝元鼎四年，齐昌犯罪，封地被取消。

【注释】

梧

①梧:侯国名。在今安徽宿州萧县南。高后元年(前187)始封阳成延。传三侯。元狩五年(前118),侯阳成戎奴有罪被杀,封国撤销。

②军匠:疑为官名。即军中主工匠之官。或疑指军中工匠。郏:古县名。故治在今河南平顶山郏县。

③少府:官名。掌管山海池泽收入和皇室手工业制造,为皇帝的私府长官。位列九卿。又,陈直《汉书新证》认为少府为将作少府简称,即将作大匠之初名。

④元年四月乙酉:高后元年四月二十二。

⑤阳成延:复姓阳成,名延。

⑥七年,敬侯去疾元年:阳成延卒于高后六年(前182),高后七年(前181),其子阳成去疾袭位为侯。

⑦中三年,靖侯偃元年:阳成去疾卒于景帝中元二年(前148),中元三年(前147),其子阳成偃袭位为侯。

⑧元光三年,侯戎奴元年:阳成偃卒于武帝元光二年(前133),元光三年(前132),其子阳成戎奴袭位为侯。

平定

①平定:侯国名。其地未详。王先谦《汉书补注》说为西河郡平定县,治今陕西榆林府谷西北。高后元年(前187)始封齐受。传四侯。元鼎四年(前113),侯齐昌有罪,封国撤销。

②留:古县名。在今江苏徐州沛县东南。秦二世二年(前208),刘邦曾在留与秦军作战。

③家车吏:官名。诸侯家中之属吏,主管车马。

④枭骑都尉:官名。以所率为骑兵,故称枭骑都尉。

⑤楼烦将：古代楼烦人擅长骑射，楚汉之际，多将善于骑射者单独编制为一军，以楼烦命名，其将领即楼烦将。

⑥一云项涓：意谓另一种说法是俘获的是项涓。

⑦二年，齐侯市人元年：齐受卒于文帝元年（前179），文帝二年（前178），其子齐市人袭位为侯。齐侯市人，按，此侯姓齐，以自家姓氏为谥号，似有误。

⑧六年，恭侯应元年：齐市人卒于文帝五年（前175），文帝六年（前174），其子齐应袭位为侯。

⑨元光二年，康侯延居元年：齐应卒于武帝元光元年（前134），元光二年（前133），其子齐延居袭位为侯。

⑩元鼎二年，侯昌元年：齐延居卒于武帝元鼎元年（前116），元鼎二年（前115），其子齐昌袭位为侯。

国名	博成[1]
侯功	以悼武王郎中[2],兵初起,从高祖起丰,攻雍丘[3],击项籍,力战,奉卫悼武王出荥阳,功侯。反秦义军刚开始兴起时,冯无择作为悼武王吕泽的郎中在丰县跟随高祖刘邦起兵,进攻雍丘,攻打项羽,拼力作战,曾侍奉、保卫吕泽逃出荥阳,立功封侯。
孝惠七	
高后八	**三** 元年四月乙酉,敬侯冯无择元年。冯无择在吕后执政期间为侯共三年。吕后元年四月乙酉,冯无择被封为博成侯,“敬”为其谥号,该年是其元年。 **四** 四年,侯代元年[4]。八年,侯代坐吕氏事诛[5],国除。冯代在吕后执政期间为侯共四年。吕后四年,冯无择的儿子冯代袭侯,该年是其元年。吕后八年,博成侯冯代在吕后死后大臣诛杀诸吕的事变中被杀,封地被取消。
孝文二十三	
孝景十六	
建元至元封六年三十六	
太初已后	

沛[1]
吕后兄康侯少子[2],侯,奉吕宣王寝园[3]。吕种是吕后次兄吕释之的小儿子,负责供奉吕后父亲的陵墓。
七 元年四月乙酉,侯吕种元年。吕种在吕后执政期间为侯共七年(应为六年)。吕后元年四月乙酉,吕种被封为沛侯,该年是其元年。 **一** 为不其侯[4]。八年,侯种坐吕氏事诛,国除。吕种在吕后执政期间改封为不其侯,共一年。吕后八年,吕种在吕后死后大臣诛杀诸吕的事变中被杀,封地被取消。

国名	襄成[1]
侯功	孝惠子，侯。刘义因是孝惠帝的儿子而被封侯。
孝惠七	
高后八	一　元年四月辛卯[2]，侯义元年。二年，侯义为常山王[3]，国除。刘义在吕后执政期间为侯共一年。吕后元年四月辛卯，刘义被封为襄成侯，该年是其元年。吕后二年，改封襄成侯刘义为常山王，襄成侯的封地被取消。
孝文二十三	
孝景十六	
建元至元封六年三十六	
太初已后	

轵[1]
孝惠子，侯。刘朝因是孝惠帝的儿子而被封侯。
三　元年四月辛卯，侯朝元年。四年，侯朝为常山王，国除。刘朝在吕后执政期间为侯共三年。吕后元年四月辛卯，刘朝被封为轵侯，该年是其元年。吕后四年，改封轵侯刘朝为常山王，轵侯的封地被取消。

国名	壶关[1]
侯功	孝惠子,侯。刘武因是孝惠帝的儿子而被封侯。
孝惠七	
高后八	**四** 元年四月辛卯,侯武元年。五年,侯武为淮阳王[2],国除。刘武在吕后执政期间为侯共四年。吕后元年四月辛卯,刘武被封为壶关侯,该年是其元年。吕后五年,改封壶关侯刘武为淮阳王,壶关侯的封地被取消。
孝文二十三	
孝景十六	
建元至元封六年三十六	
太初已后	

沅陵[1]
长沙嗣成王子[2],侯。吴阳因是长沙王吴臣的儿子而被封侯。
八 元年十一月壬申[3],顷侯吴阳元年。吴阳在吕后执政期间为侯共八年。吕后元年十一月壬申,吴阳被封为沅陵侯,“顷”为其谥号,该年是其元年。
十七 吴阳在文帝朝为侯共十七年。 **六** 后二年,顷侯福元年[4]。吴福在文帝朝为侯共六年。文帝后元二年,吴阳的儿子吴福袭侯,“顷”为其谥号,该年是其元年。
十一 吴福在景帝朝为侯共十一年。 **四** 中五年,哀侯周元年[5]。后三年,侯周薨,无后,国除。吴周在景帝朝为侯共四年。景帝中元五年,吴福的儿子吴周袭侯,“哀”为其谥号,该年是其元年。后元三年,沅陵侯吴周去世,没有后嗣,封地被取消。

【注释】

博成

①博成:侯国名。在今山东泰安东南。高后元年(前187)始封冯无择。传侯于子冯代。高后八年(前180),侯冯代在诛诸吕中被杀,封国撤销。

②悼武王:吕后长兄吕泽。郎中:侍从侍卫。

③攻雍丘:刘邦与项羽率军在雍丘与秦军交战,斩杀了三川郡守李由。雍丘,古县名。故治在今河南开封杞县。

④四年,侯代元年:冯无择卒于高后三年(前185),高后四年(前184),其子冯代袭位为侯。

⑤侯代坐吕氏事诛:冯代因是吕氏党羽被杀。

沛

①沛:侯国名。在今江苏徐州沛县。高后元年(前187)始封吕种。高后七年(前181)改封不其侯,封国撤销。

②吕后兄康侯:吕后次兄吕释之。

③吕宣王:吕后之父吕公。汉元年(前206)封临泗侯。在位四年卒。高后元年(前187)追尊为吕宣王。“宣”为其谥号。寝园:陵园。

④为不其侯:高后七年(前181)吕种改封不其侯。不其,汉县名。故治在今山东青岛崂山西北。因山而名。

襄成

①襄成:一作“襄城”。治今河南许昌襄城。高后元年(前187)始封刘义。高后二年(前186)改封常山王,封国撤销。

②四月辛卯:四月二十八。

③常山:诸侯王国名。都元氏,今河北石家庄元氏西北。

轵

①轵:侯国名。在今河南济源东南。高后元年(前187)始封刘朝。高后四年(前184)改封常山王,封国撤销。

壶关

①壶关:侯国名。在今山西长治北。高后元年(前187)始封刘武。高后五年(前183)改封淮阳王,封国撤销。

②淮阳:诸侯王国名。都陈县,今河南周口淮阳。

沅陵

①沅陵:侯国名。在今湖南怀化沅陵南。高后元年(前187)始封吴阳。传二侯。景帝后元三年(前141),侯吴周去世,无后,封国撤销。

②长沙嗣成王:指长沙王吴臣。高祖六年(前201)继承其父吴芮之位为长沙王。“成”为其谥号。

③元年十一月壬申:高后元年十一月无壬申。梁玉绳认为当依《汉书》作“七月丙申”。此年的七月丙申为七月初五。

④后二年,顷侯福元年:吴阳卒于文帝后元元年(前163),后元二年(前162),其子吴福袭位为侯。顷侯福,吴福与其父的谥号都为“顷”,梁玉绳引《史诠》,认为其中必有一误,疑吴福谥号为“顺”。《史记斠证》则曰:“父子同谥,古人不拘。”

⑤中五年,哀侯周元年:吴福卒于景帝中元四年(前146),中元五年(前145),其子吴周袭位为侯。

国名	上邳[1]
侯功	楚元王子[2]，侯。刘郢客因是楚元王刘交的儿子而被封侯。
孝惠七	
高后八	**七** 二年五月丙申[3]，侯刘郢客元年。刘郢客在吕后执政期间为侯共七年。吕后二年五月丙申，刘郢客被封为上邳侯，该年是其元年。
孝文二十三	**一** 二年，侯郢客为楚王，国除。刘郢客在文帝朝为侯共一年。文帝二年，刘郢客继承了他父亲的王位成为楚王，上邳侯的封地被取消。
孝景十六	
建元至元封六年三十六	
太初已后	

朱虚[1]
齐悼惠王子[2],侯。刘章因是齐悼惠王刘肥的儿子而被封侯。
七　二年五月丙申,侯刘章元年。刘章在吕后执政期间为侯共七年。吕后二年五月丙申,刘章被封为朱虚侯,该年是其元年。
一　二年,侯章为城阳王[3],国除。刘章在文帝朝为侯共一年。文帝二年,改封朱虚侯刘章为城阳王,朱虚侯的封地被取消。

国名	昌平[1]
侯功	孝惠子，侯。刘太因是孝惠帝的儿子而被封侯。
孝惠七	
高后八	三　四年二月癸未[2]，侯太元年。七年，太为吕王，国除。刘太在吕后执政期间为侯共三年。吕后四年二月癸未，刘太被封为昌平侯，该年是其元年。七年，改封刘太为吕王，昌平侯的封地被取消。
孝文二十三	
孝景十六	
建元至元封六年三十六	
太初已后	

赘其[①]
吕后昆弟子,用淮阳丞相侯[②]。吕胜是吕后兄弟的儿子,以淮阳王刘强丞相的身份而被封侯。
四 四年四月丙申[③],侯吕胜元年。八年,侯胜坐吕氏事诛,国除。吕胜在吕后执政期间为侯共四年。吕后四年四月丙申,吕胜被封为赘其侯,该年是其元年。八年,赘其侯吕胜在吕后死后大臣诛杀诸吕的事变中被杀,封地被取消。

【注释】

上邳

①上邳：侯国名。在今山东枣庄滕州南。高后二年（前186）始封刘郢客。文帝二年（前178）改封楚王，封国撤销。

②楚元王：刘交，高祖刘邦异母弟。好读书，多材艺。秦末从高祖起兵，入关后封文信君。高祖六年（前201）立为楚王。在位二十三年卒，谥“元”。

③二年五月丙申：高后二年五月初九。

朱虚

①朱虚：侯国名。在今山东潍坊临朐东南。高后二年（前186）始封刘章。文帝二年（前178）改封城阳王，封国撤销。

②齐悼惠王：刘肥，刘邦长庶子。高祖六年（前201）封齐王。在位十三年卒，谥“悼惠”。

③侯章为城阳王：在大臣诛诸吕事件中，刘章立有大功。文帝继位后，封其为城阳王。城阳，诸侯王国名。都治莒县，今山东日照莒县。

昌平

①昌平：侯国名。此表与《汉书·外戚恩泽侯表》作“昌平”，《吕太后本纪》《汉书·异姓诸侯王表》作“平昌”。孰是孰非，说法不一。《索隐》说为上谷郡昌平县，治今北京昌平东南；《史记志疑》疑为平原郡平昌侯国，治今山东临沂东北；《史记地名考》说在琅邪郡平昌，治今山东潍坊诸城西北。高后四年（前184）始封刘太。七年（前181）改封吕王，封国撤销。

②四年二月癸未：高后四年二月初七。

赘其

①赘其:侯国名。在今江苏淮安盱眙西。高后四年(前184)始封吕胜。高后八年(前180),吕胜在诛诸吕中被杀,封国撤销。

②淮阳丞相:淮阳国丞相。当时的淮阳王是惠帝子刘强。

③四年四月丙申:高后四年四月二十一。

国名	中邑[1]
侯功	以执矛从高祖入汉[2],以中尉破曹咎[3],用吕相侯[4],六百户。朱通以执矛的身份跟随高祖刘邦进入汉国,后担任中尉打败项羽的部将曹咎,以吕王吕台丞相的身份而被封侯,享有食邑六百户。
孝惠七	
高后八	**五** 四年四月丙申,贞侯朱通元年[5]。朱通在吕后执政期间为侯共五年。吕后四年四月丙申,朱通被封为中邑侯,“贞”为其谥号,该年是其元年。
孝文二十三	**十七** 朱通在文帝朝为侯共十七年。 **六** 后二年,侯悼元年[6]。朱悼在文帝朝为侯共六年。文帝后元二年,朱通的儿子朱悼袭侯,该年是其元年。
孝景十六	**十五** 后三年,侯悼有罪,国除。朱悼在景帝朝为侯共十五年。景帝后元三年,中邑侯朱悼犯罪,封地被取消。
建元至元封六年三十六	
太初已后	

乐平[1]
以队卒从高祖起沛[2]，属皇䜣[3]，以郎击陈馀[4]，用卫尉侯[5]，六百户。卫无择以队卒（亦称队率）的身份跟随刘邦在沛县起兵，曾为皇䜣的部将，又以郎的身份攻打陈馀，后以卫尉的身份被封侯，享有食邑六百户。
二　四年四月丙申，简侯卫无择元年。卫无择在吕后执政期间为侯共两年。吕后四年四月丙申，卫无择被封为乐平侯，“简”为其谥号，该年是其元年。 三　六年[6]，恭侯胜元年。卫胜在吕后执政期间为侯共三年。吕后六年，卫无择的儿子卫胜袭侯，“恭”为其谥号，该年是其元年。
二十三　卫胜在文帝朝继续为侯，共二十三年。
十五　卫胜在景帝朝为侯共十五年。 一　后三年，侯侈元年[7]。卫侈在景帝朝为侯共一年。景帝后元三年，卫胜的儿子卫侈袭侯，该年是其元年。
五　建元六年，侯侈坐以买田宅不法，又请求吏罪[8]，国除。卫侈在武帝朝为侯共五年。武帝建元六年，乐平侯卫侈罪犯购买田宅不合法度，及向官吏行贿，封地被取消。

国名	山都[1]
侯功	高祖五年为郎中柱下令[2]，以卫将军击陈豨[3]，用梁相侯。王恬开在高祖五年担任郎中柱下令，后担任卫将军攻打陈豨，以梁国国相的身份被封侯。
孝惠七	
高后八	**五**　四年四月丙申[4]，贞侯王恬开元年。王恬开在吕后执政期间为侯共五年。吕后四年四月丙申，王恬开被封为山都侯，“贞”为其谥号，该年是其元年。
孝文二十三	**三**[5]　王恬开在文帝朝为侯共三年。 **二十**　四年，惠侯中黄元年[6]。王中黄在文帝朝为侯共二十年。文帝四年，王恬开的儿子王中黄袭侯，“惠”为其谥号，该年是其元年。
孝景十六	**三**　王中黄在景帝朝为侯共三年。 **十三**　四年，敬侯触龙元年[7]。王触龙在景帝朝为侯共十三年。景帝四年，王中黄的儿子王触龙袭侯，“敬”为其谥号，该年是其元年。
建元至元封六年三十六	**二十二**　王触龙在武帝朝为侯共二十二年。 **八**　元狩五年，侯当元年[8]。元封元年，侯当坐与奴阑入上林苑，国除。王当在武帝朝为侯共八年。武帝元狩五年，王触龙的儿子王当袭侯，该年是其元年。元封元年，山都侯王当罪犯与奴仆私自闯入上林苑，封地被取消。
太初已后	

松兹[①]
兵初起，以舍人从起沛，以郎中入汉，还，得雍王邯家属功[②]，用常山丞相侯[③]。在反秦义兵刚开始兴起时，徐厉以舍人的身份在沛县跟随刘邦起兵，以郎中的身份进入汉国，后从汉中返还，因俘获雍王章邯的家属而立功，以常山王刘不疑丞相的身份被封侯。
五　四年四月丙申，夷侯徐厉元年。徐厉在吕后执政期间为侯共五年。吕后四年四月丙申，徐厉被封为松兹侯，"夷"为其谥号，该年是其元年。
六　徐厉在文帝朝为侯共六年。 **十七**　七年，康侯悼元年[④]。徐悼在文帝朝为侯共十七年。文帝七年，徐厉的儿子徐悼袭侯，"康"为其谥号，该年是其元年。
十二　徐悼在景帝朝为侯共十二年。 **四**　中六年，侯偃元年[⑤]。徐偃在景帝朝为侯共四年。景帝中元六年，徐悼的儿子徐偃袭侯，该年是其元年。
五　建元六年，侯偃有罪，国除。徐偃在武帝朝为侯共五年。武帝建元六年，松兹侯徐偃犯罪，封地被取消。

国名	成陶[①]
侯功	以卒从高祖起单父[②],为吕氏舍人,度吕后淮之功[③],用河南守侯[④],五百户。周信以士卒的身份在单父跟随刘邦起兵,担任吕氏家族的舍人,因侍奉吕后渡过淮河而立功,后以河南郡守的身份封侯,享有食邑五百户。
孝惠七	
高后八	**五**　四年四月丙申,夷侯周信元年。周信在吕后执政期间为侯共五年。吕后四年四月丙申,周信被封为成陶侯,"夷"为其谥号,该年是其元年。
孝文二十三	**十一**　周信在文帝朝为侯共十一年。 三　十二年[⑤],孝侯勃元年[⑥]。十五年,侯勃有罪,国除。周勃在文帝朝为侯共三年。文帝十二年,周信的儿子周勃袭侯,"孝"为其谥号,该年是其元年。十五年,成陶侯周勃犯罪,封地被取消。
孝景十六	
建元至元封六年三十六	
太初已后	

俞[1]
以连敖从高祖破秦[2]，入汉，以都尉定诸侯，功比朝阳侯[3]。婴死，子它袭功[4]，用太中大夫侯[5]。吕它的父亲吕婴以连敖的身份跟随刘邦灭秦，其后进入汉国，又担任都尉参与了平定各地诸侯的战争，功劳与朝阳侯华寄不相上下。吕婴死后，他的儿子吕它继承了他的功业，以太中大夫的身份被封侯。
四　四年四月丙申，侯吕它元年。八年，侯它坐吕氏事诛，国除。吕它在吕后执政期间为侯共四年。吕后四年四月丙申，吕它被封为俞侯，该年是其元年。八年，俞侯吕它在吕后死后大臣诛杀诸吕的事变中被杀，封地被取消。

【注释】

中邑

①中邑:侯国名。在今河北沧州东南。高后四年(前184)始封朱通。传侯于子朱悼。景帝后元三年(前141),朱悼有罪,封国撤销。

②执矛:郎中之别称。有执矛(兵器)宿卫之职任,故称。

③中尉:武官名。掌京师治安。破曹咎:项羽率军击彭越,命曹咎留守成皋。汉四年(前203),汉军用激将法,败楚军,杀曹咎。曹咎,秦末曾任蕲县狱掾,与项梁友善。项梁起兵后,任将军。后为项羽部下,任大司马,封海春侯。

④用吕相侯:因为作吕王吕台的丞相而封侯。

⑤朱通:《汉书》作"朱进"。

⑥后二年,侯悼元年:朱通卒于文帝后元元年(前163),后元二年(前162),其子朱悼袭位为侯。

乐平

①乐平:侯国名。在今山东聊城西南。《汉书·高惠高后文功臣表》作"乐成",汉属南阳郡,在今河南南阳邓州西南。高后四年(前184)始封卫无择。传二侯。建元六年(前135),卫侈有罪,封国撤销。

②队卒:官名。亦称队率。军队中百人之长。

③皇䜣:一作"皇欣"。秦末魏将。后降汉。秦二世末年(前207),与刘邦共击秦军。

④击陈馀:指汉三年(前204)韩信灭赵之战,时陈馀为赵王歇之相。陈馀,事迹见《张耳陈馀列传》。

⑤卫尉:官名。汉代掌管宫门警卫和南军,多以亲信为之。位列九卿。

⑥六年:高后六年,前182年。

⑦后三年，侯侈元年：卫无择卒于景帝后元二年（前142），后元三年（前141），其子卫侈袭位为侯。

⑧请求吏：贿赂官吏。求，通“赇”，贿赂。

山都

①山都：侯国名。在今湖北襄阳西北。高后四年（前187）始封王恬开。传三侯。元封元年（前110），侯王当有罪，封国撤销。

②高祖五年：前202年。郎中柱下令：官名。以郎中加官于柱下令，周朝有柱下史，至汉为侍御史。所掌及侍立常在殿中柱下。柱下令，为帝王守藏史，掌记事为史者。可出入宫中，有宿卫以及参议顾问之任。

③卫将军：官名。统率侍卫的将领，负责京师及宫城禁卫。击陈豨：高祖十年（前197），陈豨勾结匈奴叛乱，自立为代王。刘邦亲自率军平叛。

④四年四月丙申：高后四年四月二十一。

⑤三：王恬开在文帝时期为侯三年。按，《张释之冯唐列传》：“中尉条侯周亚夫与梁相山都侯王恬开见释之持议平，乃结为亲友。”梁玉绳据此认为，周亚夫为中尉、张释之为廷尉都在文帝后元六年（前158），王恬开如果在文帝三年（前177）就已去世，中间相差十八九年，不可能与他们“结为亲友”，所以王恬开应该是在文帝后四年（前160）去世，其子中黄在文帝后五年（前159）嗣立，此表误以“后五年”为“四年”，“孝帝”格中“三”字、“二十”字又误颠倒了。

⑥四年，惠侯中黄元年：王恬开卒于文帝三年（前177），文帝四年（前176），其子王中黄袭位为侯。

⑦四年，敬侯触龙元年：王中黄卒于景帝三年（前154），景帝四年（前153），其子王触龙袭位为侯。

⑧元狩五年,侯当元年:王触龙卒于武帝元狩四年(前119),元狩五年(前118),其子王当袭位为侯。

松兹

①松兹:侯国名。在今安徽安庆宿松东北。高后四年(前184)始封徐厉。传二侯。建元六年(前135),侯徐偃有罪,封国撤销。

②雍王邯:章邯。原秦国将领,钜鹿之战失败后投降项羽,被封为雍王。都废丘(今陕西咸阳兴平南)。刘邦从汉中杀回关中,于汉二年(前205)六月,攻破废丘。

③常山丞相:常山国丞相。当时常山王是惠帝子刘不疑。

④七年,康侯悼元年:徐厉卒于文帝六年(前174),文帝七年(前173),其子徐悼袭位为侯。

⑤中六年,侯偃元年:徐悼卒于景帝中元五年(前145),中元六年,(前144),其子徐偃袭位为侯。

成陶

①成陶:侯国名。其地未详。《汉书·高惠高后文功臣表》作"成阴",或曰即今山东潍坊高密。高后四年(前184)始封周信。传侯于子周勃。文帝十五年(前165),侯周勃有罪,封国撤销。

②单父:古县名。治今山东菏泽单县。

③度吕后淮:据《高祖本纪》,汉元年(前206),刘邦派人去家乡沛县迎太公和吕后,楚发兵拒之阳夏。吕后由沛西行渡淮河,周信作为舍人随行。

④河南守:河南郡太守。河南郡,治洛阳(今河南洛阳城东北)。

⑤十二年:文帝十二年,前168年。

⑥孝侯勃:按,周勃有罪国除,不当有谥。此周勃不是封为绛侯的周勃。

俞

①俞(shū):侯国名。在今山东德州平原县西南。高后四年(前184)始封吕它。高后八年(前180),吕它在诛诸吕中被杀,封国撤销。

②连敖:官名。春秋战国时楚国所置,秦末起义军沿置。职主仓廒的低级军吏。一说职主迎送礼客,系连尹、莫敖两官合二为一演化而成,位如司马的中级军官。敖,同“廒”。

③功比朝阳侯:与朝阳侯功劳相同。朝阳侯,此指华寄。见《高祖功臣侯者年表》。

④婴死,子它袭功:按,以上“以连敖从高祖破秦”云云,皆吕婴之功,吕婴未及封侯而死,故封其子吕它为侯。梁玉绳认为本格开头应有“父婴”二字。

⑤太中大夫:职掌论议及顾问应对,无常事,唯诏令所使。秩比千石。居宫中办事,是皇帝的高级参谋。

国名	滕[1]
侯功	以舍人、郎中十二岁[2]，以都尉屯霸上[3]，用楚相侯。吕更始担任舍人、郎中十二年，又担任都尉屯驻霸上，后以楚元王丞相的身份而被封侯。
孝惠七	
高后八	**四** 四年四月丙申，侯吕更始元年。八年，侯更始坐吕氏事诛，国除。吕更始在吕后执政期间为侯共四年。吕后四年四月丙申，吕更始被封为滕侯，该年是其元年。八年，滕侯吕更始在吕后死后大臣诛杀诸吕的事变中被杀，封地被取消。
孝文二十三	
孝景十六	
建元至元封六年三十六	
太初已后	

醴陵[1]
以卒从,汉王二年初起栎阳[2],以卒吏击项籍,为河内都尉[3],用长沙相侯,六百户。越以士卒的身份跟随刘邦,汉王二年开始在栎阳起兵,以卒吏的身份攻打项羽,又担任河内郡都尉,后以长沙王吴臣丞相的身份而被封侯,享有食邑六百户。
五　四年四月丙申,侯越元年。越在吕后执政期间为侯共五年。吕后四年四月丙申,越被封为醴陵侯,该年是其元年。
三　四年,侯越有罪,国除。越在文帝朝为侯共三年。文帝四年,醴陵侯越犯罪,封地被取消。

国名	吕成[①]
侯功	吕后昆弟子，侯。吕忿因是吕后兄弟的儿子而被封侯。
孝惠七	
高后八	**四**　四年四月丙申，侯吕忿元年。八年，侯忿坐吕氏事诛，国除。吕忿在吕后执政期间为侯共四年。吕后四年四月丙申，吕忿被封为吕成侯，该年是其元年。吕后八年，吕成侯吕忿在吕后死后大臣诛杀诸吕的事变中被杀，封地被取消。
孝文二十三	
孝景十六	
建元至元封六年三十六	
太初已后	

东牟[1]
齐悼惠王子，侯。刘兴居因是齐悼惠王刘肥的儿子而被封侯。
三　六年四月丁酉[2]，侯刘兴居元年。刘兴居在吕后执政期间为侯共三年。吕后六年四月丁酉，刘兴居被封为东牟侯，该年是其元年。
一　二年，侯兴居为济北王[3]，国除。刘兴居在文帝朝为侯共一年。文帝二年，改封东牟侯刘兴居为济北王，东牟侯的封地被取消。

国名	锤①
侯功	吕肃王子②，侯。吕通因是吕肃王吕台的儿子而被封侯。
孝惠七	
高后八	二　六年四月丁酉，侯吕通元年。八年，侯通为燕王，坐吕氏事，国除。吕通在吕后执政期间为侯共两年。吕后六年四月丁酉，吕通被封为锤侯，该年是其元年。吕后八年，锤侯吕通为燕王，在吕后死后大臣诛杀诸吕的事变中被杀，封地被取消。
孝文二十三	
孝景十六	
建元至元封六年三十六	
太初已后	

信都[1]
以张敖、鲁元太后子侯[2]。张侈因是张敖、鲁元太后的儿子而被封侯。
一　八年四月丁酉[3]，侯张侈元年。张侈在吕后执政期间为侯共一年。吕后八年四月丁酉，张侈被封为信都侯，该年是其元年。
元年，侯侈有罪[4]，国除。文帝元年，信都侯张侈犯罪，封地被取消。

【注释】

滕

①滕:侯国名。在今山东枣庄滕州西南。高后四年(前184)始封吕更始。高后八年(前180),吕更始在诛诸吕事变中被杀,封国撤销。

②以舍人、郎中十二岁:任舍人、郎中共十二年。

③霸上:古地区名。因在灞水西高原得名。在今陕西西安蓝田西。为古代咸阳、长安附近军事要地。

醴陵

①醴陵:侯国名。梁玉绳认为在今湖南株洲醴陵;钱穆说《汉书·地理志》南阳郡雉县有衡山,为澧水所出,至郾入汝。此侯国当封在汉南阳郡境。高后四年(前184)始封越。文帝四年(前176),越有罪,封国撤销。

②汉王二年:前205年。栎阳:古县名。在今陕西西安临潼西北部的栎阳街道,时为项羽所封塞王司马欣的都城。据此,此侯或为司马欣旧部。

③河内都尉:河内郡负责军事的长官。河内,汉郡名。治怀县(今河南焦作武陟西南)。

吕成

①吕成:侯国名。《汉书补注》说即楚国吕县,在今江苏徐州铜山区东南旧黄河北岸吕梁集;《水经注·淯水》说在南阳宛县(今河南南阳)西有吕城,疑即此地;王应麟《诗地理考》说新蔡县(今河南驻马店新蔡)有大吕亭为故吕侯国。高后四年(前184)始封吕忿。高后八年(前180),吕忿在诛诸吕事变中被杀,封国撤销。

东牟

①东牟：侯国名。在今山东烟台牟平。高后六年（前182）始封刘兴居。文帝二年（前178），刘兴居改封济北王，封国撤销。

②六年四月丁酉：高后六年四月初三。

③兴居为济北王：在大臣诛诸吕事件中，刘兴居有大功。文帝继位后封其为济北王。济北，诸侯王国名。汉文帝从齐国划出济北、博阳两郡地置。都卢县（今山东济南长清西南）。

锤

①锤：侯国名。应作"腄"。治今山东烟台福山。高后六年（前182）始封吕通。高后八年（前180），吕通在诛诸吕事变中被杀，封国撤销。

②吕肃王：吕台。吕后长兄周吕侯吕泽之子。高祖九年（前198）封为郦侯，高后元年（前187），晋封为吕王。卒谥"肃"。

信都

①信都：侯国名。在今河北衡水冀州。高后八年（前180）始封张侈。文帝元年（前179），张侈有罪，封国撤销。

②张敖、鲁元太后子：按，此侯是张敖前妻所生，并非鲁元太后所生。鲁元太后，刘邦与吕后之女，惠帝之姐。因食邑于鲁，又是长女，故谓"鲁元公主"。其女为惠帝皇后。惠帝二年（前193），齐悼惠王刘肥因封邑过大，惧被吕后所忌，乃献城阳郡于她为汤沐邑，并尊她为太后，故称"鲁元太后"。高后元年（前187）病卒。

③四月丁酉：四月十五。

④侯侈有罪：张侈因是诸吕亲族，在大臣诛诸吕事中也受牵连治罪。

国名	乐昌[1]
侯功	以张敖、鲁元太后子侯[2]。张受因是张敖、鲁元太后的儿子而被封侯。
孝惠七	
高后八	一　八年四月丁酉,侯张受元年。张受在吕后执政期间为侯共一年。吕后八年四月丁酉,张受被封为乐昌侯,该年是其元年。
孝文二十三	元年,侯受有罪[3],国除。文帝元年,乐昌侯张受犯罪,封地被取消。
孝景十六	
建元至元封六年三十六	
太初已后	

祝兹[①]
吕后昆弟子，侯。吕荣因是吕后兄弟的儿子而被封侯。
八年四月丁酉，侯吕荣元年。坐吕氏事诛，国除。吕后八年四月丁酉，吕荣被封为祝兹侯，该年是其元年。他在吕后死后大臣诛杀诸吕的事变中被杀，封地被取消。

国名	建陵[1]
侯功	以大谒者侯[2],宦者,多奇计。张泽以大谒者的身份被封侯,他是一名宦官,多有奇妙的计谋。
孝惠七	
高后八	八年四月丁酉,侯张泽元年[3]。九月,夺侯,国除。吕后八年四月丁酉,张泽被封为建陵侯,该年是其元年。该年九月,他的爵位被废,封地被取消。
孝文二十三	
孝景十六	
建元至元封六年三十六	
太初已后	

东平[①]	右高后时三十一[①] 以上是吕后时期三十一位被封侯者的年表。
以燕王吕通弟侯。吕庄因是燕王吕通的弟弟而被封侯。	
八年五月丙辰[②],侯吕庄元年。坐吕氏事诛,国除。吕后八年五月丙辰,吕庄被封为东平侯,该年是其元年。他在吕后死后大臣诛杀诸吕的事变中被杀,封地被取消。	

【注释】

乐昌

①乐昌:侯国名。其地一说治今河南濮阳南乐西北,一说治今安徽阜阳太和东。高后八年(前180)始封张受。文帝元年(前179),张受有罪,封国撤销。

②张敖、鲁元太后子:按,此侯与信都侯张侈一样,亦是张敖前妻所生,并非鲁元太后所生。

③侯受有罪:张受因是诸吕亲族,在大臣诛诸吕事中也受牵连治罪。

祝兹

①祝兹:侯国名。其地未详。《史记志疑》说即春秋鲁国祝丘,汉东海郡即丘,在今山东临沂东南。高后八年(前180)始封吕荣。同年,吕荣在诛诸吕事变中被杀,封国撤销。

建陵

①建陵:侯国名。在今江苏新沂南沭河西岸。高后八年(前180)始封张泽。同年,张泽在诛诸吕事变中被杀,封国撤销。

②大谒者:官名。秦汉时郎中令(光禄勋)属官。掌宾赞受事及给事近署,执戟宿卫与奉诏外使。秩比六百石。其长官称大谒者,地位最高。又称谒者令或谒者仆射。

③张泽:字子卿。颇受吕后宠幸。高后七年(前181),他示意大臣请吕后封诸吕为王。见《吕太后本纪》。

东平

①东平:侯国名。梁玉绳说即无盐县地,治今山东泰安东平东。高后八年(前180)始封吕庄。同年,吕庄在诛诸吕中被杀,封国撤销。

②八年五月丙辰：高后八年五月初四。

①右高后时三十一：据梁玉绳考证，高后元年（前187）封吕禄为胡陵侯，二年（前186）封萧何夫人为酂侯、萧延为筑阳侯，四年（前184）封吕婴为林光侯，又封刘信母为阴安侯，这些都未记入此表。如此总共是三十六位。

国名	阳信[①]
侯功	高祖十二年为郎[②]。以典客夺赵王吕禄印[③],关殿门拒吕产等入,共尊立孝文,侯,二千户。刘揭在高祖十二年担任郎。他以典客身份劝赵王吕禄交出兵权,又关闭宫殿大门拒绝吕产等人进入,共同尊立孝文帝,因此立功封侯,享有食邑二千户。
孝惠七	
高后八	
孝文二十三	**十四**　元年三月辛丑[④],侯刘揭元年[⑤]。刘揭在文帝朝为侯共十四年。文帝元年三月辛丑,刘揭被封为阳信侯,该年是其元年。 **九**　十五年[⑥],侯中意元年。刘中意在文帝朝为侯共九年。文帝十五年,刘揭的儿子刘中意袭侯,该年是其元年。
孝景十六	**五**　六年,侯中意有罪,国除。刘中意在景帝朝为侯共五年。景帝六年,刘中意犯罪,封地被取消。
建元至元封六年三十六	
太初已后	

轵[①]
高祖十年为郎[②],从军[③],十七岁,为太中大夫,迎孝文代[④],用车骑将军迎太后[⑤],侯,万户。薄太后弟。薄昭在高祖十年担任郎,参加汉军,十七年后,被任为太中大夫,从代国迎文帝进京,又以车骑将军的身份迎接薄太后进京,因此立功封侯,享有食邑一万户。他是薄太后的弟弟。
十　元年四月乙巳[⑥],侯薄昭元年。薄昭在文帝朝为侯共十年。文帝元年四月乙巳,薄昭被封为轵侯,该年是其元年。 十三　十一年,易侯戎奴元年[⑦]。薄戎奴在文帝朝为侯共十三年。文帝十一年,薄昭的儿子薄戎奴袭侯,"易"为其谥号,该年是其元年。
十六　薄戎奴在景帝朝继续为侯,共十六年。
一　薄戎奴在武帝朝为侯共一年。 建元二年,侯梁元年[⑧]。武帝建元二年,薄戎奴的儿子薄梁袭侯,该年是其元年。

【注释】

阳信

①阳信:侯国名。《史记志疑》说即无盐县地,治今山东泰安东平东。文帝元年(前179)始封刘揭。传侯于子刘中意。景帝六年(前151),刘中意有罪,封国撤销。

②高祖十二年:前195年。

③以典客夺赵王吕禄印:高后八年八月,在大臣发动的消灭诸吕的事变中,太尉周勃命刘揭说服吕禄交出将印,周勃得以进入并控制了北军。典客,官名。汉时为职掌朝廷接待宾客等事之官。位列九卿。吕禄,吕后之侄,封赵王。吕后临终任其为上将军,掌北军。

④元年三月辛丑:文帝元年三月二十四。

⑤侯刘揭:据《汉书》,刘揭谥号为"夷"。按,刘揭于文帝十四年(前166)无罪而终,当书谥。

⑥十五年:文帝十五年,前165年。

轵

①轵:侯国名。在今河南济源东南。文帝元年(前179)始封薄昭。传二侯。司马迁作此表时尚存。

②高祖十年:前197年。

③从军:当指跟随刘邦参加征讨陈豨。

④"十七岁"几句:高后八年大臣诛诸吕事变后,大臣欲立代王刘恒为帝,刘恒有所怀疑,派薄昭前往京城与众大臣接触打探。薄昭得到实信后,通报刘恒,迎接其进京继位。十七岁,指"从军"十七年后,即高后八年,前180年。太中大夫,官名。职掌论议及顾问应对,无常事,唯诏令所使。秩比千石。居宫中办事,名义上为郎中令(光禄勋)属官,实际并不受光禄勋管辖,是皇帝的高级参谋。

⑤用车骑将军迎太后：薄昭奉文帝之命回代国迎薄太后进京。车骑将军，官名。高级武官。职掌宫卫，领禁兵。不常置。太后，文帝之母薄太后。

⑥元年四月乙巳：文帝元年四月无乙巳，梁玉绳认为当依《汉书》作"正月乙巳"，即正月二十七。

⑦十一年，易侯戎奴元年：据《汉书》，薄昭在文帝十年（前170）因杀汉使者而畏罪自杀，本当废其封爵，而文帝不废，仍使其子薄戎奴袭位为侯，是因为薄太后的缘故。

⑧建元二年，侯梁元年：薄戎奴卒于武帝建元元年（前140），建元二年（前139），其子薄梁袭位为侯。

国名	壮武[1]
侯功	以家吏从高祖起山东[2]，以都尉从之荥阳，食邑[3]。以代中尉劝代王入，骖乘至代邸[4]，王卒为帝，功侯，千四百户。宋昌以家吏的身份在山东跟随刘邦起兵，后担任都尉跟随刘邦到荥阳，享有食邑。后来又以代国中尉的身份劝说代王进京，担任车右乘车护送代王到达其在京的住宅，代王最终立为汉帝，他因此立功封侯，享有食邑一千四百户。
孝惠七	
高后八	
孝文二十三	**二十三**　元年四月辛亥[5]，侯宋昌元年。宋昌在文帝朝为侯共二十三年。文帝元年四月辛亥，宋昌被封为壮武侯，该年是其元年。
孝景十六	**十一**[6]　中四年，侯昌夺侯，国除。宋昌在景帝朝为侯共十一年。景帝中元四年，壮武侯宋昌的爵位被废，封地被取消。
建元至元封六年三十六	
太初已后	

清都[①]
以齐哀王舅父侯[②]。驷钧因是齐哀王刘襄的舅舅而被封侯。
五 元年四月辛未[③],侯驷钧元年[④]。前六年[⑤],钧有罪,国除。驷钧在文帝朝为侯共五年。文帝元年四月辛未,驷钧被封为清都侯,该年是其元年。文帝前元六年,驷钧犯罪,封地被取消。

国名	周阳[①]
侯功	以淮南厉王舅父侯[②]。赵兼因是淮南厉王刘长的舅舅而被封侯。
孝惠七	
高后八	
孝文二十三	**五**　元年四月辛未,侯赵兼元年。前六年,兼有罪,国除。赵兼在文帝朝为侯共五年。文帝元年四月辛未,赵兼被封为周阳侯,该年是其元年。文帝前元六年,赵兼犯罪,封地被取消。
孝景十六	
建元至元封六年三十六	
太初已后	

樊[1]

以睢阳令高祖初起从阿[2]，以韩家子还定北地[3]，用常山相侯[4]，千二百户。蔡兼以睢阳令的身份跟随刘邦在阿县开始起兵，又以韩氏诸子的身份回师平定北地郡，后以常山王刘朝丞相的身份被封侯，享有食邑一千二百户。

十四　元年六月丙寅[5]，侯蔡兼元年。蔡兼在文帝朝为侯共十四年。文帝元年六月丙寅，蔡兼被封为樊侯，该年是其元年。

九　十五年，康侯客元年[6]。蔡客在文帝朝为侯共九年。文帝十五年，蔡兼的儿子蔡客袭侯，该年是其元年。

九　蔡客在景帝朝为侯共九年。

七　中三年，恭侯平元年[7]。蔡平在景帝朝为侯共七年。景帝中元三年，蔡客的儿子蔡平袭侯，该年是其元年。

十三　蔡平在武帝朝为侯共十三年。

十四　元朔二年，侯辟方元年[8]。元鼎四年，侯辟方有罪，国除。蔡辟方在武帝朝为侯共十四年。武帝元朔二年，蔡平的儿子蔡辟方袭侯，该年是其元年。元鼎四年，樊侯蔡辟方犯罪，封地被取消。

【注释】

壮武

①壮武：侯国名。在今山东青岛即墨西。文帝元年（前179）始封宋昌。景帝中元四年（前146），宋昌有罪，封国撤销。

②家吏：两汉时皇太子、皇后之官属的通称。

③食邑：享有封邑租税。

④以代中尉劝代王入，骖乘至代邸：大臣派人往代国请代王刘恒入京继位时，宋昌力排众议，劝刘恒不要犹疑，赶紧进京。待薄昭探到实信，他又作为刘恒的参乘保其进京。代中尉，负责代国都城治安的武官。骖乘，陪乘或陪乘的人。骖，通“参”。代邸，代国在京城长安的府第。

⑤元年四月辛亥：文帝元年四月初五。

⑥十一：宋昌在景帝时期共为侯十一年。按，据下文“中四年，侯昌夺侯，国除”，景帝中元四年是景帝在位的第十一年，据表例，诸侯有罪被废，最后一年不计，则宋昌在景帝时期只为侯十年，此处当作“十”。

清都

①清都：侯国名。其地不详。梁玉绳认为当为分裂齐国而封。驷钧所封《孝文本纪》为“清郭侯”，《汉书·文帝纪》作“靖郭侯”，靖郭在今山东枣庄滕州。文帝元年（前179）始封驷钧。文帝六年（前174），驷钧有罪，封国撤销。

②齐哀王：刘襄。齐悼惠王刘肥之子，谥“哀”。吕后死后，刘襄立即起兵讨诸吕，大臣顺势从中发难，内外联合消灭了吕氏集团。

③元年四月辛未：文帝元年四月二十五。

④驷钧：驷钧自始至终参与了齐王谋划并讨伐诸吕的过程，是其骨干之一。

⑤前六年：文帝前元六年，前174年。文帝在第十七年改元，称后元。前一段有时也相对于“后元”称“前元”或“前”。

周阳

①周阳：侯国名。其地不详。一说在今山西运城绛县西南；一说即阳周，在今山东日照莒县。文帝元年（前179）始封赵兼。文帝六年（前174），赵兼有罪，封国撤销。

②淮南厉王：此指淮南厉王刘长，文帝刘恒的少弟。

樊

①樊：侯国名。在今山东济宁兖州西南。文帝元年（前179）始封蔡兼。传三侯。武帝元鼎四年（前113），蔡辟方有罪，封国撤销。

②睢阳令：睢阳县令。睢阳，古县名。故治在今河南商丘南。阿：古县名。也称“东阿”，故治在今山东聊城阳谷东北阿城镇。

③韩家子：颜师古曰：“本六国时韩家之诸子，后更姓蔡也。”北地：郡名。原义渠地。秦置郡。治义渠（今甘肃庆阳西南）。汉亦置郡，移治马岭（今甘肃庆阳西北马岭镇）。

④常山相：常山国丞相。时常山王当为惠帝之子刘朝。

⑤元年六月丙寅：文帝元年六月二十一。

⑥十五年，康侯客元年：蔡兼卒于文帝十四年（前166），文帝十五年（前165），其子蔡客袭位为侯。

⑦中三年，恭侯平元年：蔡客卒于景帝中元二年（前148），中元三年（前147），其子蔡平袭位为侯。

⑧元朔二年，侯辟方元年：蔡平卒于武帝元朔元年（前128），元朔二年（前127），其子蔡辟方袭位为侯。

国名	管[①]
侯功	齐悼惠王子[②],侯。刘罢军因是齐悼惠王刘肥的儿子而被封侯。
孝惠七	
高后八	
孝文二十三	**二** 四年五月甲寅[③],恭侯刘罢军元年。刘罢军在文帝朝为侯共两年。文帝四年五月甲寅,刘罢军被封为管侯,“恭”为其谥号,该年是其元年。 **十八** 六年,侯戎奴元年[④]。刘戎奴在文帝朝为侯共十八年。文帝六年,刘罢军的儿子刘戎奴袭侯,该年是其元年。
孝景十六	**二** 三年,侯戎奴反[⑤],国除。刘戎奴在景帝朝为侯共两年。景帝三年,管侯刘戎奴谋反,封地被取消。
建元至元封六年三十六	
太初已后	

瓜丘①
齐悼惠王子,侯。刘宁国因是齐悼惠王刘肥的儿子而被封侯。
十一　四年五月甲寅,侯刘宁国元年。刘宁国在文帝朝为侯共十一年。文帝四年五月甲寅,刘宁国被封为瓜丘侯,该年是其元年。 **九**　十五年,侯偃元年。刘偃在文帝朝为侯共九年。文帝十五年,刘宁国的儿子刘偃袭侯,该年是其元年。
二　三年,侯偃反,国除。刘偃在景帝朝为侯共两年。景帝三年,瓜丘侯刘偃谋反,封地被取消。

国名	营[①]
侯功	齐悼惠王子,侯。刘信都因是齐悼惠王刘肥的儿子而被封侯。
孝惠七	
高后八	
孝文二十三	十　四年五月甲寅,平侯刘信都元年。刘信都在文帝朝为侯共十年。文帝四年五月甲寅,刘信都被封为营侯,"平"为其谥号,该年是其元年。 十　十四年,侯广元年。刘广在文帝朝为侯共十年。文帝十四年,刘信都的儿子刘广袭侯,该年是其元年。
孝景十六	二　三年,侯广反,国除。刘广在景帝朝为侯共两年。景帝三年,营侯刘广谋反,封地被取消。
建元至元封六年三十六	
太初已后	

杨虚[1]
齐悼惠王子，侯。刘将庐因是齐悼惠王刘肥的儿子而被封侯。
十二　四年五月甲寅，恭侯刘将庐元年。十六年，侯将庐为齐王[2]。有罪，国除[3]。刘将庐在文帝朝为侯共十二年。文帝四年五月甲寅，刘将庐被封为杨虚侯，“恭”为其谥号，该年是其元年。文帝十六年，改封杨虚侯刘将庐为齐王。景帝三年，他因为犯罪，封地被取消。

国名	朸[1]
侯功	齐悼惠王子，侯。刘辟光因是齐悼惠王刘肥的儿子而被封侯。
孝惠七	
高后八	
孝文二十三	**十二**　四年五月甲寅，侯刘辟光元年。十六年，侯辟光为济南王[2]，国除。刘辟光在文帝朝为侯共十二年。文帝四年五月甲寅，刘辟光被封为朸侯，该年是其元年。文帝十六年，改封朸侯刘辟光为济南王，朸侯的封地被取消。
孝景十六	
建元至元封六年三十六	
太初已后	

安都[1]
齐悼惠王子,侯。刘志因是齐悼惠王刘肥的儿子而被封侯。
十二　四年五月甲寅,侯刘志元年。十六年,侯志为济北王[2],国除。刘志在文帝朝为侯共十二年。文帝四年五月甲寅,刘志被封为安都侯,该年是其元年。文帝十六年,改封安都侯刘志为济北王,安都侯的封地被取消。

【注释】

管

①管:侯国名。当作“菅”。治今山东济南章丘西北。文帝四年(前176)始封刘罢军。传侯于子刘戎奴。景帝三年(前154),刘戎奴谋反,封国撤销。

②齐悼惠王子:即齐哀王刘襄的兄弟。齐悼惠王,刘肥。文帝庶兄。

③四年五月甲寅:文帝四年五月二十六。

④六年,侯戎奴元年:刘罢军卒于文帝五年(前175),文帝六年(前174),其子刘戎奴袭位为侯。

⑤三年,侯戎奴反:景帝三年爆发了吴楚七国之乱,刘戎奴反,应是参与了这场叛乱。按,以下瓜丘和营的始封侯都是刘襄的兄弟,刘襄在灭诸吕事件中有大功,却受到大臣与文帝排挤,气愤而死,齐国也被变相分割,故这些诸侯的继任者都参加了吴楚七国之乱。

瓜丘

①瓜丘:侯国名。其地未详。文帝四年(前176)始封刘宁国。传侯于子刘偃。景帝三年(前154),刘偃谋反,封国撤销。

营

①营:侯国名。在今山东淄博临淄西北。文帝四年(前176)始封刘信都。传侯于子刘广。景帝三年(前154),刘广谋反,封国撤销。

杨虚

①杨虚:《汉兴以来诸侯王年表》作“阳虚”,侯国名。在今山东聊城茌平东北。文帝四年(前176)始封刘将庐。文帝十六年(前164),刘将庐改封齐王,封国撤销。

②十六年,侯将庐为齐王:文帝十五年(前165),齐王刘则去世,无

后，文帝遂改封刘将庐为齐王，以继齐嗣。文帝十六年，是刘将庐为齐王的第一年。刘将庐，《汉兴以来诸侯王年表》作“刘将闾”。

③有罪，国除：按，刘将庐在吴楚七国之乱之初曾犹疑不定，后终坚守未叛。事后刘将庐听说汉欲因其初曾与叛国有谋，遂惧而自杀。景帝闻之，“以为齐首善，以迫劫有谋，非其罪也”，乃立将庐之太子寿为齐王，续齐后。故“有罪”是刘将庐为齐王之后之事，不当书于此处；当依例书“国除”，即撤销杨虚侯国即可。

朸

①朸（lì）：《齐悼惠王世家》作“勒”，侯国名。在今山东济南商河东北。文帝四年（前176）始封刘辟光。文帝十六年（前164），刘辟光改封济南王，封国撤销。

②十六年，侯辟光为济南王：文帝十五年，齐王刘则去世，无后，文帝除改封刘将庐为齐王外，又改封朸侯刘辟光为济南王，平昌侯刘卬为胶西王，武城侯刘贤为淄川王，白石侯刘雄渠为胶东王。

安都

①安都：侯国名。在今河北沧州吴桥西北。一说治今河北保定高阳东。文帝四年（前176）始封刘志。文帝十六年（前164），刘志改封济北王，封国撤销。

②十六年，侯志为济北王：文帝二年（前178）济北王刘兴居谋反失败自杀，封国被撤销，作为济北郡并入朝廷。至文帝十六年，文帝恢复济北国建制，封刘志为济北王。刘志与刘兴居都是齐悼惠王之子，是兄弟。

国名	平昌[1]
侯功	齐悼惠王子,侯。刘印因是齐悼惠王刘肥的儿子而被封侯。
孝惠七	
高后八	
孝文二十三	**十二** 四年五月甲寅,侯刘印元年。十六年,侯印为胶西王,国除。刘印在文帝朝为侯共十二年。文帝四年五月甲寅,刘印被封为平昌侯,该年是其元年。文帝十六年,改封平昌侯刘印为胶西王,平昌侯的封地被取消。
孝景十六	
建元至元封六年三十六	
太初已后	

武城①
齐悼惠王子，侯。刘贤因是齐悼惠王刘肥的儿子而被封侯。
十二　四年五月甲寅，侯刘贤元年。十六年，侯贤为菑川王，国除。刘贤在文帝朝为侯共十二年。文帝四年五月甲寅，刘贤被封为武城侯，该年是其元年。文帝十六年，改封武城侯刘贤为淄川王，武城侯的封地被取消。

国名	白石[①]
侯功	齐悼惠王子,侯。刘雄渠因是齐悼惠王刘肥的儿子而被封侯。
孝惠七	
高后八	
孝文二十三	**十二** 四年五月甲寅,侯刘雄渠元年。十六年,侯雄渠为胶东王,国除。刘雄渠在文帝朝为侯共十二年。文帝四年五月甲寅,刘雄渠被封为白石侯,该年是其元年。文帝十六年,改封白石侯刘雄渠为胶东王,白石侯的封地被取消。
孝景十六	
建元至元封六年三十六	
太初已后	

波陵[1]
以阳陵君侯[2]。魏驷以阳陵君的身份被封侯。
五　七年三月甲寅[3]，康侯魏驷元年[4]。十二年，康侯魏驷薨，无后，国除。魏驷在文帝朝为侯共五年。文帝七年三月甲寅，魏驷被封为波陵侯，"康"为其谥号，该年是其元年。文帝十二年，康侯魏驷去世，没有后嗣，封地被取消。

国名	南郎①
侯功	以信平君侯。起以信平君的身份被封侯。
孝惠七	
高后八	
孝文二十三	一　七年三月丙寅②,侯起元年③。孝文时坐后父故夺爵级④,关内侯。起在文帝朝为侯共一年。文帝七年三月甲寅,起被封为南郎侯,该年是其元年。文帝时期,起罪犯朝会时跟随在其父之后有失朝廷爵序,被降爵一级,成为关内侯。
孝景十六	
建元至元封六年三十六	
太初已后	

阜陵[①]
以淮南厉王子侯[②]。刘安因是淮南厉王刘长的儿子而被封侯。
八　八年五月丙午[③],侯刘安元年。十六年,安为淮南王[④],国除。刘安在文帝朝为侯共八年。文帝八年五月丙午,刘安被封为阜陵侯,该年是其元年。文帝十六年,改封阜陵侯刘安为淮南王,阜陵侯的封地被取消。

【注释】

平昌

①平昌：侯国名。在今山东潍坊诸城西北。《齐悼惠王世家》作“昌平”，当为误记。文帝四年（前176）始封刘卬。文帝十六年（前164），刘卬改封胶西王，封国撤销。

武城

①武城：侯国名。其地一说为清河郡东武城，在今山东德州武城西北；一说为南武城，在今山东临沂平邑南。文帝四年（前176）始封刘贤。文帝十六年（前164），刘贤改封淄川王，封国撤销。

白石

①白石：侯国名。其地析平原郡安德县（治今山东德州陵城北）而置。文帝四年（前176）始封刘雄渠。文帝十六年（前164），刘雄渠改封胶东王，封国撤销。按，刘辟光、刘卬、刘贤、刘雄渠都参加了景帝三年的吴楚七国之乱，失败后或自杀或被杀，其王国也被撤销。

波陵

①波陵：侯国名。《汉书》作“沶陵”，其地未详；梁玉绳认为当即沶乡，治今湖北襄阳南漳西南。文帝七年（前173）始封魏驷。文帝十二年（前168），魏驷去世，无后，封国撤销。

②阳陵君：封号名。

③七年三月甲寅：文帝七年三月十二。

④魏驷：生平事迹不详。

南郎

①南郎:侯国名。其地未详。文帝七年(前173)始封起。后有过失,降为关内侯,封国撤销。

②七年三月丙寅:文帝七年三月二十四。

③侯起:此侯名起,史失其姓。

④后父:即在朝会时未按爵级顺序而走在父亲后面。颜师古曰:“会于廷中而随父,失朝廷以爵之序。”夺爵级:《汉书》作“削爵一级”。

阜陵

①阜陵:侯国名。在今安徽马鞍山和县西。文帝八年(前172)始封刘安。文帝十六年(前164),刘安改封淮南王,封国撤销。

②淮南厉王:刘长。文帝之弟。谥“厉”。

③八年五月丙午:文帝八年五月十一。

④十六年,安为淮南王:刘长在文帝六年(前174)谋反失败被废,淮南国被撤;至文帝十二年(前168),复置淮南国,徙城阳王刘喜为淮南王;十六年(前164),复徙刘喜为城阳王,将原淮南国一分为三,封给刘长的三个儿子:阜陵侯刘安改封淮南王,安阳侯刘勃改封衡山王,阳周侯刘赐改封庐江王。

国名	安阳①
侯功	以淮南厉王子侯。刘勃因是淮南厉王刘长的儿子而被封侯。
孝惠七	
高后八	
孝文二十三	**八** 八年五月丙午，侯勃元年。十六年，侯勃为衡山王，国除。刘勃在文帝朝为侯共八年。文帝八年五月丙午，刘勃被封为安阳侯，该年是其元年。文帝十六年，改封安阳侯刘勃为衡山王，安阳侯的封地被取消。
孝景十六	
建元至元封六年三十六	
太初已后	

阳周①
以淮南厉王子侯。刘赐因是淮南厉王刘长的儿子而被封侯。
八 八年五月丙午，侯刘赐元年。十六年，侯赐为庐江王，国除。刘赐在文帝朝为侯共八年。文帝八年五月丙午，刘赐被封为阳周侯，该年是其元年。文帝十六年，改封阳周侯刘赐为庐江王，阳周侯的封地被取消。

国名	东城①
侯功	以淮南厉王子侯。刘良因是淮南厉王刘长的儿子而被封侯。
孝惠七	
高后八	
孝文二十三	**七**　八年五月丙午，哀侯刘良元年。十五年，侯良薨，无后，国除。刘良在文帝朝为侯共七年。文帝八年五月丙午，刘良被封为东城侯，"哀"为其谥号，该年是其元年。文帝十五年，东城侯刘良去世，没有后嗣，封地被取消。
孝景十六	
建元至元封六年三十六	
太初已后	

梨[1]
以齐相召平子侯[2],千四百一十户。召奴因是齐哀王刘襄之丞相召平的儿子而被封侯,享有食邑一千四百一十户。
十一　十年四月癸丑[3],顷侯召奴元年。召奴在文帝朝为侯共十一年。文帝十年四月癸丑,召奴被封为梨侯,"顷"为其谥号,该年是其元年。 **三**　后五年,侯泽元年[4]。召泽在文帝朝为侯共三年。文帝后元五年,召奴的儿子召泽袭侯,该年是其元年。
十六　召泽在景帝朝继续为侯,共十六年。
十六　召泽在武帝朝为侯共十六年。 **十九**　元朔五年,侯延元年[5]。元封六年,侯延坐不出持马[6],斩,国除。召延在武帝朝为侯共十九年。武帝元朔五年,召泽的儿子召延袭侯,该年是其元年。元封六年,梨侯罪犯在天子车骑经过时没有出来牵马以作导引,被处斩,封地被取消。

国名	缾[1]
侯功	以北地都尉孙卬[2]，匈奴入北地，力战死事，子侯。孙卬担任北地都尉，匈奴侵入北地郡时，拼力作战死于国事，他的儿子因此被封侯。
孝惠七	
高后八	
孝文二十三	十　十四年三月丁巳[3]，侯孙单元年。孙单在文帝朝为侯共十年。文帝十四年三月丁巳，孙单被封为缾侯，该年是其元年。
孝景十六	二　前三年，侯单谋反，国除。孙单在景帝朝为侯共两年。景帝前元三年，缾侯孙单谋反，封地被取消。
建元至元封六年三十六	
太初已后	

弓高[①]
以匈奴相国降，故韩王信孽子[②]，侯，千二百三十七户。韩穨当以匈奴相国的身份投降汉朝，他是原韩王信的庶子，被封侯，享有食邑一千二百三十七户。
八 十六年六月丙子[③]，庄侯韩穨当元年。韩穨当在文帝朝为侯共八年。文帝十六年六月丙子，韩穨当被封为弓高侯，"庄"为其谥号，该年是其元年。
十六 前元年，侯则元年[④]。韩则在景帝朝为侯共十六年。景帝前元元年，韩穨当的儿子韩则袭侯，该年是其元年。
十六 元朔五年，侯则薨，无后，国除[⑤]。韩则在武帝朝为侯共十六年。武帝元朔五年，弓高侯韩则去世，没有后嗣，封地被取消。

国名	襄成[①]
侯功	以匈奴相国降，侯，故韩王信太子之子[②]，侯，千四百三十二户。韩婴以匈奴相国的身份投降汉朝，被封侯，他是原韩王信太子的儿子，被封侯，享有食邑一千四百三十二户。
孝惠七	
高后八	
孝文二十三	**七**　十六年六月丙子，哀侯韩婴元年。韩婴在文帝朝为侯共七年。文帝十六年六月丙子，韩婴被封为襄成侯，“哀”为其谥号，该年是其元年。 **一**　后七年，侯泽之元年[③]。韩泽之在文帝朝为侯共一年。文帝后元七年，韩婴的儿子韩泽之袭侯，该年是其元年。
孝景十六	**十六**　韩泽之在景帝朝继续为侯，共十六年。
建元至元封六年三十六	**十五**　元朔四年，侯泽之坐诈病不从[④]，不敬，国除。韩泽之在武帝朝为侯共十五年。武帝元朔四年，襄成侯韩泽之罪犯假装生病不跟随皇帝一起活动，不敬，封地被取消。
太初已后	

故安[①]
孝文元年，举淮阳守从高祖入汉，功侯，食邑五百户[②]；用丞相侯[③]，一千七百一十二户。申屠嘉以淮阳守的身份跟随刘邦进入汉国，在孝文帝元年，他因此功而被追补封侯，享有食邑五百户；他又以文帝时丞相的身份被封侯，享有食邑一千七百一十二户。
五 后三年四月丁巳[④]，节侯申屠嘉元年。申屠嘉在文帝朝为侯共五年。文帝后元三年四月丁巳，申屠嘉被封为故安侯，"节"为其谥号，该年是其元年。
二 申屠嘉在景帝朝为侯共两年。 **十四** 前三年，恭侯蔑元年[⑤]。申屠蔑在景帝朝为侯共十四年。景帝前元三年，申徒嘉的儿子申屠蔑袭侯，"恭"为其谥号，该年是其元年。
十九 申屠蔑在武帝朝为侯共十九年。 **五** 元狩二年，清安侯臾元年[⑥]。元鼎元年，臾坐为九江太守有罪[⑦]，国除。申屠臾在武帝朝为侯共五年。武帝元狩二年，申徒蔑的儿子申屠臾袭侯，改封为清安侯，该年是其元年。元鼎元年，申屠臾担任九江太守时犯罪，封地被取消。

【注释】

安阳

①安阳:侯国名。在今河南驻马店正阳南。文帝八年(前172)始封刘勃。文帝十六年(前164),刘勃改封衡山王,封国撤销。

阳周

①阳周:侯国名。在今山东日照莒县。文帝八年(前172)始封刘赐。文帝十六年(前164),刘赐改封庐江王,封国撤销。

东城

①东城:侯国名。在今安徽滁州定远东南。文帝八年(前172)始封刘良。文帝十五年(前165),刘良去世,无后,封国撤销。

犁

①犁:侯国名。《索隐》曰:"属东郡。"治今山东菏泽郓城西。文帝十年(前170)始封召奴。传二侯。武帝元封六年(前105),侯召延有罪,封国撤销。

②齐相召平:召平是齐哀王刘襄的丞相。吕后死后,刘襄欲起兵讨诸吕,召平为阻止刘襄,发兵包围了王宫,后受骗交出军队,反被包围,因而自杀。

③十年四月癸丑:文帝十年四月二十九。

④后五年,侯泽元年:召奴卒于文帝后元四年(前160),后元五年(前159)其子召泽袭位为侯。

⑤元朔五年,侯延元年:召泽卒于武帝元朔四年(前125),元朔五年(前124)其子召延袭位为侯。

⑥不出持马:颜师古曰:"时发马给军,匿而不出也。"郭嵩焘曰:"天子车骑过,当出持马,若导引也。"梁玉绳引《史诠》以为"持"字

应作“特”。特马，雄马。

缾

①缾（píng）：侯国名。在今山东潍坊临朐东南。梁玉绳认为缾属陈留，《水经注·睢水》陈留有缾亭、缾乡。文帝十四年（前166）始封孙单。景帝三年（前154），孙单谋反，封国撤销。

②北地都尉孙卬：孙卬任北地都尉。北地都尉，负责北地郡军事的最高长官。

③十四年三月丁巳：文帝十四年三月二十六。

弓高

①弓高：侯国名。其地析北海营陵（治今山东潍坊昌乐东南）而置。一说在今河北衡水阜城南。文帝十六年（前164）始封韩穨当。传二侯。武帝元朔五年（前124），侯韩则去世，无后，封国撤销。

②以匈奴相国降，故韩王信孽子：韩穨当是韩王信的庶子，因生于匈奴穨当城，遂以为名。曾任匈奴王相国。文帝十四年（前166）与其侄韩婴率众降汉。匈奴相国，地位不甚高，不能与中原王朝的丞相相比。韩王信，战国时韩襄王庶孙。秦末随张良投奔刘邦，汉王二年（前205）被封为韩王。五年（前202），定封韩王，都颍川（今河南许昌禹州）。次年徙都晋阳（今山西临汾）防御匈奴。因晋阳离边塞远，自请迁都马邑（今山西朔州朔城）。既至，被匈奴冒顿单于包围，他遣使欲与冒顿求和解，刘邦疑其有二心，遗书责备，他得书后惶恐不已，遂降匈奴。后被汉将击杀。孽子，庶子，非正妻所生之子。

③十六年六月丙子：文帝十六年六月二十七。

④前元年，侯则元年：韩穨当卒于文帝后元七年（前157），景帝元年（前156），其子韩则袭位为侯。按，《汉书》于弓高侯“子”格书曰

"不得子嗣侯者年名","孙"格书"元朔五年,侯则嗣,薨,亡后";又《韩信卢绾列传》云"吴楚军时,弓高侯功冠诸将","传子至孙,孙无子,失侯";则韩穨当可能并非死于文帝后元七年,袭位之子失记名、谥,韩则是其孙,于武帝元朔五年(前124)袭位为侯。此格所书皆误。

⑤"建元至元封"格:按,据上注,韩则是韩穨当之孙,于元朔五年袭位,并于当年死去。按表例,该侯无罪而死,去世之年计入为侯年数,所以此格中"十六"当作"一"。

襄成

①襄成:侯国名。一作"襄城"。治今河南许昌襄城。文帝十六年(前164)始封韩婴。传侯于子韩泽之。武帝元朔四年(前125),侯韩泽之有罪,封国撤销。

②故韩王信太子之子:韩王信与其太子一同叛逃匈奴,太子在匈奴生韩婴。韩婴是韩王信之孙。韩王信太子死于匈奴,史无其名。

③后七年,侯泽之元年:韩婴卒于文帝后元六年(前158),后元七年(前157)其子韩泽之袭位为侯。

④诈病不从:假装生病,不随同皇帝一起参加活动。这是不敬之罪。

故安

①故安:侯国名。在今河北廊坊固安。文帝后三年(前161)始封申屠嘉。传二侯。申屠臾改封清安侯。武帝元鼎元年(前116),侯申屠臾有罪,封国撤销。

②"孝文元年"几句:申屠嘉以"材官蹶张"跟随刘邦,至惠帝时因功劳升任淮阳太守。文帝元年,"举故吏士二千石从高皇帝者,悉以为关内侯",申屠嘉因而封关内侯。孝文元年,前179年。

③用丞相侯:文帝后元二年(前162),张苍免相,申屠嘉由御史大夫

升任丞相，因其故邑封为故安侯。

④后三年四月丁巳：文帝后元三年四月二十五。

⑤前三年，恭侯蔑元年：申屠嘉卒于景帝二年（前155），景帝三年，其子申屠蔑袭位为侯。

⑥元狩二年，清安侯臾元年：申屠蔑卒于武帝元狩元年（前122），其子申屠臾袭位为侯，元狩二年（前121），改封为清安侯（其地未详）。

⑦九江太守：申屠臾以清安侯为九江郡太守。九江，汉郡名。治寿春（今安徽淮南寿县）。

国名	章武[①]
侯功	以孝文后弟侯[②]，万一千八百六十九户。窦广国因是文帝皇后的弟弟而被封侯，享有食邑一万一千八百六十九户。
孝惠七	
高后八	
孝文二十三	一　后七年六月乙卯[③]，景侯窦广国元年[④]。窦广国在文帝朝为侯共一年。文帝后元七年六月乙卯，窦广国被封为章武侯，“景”为其谥号，该年是其元年。
孝景十六	六　窦广国在景帝朝为侯共六年。 十　前七年，恭侯完元年[⑤]。窦完在景帝朝为侯共十年。景帝前元七年，窦广国的儿子窦完袭侯，“恭”为其谥号，该年是其元年。
建元至元封六年三十六	八　窦完在武帝朝为侯共八年。 十　元光三年，侯常坐元年[⑥]。元狩元年，侯常坐谋杀人未杀罪[⑦]，国除。窦常坐在武帝朝为侯共十年。武帝元光三年，窦完的儿子窦常坐袭侯，该年是其元年。元狩元年，章武侯窦常坐犯了谋杀人未遂的罪，封地被取消。
太初已后	

<table>
<tr><td>南皮[①]</td><td rowspan="8">右孝文时二十九 以上是文帝时期二十九位被封侯者的年表。</td></tr>
<tr><td>以孝文后兄窦长君子侯，六千四百六十户。窦彭祖因是文帝皇后的哥哥窦长君的儿子而被封侯，享有食邑六千四百六十户。</td></tr>
<tr><td></td></tr>
<tr><td></td></tr>
<tr><td>一　后七年六月乙卯，侯窦彭祖元年[②]。窦彭祖在文帝朝为侯共一年。文帝后元七年六月乙卯，窦彭祖被封为南皮侯，该年是其元年。</td></tr>
<tr><td>十六　窦彭祖在景帝朝继续为侯，共十六年。</td></tr>
<tr><td>五　窦彭祖在武帝朝为侯共五年。
五　建元六年，夷侯良元年[③]。窦良在武帝朝为侯共五年。武帝建元六年，窦彭祖的儿子窦良袭侯，“夷”为其谥号，该年是其元年。
十八　元光五年，侯桑林元年[④]。元鼎五年，侯桑林坐酎金罪，国除。窦桑林在武帝朝为侯共十八年。武帝元光五年，窦良的儿子窦桑林袭侯，该年是其元年。元鼎五年，南皮侯窦桑林因献给朝廷供祭祀之用的贡金不合格，被废，封地被取消。</td></tr>
<tr><td></td></tr>
</table>

国名	平陆[1]
侯功	楚元王子[2]，侯，三千二百六十七户。刘礼因是楚元王刘交的儿子而被封侯，享有食邑三千二百六十七户。
孝惠七	
高后八	
孝文二十三	
孝景十六	二　元年四月乙巳[3]，侯刘礼元年。三年，侯礼为楚王[4]，国除。刘礼在景帝朝为侯共两年。景帝元年四月乙巳，刘礼被封为平陆侯，该年是其元年。景帝三年，改封平陆侯刘礼为楚王，平陆侯的封地被取消。
建元至元封六年三十六	
太初已后	

休[1]
楚元王子，侯。刘富因是楚元王刘交的儿子而被封侯。
二　元年四月乙巳，侯富元年。三年，侯富以兄子戊为楚王反，富与家属至长安北阙自归[2]，不能相教，上印绶[3]。诏复王。后以平陆侯为楚王，更封富为红侯。刘富在景帝朝为侯共两年。景帝元年四月乙巳，刘富被封为休侯，该年是其元年。景帝三年，因为休侯刘富哥哥的儿子刘戊当上楚王后谋反，刘富与家属到长安北阙自行请罪，说自己失职没有教导好刘戊，向朝廷上交休侯的任命印绶。景帝下诏恢复王位。后来改封平陆侯刘礼为楚王，又改封刘富为红侯。

【注释】

章武

①章武:侯国名。在今河北沧州黄骅西北。文帝后七年(前157)始封窦广国。传二侯。武帝元狩元年(前122),侯窦常坐有罪,封国撤销。

②孝文后:指文帝窦皇后。

③后七年六月乙卯:文帝后七年六月十七。

④窦广国:窦广国的生平经历曲折传奇,见《外戚世家》。

⑤前七年,恭侯完元年:窦广国卒于景帝六年(前151),景帝七年(前150)其子窦完袭位为侯。

⑥元光三年,侯常坐元年:窦完卒于武帝元光二年(前133),元光三年(前132)其子窦常坐袭位为侯。

⑦谋杀人未杀:谋划杀人而未遂。

南皮

①南皮:侯国名。在今河北沧州南皮东北。文帝后七年(前157)始封窦彭祖。传二侯。武帝元鼎五年(前112),侯窦桑林因酎金不合格,封国撤销。

②窦彭祖:文帝窦皇后之侄。

③建元六年,夷侯良元年:窦彭祖卒于武帝建元五年(前136),建元六年(前135)其子窦良袭位为侯。

④元光五年,侯桑林元年:窦良卒于武帝元光四年(前131),元光五年(前130)其子窦桑林袭位为侯。按,窦广国与窦彭祖实为文帝去世后景帝所封,时未改元,故记于文帝时期。

平陆

①平陆:侯国名。在今河南开封尉氏东北。景帝元年(前156)始封

刘礼。景帝三年,刘礼改封楚王,封国撤销。

②楚元王:刘交。刘邦少弟。好读书,多材艺。高祖六年(前201)立为楚王。在位二十三年卒,谥“元”。

③元年四月乙巳:景帝元年四月十二。

④三年,侯礼为楚王:景帝三年,楚王刘戊参加吴楚七国之乱,失败自杀,朝廷改封楚元王另外的儿子刘礼为楚王。

休

①休:侯国名。在今山东枣庄滕州西北。景帝元年(前156)始封刘富。景帝三年,刘富改封红侯,封国撤销。

②富与家属至长安北阙自归:刘富与家属自行到长安向朝廷请罪。北阙,汉长安城内未央宫正门。亦用为朝廷的别称。自归,自行投案。

③上印绶:上交休侯印绶。表示自己不配作侯。

国名	沈犹[①]
侯功	楚元王子，侯，千三百八十户。刘秽因是楚元王刘交的儿子而被封侯，享有食邑一千三百八十户。
孝惠七	
高后八	
孝文二十三	
孝景十六	**十六** 元年四月乙巳，夷侯刘秽元年。刘秽在景帝朝为侯共十六年。景帝元年四月乙巳，刘秽被封为沈犹侯，“夷”为其谥号，该年是其元年。
建元至元封六年三十六	**四** 刘秽在武帝朝为侯共四年。 **十八** 建元五年，侯受元年[②]。元狩五年，侯受坐故为宗正听谒不具宗室[③]，不敬，国除。刘受在武帝朝为侯共十八年。武帝建元五年，刘秽的儿子刘受袭侯，该年是其元年。元狩五年，刘受罪犯担任宗正却故意在听取诉讼时没把该参加的皇室宗族的人都叫上，不敬，封地被取消。
太初已后	

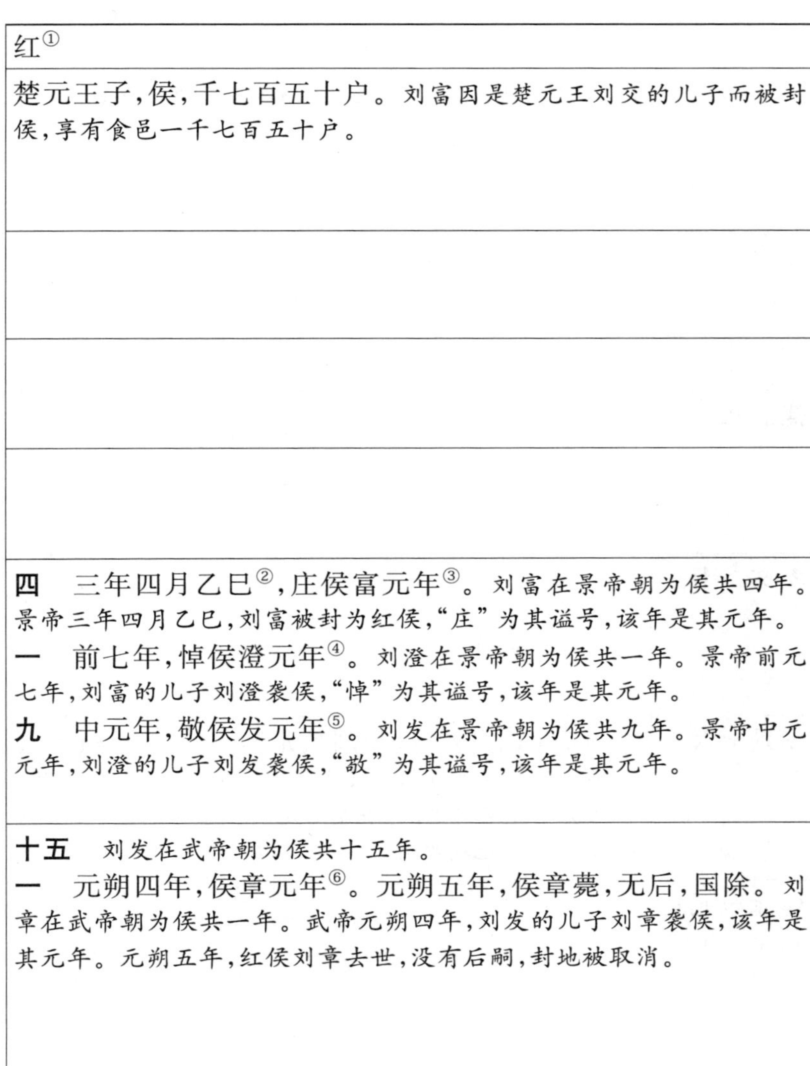

红[①]
楚元王子，侯，千七百五十户。刘富因是楚元王刘交的儿子而被封侯，享有食邑一千七百五十户。
四 三年四月乙巳[②]，庄侯富元年[③]。刘富在景帝朝为侯共四年。景帝三年四月乙巳，刘富被封为红侯，“庄”为其谥号，该年是其元年。 **一** 前七年，悼侯澄元年[④]。刘澄在景帝朝为侯共一年。景帝前元七年，刘富的儿子刘澄袭侯，“悼”为其谥号，该年是其元年。 **九** 中元年，敬侯发元年[⑤]。刘发在景帝朝为侯共九年。景帝中元元年，刘澄的儿子刘发袭侯，“敬”为其谥号，该年是其元年。
十五 刘发在武帝朝为侯共十五年。 **一** 元朔四年，侯章元年[⑥]。元朔五年，侯章薨，无后，国除。刘章在武帝朝为侯共一年。武帝元朔四年，刘发的儿子刘章袭侯，该年是其元年。元朔五年，红侯刘章去世，没有后嗣，封地被取消。

国名	宛朐①
侯功	楚元王子,侯。刘埶因是楚元王刘交的儿子而被封侯。
孝惠七	
高后八	
孝文二十三	
孝景十六	二　元年四月乙巳,侯刘埶元年。三年,侯埶反②,国除。刘埶在景帝朝为侯共两年。景帝元年四月乙巳,刘埶被封为宛朐侯,该年是其元年。景帝三年,宛朐侯刘埶谋反,封地被取消。
建元至元封六年三十六	
太初已后	

魏其[①]
以大将军屯荥阳[②],捍吴楚七国,侯,三千三百五十户。窦婴担任大将军领兵驻守荥阳,抵御吴楚七国的叛军,封侯,享有食邑三千三百五十户。
十四 三年六月乙巳[③],侯窦婴元年。窦婴在景帝朝为侯共十四年。景帝三年六月乙巳,窦婴被封为魏其侯,该年是其元年。
九 建元元年为丞相[④],二岁免[⑤]。元光四年,侯婴坐争灌夫事上书称为先帝诏[⑥],矫制害[⑦],弃市,国除。窦婴在武帝朝为侯共九年。武帝建元元年,窦婴被任命为丞相,二年被免职。元光四年(应作三年),魏其侯窦婴罪犯为灌夫的事情辩护,上书时称有先帝遗诏,因假称皇帝的旨意而造成恶果,被当众处死,封地被取消。

【注释】

沈犹

①沈犹:侯国名。在高苑县(治今山东滨州邹平东北长山镇)。景帝元年(前156)始封刘秽。传侯于子刘受。元狩五年(前118),刘受有罪,封国撤销。

②建元五年,侯受元年:刘秽卒于武帝建元四年(前137),建元五年(前136)其子刘受袭位为侯。

③宗正:职掌皇室亲族,负责编序皇族外戚属籍,凡宗室有犯法当处髡刑以上,皆要先报此官,再转达皇帝,一般司法机关不能过问。位列九卿。秩中二千石。

④听谒不具宗室:听理诉讼时没有唤齐相关宗室人员。

红

①红:侯国名。《索隐》认为是汉泰山奉高县(今山东泰安东北)西北红亭。一说为《汉书·地理志》沛郡虹(hóng)县,在今安徽蚌埠五河西。景帝三年(前154)始封刘富。传三侯。元朔五年(前124),刘章去世,无后,封国撤销。

②三年四月乙巳:景帝三年四月无"乙巳"。据《汉兴以来诸侯王年表》,景帝三年七国之乱后,景帝在当年六月乙亥新封、改封了一批侯王,刘富改封红侯或在此时。六月乙亥,即六月二十五。

③庄侯富元年:庄侯富即前休侯刘富,改封为红侯。梁玉绳曰:"表例凡更封者,即附书初封之下。刘富先封'休侯',更封'红侯',自当连书之,乃并列若两人,谬也。"

④前七年,悼侯澄元年:刘富卒于景帝六年(前151),景帝七年(前150),其子刘澄袭位为侯。

⑤中元年,敬侯发元年:刘澄卒于景帝七年,景帝中元元年(前149),其子刘发袭位为侯。发,《汉书》作"嘉"。

⑥元朔四年，侯章元年：刘发卒于武帝元朔三年（前126），元朔四年（前125），其子刘章袭位为侯。

宛朐

①宛朐：侯国名。一作“冤句”，古字相通。治今山东菏泽西南。景帝元年（前156）始封刘埶。景帝三年（前154），刘埶谋反，封国撤销。

②三年，侯埶反：景帝三年，刘埶谋反。当亦参加七国之乱。

魏其

①魏其：侯国名。在今山东临沂东南。景帝三年（前154）始封窦婴。武帝元光三年（前132），窦婴有罪被杀，封国撤销。

②以大将军屯荥阳：窦婴在平定七国之乱时任大将军，屯驻荥阳，监齐、赵兵。大将军，时指诸将军中最尊贵者，并非固定官名，与武帝封卫青的“大将军”不同。

③三年六月乙巳：景帝三年六月无“乙巳”，或即六月乙亥，即六月二十五。

④建元元年为丞相：此年丞相卫绾病免，窦婴与田蚡均有资格为相，田蚡用以退为进之策，让窦婴为相。具体过程见《魏其武安侯列传》。建元元年，前140年。

⑤二岁免：窦婴等推行儒术，与窦太后争权，窦太后大怒，罢免了窦婴的丞相之位。

⑥“元光四年”几句：田蚡、窦婴争权，灌夫与窦婴交好，因看不惯田蚡仗势欺人，得罪田蚡，在元光三年十月被族诛；窦婴为救灌夫，亦于十二月被杀。事情经过详见《魏其武安侯列传》。元光四年，当为元光三年，前132年。

⑦矫制害：假称皇帝的旨意，造成恶果。

国名	棘乐[①]
侯功	楚元王子，侯，户千二百一十三。刘调因是楚元王刘交的儿子而被封侯，享有食邑一千二百一十三户。
孝惠七	
高后八	
孝文二十三	
孝景十六	**十四**　三年八月壬子[②]，敬侯刘调元年。刘调在景帝朝为侯共十四年。景帝三年八月壬子，刘调被封为棘乐侯，“敬”为其谥号，该年是其元年。
建元至元封六年三十六	**一**　刘调在武帝朝为侯共一年。 **十一**　建元二年，恭侯应元年[③]。刘应在武帝朝为侯共十一年。武帝建元二年，刘调的儿子刘应袭侯，“恭”为其谥号，该年是其元年。 **十六**　元朔元年，侯庆元年[④]。元鼎五年，侯庆坐酎金，国除。刘庆在武帝朝为侯共十六年。武帝元朔元年，刘应的儿子刘庆袭侯，该年是其元年。元鼎五年，棘乐侯刘庆因献给朝廷供祭祀之用的贡金不合格，被废，封地被取消。
太初已后	

俞[①]
以将军吴楚反时击齐有功[②]。布故彭越舍人，越反时布使齐，还已枭越，布祭哭之，当亨，出忠言，高祖舍之。黥布反，布为都尉[③]，侯，户千八百。吴楚七国谋反时，栾布担任将军攻打齐国叛军，立功。栾布原为彭越的舍人，彭越谋反时栾布出使齐国，返回时彭越已被斩首示众，栾布祭祀彭越，为之哭泣，这种行为被判烹杀，因为他发表了忠诚言论，刘邦赦免了他。黥布谋反，栾布以都尉的身份征讨，立功封侯，享有食邑一千八百户。
六　六年四月丁卯[④]，侯栾布元年。中五年，侯布薨[⑤]。栾布在景帝朝为侯共六年。景帝六年四月丁卯，栾布被封为俞侯，该年是其元年。中元五年，俞侯栾布去世。
十　元狩六年，侯贲坐为太常庙牺牲不如令[⑥]，有罪，国除[⑦]。栾贲在武帝朝为侯共十年。武帝元狩六年，俞侯栾贲罪犯担任太常，宗庙使用的祭品不合规定，有罪，封地被取消。

国名	建陵[①]
侯功	以将军击吴楚功,用中尉侯,户一千三百一十。卫绾担任将军攻打吴楚叛军有功,以中尉的身份被封侯,享有食邑一千三百一十户。
孝惠七	
高后八	
孝文二十三	
孝景十六	**十一** 六年四月丁卯,敬侯卫绾元年[②]。卫绾在景帝朝为侯共十一年。景帝六年四月丁卯,卫绾被封为建陵侯,"敬"为其谥号,该年是其元年。
建元至元封六年三十六	**十** 卫绾在武帝朝为侯共十年。 **十八** 元光五年,侯信元年[③]。元鼎五年,侯信坐酎金,国除。卫信在武帝朝为侯共十八年。武帝元光五年,卫绾的儿子卫信袭侯,该年是其元年。元鼎五年,建陵侯卫信因献给朝廷供祭祀之用的贡金不合格,被废,封地被取消。
太初已后	

建平[①]
以将军击吴楚功,用江都相侯[②],户三千一百五十。程嘉担任将军攻打吴楚叛军有功,以江都相的身份被封侯,享有食邑三千一百五十户。
十一 六年四月丁卯,哀侯程嘉元年[③]。程嘉在景帝朝为侯共十一年。景帝六年四月丁卯,程嘉被封为建平侯,"哀"为其谥号,该年是其元年。
七 程嘉在武帝朝为侯共七年。 **一** 元光二年,节侯横元年[④]。程横在武帝朝为侯共一年。武帝元光二年,程嘉的儿子程横袭侯,"节"为其谥号,该年是其元年。 **一** 元光三年,侯回元年[⑤]。元光四年,侯回薨,无后,国除。程回在武帝朝为侯共一年。武帝元光三年,程横的儿子程回袭侯,该年是其元年。元光四年,建平侯程回去世,没有后嗣,封地被取消。

【注释】

棘乐

①棘乐：侯国名。梁玉绳认为当为酂县（治今河南商丘永城西酂城镇）东北之棘亭。景帝三年（前154）始封刘调。传二侯。武帝元鼎五年（前112），刘庆因酎金不合格，封国撤销。

②三年八月壬子：景帝三年八月初二。

③建元二年，恭侯应元年：刘调卒于武帝建元元年（前140），建元二年（前139），其子刘应袭位为侯。

④元朔元年，侯庆元年：刘应卒于元光六年（前129），元朔元年（前128），其子刘庆袭位为侯。

俞

①俞（shū）：也写作"鄃"，侯国名。在今山东德州平原县西南。景帝六年（前151）始封栾布。栾布死而中绝十八年。元朔二年（前127）复封栾贲。元狩六年（前117），栾贲有罪，封国撤销。

②以将军吴楚反时击齐有功：栾布在七国之乱时率军击败胶西、胶东、淄川、济南四国围困齐国的叛军。齐国当时并未参加叛乱，被胶西等四国围攻。因胶西等四国皆从齐国分出，故又称"四齐"。栾布是击"四齐"而救齐国。

③黥布反，布为都尉：黥布谋反，刘邦率军亲征，栾布为都尉随行。都尉，为高级将领之下的中级武官，地位略低于校尉。

④六年四月丁卯：景帝六年四月二十一。

⑤中五年，侯布薨：栾布卒于景帝中元五年（前145）。

⑥太常：官名。掌宗庙礼仪。秩中二千石。一般选用列侯忠孝敬慎者任此职。庙：宗庙。《汉书》作"雍"，雍县有多处秦汉帝王祭天的坛台。牺牲不如令：使用的祭品不合规定。

⑦"建元至元封"格：栾贲在武帝时期为侯共十年，以其元狩六

年（前117）有罪国除推算，其再为俞侯当在武帝元朔二年（前127），期间俞侯之位中绝十八年。梁玉绳曰："惟其中绝，故田蚡为相得以食邑于俞，见《河渠书》。不然栾氏见为侯，何得田蚡以俞为奉邑哉？蚡卒而俞归有司。其卒在元光三年（前132），迨元朔二年仍以俞续封布子贲也。"格中"十"字后，按表例，应书"元朔二年，侯贲元年"数字。

建陵

①建陵：侯国名。在今江苏宿迁沭阳西北。景帝六年（前151）始封卫绾。传侯于子卫信。元鼎五年（前112），卫信因酎金不合格，封国撤销。

②卫绾：文帝时任中郎将。景帝时曾任河间王太傅。吴楚七国之乱起，奉命率河间兵击吴楚有功，拜中尉，封建陵侯。景帝后元元年（前143）任丞相。在位醇谨自守，无所兴废，为景帝所信任。武帝初，免相。

③元光五年，侯信元年：卫绾卒于武帝元光四年（前131），元光五年（前130），其子卫信袭位为侯。

建平

①建平：侯国名。在今河南商丘永城西南。景帝六年（前151）始封程嘉。传二侯。元光四年（前131），侯程回去世，无后，封国撤销。

②江都相：江都国丞相。时江都王为景帝子刘非。

③哀侯程嘉：程嘉谥号，《汉书》作"敬"。

④元光二年，节侯横元年：程嘉卒于武帝元光元年（前134），元光二年（前133），其子程横袭位为侯，当年即去世。

⑤元光三年，侯回元年：程横之子程回在元光三年（前132）袭位为侯，次年去世。

国名	平曲[①]
侯功	以将军击吴楚功,用陇西太守侯[②],户三千二百二十。公孙昆邪担任将军攻打吴楚叛军有功,以陇西太守的身份被封侯,享有食邑三千二百二十户。
孝惠七	
高后八	
孝文二十三	
孝景十六	**五** 六年四月己巳[③],侯公孙昆邪元年。中四年,侯昆邪有罪,国除。太仆贺父[④]。公孙昆邪在景帝朝为侯共五年。景帝六年四月己巳,公孙昆邪被封为平曲侯,该年是其元年。景帝中元四年,平曲侯公孙昆邪犯罪,封地被取消。公孙昆邪是太仆公孙贺的父亲。
建元至元封六年三十六	
太初已后	

<table>
<tr><td>江阳[①]</td></tr>
<tr><td>以将军击吴楚功，用赵相侯[②]，户二千五百四十一。苏嘉担任将军攻打吴楚叛军有功，以赵王刘彭祖国相的身份被封侯，享有食邑二千五百四十一户。</td></tr>
<tr><td></td></tr>
<tr><td></td></tr>
<tr><td></td></tr>
<tr><td>四　六年四月壬申[③]，康侯苏嘉元年[④]。苏嘉在景帝朝为侯共四年。景帝六年四月壬申，苏嘉被封为江阳侯，“康”为其谥号，该年是其元年。
七　中三年，懿侯卢元年[⑤]。苏卢在景帝朝为侯共七年。景帝中元三年，苏嘉的儿子苏卢袭侯，“懿”为其谥号，该年是其元年。</td></tr>
<tr><td>二　苏卢在武帝朝为侯共两年。
十六　建元三年，侯明元年[⑥]。苏明在武帝朝为侯共十六年。武帝建元三年，苏卢的儿子苏明袭侯，该年是其元年。
十一　元朔六年，侯雎元年[⑦]。元鼎五年，侯雎坐酎金，国除。苏雎在武帝朝为侯共十一年。武帝元朔六年，苏明的儿子苏雎袭侯，该年是其元年。元鼎五年，江阳侯苏雎因献给朝廷供祭祀之用的贡金不合格，被废，封地被取消。</td></tr>
<tr><td></td></tr>
</table>

国名	遽[1]
侯功	以赵相建德[2],王遂反,建德不听,死事,子侯,户千九百七十。建德是赵王刘遂的丞相,赵王谋反,他加以抵制,为赵王所杀,他的儿子横因此封侯,享有食邑一千九百七十户。
孝惠七	
高后八	
孝文二十三	
孝景十六	**六**　中二年四月乙巳[3],侯横元年。后二年,侯横有罪,国除。横在景帝朝为侯共六年。景帝中元二年四月乙巳,横被封为遽侯,该年是其元年。景帝后元二年,遽侯横犯罪,封地被取消。
建元至元封六年三十六	
太初已后	

新市[①]
以赵内史王慎[②]，王遂反，慎不听，死事，子侯，户一千十四。王慎担任赵王刘遂的内史，赵王谋反，他加以抵制，为赵王所杀，他的儿子王康因此封侯，享有食邑一千十四户。
五　中二年四月乙巳，侯王康元年[③]。王康在景帝朝为侯共五年。景帝中元二年四月乙巳，王康被封为新市侯，该年是其元年。 **三**　后元年，殇侯始昌元年[④]。王始昌在景帝朝为侯共三年。景帝后元元年，王康的儿子王始昌袭侯，“殇”为其谥号，该年是其元年。
九　元光四年，殇侯始昌为人所杀，国除。王始昌在武帝朝为侯共九年。武帝元光四年，殇侯王始昌被人杀害，封地被取消。

【注释】

平曲

①平曲：侯国名。在今河北沧州盐山县东南。一说在今河北廊坊霸州东。景帝六年（前151）始封公孙昆邪。景帝中元四年（前146），公孙昆邪有罪，封国撤销。

②陇西：汉郡名。治狄道（今甘肃定西临洮）。

③六年四月己巳：景帝六年四月初五。

④太仆贺父：公孙昆邪为太仆公孙贺之父。公孙贺，武帝为太子时，他任太子舍人。武帝即位，迁太仆，因其妻为卫皇后之姐而得宠。太初二年（前103）为丞相。后因巫蛊案而死。

江阳

①江阳：侯国名。《孝景本纪》作"江陵"。江陵，汉属南郡，治今湖北荆州江陵。景帝六年（前151）始封苏嘉。传三侯。元鼎五年（前112），侯苏雕因酎金不合格，封国撤销。

②赵相：赵国丞相。时赵王为景帝之子刘彭祖。

③六年四月壬申：景帝六年四月初八。

④苏嘉：《汉书》作"苏息"，《集解》称又作"籍嘉"。

⑤中三年，懿侯卢元年：苏嘉卒于景帝中元二年（前148），中元三年（前147），其子苏卢袭位为侯。

⑥建元三年，侯明元年：苏卢卒于武帝建元二年（前139），建元三年（前138），其子苏明袭位为侯。

⑦元朔六年，侯雕元年：苏明卒于武帝元朔五年（前124），元朔六年（前123），其子苏雕袭位为侯。

遽

①遽：侯国名。其地未详。景帝中元二年（前148）始封横。后元二

年(前142),侯横有罪,封国撤销。

②赵相建德:建德是赵国的丞相。史失其姓。七国之乱时建德劝谏赵王刘遂不要造反,刘遂不听,将其烧死。当时的赵王刘遂是景帝的堂兄弟。

③中二年四月乙巳:景帝中元二年四月二十八。

新市

①新市:侯国名。在今河北邢台新河西南。景帝中元二年(前148)始封王康。传侯于子王始昌。武帝元光四年(前131),侯始昌被人所杀,封国撤销。

②赵内史王慎:王慎是赵国的内史。七国之乱时与建德一起劝谏赵王刘遂不要造反,刘遂不听,将其烧死。内史,汉以来诸王国置内史,秩二千石,总揽王国事务,职如太守。王慎,《楚元王世家》与《汉书》皆作“王悍”。

③王康:《汉书》作“王弃之”。

④后元年,殇侯始昌元年:王康卒于景帝中元六年(前144),景帝后元元年(前143),其子王始昌袭位为侯。

国名	商陵[1]
侯功	以楚太傅赵夷吾[2]，王戊反，不听，死事，子侯，千四十五户。赵夷吾担任楚王刘戊的太傅，刘戊谋反，他加以抵制，为刘戊所杀，他的儿子赵周因此封侯，享有食邑一千四十五户。
孝惠七	
高后八	
孝文二十三	
孝景十六	**八**　中二年四月乙巳，侯赵周元年。赵周在景帝朝为侯共八年。景帝中元二年四月乙巳，赵周被封为商陵侯，该年是其元年。
建元至元封六年三十六	**二十九**　元鼎五年，侯周坐为丞相知列侯酎金轻，下廷尉[3]，自杀，国除。赵周在武帝朝为侯共二十九年。武帝元鼎五年，商陵侯赵周罪犯担任丞相，明知列侯献给朝廷供祭祀之用的贡金不合格却没有处理，被交给廷尉问罪，自杀，封地被取消。
太初已后	

山阳[①]
以楚相张尚[②]，王戊反，尚不听，死事，子侯，户千一百一十四。张尚担任楚王刘戊的丞相，刘戊谋反，他加以抵制，为刘戊所杀，他的儿子张当居因此封侯，享有食邑一千一百一十四户。
八　中二年四月乙巳，侯张当居元年。张当居在景帝朝为侯共八年。景帝中元二年四月乙巳，张当居被封为山阳侯，该年是其元年。
十六　元朔五年，侯当居坐为太常程博士弟子故不以实罪[③]，国除。张当居在武帝朝为侯共十六年。武帝元朔五年，山阳侯张当居罪犯担任太常主持博士弟子考核时故意不按实际操作，封地被取消。

国名	安陵[1]
侯功	以匈奴王降，侯，户一千五百一十七。子军以匈奴王的身份投降汉朝，被封侯，享有食邑一千五百一十七户。
孝惠七	
高后八	
孝文二十三	
孝景十六	**七**　中三年十一月庚子[2]，侯子军元年。子军在景帝朝为侯共七年。景帝中元三年十一月庚子，子军被封为安陵侯，该年是其元年。
建元至元封六年三十六	**五**[3]　建元六年，侯子军薨，无后，国除。子军在武帝朝为侯共五年（应为六年）。武帝建元六年，安陵侯子军去世，没有后嗣，封地被取消。
太初已后	

垣[1]
以匈奴王降,侯。赐以匈奴王的身份投降汉朝,被封侯。
三[2]　中三年十二月丁丑[3],侯赐元年。六年,赐死,不得及嗣[4]。赐在景帝朝为侯共三年(应为四年)。景帝中元三年十二月丁丑,赐被封为垣侯,该年是其元年。六年,赐死去,尚无子嗣继承他的爵位。

【注释】

商陵

①商陵:侯国名。其地未详。景帝中元二年(前148)始封赵周。武帝元鼎五年(前112),赵周有罪自杀,封国撤销。

②楚太傅赵夷吾:赵夷吾是楚国太傅。七国之乱时赵夷吾劝谏楚王刘戊不要谋反,刘戊不听,将其杀死。当时的楚王刘戊是楚元王的孙子,与景帝关系已较疏远。

③侯周坐为丞相知列侯酎金轻,下廷尉:赵周在武帝元鼎二年(前115)出任丞相。元鼎五年武帝以酎金不合格处罚了一大批诸侯,赵周因为知道此事却不举报而被下狱。廷尉,官名。汉时位列九卿,职掌刑法。

山阳

①山阳:侯国名。在今河南焦作东南。景帝中元二年(前148)始封张当居。武帝元朔五年(前124),张当居有罪,封国撤销。

②楚相张尚:张尚是楚国丞相。七国之乱时与赵夷吾一起劝谏楚王刘戊不要谋反,刘戊不听,将其杀死。

③程博士弟子:考核博士弟子。汉武帝时兴办太学,以博士任教授,置弟子五十员,令郡国选送。规定年十八以上,仪表端正,好文学、敬长上、肃政教、顺乡里、出入不违所学之士,经地方官推荐,再由二千石考察,最后由太常录取,每年选送一次。程,考核。《汉书》作“择”。

安陵

①安陵:侯国名。在今河南许昌鄢陵西北。景帝中元三年(前147)始封子军。建元六年(前135),子军去世,无后,封国撤销。

②中三年十一月庚子:景帝中元三年十一月二十七。

③五：当作“六”。子军无罪而死，据表例，其去世之年应计入为侯年数。

垣

①垣：侯国名。在今山西运城垣曲东南。一说治今河北沧州肃宁东南。景帝中元三年（前147）始封赐。中元六年（前144），赐无嗣，封国撤销。

②三：应作“四”。赐无罪而死，据表例，其去世之年应计入为侯年数。

③中三年十二月丁丑：景帝中元三年十二月无丁丑，疑误记。

④不得及嗣：还没有后嗣。

国名	遒[①]
侯功	以匈奴王降，侯，户五千五百六十九[②]。李隆彊以匈奴王的身份投降汉朝，被封侯，享有食邑五千五百六十九户。
孝惠七	
高后八	
孝文二十三	
孝景十六	中三年十二月丁丑，侯隆彊元年[③]。不得隆彊嗣[④]。景帝中元三年十二月丁丑，李隆彊被封为遒侯，该年是其元年。不清楚谁是他的后代。
建元至元封六年三十六	
太初已后	后元年四月甲辰[⑤]，侯则坐使巫齐少君祠祝诅上[⑥]，大逆无道，国除[⑦]。武帝后元元年四月甲辰，遒侯李则罪犯指使齐少君祭祀鬼神，求鬼神加害皇帝，大逆不道，封地被取消。

容成[1]
以匈奴王降，侯，七百户。唯徐卢以匈奴王的身份投降汉朝，被封侯，享有食邑七百户。
七　中三年十二月丁丑，侯唯徐卢元年。唯徐卢在景帝朝为侯共七年。景帝中元三年十二月丁丑，唯徐卢被封为容成侯，该年是其元年。
十四　建元元年，康侯绰元年。唯徐绰在武帝朝为侯共十四年。武帝建元元年，唯徐卢的儿子唯徐绰袭侯，“康”为其谥号，该年是其元年。 **二十二**　元朔三年，侯光元年[2]。唯徐光在武帝朝元朔三年至元封六年间为侯共二十二年。武帝元朔三年，唯徐绰的儿子唯徐光袭侯，该年是其元年。
十八　后二年三月壬辰[3]，侯光坐祠祝诅，国除。唯徐光在武帝朝太初以后为侯共十八年。武帝后元二年三月壬辰，容成侯唯徐光罪犯祭祀鬼神，求鬼神加害别人，封地被取消。

国名	易[①]
侯功	以匈奴王降，侯。仆黥以匈奴王的身份投降汉朝，被封侯。
孝惠七	
高后八	
孝文二十三	
孝景十六	**六**　中三年十二月丁丑，侯仆黥元年。后二年，侯仆黥薨，无嗣[②]。仆黥在景帝朝为侯共六年。景帝中元三年十二月丁丑，仆黥被封为易侯，该年是其元年。景帝后元二年，易侯仆黥去世，没有后嗣。
建元至元封六年三十六	
太初已后	

范阳[1]
以匈奴王降，侯，户千一百九十七。代以匈奴王的身份投降汉朝，被封侯，享有食邑一千一百九十七户。
七　中三年十二月丁丑，端侯代元年[2]。代在景帝朝为侯共七年。景帝中元三年十二月丁丑，代被封为范阳侯，"端"为其谥号，该年是其元年。
七　代在武帝朝为侯共七年。 **二**　元光二年，怀侯德元年[3]。元光四年，侯德薨，无后，国除。德在武帝朝为侯共两年。武帝元光二年，代的儿子德袭侯，"怀"为其谥号，该年是其元年。元光四年，范阳侯德去世，没有后嗣，封地被取消。

【注释】

遒

①遒:侯国名。在今河北保定涞水北。景帝中元三年(前147)始封李隆彊。武帝后元元年(前88),侯李则有罪,封国撤销。

②户五千五百六十九:《汉书》作“千五百七十户”。按,安陵、垣、范阳等侯皆以匈奴王降而封侯,封邑都是一千余户,遒侯不应独封五千余户。当从《汉书》。

③隆彊:《索隐》记其姓李。

④不得隆彊嗣:不知道李隆彊的继承人是谁。

⑤后元年四月甲辰:武帝后元元年四月无甲辰,疑误记。

⑥侯则:李则。最后一代遒侯。

⑦大逆无道,国除:按,此格是数句为后人所增。

容成

①容成:侯国名。在今河北保定容城北。景帝中元三年(前147)始封唯徐卢。传侯于子唯徐光。武帝后元二年(前87),唯徐光有罪,封国撤销。

②元朔三年,侯光元年:唯徐卢卒于武帝元朔二年(前127),元朔三年(前126),其子唯徐光袭位为侯。

③后二年三月壬辰:武帝后元二年四月初十。

易

①易:侯国名。在今河北保定容城古贤村。景帝中元三年(前147)始封仆黥。后元二年(前142)仆黥去世,无后,封国撤销。

②无嗣:梁玉绳认为,按表例,下应有“国除”二字。

范阳

①范阳:侯国名。在今河北保定定兴南固城镇。景帝中元三年(前147)始封代。传侯于子德。武帝元光四年(前131),侯德去世,无后,封国撤销。

②端侯代:此侯名代,谥“端”。史失其姓。

③元光二年,怀侯德元年:代卒于武帝元光元年(前134),元光二年(前133),其子德袭位为侯。

国名	翕[①]
侯功	以匈奴王降,侯。邯郸以匈奴王的身份投降汉朝,被封侯。
孝惠七	
高后八	
孝文二十三	
孝景十六	**七** 中三年十二月丁丑[②],侯邯郸元年。邯郸在景帝朝为侯共七年。景帝中元三年十二月丁丑,邯郸被封为翕侯,该年是其元年。
建元至元封六年三十六	**九** 元光四年,侯邯郸坐行来不请长信[③],不敬,国除。邯郸在武帝朝为侯共九年。武帝元光四年,翕侯邯郸罪犯到京城的时候没有去长信宫拜见太后,不敬,封地被取消。
太初已后	

亚谷[1]
以匈奴东胡王降[2]，故燕王卢绾子侯[3]，千五百户。卢它父以匈奴东胡王的身份投降汉朝，他是原燕王卢绾的儿子（应为卢绾之孙），被封侯，享有食邑一千五百户。
二　中五年四月丁巳[4]，简侯它父元年[5]。卢它父在景帝朝为侯共两年。景帝中元五年四月丁巳，卢它父被封为亚谷侯，“简”为其谥号，该年是其元年。 **三**　后元年，安侯种元年[6]。卢种在景帝朝为侯共三年。景帝后元元年，卢它父的儿子卢种袭侯，“安”为其谥号，该年是其元年。
十一　建元元年，康侯偏元年[7]。卢偏在武帝朝为侯共十一年。武帝建元元年，卢种的儿子卢偏袭侯，“康”为其谥号，该年是其元年。 **二十五**　元光六年，侯贺元年[8]。卢贺在武帝元光六年至元封六年期间为侯共二十五年。武帝元光六年，卢偏的儿子卢贺袭侯，该年是其元年。
十五　征和二年七月辛巳[9]，侯贺坐太子事[10]，国除。卢贺在武帝太初以后为侯共十五年。武帝征和二年七月辛巳，亚谷侯卢贺罪犯在武帝太子刘据的巫蛊之祸中接受太子节，封地被取消。

国名	隆虑[1]
侯功	以长公主嫖子侯[2]，户四千一百二十六。陈蟜因是长公主刘嫖的儿子而被封侯，享有食邑四千一百二十六户。
孝惠七	
高后八	
孝文二十三	
孝景十六	**五**　中五年五月丁丑[3]，侯蟜元年。陈蟜在景帝朝为侯共五年。景帝中元五年五月丁丑，陈蟜被封为隆虑侯，该年是其元年。
建元至元封六年三十六	**二十四**　元鼎元年，侯蟜坐母长公主薨未除服奸，禽兽行[4]，当死[5]，自杀，国除。陈蟜在武帝朝为侯共二十四年。武帝元鼎元年，陈蟜罪犯在母亲长公主去世后丧期未满就与人通奸，干出禽兽般的丑恶行径，被判死罪，自杀，封地被取消。
太初已后	

乘氏[1]
以梁孝王子侯[2]。刘买因是梁孝王刘武的儿子而被封侯。
一　中五年五月丁卯[3]，侯买元年。中六年，侯买嗣为梁王，国除。刘买在景帝朝为侯共一年。景帝中元五年五月丁卯，刘买被封为乘氏侯，该年是其元年。景帝中元六年，乘氏侯刘买继承父亲刘武的王位为梁王，乘氏侯的封地被取消。

【注释】

翕

①翕:侯国名。在今河南安阳内黄北吉村。景帝中元三年(前147)始封邯郸。元光四年(前131),邯郸有罪,封国撤销。

②十二月丁丑:景帝中元三年十二月无丁丑,疑误记。

③行来不请长信:来京城时不到长信宫拜见太后。请,谒见,拜谒。长信,长信宫。在汉长安城东南隅长乐宫内,汉太后常居此宫。

亚谷

①亚谷:侯国名。其地说法不一。《水经注·易水》认为在今河北保定安新东北;《读史方舆纪要》认为在今河北保定雄县东。景帝中元五年(前145)始封卢它父。传三侯。武帝征和二年(前91),卢贺有罪被杀,封国撤销。

②东胡:古民族名。因居匈奴之东,故名。从事畜牧业,兼营狩猎。后为燕将秦开所破,迁至西辽河上游老哈河、西拉木伦河流域一带。秦末一度强盛。被匈奴冒顿单于击败后,遂退居于乌桓山和鲜卑山。

③故燕王卢绾子:卢绾是刘邦幼时好友,随刘邦起兵,一直为其宠信。汉初封燕王。陈豨叛乱,他受人挑拨与之联合,并联络匈奴共谋叛汉。陈豨败,他惧诛逃入匈奴,被封为东胡卢王。不久病死于匈奴。受封的它父是他的孙子,并非儿子。

④中五年四月丁巳:景帝中元五年四月二十八。

⑤它父:《韩信卢绾列传》与《汉书》皆作“它之”。

⑥后元年,安侯种元年:卢它父卒于景帝中元六年(前144),景帝后元元年(前143),其子卢种袭位为侯。

⑦建元元年,康侯偏元年:卢种卒于景帝后元三年(前141),武帝建元元年(前140),其子卢偏袭位为侯。

⑧元光六年，侯贺元年：卢偏卒于武帝元光五年（前130），元光六年（前129），其子卢贺袭位为侯。

⑨征和二年七月辛巳：武帝征和二年七月初八。

⑩太子事：武帝太子刘据被江充等诬陷为巫蛊，怒而起兵与丞相战于长安，卢贺受太子节。太子败，他受牵连，被拷打致死。

隆虑

①隆虑：侯国名。在今河南安阳林州。景帝五年（前152）始封陈蟜。武帝元鼎元年（前116），陈蟜有罪自杀，封国撤销。

②长公主嫖：景帝同母姐，武帝陈皇后之母。曾与武帝之母王夫人合谋使景帝立刘彻为太子。

③中五年五月丁丑，侯蟜元年：《孝景本纪》记陈蟜封侯在景帝前元五年（前152）五月丁卯，即五月二十八。

④禽兽行：古代特指乱伦的行为。

⑤当（dāng）死：判处死刑。

乘氏

①乘氏：侯国名。在今山东菏泽巨野西南。景帝中元五年（前145）始封刘买。中元六年（前144），刘买嗣位梁王，乘氏侯国撤销。

②梁孝王：景帝同母弟刘武。文帝十二年（前168）封梁王。景帝三年（前154），吴楚七国叛乱，他与汉军协力平乱，立大功，受到景帝器重，又因深受其母窦太后喜爱，遂有非分之想。后因谋求嗣位被景帝疏远。景帝中元六年（前144）卒。谥“孝”。

③中五年五月丁卯：景帝中元五年五月初八。

国名	桓邑[1]
侯功	以梁孝王子侯。刘明因是梁孝王刘武的儿子而被封侯。
孝惠七	
高后八	
孝文二十三	
孝景十六	一　中五年五月丁卯，侯明元年。中六年，为济川王[2]，国除。刘明在景帝朝为侯共一年。景帝中元五年五月丁卯，刘明被封为桓邑侯，该年是其元年。景帝中元六年，改封桓邑侯刘明为济川王，桓邑侯的封地被取消。
建元至元封六年三十六	
太初已后	

盖[①]
以孝景后兄侯[②],户二千八百九十。王信因是景帝王皇后之兄而被封侯,享有食邑二千八百九十户。
五 中五年五月甲戌[③],靖侯王信元年。王信在景帝朝为侯共五年。景帝中元五年五月甲戌,王信被封为盖侯,"靖"为其谥号,该年是其元年。
二十 王信在武帝朝为侯共二十年。 **八** 元狩三年,侯偃元年[④]。元鼎五年,侯偃坐酎金,国除。王偃在武帝朝为侯共八年。武帝元鼎五年,盖侯王偃因献给朝廷供祭祀之用的贡金不合格,被废,封地被取消。

国名	塞[①]
侯功	以御史大夫前将兵击吴楚功侯[②]，户千四十六。直不疑因担任御史大夫，之前曾率军攻打吴楚叛军而立功封侯，享有食邑一千四十六户。
孝惠七	
高后八	
孝文二十三	
孝景十六	三　后元年八月，侯直不疑元年。直不疑在景帝朝为侯共三年。景帝后元元年八月，直不疑被封为塞侯，该年是其元年。
建元至元封六年三十六	三　直不疑在武帝朝为侯共三年。 十二　建元四年，侯相如元年[③]。直相如在武帝朝为侯共十二年。武帝建元四年，直不疑的儿子直相如袭侯，该年是其元年。 十三　元朔四年，侯坚元年[④]。元鼎五年，坚坐酎金，国除。直坚在武帝朝为侯共十三年。武帝元朔四年，直相如的儿子直坚袭侯，该年是其元年。武帝元鼎五年，塞侯直坚因献给朝廷供祭祀之用的贡金不合格，被废，封地被取消。
太初已后	

武安[①]
以孝景后同母弟侯[②],户八千二百一十四。田蚡因是景帝王皇后同母异父的弟弟而被封侯,享有食邑八千二百一十四户。
一　后三年三月[③],侯田蚡元年。田蚡在景帝朝为侯共一年。景帝后元三年三月,田蚡被封为武安侯,该年是其元年。
九　田蚡在武帝朝为侯共九年。 **五**　元光四年,侯梧元年[④]。元朔三年,侯梧坐衣襜褕入宫廷中[⑤],不敬,国除。田梧在武帝朝为侯共五年。武帝元光四年,田蚡的儿子田梧袭侯,该年是其元年。武帝元朔三年,武安侯田梧罪犯穿着襜褕衣就进入宫廷中,不敬,封地被取消。

【注释】

桓邑

①桓邑：侯国名。在今河南新乡长垣东北。景帝中元五年（前145）始封刘明。中元六年（前144），刘明被封为济川王，乘氏侯国撤销。

②中六年，为济川王：梁孝王去世后，景帝将梁国分为梁、济川、济东、山阳、济阴五国，立梁孝王五子为王。济川国，都济阳（今河南开封兰考东北堌阳镇）。

盖

①盖：侯国名。在今山东淄博沂源东南。景帝中元五年（前145）始封王信。武帝元鼎五年（前112），侯王偃因酎金不合格，封国撤销。

②孝景后兄：景帝王皇后之兄。王皇后，名娡（zhì），武帝刘彻之母。

③中五年五月甲戌：景帝中元五年五月十五。

④元狩三年，侯偃元年：王信卒于元狩二年（前121），元狩三年（前120），其子王偃袭位为侯。按，据《汉书》，武帝元光三年（前132），顷侯王充嗣侯，之后又有王受嗣侯，王受在元鼎五年坐酎金免；但又记王信为侯二十五年，则其直至元狩二年一直为侯，王充不当在元光三年嗣侯。《史》《汉》记载差别明显，未知孰是。

塞

①塞：侯国名。其地未详。《索隐》说“在桃林塞（今陕西渭南潼关东北）”；梁玉绳疑即常山国平棘县（今河北石家庄赵县东南）之塞；《史记地名考》说或在伊阙（今河南洛阳南）龙门之塞。景帝后元元年（前143）始封直不疑。传二侯。武帝元鼎五年（前112），侯直坚因酎金不合格，封国撤销。

②以御史大夫前将兵击吴楚功侯：直不疑在参与平定吴楚七国之乱

时为二千石，景帝后元元年，拜为御史大夫。

③建元四年，侯相如元年：直不疑卒于武帝建元三年（前138），建元四年（前137），其子直相如袭位为侯。

④元朔四年，侯坚元年：直相如卒于武帝元朔三年（前126），元朔四年（前125），其子直坚袭位为侯。坚，《汉书》作“彭祖”，盖一名一字。

武安

①武安：侯国名。在今河北邯郸武安西南。又，《河渠书》云：“是时武安侯田蚡为丞相，其奉邑食鄃。鄃（shū）居河北。”鄃，在今山东德州平原县西南。景帝后元三年（前141）始封田蚡。传侯于子田梧。元朔三年（前126），田梧有罪，封国撤销。

②孝景后同母弟：田蚡是景帝王皇后同母异父的弟弟。生平事迹详见《魏其武安侯列传》。

③后三年三月：景帝卒于是年正月。则田蚡当为武帝所封，因未改元，故书于此。

④元光四年，侯梧元年：田蚡卒于武帝元光三年（前132），元光四年（前131），其子田梧袭位为侯。

⑤襜褕（chān yú）：古代一种较长的单衣。有直裾和曲裾二式，为男女通用的非正朝之服，因其宽长摇荡，故名。

国名	周阳[1]
侯功	以孝景后同母弟侯[2]，户六千二十六。田胜因是景帝王皇后的同母异父的弟弟而被封侯，享有食邑六千二十六户。
孝惠七	
高后八	
孝文二十三	
孝景十六	**一**　后三年三月，懿侯田胜元年。田胜在景帝朝为侯共一年。景帝后元三年三月，田胜被封为周阳侯，“懿”为其谥号，该年是其元年。
建元至元封六年三十六	**十一**　田胜在武帝朝为侯共十一年。 **八**　元光六年，侯彭祖元年[3]。元狩二年，侯彭祖坐当归与章侯宅不与罪[4]，国除。田彭祖在武帝朝为侯共八年。武帝元光六年，田胜的儿子田彭祖袭侯，该年是其元年。元狩二年，周阳侯田彭祖罪犯应当归还章侯宅子却不归还，封地被取消。
太初已后	

右孝景时三十	以上是景帝时期三十位被封侯者的年表。

【注释】

周阳

①周阳:侯国名。在今山西运城绛县西南。景帝后元三年(前141)始封田胜。传侯于子田彭祖。元狩二年(前121),田彭祖有罪,封国撤销。

②孝景后同母弟:田胜是王皇后同母异父弟弟,田蚡胞弟。

③元光六年,侯彭祖元年:田胜卒于武帝元光五年(前130),元光六年(前129),其子田彭祖袭位为侯。彭祖,《汉书》作“祖”。

④当归与章侯宅不与:章侯,《汉书》作“轵侯”。梁玉绳曰:“《汉表》作‘轵侯’是,表无‘章侯’,故知误也。”

【集评】

汪越曰:“汉约非有功不侯,此表以功得侯者有四,曰修高祖时遗功臣也,曰诛诸吕也,曰从代来也,曰吴楚之役也;此外同姓者若孝惠子、齐悼惠王子、淮南厉王子、楚元王子、梁孝王子,则推亲亲之恩而侯者也;异姓唯长沙王子吴浅、长沙嗣成王子吴阳、长沙王相利仓,则以吴芮忠而无功得侯者也;外戚若吕后姊子、吕后兄子、吕后诸昆弟子、吕氏王子、孝文太后弟薄昭、孝文后弟窦广国、后兄窦长君子彭祖、孝景后兄王信、孝景后母弟田蚡、田胜、长公主嫖子蟜、张敖鲁元太后子、齐哀王舅父驷钧、淮南厉王舅父赵兼,则所谓恩泽侯者也;有死事而其子得侯者,若匈奴入北地,力战死事之孙卬,赵相建德不听王遂反而死,内史王慎亦不听王遂反而死,楚太傅赵夷吾不听王戊反而死,楚相张尚亦不听王戊反而死是也;有外国归义,自匈奴降汉而侯者凡七人,其故韩王信之孽子与其太子之子,故燕王卢绾之子,则汉人归自匈奴者也。”(《读史记十表》)

潘永季曰:“孝惠时侯三人,首便侯,长沙王子;次轪侯利仓,以长沙相侯;次平都侯刘到,高祖功臣侯,此亦见惠帝好处。史公就便侯发论,寄意特深。盖以高祖定天下,功臣王者八人,淮阴、布、越有破楚大功,而

卒以夷灭;长沙无功于汉,而独得传世,枝庶侯者数人,此史公所悲也。特赞其‘守职能忠’,意在言外。”(《读史记札记》)

郝敬曰:“高祖约‘非刘氏不王,非军功不侯’,初年,异姓以功王者八国,内七王皆以罪废,而独长沙得延及五世。高祖约‘非亲不王’,而吕后王诸吕;‘非功不侯’,而景帝侯薄昭、窦广国。至武帝以后,丞相皆封侯,田蚡、田胜以外戚专政,恩泽渝盟,竟以亡汉,太史公作《惠景间侯者年表》已见其然。”(《史记愚按》)

【评论】

惠景间外戚封侯的原因各不相同。从本表看,吕后所封外戚侯有十一人,其主要目的是巩固吕氏集团政治力量协助吕后及少帝掌控政权,与刘姓宗室和功臣集团抗衡。文帝时所封外戚三人。薄昭,不仅是文帝的亲舅舅,而且是文帝进京的翊卫功臣,不可单纯看作因“外戚”受封。驷钧,齐哀王刘襄舅父。刘襄起兵讨伐诸吕时,驷钧是其心腹骨干,是以诛诸吕之功受封。赵兼,淮南厉王刘长舅父。唯此人无功受封。景帝所封外戚七人,首先是窦太后的两个兄弟窦广国、窦彭祖,这两人封侯虽然列为文帝时,但实为文帝去世之后景帝所封。之后又封窦太后之侄窦婴、外甥陈娇、王皇后异母弟王信、田蚡、田胜为侯。除窦婴有军功外,其他人都只是外戚而已。可见景帝的封外戚主要是出于荣宠。明代郝敬说:“高祖约……‘非功不侯’,而景帝侯薄昭、窦广国。至武帝以后,丞相皆封侯,田蚡、田胜以外戚专政,恩泽渝盟,竟以亡汉,太史公作《惠景间侯者年表》已见其然。”(《史记愚按》)点明了景帝之滥封外戚的危害。

汉景帝在封侯一事上问题很多。《李将军列传》中还提到因为李广私受梁王将军印,他心怀猜忌而不顾李广军功而不封其为侯之事。《绛侯周勃世家》中记述了他不顾周亚夫反对,一定要封匈奴降王为侯,以及周亚夫反对封王信为侯时非常不快。再加上滥封外戚,足见汉景帝的自私狭隘、刚愎自用。而他对平定吴楚七国之乱的功臣不仅封侯,食邑也又多，再联想到他对吴楚七国士民的处置，残暴地鼓动官兵极意杀戮，乃至将一座广陵城夷为平地，可见他内心的残忍怨毒。苏辙说："汉之贤君皆曰'文''景'，文帝宽仁大度，有高帝之风；景帝忌刻少恩，无人君之量，其实非文帝比也。"（《汉书评林》引）单从封侯之事上，即可见苏辙所言不虚。

本表表序开头从评论便侯吴浅说起，表面上是表扬长沙王父子兄弟，说他们因为"忠"，"为藩守职"无过而成为唯一的异姓王，并且"泽流枝庶，毋功而侯者数人"，实际上司马迁承续了一贯观点，是在批评汉代诸帝对功臣的刻薄寡恩，杀戮迫害。潘永季《读史记札记》说："史公就便侯发论，寄意特深。盖以高祖定天下，功臣王者八人，淮阴、布、越有破楚大功，而卒以夷灭；长沙无功于汉，而独得传世，枝庶侯者数人，此史公所悲也。特赞其'守职能忠'，意在言外。"可谓善读书者。

建元以来侯者年表第八

【释名】

《建元以来侯者年表》是反映汉武帝封侯史的专表之一。本表谱列了自建元元年（前140）至太初年间（前104—前101）分封功臣的情况，形式与《高祖功臣侯者年表》《惠景间侯者年表》相同，只是时间轴上，在“侯功”下按武帝年号，分成“元光”“元朔”“元狩”“元鼎”“元封”“太初以后”六格，体现了司马迁重视当代史的撰写原则。

表内列侯共七十三人，其中以伐匈奴封侯者二十五人；征两越、朝鲜封侯者九人；匈奴、两越、朝鲜、小月氏因归义封侯者三十人；以功荫封侯者三人；以父死事南越封侯者二人；绍先代封侯者一人；以丞相封侯者二人；以方术封侯者一人。从中可见，以在讨伐匈奴、两越及其他周边民族的战争中立有军功而封侯者最多，而封侯原因与战争无关者仅四人而已。

本表自“涅阳侯”以下为褚少孙所补，计武帝时四侯，昭帝时十一侯，宣帝时二十九侯，元帝时一侯，共四十五侯。表的格式均为通体一栏，前有褚少孙补表序。

太史公曰：匈奴绝和亲，攻当路塞[①]；闽越擅伐，东瓯请降[②]。二夷交侵[③]，当盛汉之隆[④]，以此知功臣受封侔于祖考矣[5]。何者？自《诗》《书》称三代“戎狄是膺，荆荼是征”[6]，齐桓越燕伐山戎[7]，武灵王以区区赵服单于[8]，秦缪用百里霸西戎[9]，吴楚之君以诸侯役百越[10]。况乃以中国一统[11]，明天子在上，兼文武[12]，席卷四海，内辑亿万之众[13]，岂以晏然不为边境征伐哉[14]！自是后，遂出师北讨强胡[15]，南诛劲越，将卒以次封矣[16]。

【注释】

①绝和亲，攻当路塞：按，汉初大业初造，刚经历了反秦和楚汉战争，户口大减，国力凋敝；而匈奴在冒顿单于的领导下，尽服北夷，统合各部，发展到最强盛的时期，“控弦之士三十余万”，所以在汉匈力量的对比中，汉朝并不占优势。正是在这种形势下，自高祖七年（前200）刘邦对匈奴作战败于平城后，汉对匈奴一直采取和亲政策，即嫁公主给匈奴单于，并每年给匈奴一定数量的财物。这种政策历惠帝、吕后、文帝、景帝，一直未曾改变，虽然换得了几十年的相对和平，使汉朝国力得以恢复并发展，但这毕竟是一种屈辱。另外，匈奴也并未真正遵守和约，对汉朝的北部地区的攻击、杀掠从未停止，在文帝三年（前177）、十四年（前166）、后六年（前158）还曾有三次大举入侵，景帝时期也“时时小入盗边”。这是汉初遗留问题，而这种矛盾积累到一定程度，在适当的情况下，汉匈战争终将发生。绝和亲，破坏和亲协议。当路塞，阻碍进军的关塞。

②闽越擅伐，东瓯请降：事在武帝建元三年（前138）。吴楚七国之乱失败后，刘濞被东瓯王所杀，他的儿子子驹逃到闽越国，挑拨闽越王发兵进攻东瓯。东瓯向汉朝求救，汉发兵往救，闽越退兵，东瓯内迁到了江淮之间。此后闽越仍不安分，最终引起了汉对南方

的征伐。事详见《东越列传》《南越列传》。闽越，为古代越族之一支。秦汉时分布在今浙江南部、福建北部一带，其首领无诸相传为越王句践之后。汉高祖五年（前202）置闽越国，封无诸为王，都东冶（今福建武夷山市之城村故城）。东瓯，古代东越族的一支。主要分布在今浙江南部瓯江、灵江流域。汉惠帝三年（前192）封其首领摇为东海王，都东瓯（今浙江温州），俗称东瓯王。

③二夷交侵：指北方的匈奴与东南方的闽越同时侵扰汉王朝。

④当盛汉之隆：意即到了武帝在位的强盛时代，必定会对匈奴与东南夷用兵，以解决这两个祸害。隆，盛，兴盛。《平准书》描述武帝初期国家富足的情形说："民则人给家足，都鄙廪庾皆满，而府库余货财。京师之钱累巨万，贯朽而不可校。太仓之粟陈陈相因，充溢露积于外，至腐败不可食。众庶街巷有马，阡陌之间成群，而乘字牝者傧而不得聚会。"

⑤功臣受封侔（móu）于祖考：指武帝时期与汉高祖时代相同，很多人因军功而封侯。张大可说："《建元以来侯者年表》所列七十二侯，其中三分之二是因战功封侯。"侔，齐等，相当。祖考，泛指父祖之辈。

⑥《诗》《书》称三代"戎狄是膺，荆荼（shū）是征"：指经书中对于古代圣王征伐外族的记载与赞美。《诗》《书》，《诗经》《尚书》，代指经书。三代，通常指夏、商与西周。戎狄是膺，荆荼是征，二句见《诗经·鲁颂·閟宫》，原文作"戎狄是膺，荆舒是惩"，是赞美鲁僖公与齐桓公北击戎狄，南伐荆楚，天下无敌。膺，击。荆荼，即"荆舒"，犹言"荆楚"，指楚国。

⑦齐桓越燕伐山戎：事见《左传·庄公三十年》与《齐太公世家》《燕召公世家》。山戎攻打燕国，燕向齐桓公求救。周惠王十四年（前663），齐桓公将山戎赶出燕国，并乘势向北攻伐令支、孤竹等国，解除燕国威胁。通过这次军事行动，齐桓公得到了更多诸

侯的拥护。山戎,古代北方民族名。又称北戎,匈奴的一支。活动地区在今河北北部。

⑧武灵王以区区赵服单于:赵武灵王通过改革内政、胡服骑射等措施,大大提升了赵国军力,遂先后攻灭中山,破林胡、楼烦等北方游牧部族,拓地北至燕、代,建立云中、雁门等郡。赵武灵王,前325—前299年在位,是战国中期最有作为的赵国君主,赵国在他统治期间国力最为强盛。后传位于惠文王,自称主父。服单于,使北方民族的君长臣服。据《赵世家》,武灵王二十年(前306)曾"西略胡地至榆中,林胡王献马";惠文王二年(前297)曾"行新地,遂出代,西遇楼烦王于西河而致其兵"。

⑨秦缪用百里霸西戎:秦缪公凭借百里国土称霸西戎。秦缪,秦缪公,"缪"也写作"穆",前659—前621年在位,春秋时代秦国最有作为的君主。百里,百里之地,此喻国土狭小。霸西戎,成为西戎地区的霸主。据《秦本纪》,秦穆公三十七年,"益国十二,开地千里,遂霸西戎"。

⑩吴楚之君以诸侯役百越:春秋战国时的吴国、楚国国君仅仅是一方诸侯也能役使南方各越族部落。如吴王夫差曾打败越王句践,令其率众称臣;战国时楚威王大败越,杀越王无彊,越国分裂,各部族或为王,或为君,都服朝于楚。百越,越族许多分支或部族的总称,如先秦时,有扬越、于越、夷越、濮越、夔越等支。秦汉前已广泛分布于长江中下游以南地区,从事农耕、渔猎,以水上航行、金属冶炼著称,有断发文身习俗。

⑪中国一统:指彻底统一全国,达到了高度集权,令行禁止。

⑫兼文武:既有文德,又有武功。

⑬辑:聚合,集聚。引申拥有,支配。

⑭晏然:安闲,无所事事的样子。

⑮胡:指匈奴,匈奴自称曰"胡人"。

⑯将卒以次封：将帅们按出征立功的顺序封侯。将卒，应作“将率”，即将帅。李景星曰：“汉世封侯之滥莫过于孝武之时，太史公作《建元以来侯者年表》有隐痛焉，故表序纯用吞吐为讥刺：曰‘以此知功臣受封侔于祖考矣’，言不当与祖考侔也；曰‘岂以晏然不为边境征伐哉’，言不当为边境征伐也；曰‘将率以次封矣’，言将率不当封也。处处以纵为擒，以反作正，而武帝之勤远略，诸臣之幸功名，皆于言外传之，的是写生妙手。”

【译文】

太史公说：匈奴人背叛和亲协议，进攻边境的要塞；闽越擅自进攻东瓯，致使东瓯人请求内附保护。南北两夷交相侵扰大汉，而大汉又正值兴盛时期，因此可知此时功臣封侯的盛况是能与高祖时代媲美的。为什么这样说呢？自从《诗经》《尚书》称颂夏、商、周三代的“进攻北方的戎狄，征伐南方的荆楚”，齐桓公越过燕国北讨山戎，赵武灵王凭着一个小小的赵国臣服北方游牧部族的首领，秦缪公靠着狭小的国土称霸西戎，春秋战国时的吴国、楚国仅仅是一方诸侯也能役使南方的百越。何况现在国家四海统一，上有圣明天子，文武兼备，席卷天下，国内拥有亿万民众，怎么能够面对外敌侵扰而无动于衷，不发兵边境进行征讨呢！从此以后，就出兵北讨强大的匈奴，南征强劲的南越，将士们便因立功而依次受赏封侯了。

国名[①]	翕[①]
侯功[②]	匈奴相降[②]，侯。元朔二年[③]，属车骑将军[④]，击匈奴有功，益封[⑤]。赵信以匈奴相的身份投降，封侯。元朔二年，作为车骑将军属下，攻击匈奴立下战功，增加食邑。
元光[③]	**三**[⑥]　四年七月壬午[⑦]，侯赵信元年[⑧]。赵信在元光年间为侯三年。元光四年七月（应为十月）壬午，赵信被封为翕侯，该年是其元年。
元朔[④]	**五**[⑨]　六年，侯信为前将军击匈奴，遇单于兵，败，信降匈奴[⑩]，国除。赵信在元朔年间为侯五年。元朔六年，翕侯赵信作为前将军出击匈奴，遭遇单于的军队，战败，赵信投降匈奴，封地被取消。
元狩[⑤]	
元鼎[⑥]	
元封[⑦]	
太初已后[⑧]	

持装[①]

匈奴都尉降[②],侯。乐以匈奴都尉身份投降,封侯。

一[③] 六年后九月丙寅[④],侯乐元年。乐在元光年间为侯一年。元光六年闰九月丙寅,乐被封为持装侯,该年是其元年。

六 乐在元朔年间继续为侯,共六年。

六[⑤] 乐在元狩年间继续为侯,共六年。

元年,侯乐死,无后,国除。元鼎元年,持装侯乐去世,没有后嗣,封地被取消。

【注释】

①国名：诸侯封地名称。汉时诸侯的封地一般为一个县，以该县名为侯国名，称某某国，不再称县。

②侯功：该侯的主要功迹。

③元光：前134—前129年。以下元朔、元狩、元鼎、元封、太初都是汉武帝刘彻的年号。

④元朔：前128—前123年。

⑤元狩：前122—前117年。

⑥元鼎：前116—前111年。

⑦元封：前110—前105年。

⑧太初已后：汉武帝太初元年（前104）至后元二年（前87）驾崩这一阶段。

翕

①翕：侯国名。故治在今河南安阳内黄北吉村。元光四年（前131）始封赵信，元朔六年（前123）赵信降匈奴，封国撤销。

②匈奴相：秦汉时匈奴官爵名。亦作“相封”“相国”。匈奴官制受汉官制影响，“相”相当于汉之丞相，职佐单于管理整个匈奴领地。匈奴二十四长也各置相，相当于汉之诸侯国相。

③元朔二年：前127年。

④车骑将军：西汉时地位仅次于大将军、骠骑将军的最高级武官。位比三公，金印紫绶。职掌宫卫，领禁兵。不常置。此指卫青，元朔二年（前127）汉匈河南之役中卫青为车骑将军。

⑤益封：赵信降汉封翕侯在元朔二年（前127）击匈奴之前，此役后增加封地。

⑥三：赵信在元光年间共为侯三年。按，这个位置上的数字，表示该侯在元光年间为侯年数。

⑦四年：元光四年，前131年。七月壬午：七月，当依《汉书·景武昭宣元成功臣表》作"十月"。十月壬午，即该年十月十二。

⑧赵信：匈奴人。以匈奴相降汉，封为翕侯，后复叛汉降匈奴，常为单于出谋划策，屡扰汉边。

⑨五：赵信在元朔年间共为侯五年。按，这个位置上的数字，表示该侯在元朔年间为侯年数。

⑩"侯信为前将军击匈奴"几句：此年汉兵分六路出定襄击匈奴，赵信与苏建为一路，与匈奴单于激战一日，兵尽败降。

持装

①持装：侯国名。在持装县（其地未详），陈直以为应作"持袁"，其地亦未详。元光六年（前129）始封乐。元鼎元年（前116），乐去世，无后，封国撤销。

②匈奴都尉：秦汉时匈奴官爵名。匈奴官制受汉官制影响，都尉相当于汉之都尉，为中级武官。二十四长也各置都尉。

③一：侯乐在元光年间共为侯一年。按，这个位置上的数字，表示该侯在元光年间为侯年数。

④六年后九月丙寅：元光六年闰九月十二。

⑤六：侯乐在元狩年间共为侯六年。按，这个位置上的数字，表示该侯在元狩年间为侯年数。

国名	亲阳[1]
侯功	匈奴相降，侯。月氏以匈奴相的身份投降，封侯。
元光	
元朔	三　二年十月癸巳[2]，侯月氏元年。五年，侯月氏坐亡斩[3]，国除。月氏在元朔年间为侯三年。元朔二年十月癸巳，月氏被封为亲阳侯，该年是其元年。元朔五年，亲阳侯月氏因逃跑被斩，封地被取消。
元狩	
元鼎	
元封	
太初已后	

若阳[①]
匈奴相降，侯。猛以匈奴相的身份投降，封侯。
三　二年十月癸巳，侯猛元年。五年，侯猛坐亡斩，国除。猛在元朔年间为侯三年。元朔二年十月癸巳，猛被封为若阳侯，该年是其元年。元朔五年，若阳侯猛因逃跑被斩，封地被取消。

国名	长平[①]
侯功	以元朔二年再以车骑将军击匈奴[②],取朔方、河南[③],功侯。元朔五年[④],以大将军击匈奴[⑤],破右贤王[⑥],益封三千户[⑦]。卫青凭借元朔二年第二次作为车骑将军出击匈奴,夺取朔方、河南的军功封侯。元朔五年,卫青作为大将军出击匈奴,大败右贤王,增加食邑三千户。
元光	
元朔	**五**[⑧] 二年三月丙辰,烈侯卫青元年。卫青在元朔年间为侯五年。元朔二年三月丙辰,卫青被封为长平侯,“烈”为其谥号,该年是其元年。
元狩	**六** 卫青在元狩年间继续为侯,共六年。
元鼎	**六** 卫青在元鼎年间继续为侯,共六年。
元封	**六** 卫青在元封年间继续为侯,共六年。
太初已后	太初元年[⑨],今侯伉元年。太初元年,为现在的长平侯卫伉元年。

平陵[1]
以都尉从车骑将军青击匈奴，功侯[2]。以元朔五年，用游击将军从大将军，益封。苏建作为都尉跟随车骑将军卫青出击匈奴，因军功封侯。元朔五年，凭借作为游击将军跟随大将军出征，增加食邑。
五[3]　二年三月丙辰，侯苏建元年。六年，侯建为右将军，与翕侯信俱败，独身脱来归，当斩，赎，国除[4]。苏建在元朔年间为侯五年（应为四年）。元朔二年三月丙辰，苏建被封为平陵侯，该年是其元年。元朔六年，苏建作为右将军，与翕侯赵信都战败，独自一人逃脱归来，罪当斩首，用钱赎罪，封地被取消。
[5]

【注释】

亲阳

①亲阳：侯国名。在亲阳县。因此侯封在篨（chú）水北、舞水南，故曰亲阳（亲为篨之省字），而地则析自舞阴（今河南焦作沁阳西北）。元朔二年（前127）始封月氏。元朔五年（前124），月氏逃亡被斩，封国撤销。

②十月癸巳：十月十六。

③亡斩：逃亡被斩。

若阳

①若阳：侯国名。在若阳，析平氏县（治今河南南阳桐柏西北平氏）而置，或因在若水之阳，故称若阳。《史记地名考》疑若水即顺水，顺阳故城在今河南南阳淅川东。元朔二年（前127）始封猛。元朔五年（前124），猛逃亡被斩，封国撤销。

长平

①长平：侯国名。在长平县，一说在今河南周口西华东北，一说在今山西晋城高平西北。元朔二年（前127）始封卫青。太初年间封国尚存。

②以元朔二年再以车骑将军击匈奴：卫青在元朔二年（前127）第二次任车骑将军出云中郡击匈奴。此前在元光五年（前130）卫青曾任车骑将军出上谷击匈奴。

③取朔方、河南：即汉匈河南之役。朔方，汉郡名。与“河南”所指的区域略同。《卫将军骠骑列传》：元朔二年（前127），卫青略河南地，“遂以河南地为朔方郡”，治朔方（今内蒙古杭锦旗西北黄河南岸），辖境相当于今内蒙古河套西北部及后套地区。

④元朔五年：前124年。

⑤以大将军击匈奴：卫青在此年出击匈奴时为车骑将军，因击溃匈奴右贤王而拜大将军。大将军，最高级武官。金印紫绶，位比三公，但实际的优宠和权力都在丞相之上。

⑥右贤王：汉时匈奴官名。匈奴谓贤为“屠耆”，故又称右屠耆王。右贤王居西方，有万骑以上兵力，由贵族世袭，位仅次于单于和左贤王，有资格继承单于位。

⑦益封三千户：据《卫将军骠骑列传》，卫青在河南之役后以三千八百户封长平侯，当年益封三千户；而击溃右贤王后益封为六千户。梁玉绳认为这里是误以收河南地益封之户数为破右贤王户数了。

⑧五：卫青在元朔年间共为侯五年。按，这个位置上的数字，表示该侯在元朔年间为侯年数。

⑨太初元年：前104年。

平陵

①平陵：侯国名。在平陵县，析南阳郡武当县（治今湖北十堰丹江口旧均县城）而置。元朔二年（前127）始封苏建。元朔六年（前123），苏建战败，封国撤销。

②以都尉从车骑将军青击匈奴，功侯：苏建参加了元朔二年（前127）卫青领导的河南之役，因功封侯。都尉，为高级将领之下的中级武官，地位略低于校尉。车骑将军青，指卫青。

③五：应为“四”，据下文，苏建元朔二年封侯，元朔六年兵败封国撤销，则第五年不算，为侯共四年。

④“六年”几句：此苏建与赵信战败国除事，在元朔六年（前123），而底本书于“元鼎”格，误，今移入“元朔”格。

⑤“元狩”格：按，据上注，苏建封国已于元朔年间撤销，此格中原有的“六”字与下“元鼎”格中的“六”字皆据删。

国名	岸头[①]
侯功	以都尉从车骑将军青击匈奴,功侯[②]。元朔六年,从大将军,益封[③]。张次公作为都尉跟随车骑将军卫青出击匈奴,因军功封侯。元朔六年(应为五年),跟随大将军出征,增加食邑。
元光	
元朔	**五**　二年六月壬辰[④],侯张次公元年。张次公在元朔年间为侯五年。元朔二年六月壬辰,张次公被封为岸头侯,该年是其元年。
元狩	元年,次公坐与淮南王女陵奸[⑤],及受财物罪,国除。元狩元年,张次公犯了与淮南王的女儿刘陵通奸及收受财物贿赂之罪,封地被取消。
元鼎	
元封	
太初已后	

平津[1]
以丞相诏所褒侯[2]。公孙弘凭借担任丞相，皇上下诏褒奖封侯。
四[3]　三年十一月乙丑[4]，献侯公孙弘元年。公孙弘在元朔年间为侯四年（应为二年）。元朔三年（应为五年）十一月乙丑，公孙弘被封为平津侯，“献”为其谥号，该年是其元年。
二　公孙弘在元狩年间为侯两年。 **四**　三年，侯度元年。公孙度在元狩年间为侯四年。元狩三年，为平津侯公孙度元年。
六　公孙度在元鼎年间继续为侯，共六年。
三　四年，侯度坐为山阳太守有罪[5]，国除。公孙度在元封年间为侯三年。元封四年，平津侯公孙度在山阳太守任上犯罪，封地被取消。

国名	涉安①
侯功	以匈奴单于太子降，侯。於单以匈奴太子的身份投降，封侯。
元光	
元朔	一　三年四月丙子②，侯於单元年。五月，卒，无后，国除。 於单在元朔年间为侯一年。元朔三年四月丙子，於单被封为涉安侯，该年是其元年。五月，於单去世，没有后嗣，封地被取消。
元狩	
元鼎	
元封	
太初已后	

昌武[1]
以匈奴王降，侯。以昌武侯从骠骑将军击左贤王功[2]，益封。赵安稽以匈奴王的身份投降，封侯。以昌武侯的身份跟随骠骑将军霍去病出击左贤王立下战功，增加食邑。
三　四年七月庚申[3]，坚侯赵安稽元年。赵安稽在元朔年间为侯三年。元朔四年七月庚申，赵安稽被封为昌武侯，“坚”为其谥号，该年是其元年。
六　赵安稽在元狩年间继续为侯，共六年。
六　赵安稽在元鼎年间继续为侯，共六年。
一　赵安稽在元封年间为侯一年。 五　二年[4]，侯充国元年。赵充国在元封年间为侯五年。元封二年，为昌武侯赵充国元年。
太初元年，侯充国薨，亡后，国除。太初元年，昌武侯赵充国去世，没有后嗣，封地被取消。

【注释】

岸头

①岸头:侯国名。在岸头,乃析河东郡皮氏县(治今山西运城河津西)而置。元朔二年(前127)始封张次公。元狩元年(前122),张次公有罪,封国撤销。

②以都尉从车骑将军青击匈奴,功侯:张次公参加了元朔二年(前127)卫青领导的河南之役,因功封侯。

③"元朔六年"几句:据《卫将军骠骑列传》,张次公参加的是元朔五年的对匈作战,六年之战并未参加。

④二年六月壬辰:元朔二年六月十八。

⑤淮南王女:此是淮南王刘安之女,名陵,为刘安所宠爱。在淮南,恃势夺民田宅,横行不法。刘安欲谋反,使她多带金钱,至长安广泛结交,刺探朝廷机密。元狩元年(前122),刘安谋反事泄自杀,她亦被诛。

平津

①平津:侯国名。在平津(今河北沧州盐山县南)。元朔五年(前124)始封公孙弘。传侯于子公孙度。元封四年(前107),公孙度有罪,封国撤销。

②以丞相诏所褒侯:公孙弘凭借任丞相被皇上褒奖而封侯。按,西汉前期,有无功不得封侯、非侯不得为相的规矩,公孙弘是第一个未封侯而拜相、因拜相而封侯的人,《汉书》将其列入《外戚恩泽侯表》,曰:"自是之后,宰相毕侯矣。"

③四:当作"二"。据《汉兴以来将相名臣年表》,元朔三年(前126)公孙弘出任御史大夫(《平津侯主父列传》记载相同),拜相在元朔五年(前124),则公孙弘在元朔年间为相仅二年。

④三年:当作"五年"。十一月乙丑:十一月初五。

⑤山阳：山阳郡，治昌邑（今山东菏泽巨野南）。

涉安

①涉安：侯国名。梁玉绳认为此为封号名，非封地名。元朔三年（前126）始封於单。当年於单去世，无后，封国撤销。

②三年四月丙子：元朔三年（前126）四月初七。

昌武

①昌武：侯国名。在昌武，一说析颍川郡舞阳县（今河南漯河舞阳西）而置，一说在今山东聊城莘县东南。元朔四年（前125）始封赵安稽。传侯于子赵充国。太初元年（前104），赵充国去世，无后，封国撤销。

②以昌武侯从骠骑将军击左贤王：昌武侯赵安稽参加了元狩四年（前119）霍去病大败左贤王，封狼居胥一役。骠骑将军，霍去病。

③四年七月庚申：元朔四年（前125）七月庚申日。按，本年七月无庚申日，当为误记。一说“七月”当作“十月”。下“襄城”同。

④二年：武帝元封二年。前109年。

国名	襄城[1]
侯功	以匈奴相国降,侯。无龙以匈奴相国的身份投降,封侯。
元光	
元朔	三[2]　四年七月庚申,侯无龙元年。无龙在元朔年间为侯三年。元朔四年七月庚申,无龙被封为襄城侯,该年是其元年。
元狩	六　无龙在元狩年间继续为侯,共六年。
元鼎	六　无龙在元鼎年间继续为侯,共六年。
元封	六　无龙在元封年间继续为侯,共六年。
太初已后	一　太初二年[3],无龙从浞野侯战死[4]。无龙在太初年间为侯一年。太初二年,襄城侯无龙跟随浞野侯赵破奴战死。 二　三年[5],侯病已元年。病已在太初年间为侯两年。太初三年,为襄城侯病已元年。

南奅[①]
以骑将军从大将军青击匈奴得王,功侯[②]。太初二年,以丞相封为葛绎侯[③]。公孙贺作为骑将军跟随大将军卫青出击匈奴俘获匈奴王,因为战功封南奅侯。太初二年,凭借担任丞相被封为葛绎侯。
二 五年四月丁未[④],侯公孙贺元年。公孙贺在元朔年间为侯二年。元朔五年四月丁未,公孙贺被封为南奅侯,该年是其元年。
六 公孙贺在元狩年间继续为侯,共六年。
四 五年,贺坐酎金[⑤],国除。绝十岁[⑥]。公孙贺在元鼎年间为侯四年。元鼎五年,公孙贺因献给朝廷供祭祀之用的贡金不合格,封地被取消。中断了十年。
十三[⑦] 太初二年三月丁卯[⑧],封葛绎侯。征和二年,贺子敬声有罪,国除[⑨]。公孙贺在太初之后为侯十三年。太初二年三月丁卯,公孙贺被封为葛绎侯。征和二年,公孙贺的儿子公孙敬声犯罪,封地被取消。

【注释】

襄城

①襄城：侯国名。在襄城，《汉书·景武昭宣元成功臣表》注在“襄垣”（《索隐》引作“襄武”），襄垣治今山西长治襄垣北东故城；襄武治今甘肃定西陇西东南。元朔四年（前125）始封无龙。传侯于病已。太初年间封国尚存。

②三：无龙在元朔年间为侯三年。按，这个位置上的数字是该侯在元朔年间为侯的年数。

③太初二年：前103年。

④浞野侯：赵破奴。太初二年为浚稽将军，率二万骑击匈奴左贤王，兵败被俘。

⑤三年：太初三年。前102年。

南奅

①南奅（pào）：侯国名。在南奅，其地未详。元朔五年（前124）始封公孙贺，元鼎五年（前112）公孙贺有罪，封国撤销。太初二年（前103）改封葛绎侯，征和二年（前91），封国撤销。

②以骑将军从大将军青击匈奴得王，功侯：公孙贺因参加漠南之战而封侯。骑将军，西汉临时设置的杂号将军。位比列卿。职掌骑兵以征伐。大将军青，卫青。此年出击匈奴时为车骑将军，战胜后拜大将军。

③以丞相封葛绎侯：公孙贺代石庆为丞相。葛绎，今江苏徐州睢宁西北古邳镇西北巨山古称葛绎山，其地或当近此，侯亦以此而名。

④五年四月丁未：元朔五年四月二十。

⑤酎金：汉代诸侯献给朝廷供祭祀之用的贡金。武帝常以酎金“成色不好”或“分量不足”的罪名打击、废掉诸王侯，以加强中央集权。元鼎五年这一次，是以此罪名废掉诸王侯最多的一次。

⑥绝十岁：公孙贺元鼎五年（前112）罢南窌侯，至太初二年（前103）复封葛绎侯，中间隔了十年。

⑦十三：公孙贺在太初以后为葛绎侯，死于征和二年（前91），共十二年。按文例，十三应作"十二"，前应有"葛绎"二字。

⑧三月丁卯：三月十二。

⑨贺子敬声有罪，国除：公孙敬声因擅用北军军费，下狱。公孙贺时为丞相，自请捕"大侠"朱安世以赎其罪。安世乃上书告敬声与卫皇后之女阳石公主私通，并使巫埋木偶以诅上。公孙氏遂遭灭族。巫蛊案从此起。

国名	合骑[①]
侯功	以护军都尉三从大将军击匈奴,至右贤王庭,得王,功侯[②]。元朔六年,益封。公孙敖作为护军都尉三次跟随大将军出击匈奴,到达右贤王庭,俘获匈奴小王,因功封侯。元朔六年,增加食邑。
元光	
元朔	二　五年四月丁未[③],侯公孙敖元年。公孙敖在元朔年间为侯两年。元朔五年四月丁未,公孙敖被封为合骑侯,该年是其元年。
元狩	一　二年,侯敖将兵击匈奴,与骠骑将军期,后,畏懦,当斩,赎为庶人,国除。公孙敖在元狩年间为侯一年。元狩二年,合骑侯公孙敖率兵出击匈奴,与骠骑将军定期会师,误期,畏缩不前,被判斩首,花钱赎为平民百姓,封地被取消。
元鼎	
元封	
太初已后	

乐安[①]
以轻车将军再从大将军青击匈奴[②],得王,功侯。李蔡作为轻车将军两次跟随大将军卫青出击匈奴,俘获匈奴小王,因功封侯。
二　五年四月丁未,侯李蔡元年。李蔡在元朔年间为侯两年。元朔五年四月丁未,李蔡被封为乐安侯,该年是其元年。
四　五年,侯蔡以丞相侵盗孝景园神道壖地罪[③],自杀,国除。李蔡在元狩年间为侯四年。元狩五年,乐安侯李蔡作为丞相盗占景帝陵墓前神道旁边之地,被人告发而自杀,封地被取消。

国名	龙頟[①]
侯功	以都尉从大将军青击匈奴,得王,功侯[②]。元鼎六年[③],以横海将军击东越功[④],为案道侯[⑤]。韩说作为都尉跟随大将军卫青出击匈奴,俘获匈奴小王,因功封侯。元鼎六年,韩说作为横海将军出击东越立功,改封为案道侯。
元光	
元朔	**二** 五年四月丁未,侯韩说元年。韩说在元朔年间为侯两年。元朔五年四月丁未,韩说被封为龙颔侯,该年是其元年。
元狩	**六** 韩说在元狩年间继续为侯,共六年。
元鼎	**四** 五年,侯说坐酎金,国绝。二岁复侯[⑥]。韩说在元鼎年间为侯四年。元鼎五年,龙颔侯韩说因献给朝廷供祭祀之用的贡金不合格,封地被取消。两年后又被封侯。
元封	**六**[⑦] 元年五月丁卯[⑧],案道侯说元年。韩说在元封年间为案道侯六年。元封元年五月丁卯,韩说被封为案道侯,该年是其元年。
太初已后	**十三** 韩说在太初以后为案道侯十三年。 征和二年,子长代,有罪,绝。子曾复封为龙頟侯。征和二年,韩说在巫蛊事件中被杀,其子韩长袭侯,犯了罪,封地被取消。其子韩曾又被封为龙颔侯。

随成[①]
以校尉三从大将军青击匈奴[②],攻农吾[③],先登石累[④],得王,功侯。赵不虞作为都尉三次跟随大将军卫青出击匈奴,攻击农吾,在石累率先登城,俘获匈奴小王,因功封侯。
二　五年四月乙卯[⑤],侯赵不虞元年。赵不虞在元朔年间为侯两年。元朔五年四月乙卯,赵不虞被封为随成侯,该年是其元年。
三[⑥]　三年,侯不虞坐为定襄都尉[⑦],匈奴败太守,以闻非实,谩[⑧],国除。赵不虞在元狩年间为侯三年(应为两年)。元狩三年,赵不虞作为定襄都尉,匈奴打败了太守,没有据实上报,罪犯欺谩,封地被取消。

国名	从平[1]
侯功	以校尉三从大将军青击匈奴，至右贤王庭，数为雁行[2]，上石山先登，功侯。公孙戎奴作为校尉三次跟随大将军卫青出击匈奴，到达右贤王庭，多次作为大将军的后侧翼，在石山率先登山，因功封侯。
元光	
元朔	二　五年四月乙卯，公孙戎奴元年。公孙戎奴在元朔年间为侯两年。元朔五年四月乙卯，公孙戎奴被封为从平侯，该年是其元年。
元狩	一　二年，侯戎奴坐为上郡太守发兵击匈奴[3]，不以闻，谩，国除。公孙戎奴在元狩年间为侯一年。元狩二年，从平侯公孙戎奴罪犯作为上郡太守发兵出击匈奴而不上报，欺谩，封地被取消。
元鼎	
元封	
太初已后	

涉轵[1]
以校尉三从大将军青击匈奴，至右贤王庭，得王，虏阏氏[2]，功侯。李朔作为校尉三次跟随大将军卫青出击匈奴，到达右贤王庭，俘获匈奴小王和匈奴阏氏，因功封侯。
二　五年四月丁未[3]，侯李朔元年。李朔在元朔年间为侯两年。元朔五年四月丁未，李朔被封为涉轵侯，该年是其元年。
元年，侯朔有罪，国除。元狩元年，涉轵侯李朔犯了罪，封地被取消。

国名	宜春[1]
侯功	以父大将军青破右贤王功侯[2]。卫伉凭借父亲大将军卫青大败匈奴右贤王的功劳封侯。
元光	
元朔	**二**　五年四月丁未，侯卫伉元年。卫伉在元朔年间为侯两年。元朔五年四月丁未，卫伉被封为宜春侯，该年是其元年。
元狩	**六**　卫伉在元狩年间继续为侯，共六年。
元鼎	元年，侯伉坐矫制不害[3]，国除。元鼎元年，宜春侯卫伉罪犯假传圣旨未造成恶果，封地被取消。
元封	
太初已后	

阴安[1]
以父大将军青破右贤王功侯。卫不疑凭借父亲大将军卫青大败匈奴右贤王的功劳封侯。
二　五年四月丁未，侯卫不疑元年。卫不疑在元朔年间为侯两年。元朔五年四月丁未，卫不疑被封为阴安侯，该年是其元年。
六　卫不疑在元狩年间继续为侯，共六年。
四　五年，侯不疑坐酎金，国除。卫不疑在元鼎年间为侯四年。元鼎五年，阴安侯卫不疑因献给朝廷供祭祀之用的贡金不合格，封地被取消。

【注释】

合骑

①合骑：侯国名。此为封名号，意即“配合骠骑”。据《汉书·景武昭宣元成功臣表》注，公孙敖食邑在高城。汉有两高成县，一属南郡，治今湖北荆州松滋南；一属渤海郡，治今河北沧州盐山县东南。公孙敖食邑所在，梁玉绳认为是南郡高成；王先谦认为是渤海高成。元朔五年（前124）始封公孙敖，元狩二年（前121），公孙敖战败，封国撤销。

②“以护军都尉三从大将军击匈奴”几句：公孙敖因参加漠南之战而封侯。《卫将军骠骑列传》载武帝诏书曰：“护军都尉公孙敖三从大将军击匈奴，常护军，傅校获王，以千五百户封敖为合骑侯。”护军都尉，秦汉时特设的高级军官，护即督统之意，职掌协助主将督率全军。秩比二千石。得王，俘获匈奴小王，并非右贤王。

③四月丁未：四月二十。

乐安

①乐安：侯国名。在乐安县（今山东滨州博兴）。元朔五年（前124）始封李蔡。元狩五年（前118），李蔡有罪，封国撤销。

②轻车将军：西汉临时设置的杂号将军。位比列卿。轻车为古代可便利驰骋于平原作战的战车，亦汉代兵种之一。再从大将军青击匈奴：李蔡因参加漠南之战而封侯。《卫将军骠骑列传》载武帝诏书曰：“轻车将军李蔡再从大将军获王，以千六百户封蔡为乐安侯。”

③侯蔡以丞相侵盗孝景园神道壖（ruán）地罪：乐安侯李蔡作为丞相盗占景帝陵园前神道旁边的空地。李蔡在元狩二年（前121）接替公孙弘为丞相。壖，空地，边缘余地。

龙额

①龙额(é):侯国名。在龙额县(今山东德州齐河西北)。元朔五年(前124)始封韩说,元鼎五年(前112)韩说有罪,封国撤销。元封元年(前110)复封案道侯,传侯于子韩长,征和二年(前91),韩长有罪被废,韩曾复封。

②“以都尉从大将军青击匈奴”几句:韩说因参加漠南之战而封侯。《卫将军骠骑列传》载武帝诏书曰:“都尉韩说从大将军出窳(yù)浑,至匈奴右贤王庭,为麾下搏战获王,以千三百户封说为龙额侯。”

③元鼎六年:前111年。

④以横海将军击东越功:元鼎六年(前111)秋,东越王馀善反汉,武帝派韩说、杨仆、王温舒等征东越,次年灭之。横海将军,杂号将军名。浮海以击东越,故以“横海”为名号。东越,诸侯王国名。在今福建境内。汉武帝建元六年(前135)置以封馀善。元封元年(前110)馀善反汉失败,封国撤销,部分族人被迫迁居江淮之间,“东越地遂虚”(《东越列传》)。

⑤案道:按,《汉书·高惠高后文功臣表》韩说侯国作“按道”,注在“齐”,《汉书补注》以为齐郡之县,今地无考。梁玉绳认为是封号,取《周书·小明武解》“案道攻巷,无袭门户”之义。

⑥二岁复侯:韩说元鼎五年(前112)被废,至元封元年(前110)再封案道侯。

⑦六:韩说在元封年间为案道侯,依文例,前当有“案道”二字。

⑧五月丁卯:五月初一。

随成

①随成:侯国名。随成为封号,非封地,谓随大将军成功。元朔五年(前124)始封赵不虞。元狩三年(前120),赵不虞有罪,封国

撤销。

②校尉:秦汉时高级将领之下的中级武官。当是根据部队一部一校的编制而来,地位略次于将军。

③农吾:《汉书》作“辰吾”,匈奴中的河水名。其地未详。

④石累:匈奴中的险阻地名。《汉书》作“石亹”。王先谦《汉书补注》引沈钦韩云“亹与门同,金城郡浩亹水亦曰阁门河”。按,浩亹水即今青海、甘肃境内大通河。石累或在其上。

⑤五年四月乙卯:元朔五年四月二十八。

⑥三:据下文,元狩三年赵不虞因罪被废,则其在元狩年间为侯两年,此处当作“二”。

⑦定襄都尉:定襄郡都尉,辅佐郡守并掌全郡军事。定襄,郡名。西汉分云中郡置。治成乐(今内蒙古呼和浩特和林格尔西北土城子)。

⑧谩:欺骗,抵赖。

从平

①从平:侯国名。析乐昌县(治今河南濮阳南乐西北)而置。梁玉绳认为从平是封号名,谓从大将军平匈奴,其封地在乐昌。公孙戎奴因参加漠南之战而封侯。元朔五年(前124)始封公孙戎奴。元狩二年(前121),公孙戎奴有罪,封国撤销。

②为雁行:打头阵。雁行,居前的行列。

③上郡:汉郡名。治肤施(今陕西榆林东南)。

涉轵

①涉轵:侯国名。析西安(治今山东淄博临淄)而置。梁玉绳认为涉轵是封号名,其封地在西安。李朔因参加漠南之战而封侯。元朔五年(前124)始封李朔。元狩元年(前122),李朔有罪,封国

撤销。

②阏氏（yān zhī）：汉代匈奴单于、诸王妻的统称。

③五年四月丁未：元朔五年四月二十。

宜春

①宜春：侯国名。在宜春县（今河南驻马店汝南西南）。元朔五年（前124）始封卫伉。元鼎元年（前116），卫伉有罪，封国撤销。

②以父大将军青破右贤王功侯：漠南之战卫青破右贤王后，武帝将其三个儿子都封为侯。分别是宜春侯卫伉、阴安侯卫不疑、发干侯卫登。

③矫制不害：假托君命行事但未造成恶果。

阴安

①阴安：侯国名。在阴安县（今河南濮阳清丰北）。元朔五年（前124）始封卫不疑。元鼎五年（前112），卫不疑有罪，封国撤销。

国名	发干①
侯功	以父大将军青破右贤王功侯。卫登凭借父亲大将军卫青大败匈奴右贤王的功劳封侯。
元光	
元朔	**二** 五年四月丁未，侯卫登元年。卫登在元朔年间为侯两年。元朔五年四月丁未，卫登被封为发干侯，该年是其元年。
元狩	**六** 卫登在元狩年间继续为侯，共六年。
元鼎	**四** 五年，侯登坐酎金，国除。卫登在元鼎年间为侯四年。元鼎五年，发干侯卫登因献给朝廷供祭祀之用的贡金不合格，封地被取消。
元封	
太初已后	

博望[1]
以校尉从大将军六年击匈奴[2]，知水道，及前使绝域大夏[3]，功侯。张骞作为校尉跟随大将军卫青在元朔六年出击匈奴，了解水草道路，以及之前出使极远的大夏，因功封侯。
一　六年三月甲辰[4]，侯张骞元年。张骞在元朔年间为侯一年。元朔六年三月甲辰，张骞被封为博望侯，该年是其元年。
一　二年，侯骞坐以将军击匈奴畏懦[5]，当斩，赎，国除。张骞在元狩年间为侯一年。元狩二年，博望侯张骞罪犯作为将军出击匈奴而畏缩不前，被判斩首，出钱赎罪，封地被取消。

国名	冠军[1]
侯功	以嫖姚校尉再从大将军，六年从大将军击匈奴，斩相国，功侯[2]。元狩二年[3]，以骠骑将军击匈奴至祁连[4]，益封；迎浑邪王[5]，益封；击左右贤王[6]，益封。霍去病作为嫖姚校尉两次跟随大将军出征，元朔六年跟随大将军出击匈奴，斩杀匈奴相国，因功封侯。元狩二年，霍去病作为骠骑将军出击匈奴到达祁连山，增加食邑；迎浑邪王归汉，增加食邑；击败匈奴左右贤王，增加食邑。
元光	
元朔	一　六年四月壬申[7]，景桓侯霍去病元年[8]。霍去病在元朔年间为侯一年。元朔六年四月壬申，霍去病被封为冠军侯，"景桓"为其谥号，该年是其元年。
元狩	六　霍去病在元狩年间为侯六年。
元鼎	六　元年[9]，哀侯嬗元年。霍嬗在元鼎年间为侯六年。元鼎元年，霍嬗袭侯，"哀"为其谥号，该年是其元年。
元封	元年，哀侯嬗薨[10]，无后，国除。元封元年，冠军哀侯霍嬗去世，没有后嗣，封地被取消。
太初已后	

众利[①]
以上谷太守四从大将军[②]，六年击匈奴，首虏千级以上，功侯。郝贤作为上谷太守四次跟随大将军出征，元朔六年出击匈奴，杀死及俘虏千人以上，因功封侯。
一　六年五月壬辰[③]，侯郝贤元年。郝贤在元朔年间为侯一年。元朔六年五月壬辰，郝贤被封为众利侯，该年是其元年。
一　二年，侯贤坐为上谷太守入戍卒财物上计谩罪[④]，国除。郝贤在元狩年间为侯一年。元狩二年，众利侯郝贤罪犯作为上谷太守接受士卒贿赂，并在派吏员入京报告工作时欺谩朝廷，封地被取消。

国名	潦[①]
侯功	以匈奴赵王降，侯。煖訾以匈奴赵王的身份投降，封侯。
元光	
元朔	
元狩	一　元年七月壬午[②]，悼侯赵王煖訾元年。二年，煖訾死，无后，国除。煖訾在元狩年间为侯一年。元狩元年七月壬午，煖訾被封为潦侯，“悼”为其谥号，该年是其元年。元狩二年，煖訾死，没有后嗣，封地被取消。
元鼎	
元封	
太初已后	

宜冠[①]
以校尉从骠骑将军二年再出击匈奴[②],功侯。故匈奴归义[③]。高不识作为校尉跟随骠骑将军在元狩二年两次出击匈奴,因功封侯。他原是匈奴人,归降了汉朝。
二 二年正月乙亥[④],侯高不识元年。四年,不识击匈奴[⑤],战军功增首不以实[⑥],当斩,赎罪,国除。高不识在元狩年间为侯两年。元狩二年正月乙亥,高不识被封为宜冠侯,该年是其元年。元狩四年,高不识出击匈奴,报军功时没按实际情况而多报了首级,被判斩首,出钱赎罪,封地被取消。

国名	烽渠[1]
侯功	以校尉从骠骑将军二年再出击匈奴得王，功侯[2]。以校尉从骠骑将军二年虏五王，功益封[3]。故匈奴归义。仆多作为校尉跟随骠骑将军在元狩二年两次出击匈奴俘获匈奴小王，因功封侯。作为校尉跟随骠骑将军在元狩二年俘获五个匈奴小王，增加食邑。他原是匈奴人，归降了汉朝。
元光	
元朔	
元狩	**五**　二年二月乙丑[4]，忠侯仆多元年。仆多在元狩年间为侯五年。元狩二年二月乙丑，仆多被封为烽渠侯，“忠”为其谥号，该年是其元年。
元鼎	**三**　仆多在元鼎年间为侯三年。 **三**　四年，侯电元年。电在元鼎年间为侯三年。元鼎四年，为烽渠侯电元年。
元封	**六**　电在元封年间继续为侯，共六年。
太初已后	**四**　电在太初年间继续为侯，共四年。

从骠[1]
以司马再从骠骑将军数深入匈奴，得两王子骑将，功侯[2]。以匈河将军元封三年击楼兰[3]，功复侯[4]。赵破奴作为司马两次跟随骠骑将军多次深入匈奴，俘获两位匈奴王子骑将，因功封侯。凭借作为匈河将军在元封三年出击楼兰的战功，再次封侯。
五　二年五月丁丑[5]，侯赵破奴元年。赵破奴在元狩年间为侯五年。元狩二年五月丁丑，赵破奴被封为从骠侯，该年是其元年。
四　五年，侯破奴坐酎金，国除。赵破奴在元鼎年间为侯四年。元鼎五年，从骠侯赵破奴因献给朝廷供祭祀之用的贡金不合格，封地被取消。
浞野　**四**　三年，侯破奴元年。赵破奴在元封年间为浞野侯四年。元封三年，赵破奴被封为浞野侯，该年是其元年。
一　二年，侯破奴以浚稽将军击匈奴，失军，为虏所得[6]，国除。赵破奴在太初年间为浞野侯一年。太初二年，浞野侯赵破奴作为浚稽将军出击匈奴，失去了军队，被俘投降，封地被取消。

【注释】

发干

①发干:侯国名。在发干县(今山东聊城冠县东南)。元朔五年(前124)始封卫登。元鼎五年(前112),卫登有罪,封国撤销。

博望

①博望:侯国名。在博望县(今河南南阳东北)。《索隐》认为博望为封号名,非地名,“取其能博广瞻望”。元朔六年(前123)始封张骞。元狩二年(前121),张骞战败,封国撤销。

②六年击匈奴:指元朔六年(前123)卫青等从定襄出击匈奴的战争。

③前使绝域大夏:指张骞第一次出使西域。从武帝建元二年(前139)出发,元光六年(前129)到达大夏,至元朔三年(前126)归汉,共历十三年。大夏,中亚古国名。当时的大夏在妫水(今阿姆河)上游之南,今阿富汗北部一带。

④三月甲辰:武帝元朔六年三月无甲辰,疑误记。

⑤侯骞坐以将军击匈奴畏懦:张骞任卫尉,与李广分道出右北平击匈奴,未如期赶到指定地点。

冠军

①冠军:侯国名。在冠军县(今河南南阳邓州西北)。本为南阳穰县庐阳乡(宛县临骁聚),汉武帝因霍去病出征匈奴,功冠诸军,所以割穰县的卢阳乡和宛县的临骁聚为其封地,并命此名。元朔六年(前123)始封霍去病。传侯于子霍嬗。元封元年(前110),霍嬗去世,无后,封国撤销。

②“以嫖姚校尉再从大将军”几句:《卫将军骠骑列传》载武帝封侯诏书:“剽姚校尉去病斩首虏二千二十八级,及相国、当户,斩单于大父行籍若侯产,生捕季父罗姑比,再冠军,以千六百户封去病为

冠军侯。”嫖姚校尉，嫖姚，亦作“票姚”“剽姚”。校尉冠以嫖姚，意为劲疾勇敢。六年从大将军击匈奴，元朔六年（前123）卫青等从定襄出击匈奴，霍去病则“与轻勇骑八百直弃大军数百里赴利”。

③元狩二年：前121年。

④以骠骑将军击匈奴至祁连：此即河西之战。元狩二年春、夏，霍去病两次出击匈奴，给河西地区的匈奴军以歼灭性打击，打通了汉通西域的道路，实现了“断匈奴右臂”的战略目标。祁连，祁连山。广义的祁连山为今甘肃西部和青海东北部边境山地之总称，此为狭义的祁连山，指今甘肃酒泉、张掖以南一支。

⑤迎浑邪王：河西之战后，单于欲杀浑邪王，浑邪王欲降汉，霍去病奉命渡河往迎。浑邪王部下有不欲降者，多逃走，霍去病乃驰入浑邪王军营相见，斩其欲亡者八千人，派人单独送浑邪王乘传先往行在所，然后带领其全部部众渡河，降者数万。

⑥击左右贤王：此即元狩四年（前119）的漠北之战。此役中霍去病率军出代郡和右北平，北进一千余公里，渡过大漠，与匈奴左贤王部接战，尽歼其精锐，俘获屯头王以下七万余人。又乘胜追杀，直抵狼居胥山（今蒙古乌兰巴托东）。

⑦六年四月壬申：此年四月无壬申，记载有误。

⑧景桓：霍去病的谥号。

⑨元年：元鼎元年，前116年。

⑩哀侯嬗薨：霍嬗，字子侯。独以奉车都尉从武帝登封泰山，归途中暴病而死。

众利

①众利：侯国名。在众利（今山东潍坊诸城西北）。元朔六年（前123）始封郝贤。元狩二年（前121），郝贤有罪，封国撤销。

②上谷:郡名。治沮阳县(今河北张家口怀来东南)。

③六年五月壬辰:此年五月无壬辰,记载有误。

④入戍卒财物上计谩:收受戍卒财物贿赂并在上计时说谎抵赖。上计,地方官于年终将境内户口、赋税、盗贼、狱讼等项编造计簿,遣吏逐级上报,奏呈朝廷,借资考绩,谓之上计。

潦

①潦:侯国名。析舞阳(治今河南漯河舞阳西北)而置。舞阳东本有潦河,地因潦水得名。元狩元年(前122)始封煖訾。元狩二年(前121),煖訾去世,无后,封国撤销。

②七月壬午:七月初八。

宜冠

①宜冠:侯国名。析昌县(治今山东潍坊诸城东南)而置。梁玉绳认为宜冠是封号名,其封地在昌县。元狩二年(前121)始封高不识。元狩四年(前119),高不识有罪,封国撤销。

②从骠骑将军二年再出击匈奴:高不识因参加元狩二年(前121)的河西之战而封侯。

③匈奴归义:高不识本是匈奴人,后投降汉朝。归义,归附正义。指周边少数民族归附于汉朝。

④正月乙亥:正月初四。

⑤四年,不识击匈奴:高不识参加了元狩四年(前119)的漠北之战。

⑥战军功增首不以实:报告军功时多报首级数。

煇渠

①煇渠:侯国名。析鲁阳(治今河南平顶山鲁山县)而置。元狩二年(前121)始封仆多。传侯于电。至太初年间封国尚存。

②以校尉从骠骑将军二年再出击匈奴得王，功侯：仆多参加了元狩二年（前121）河西之战的两次战争，因功封侯。

③以校尉从骠骑将军二年虏五王，功益封：仆多在元狩二年夏季进攻匈奴的战争中增加食邑。

④二月乙丑：二月二十三。

从骠

①从骠：侯国名。此为封号名，非封地名。元狩二年（前121）始封赵破奴，元鼎五年（前112）赵破奴有罪，封国撤销。元封三年（前108）复封赵破奴为浞野侯，太初二年（前103）赵破奴战败，封国撤销。

②“以司马再从骠骑将军数深入匈奴”几句：赵破奴在元狩二年（前121）的河西之战中立功封侯。

③匈河将军：杂号将军名。匈河，河流名。《索隐》引臣瓒云“水名，去令居千里”。令居在今甘肃兰州永登西北。元封三年：前108年。击楼兰：赵破奴出击楼兰，俘虏了楼兰王。楼兰，古西域国名。在今新疆罗布淖尔一带，地当丝绸之路要冲。国都楼兰城，遗址在今新疆罗布泊西北岸。

④复侯：据下文，赵破奴曾因酎金被废，后恢复侯爵，封为浞野侯。

⑤五月丁丑：五月初八。

⑥侯破奴以浚稽将军击匈奴，失军，为虏所得：赵破奴率军二万击匈奴左贤王，左贤王率八万人包围汉军，赵破奴战败被俘。浚稽将军，杂号将军名。以匈奴境内浚稽山为名号。

国名	下麾[①]
侯功	以匈奴王降，侯[②]。呼毒尼以匈奴王的身份投降，封侯。
元光	
元朔	
元狩	**五**[③] 二年六月乙亥，侯呼毒尼元年[④]。呼毒尼在元狩年间为侯五年（应为四年）。呼毒尼在元狩二年六月乙亥（应为三年十月壬午）被封为下麾侯，该年是其元年。
元鼎	**四** 呼毒尼在元鼎年间为侯四年。 **二** 五年，炀侯伊即轩元年。伊即轩在元鼎年间为侯二年。元鼎五年，伊即轩袭侯，“炀”为其谥号，该年是其元年。
元封	**六** 伊即轩在元封年间继续为侯，共六年。
太初已后	**四** 伊即轩在太初年间继续为侯，共四年。

漯阴[1]
以匈奴浑邪王将众十万降[2],侯,万户。浑邪以匈奴浑邪王的身份带领兵众十万人投降,封侯,享有食邑一万户。
四　二年七月壬午[3],定侯浑邪元年[4]。浑邪在元狩年间为侯四年。浑邪在元狩二年七月壬午被封为漯阴侯,"定"为其谥号,该年是其元年。
六　元年[5],魏侯苏元年。苏在元鼎年间为侯六年。元鼎元年,苏袭侯,"魏"为其谥号,该年是其元年。
五　五年,魏侯苏薨,无后,国除。苏在元封年间为侯五年。元封五年,漯阴魏侯苏去世,没有后嗣,封地被取消。

国名	煇渠[①]
侯功	以匈奴王降,侯。扁訾以匈奴王的身份投降,封侯。
元光	
元朔	
元狩	**四** 三年七月壬午[②],悼侯扁訾元年。扁訾在元狩年间为侯四年。扁訾在元狩三年七月壬午被封为煇渠侯,“悼”为其谥号,该年是其元年。
元鼎	**一**[③] 二年,侯扁訾死,无后,国除。扁訾在元鼎年间为侯一年(应为两年)。元鼎二年,煇渠悼侯扁訾去世,没有后嗣,封地被取消。
元封	
太初已后	

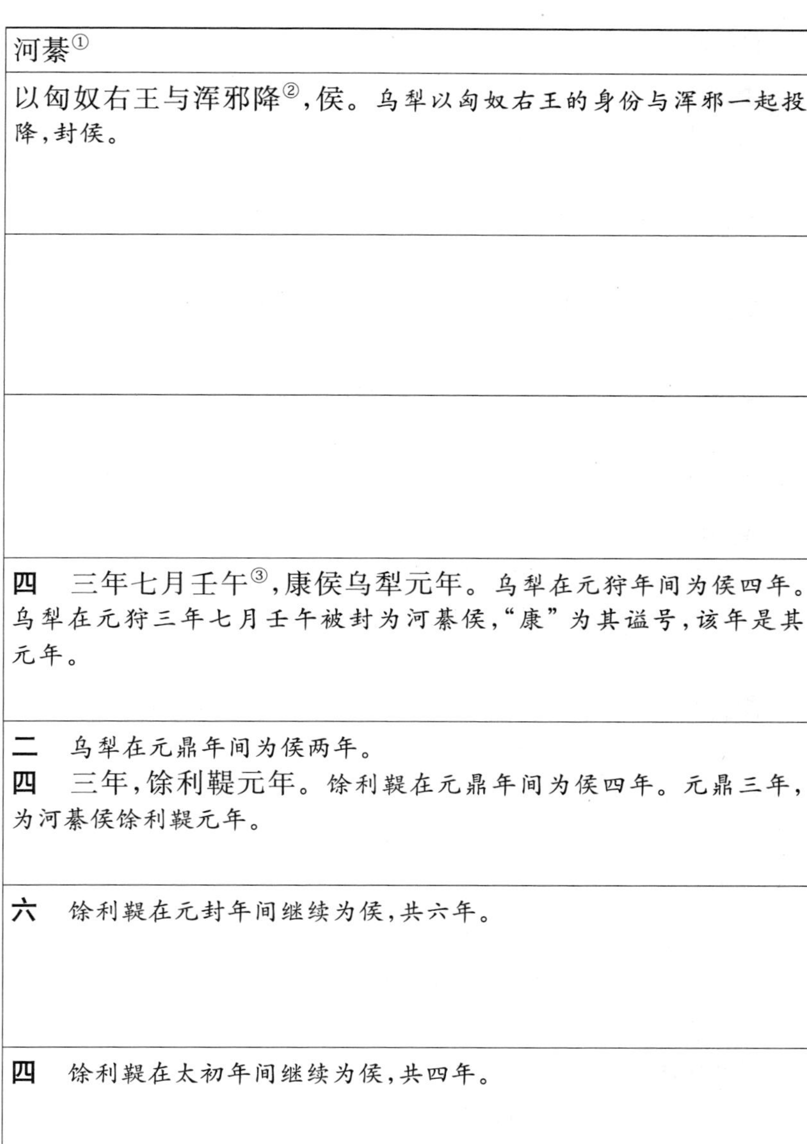

河綦[1]
以匈奴右王与浑邪降[2]，侯。乌犁以匈奴右王的身份与浑邪一起投降，封侯。
四　三年七月壬午[3]，康侯乌犁元年。乌犁在元狩年间为侯四年。乌犁在元狩三年七月壬午被封为河綦侯，“康”为其谥号，该年是其元年。
二　乌犁在元鼎年间为侯两年。 **四**　三年，馀利鞮元年。馀利鞮在元鼎年间为侯四年。元鼎三年，为河綦侯馀利鞮元年。
六　馀利鞮在元封年间继续为侯，共六年。
四　馀利鞮在太初年间继续为侯，共四年。

【注释】

下麾

①下麾：侯国名。析猗氏县（治今山西运城临猗南）而置。元狩二年（前121）始封呼毒尼。传侯于伊即轩。至太初年间封国尚存。

②以匈奴王降，侯：元狩二年秋河西之战后随浑邪王降汉，后被封侯。

③五：按，呼毒尼封侯在元狩三年，故此当作“四”。说见下。

④二年六月乙亥，侯呼毒尼元年：梁玉绳认为，呼毒尼在二年秋才降汉，不应在二年六月封侯，更不可能在浑邪王之前封侯，其封侯当在元狩三年十月壬午。

漯阴

①漯阴：侯国名。在漯阴县（今山东德州齐河县东北）。元狩二年（前121）始封浑邪。传侯于苏。元封五年（前106），侯苏去世，无后，封国撤销。

②以匈奴浑邪王将众十万降：按，据《卫将军骠骑列传》，霍去病所迎降者不过数万，号称十万。

③二年七月壬午：梁玉绳认为，浑邪王与煇渠、河綦、常乐三侯皆因在元狩二年秋降汉受封，时间应当差不多，不可能另三侯都在元狩三年受封，而浑邪王独在二年；又认为浑邪王是乘传先诣行在，其封侯当在其他人之前，所以其受封时间应为“三年十月乙亥”（当时以十月为岁首，即归降当年冬），而下麾、煇渠、河綦、常乐等侯皆在“三年十月壬午”，时间相差七天。

④定侯浑邪：“浑邪”是王号，而此处用作人名，盖史失其姓名。

⑤元年：元鼎元年，前116年。

煇渠

①煇渠：侯国名。析鲁阳（治今河南平顶山鲁山县）而置。《索隐》引孔文祥曰“一邑分封二人”，谓扁訾与仆多共食其地，而中分户数；又引韦昭说仆多封煇渠，应疕（即扁訾）封浑渠，二者皆乡名，在鲁阳；梁玉绳则谓仆多封浑梁，扁訾封煇渠，二乡皆在鲁阳。元狩三年（前120）始封扁訾。元鼎二年（前115），扁訾去世，无后，封国撤销。

②三年七月壬午：当作“三年十月壬午”。

③一：当作“二”。据文例，该侯无罪而死者，去世之年算在为侯年数里。

河綦

①河綦：侯国名。《史记地名考》疑“河綦”即“河瀱”，以封在河、瀱二水间为名。瀱水在今河南济源西，水出王屋山綦溪，东注入黄河。元狩三年（前120）始封乌犁。传侯于馀利鞮。至太初年间封国尚存。

②匈奴右王：即匈奴右贤王。

③三年七月壬午：当作“三年十月壬午”。

国名	常乐[①]
侯功	以匈奴大当户与浑邪降[②],侯。稠雕以匈奴大当户的身份与浑邪一起投降,封侯。
元光	
元朔	
元狩	**四** 三年七月壬午[③],肥侯稠雕元年。稠雕在元狩年间为侯四年。稠雕在元狩三年七月壬午被封为常乐侯,“肥”为其谥号,该年是其元年。
元鼎	**六** 稠雕在元鼎年间继续为侯,共六年。
元封	**六** 稠雕在元封年间继续为侯,共六年。
太初已后	**二** 稠雕在太初年间为侯两年。 太初三年[④],今侯广汉元年。太初三年,为现在的常乐侯广汉元年。

符离[①]
以右北平太守从骠骑将军四年击右王[②],将重会期[③],首虏二千七百人,功侯。路博德作为右北平太守跟随骠骑将军在元狩四年出击匈奴右王(应为左王),运送辎重按期到达,杀死及俘虏二千七百人,因功封侯。
三　四年六月丁卯[④],侯路博德元年。路博德在元狩年间为侯三年。路博德在元狩四年六月丁卯被封为符离侯,该年是其元年。
六　路博德在元鼎年间继续为侯,共六年。
六　路博德在元封年间继续为侯,共六年。
太初元年,侯路博德有罪,国除。太初元年,符离侯路博德犯了罪,封地被取消。

国名	壮[1]
侯功	以匈奴归义因淳王从骠骑将军四年击左王[2],以少破多,捕虏二千一百人,功侯。复陆支以投降的匈奴因淳王身份跟随骠骑将军霍去病在元狩四年出击左王,以少胜多,俘虏二千一百人,因功封侯。
元光	
元朔	
元狩	**三**　四年六月丁卯,侯复陆支元年。复陆支在元狩年间为侯三年。复陆支在元狩四年六月丁卯被封为壮侯,该年是其元年。
元鼎	**二**　复陆支在元鼎年间为侯两年。 **四**　三年,今侯偃元年。偃在元鼎年间为侯四年。元鼎三年,为现在的壮侯偃元年。
元封	**六**　偃在元封年间继续为侯,共六年。
太初已后	**四**　偃在太初年间继续为侯,共四年。

众利[1]
以匈奴归义楼剸王从骠骑将军四年击右王[2]，手自剑合[3]，功侯。伊即轩以投降的匈奴楼剸王身份跟随骠骑将军霍去病在元狩四年出击右王（应为左王），亲自持剑与右王（应为左王）格斗，因功封侯。
三　四年六月丁卯，质侯伊即轩元年。伊即轩在元狩年间为侯三年。伊即轩在元狩四年六月丁卯被封为众利侯，"质"为其谥号，该年是其元年。
六　伊即轩在元鼎年间继续为侯，共六年。
五　伊即轩在元封年间为侯五年。 **一**　六年[4]，今侯当时元年。当时在元封年间为侯一年。元封六年，为现在的众利侯当时元年。
四　当时在太初年间继续为侯，共四年。

【注释】

常乐

①常乐:侯国名。其地未详。元狩三年(前120)始封稠雕,传侯于广汉,至太初年间封国尚存。

②大当户:秦汉时匈奴官爵名。分左、右大当户,由贵族世袭,属单于之下的二十四长之列,位居第九、十位。

③三年七月壬午:当作“三年十月壬午”。

④太初三年:前102年。

符离

①符离:侯国名。在今安徽宿州东北符离集。元狩四年(前119)始封路博德。太初元年(前104),路博德有罪,封国撤销。

②右北平太守从骠骑将军四年击右王:路博德作为霍去病的部下,参加元狩四年(前119)漠北之战,立功封侯。右北平,汉郡名。治平刚(今辽宁朝阳凌源西南)。

③将重会期:运送辎重按期到达。按,《汉书》作“得重会期”,颜师古注:“得重,得辎重也。会期,不失期也。”郭嵩焘据《汉书》及《卫将军骠骑列传》“寘颜山赵信城,得匈奴积粟食军”,“路博德属骠骑将军,会与城,不失期”,认为“与城”即指“赵信城”,颜师古注正与霍去病传相合,《史记》作“将”,是字之讹。此说可取。

④四年六月丁卯:元鼎四年六月二十四。

壮

①壮:侯国名。当从《汉书》作“杜”。析重平县(治今山东德州陵城东北)而置。元狩四年(前119)始封复陆支。传侯于偃。至太初年间封国尚存。

②因淳王:复陆支在匈奴时的王号。从骠骑将军四年击左王:复陆

支随霍去病参加了元狩四年（前119）漠北之战，立功封侯。左王，匈奴左贤王。

众利

①众利：侯国名。在众利（治山东潍坊诸城西北）。元狩四年（前119）始封伊即轩。传侯于当时。至太初年间封国尚存。

②楼剸王：伊即轩在匈奴时的王号。从骠骑将军四年击右王：伊即轩随霍去病参加了元狩四年（前119）漠北之战，立功封侯。右王，匈奴右贤王。

③手自剑合：亲自持剑与右贤王格斗。合，交锋，交战。

④六年：元封六年，前105年。

国名	湘成[1]
侯功	以匈奴符离王降[2]，侯。敞屠洛以匈奴符离王的身份投降，封侯。
元光	
元朔	
元狩	**三** 四年六月丁卯，侯敞屠洛元年。敞屠洛在元狩年间为侯三年。敞屠洛在元狩四年六月丁卯被封为湘成侯，该年是其元年。
元鼎	**四** 五年，侯敞屠洛坐酎金，国除。敞屠洛在元鼎年间为侯四年。元鼎五年，湘成侯敞屠洛因献给朝廷供祭祀之用的贡金不合格，封地被取消。
元封	
太初已后	

义阳[①]
以北地都尉从骠骑将军四年击左王[②],得王[③],功侯。卫山作为北地都尉跟随骠骑将军霍去病在元狩四年出击匈奴左王,俘获匈奴小王,因功封侯。
三　四年六月丁卯,侯卫山元年。卫山在元狩年间为侯三年。卫山在元狩四年六月丁卯被封为义阳侯,该年是其元年。
六　卫山在元鼎年间继续为侯,共六年。
六　卫山在元封年间继续为侯,共六年。
四　卫山在太初年间继续为侯,共四年。

国名	散[1]
侯功	以匈奴都尉降,侯。董荼吾以匈奴都尉的身份投降,封侯。
元光	
元朔	
元狩	三　四年六月丁卯,侯董荼吾元年。董荼吾在元狩年间为侯三年。董荼吾在元狩四年六月丁卯被封为散侯,该年是其元年。
元鼎	六　董荼吾在元鼎年间继续为侯,共六年。
元封	六　董荼吾在元封年间继续为侯,共六年。
太初已后	二　董荼吾在太初年间为侯两年。 二　太初三年[2],今侯安汉元年。安汉在太初年间为侯两年。太初三年,为现在的散侯安汉元年。

臧马[①]
以匈奴王降,侯。延年以匈奴王的身份投降,封侯。
一[②] 四年六月丁卯,康侯延年元年。五年,侯延年死,不得置后,国除。延年在元狩年间为侯一年。延年在元狩四年六月丁卯被封为臧马侯,"康"为其谥号,该年是其元年。元狩五年,延年去世,不能确立继承人,封地被取消。

国名	周子南君[1]
侯功	以周后绍封[2]。姬嘉以周朝天子后裔封侯。
元光	
元朔	
元狩	
元鼎	**三** 四年十一月丁卯[3],侯姬嘉元年。姬嘉在元鼎年间为侯三年。姬嘉在元鼎四年十一月丁卯被封为周子南君,该年是其元年。
元封	**三** 姬嘉在元封年间为侯三年。 **三** 四年[4],君买元年。姬买在元封年间为侯三年。元封四年,姬买袭侯,该年是其元年。
太初已后	**四** 姬买在太初年间继续为侯,共四年。

乐通[1]
以方术侯[2]。栾大凭借方术封侯。
一　四年四月乙巳[3]，侯五利将军栾大元年[4]。五年，侯大有罪，斩[5]，国除。栾大在元鼎年间为侯一年。五利将军栾大在元鼎四年四月乙巳被封为乐通侯，该年是其元年。元鼎五年，栾大犯罪，被处斩，封地被取消。

【注释】

湘成

①湘成:侯国名。析堵阳(治今河南南阳方城东)而置。元狩四年(前119)始封敞屠洛。元鼎五年(前112),敞屠洛因酎金不合格,封国撤销。

②符离王:敞屠洛在匈奴时的王号。

义阳

①义阳:侯国名。在义阳(今河南信阳北)。元狩四年(前119)始封卫山。至太初年间封国尚存。

②北地都尉:北地郡都尉,辅佐郡守并掌全郡军事。从骠骑将军四年击左王:卫山随霍去病参加了元狩四年(前119)漠北之战,立功封侯。

③得王:此指得匈奴小王,非左贤王。

散

①散:侯国名。析阳城(治今河南郑州登封东南)而置。一说此“散”即函谷新关(今河南洛阳新安),“盖以关名为封号”(《汉表举正》)。元狩四年(前119)始封董荼吾。传侯于安汉。至太初年间封国尚存。

②太初三年:前102年。

臧马

①臧马:侯国名。析朱虚(治今山东潍坊临朐东南)而置。一说或在今山东潍坊寿光西南,亦曰臧台(《汉表举正》)。元狩四年(前119)始封延年。元狩五年(前118),延年去世,无后,封国撤销。

②一:当作“二”。据文例,该侯无罪而死者,去世之年算在为侯年

数里。

周子南君

①周子南君:侯国名。析长社(治今河南许昌长葛东北)而置。元鼎四年(前113)始封姬嘉。传侯于子姬买。至太初年间封国尚存。

②以周后绍封:姬嘉作为周朝后裔封侯。此即效仿周武王分封尧、舜、夏、商先王后裔之意,也即孔子所谓“兴灭国,继绝世”。

③四年十一月丁卯:元鼎四年十一月十一。四年,元鼎四年,前113年。

④四年:元封四年,前107年。

乐通

①乐通:侯国名。析高平侯国(治今江苏淮安盱眙北)而置。元鼎四年(前113)始封栾大。元鼎五年(前112),栾大有罪,封国撤销。

②以方术侯:栾大自言能点金、堵河决、招神位、炼不死之药诸术,武帝对其深信不疑,恩宠有加,遂封侯。

③四年四月乙巳:元鼎四年四月二十二。

④五利将军:西汉杂号将军名。汉武帝任命方士栾大为五利将军,仅示尊宠,并非让他率兵出征。

⑤侯大有罪,斩:因骗术败露被腰斩。

国名	瞭[1]
侯功	以匈奴归义王降，侯。次公以匈奴王身份投降，封侯。
元光	
元朔	
元狩	
元鼎	一　四年六月丙午[2]，侯次公元年。五年，侯次公坐酎金，国除。次公在元鼎年间为侯一年。次公在元鼎四年六月丙午被封为瞭侯，该年是其元年。元鼎五年，次公因献给朝廷供祭祀之用的贡金不合格，封地被取消。
元封	
太初已后	

术阳[1]
以南越王兄越高昌侯[2]。赵建德以南越王兄、高昌侯的身份封侯。
一　四年，侯建德元年。五年，侯建德有罪[3]，国除。赵建德在元鼎年间为侯一年。赵建德在元鼎四年被封为术阳侯，该年是其元年。元鼎五年，赵建德犯了罪，封地被取消。

国名	龙亢[1]
侯功	以校尉摎乐击南越死事[2],子侯。摎广德作为进攻南越而战死的校尉摎乐之子封侯。
元光	
元朔	
元狩	
元鼎	**二**　五年三月壬午[3],侯广德元年。摎广德在元鼎年间为侯两年。摎广德在元鼎五年三月壬午被封为龙亢侯,该年是其元年。
元封	**六**[4]　六年,侯广德有罪诛,国除。摎广德在元封年间为侯六年(应为五年)。元封六年,龙亢侯摎广德犯罪被杀,封地被取消。
太初已后	

成安[①]
以校尉韩千秋击南越死事[②]，子侯。韩延年作为进攻南越而战死的校尉韩千秋之子封侯。
二　五年三月壬子[③]，侯延年元年。韩延年在元鼎年间为侯两年。韩延年在元鼎五年三月壬子（应为壬午）被封为成安侯，该年是其元年。
六[④]　六年，侯延年有罪，国除。韩延年在元封年间为侯六年（应为五年）。元封六年，成安侯韩延年犯罪，封地被取消。

【注释】

瞭

①瞭:《汉书·景武昭宣元成功臣表》作“暸”。析舞阳县(治今河南漯河舞阳西北)而置。元鼎四年(前113)始封次公。元鼎五年(前112),次公有罪,封国撤销。

②四年六月丙午:元鼎四年六月初三。

术阳

①术阳:侯国名。一作“述阳”。析下沛(治今江苏徐州沛县东)而置。因其地在術水(一作“沭水”)之阳,故名。元鼎四年(前113)始封赵建德。元鼎五年(前112),赵建德有罪,封国撤销。

②以南越王兄越高昌侯:赵建德是当时的南越王赵兴的异母兄长,南越所封高昌侯。

③五年,侯建德有罪:元鼎五年(前112)南越王丞相吕嘉因不愿内附比诸侯,杀王、太后及汉使,立赵建德为王而反汉。元鼎六年(前111)兵败被俘,南越国遂亡。

龙亢

①龙亢:侯国名。在今安徽蚌埠怀远西北龙亢集。按,摎广德侯国,《汉书·景武昭宣元成功臣表》作“龙”,在今山东泰安东南旧城西南。元鼎五年(前112)始封摎广德。元封六年(前105),摎广德有罪,封国撤销。

②摎(jiū)乐:一作“樛乐”,汉人,是当时南越太后的弟弟。武帝时召南越内属,他首先归附汉。吕嘉作乱,他与韩千秋奉命讨伐南越,中计战死。

③三月壬午:三月初四。

④六:应作“五”。摎广德元封六年(前105)因罪被废,按文例,最

后一年不计入为侯年数。

成安

①成安:侯国名。在成安县(今河南平顶山市汝州东南)。元鼎五年(前112)始封韩延年。元封六年(前105),韩延年有罪,封国撤销。

②韩千秋:曾任济北相(一说济南相)。武帝元鼎五年(前112),南越丞相吕嘉作乱,他自请愿得勇士二百人往平。武帝任其为校尉,与摎乐率二千人出兵南越,因轻敌冒进被南越击杀。

③五年三月壬子:据《南越列传》,韩延年与龙亢侯摎广德同时被封,广德受封时间为五年"三月壬午"(三月初四),延年受封也应在"三月壬午"。

④六:应作"五"。韩延年元封六年(前105)因罪被废,按文例,最后一年不计入为侯年数。

国名	昆[1]
侯功	以属国大且渠击匈奴[2],功侯。渠复累以附属国大且渠的身份出击匈奴,因功封侯。
元光	
元朔	
元狩	
元鼎	**二** 五年五月戊戌[3],侯渠复累元年。渠复累在元鼎年间为侯两年。渠复累在元鼎五年五月戊戌被封为昆侯,该年是其元年。
元封	**六** 渠复累在元封年间继续为侯,共六年。
太初已后	**四** 渠复累在太初年间继续为侯,共四年。

骐[1]
以属国骑击匈奴，捕单于兄，功侯。驹幾以附属国骑兵的身份出击匈奴，俘虏了单于的哥哥，因功封侯。
二　五年五月壬子[2]，侯驹幾元年。驹幾在元鼎年间为侯两年。驹幾在元鼎五年五月（应为六月）壬子被封为骐侯，该年是其元年。
六　驹幾在元封年间继续为侯，共六年。
四　驹幾在太初年间继续为侯，共四年。

国名	梁期[①]
侯功	以属国都尉五年间出击匈奴[②],得复累絺缦等[③],功侯。任破胡以附属国都尉的身份在元鼎五年出击匈奴,俘获复累絺缦等,因功封侯。
元光	
元朔	
元狩	
元鼎	**二**　五年七月辛巳[④],侯任破胡元年。任破胡在元鼎年间为侯两年。任破胡在元鼎五年七月辛巳被封为梁期侯,该年是其元年。
元封	**六**　任破胡在元封年间继续为侯,共六年。
太初已后	**四**　任破胡在太初年间继续为侯,共四年。

牧丘[①]
以丞相及先人万石积德谨行侯[②]。石庆因为丞相的职位以及先人石奋的积累德行、谨慎行事而封侯。
二　五年九月丁丑[③]，恪侯石庆元年。石庆在元鼎年间为侯两年。石庆在元鼎五年九月丁丑被封为牧丘侯，"恪"为其谥号，该年是其元年。
六　石庆在元封年间继续为侯，共六年。
二　石庆在太初年间为侯两年。 二　三年[④]，侯德元年。石德在太初年间为侯两年。太初三年，为牧丘侯石德元年。

国名	瞭[①]
侯功	以南越将降,侯。毕取以南越将军身份投降,封侯。
元光	
元朔	
元狩	
元鼎	一　六年三月乙酉[②],侯毕取元年。毕取在元鼎年间为侯一年。毕取在元鼎六年三月乙酉被封为瞭侯,该年是其元年。
元封	**六**　毕取在元封年间继续为侯,共六年。
太初已后	**四**　毕取在太初年间继续为侯,共四年。

将梁[1]
以楼船将军击南越[2],椎锋却敌[3],侯。杨仆作为楼船将军进攻南越,勇猛直前,打退敌人,封侯。
一　六年三月乙酉,侯杨仆元年。杨仆在元鼎年间为侯一年。杨仆在元鼎六年三月乙酉被封为将梁侯,该年是其元年。
三　四年,侯仆有罪[4],国除。杨仆在元封年间为侯三年。元封四年,将梁侯杨仆犯罪,封地被取消。

【注释】

昆

①昆:侯国名。其地未详。元鼎五年(前112)始封渠复累。至太初年间封国尚存。

②属国大且渠:渠复累是匈奴高级武官大且渠。属国,为安置归附中央王朝的匈奴、羌、夷等少数民族而设置的区域。汉朝从武帝元狩二年(前121)至汉末为止,北、西、东三边诸郡均设有属国,大者领域五、六,小者领域一、二。设官有都尉、丞、候、千人等,下有九译令,又有属国长史、属国且渠、属国当户等,由汉人或内属少数民族首领充任。属国都尉秩比二千石,其治民领兵权比郡太守。大且渠,匈奴高级武官名。

③五年五月戊戌:元鼎五年五月二十一。

骐

①骐:侯国名。在骐(今山西临汾乡宁东南)。元鼎五年(前112)始封驹幾。至太初年间封国尚存。

②五年六月壬子:元鼎五年六月初六。

梁期

①梁期:侯国名。在梁期县(今河北邯郸磁县东北)。元鼎五年(前112)始封任破胡。至太初年间封国尚存。

②属国都尉:属国官名。秩比二千石,其治民领兵权比郡太守。

③复累缔缦:匈奴头领。

④五年七月辛巳:元鼎五年七月初五。

牧丘

①牧丘:析平原县(治今山东德州平原县西南)而置。元鼎五年

（前112）始封石庆。传侯于子石德。至太初年间封国尚存。

②以丞相：据《汉兴以来将相名臣年表》，石庆拜相在元鼎五年九月辛巳（初六）。先人万石积德：石庆的父亲石奋，以恭谨驯顺著称，与四子均官至二千石，景帝称其为“万石君”。所谓积德，即指石奋的恭谨无比。事详《万石张叔列传》。

③五年九月丁丑：元鼎五年九月初二。

④三年：太初三年，前102年。

瞭

①瞭：侯国名。其地未详。一说即次公所封之瞭，析舞阳县（治今河南漯河舞阳西北）而置。元鼎六年（前111）始封毕取。至太初年间封国尚存。

②六年三月乙酉：元鼎六年（前111）三月十三。

将梁

①将梁：侯国名。在将梁县（今河北保定清苑西南）。元鼎六年（前111）始封杨仆。元封四年（前107），杨仆有罪，封国撤销。

②楼船将军：杂号将军名。以所率为楼船为名号。楼船，有楼的大战船。

③椎锋却敌：冲锋在前、杀退敌军之意。椎锋，即推锋冲锋。泛指用兵，进兵。椎，《释名》：“推也。”《南越列传》叙此事作“楼船将军……因推而前，锉越锋……”《汉书·景武昭宣元成功臣表》亦作“推锋却敌”。

④四年，侯仆有罪：元封四年（前107），杨仆与左将军荀彘共击朝鲜。他率七千人渡海先至，被击败。后因与荀彘不和，致使久未取胜。至打败朝鲜回朝后，以擅自先出战，失亡多，当诛，赎为庶人。

国名	安道[①]
侯功	以南越揭阳令闻汉兵至自定降[②],侯。定以南越揭阳令的身份听说汉兵到达,自行稳定地区局面,投降,封侯。
元光	
元朔	
元狩	
元鼎	一　六年三月乙酉,侯揭阳令定元年。定在元鼎年间为侯一年。揭阳令定在元鼎六年三月乙酉被封为安道侯,该年是其元年。
元封	六　定在元封年间继续为侯,共六年。
太初已后	四　定在太初年间继续为侯,共四年。

随桃[①]
以南越苍梧王闻汉兵至降[②],侯。赵光以南越苍梧王的身份听说汉兵到达而投降,封侯。
一　六年四月癸亥[③],侯赵光元年。赵光在元鼎年间为侯一年。赵光在元鼎六年四月癸亥被封为随桃侯,该年是其元年。
六　赵光在元封年间继续为侯,共六年。
四　赵光在太初年间继续为侯,共四年。

国名	湘成[①]
侯功	以南越桂林监闻汉兵破番禺[②]，谕瓯骆兵四十余万降[③]，侯。居翁以南越桂林郡监守听说汉兵攻破番禺，告谕瓯骆四十多万军队投降，封侯。
元光	
元朔	
元狩	
元鼎	**一** 六年五月壬申[④]，侯监居翁元年。居翁在元鼎年间为侯一年。居翁在元鼎六年五月壬申被封为湘成侯，该年是其元年。
元封	**六** 居翁在元封年间继续为侯，共六年。
太初已后	**四** 居翁在太初年间继续为侯，共四年。

海常[①]
以伏波司马捕得南越王建德[②],功侯。苏弘作为伏波将军的司马俘虏南越王赵建德,因功封侯。
一　六年七月乙酉[③],庄侯苏弘元年。苏弘在元鼎年间为侯一年。苏弘在元鼎六年七月乙酉被封为海常侯,“庄”为其谥号,该年是其元年。
六　苏弘在元封年间继续为侯,共六年。
一　太初元年[④],侯弘死,无后,国除。太初元年,海常侯苏弘去世,没有后嗣,封地被取消。

国名	北石[1]
侯功	以故东越衍侯佐繇王斩馀善[2],功侯。吴阳作为原来的东越衍侯帮助繇王斩杀东越王馀善,因功封侯。
元光	
元朔	
元狩	
元鼎	
元封	**六** 元年正月壬午[3],侯吴阳元年。吴阳在元封年间为侯六年。吴阳在元封元年正月壬午被封为北石侯,该年是其元年。
太初已后	**三** 吴阳在太初年间为侯三年。 太初四年[4],今侯首元年。太初四年,为现在的北石侯吴首元年。

下郦[①]
以故瓯骆左将斩西于王[②],功侯。黄同作为原来的瓯骆左将斩杀西于王,因功封侯。
六 元年四月丁酉[③],侯左将黄同元年。黄同在元封年间为侯六年。左将黄同在元封元年四月丁酉被封为下郦侯,该年是其元年。
四 黄同在太初年间继续为侯,共四年。

【注释】

安道

①安道:侯国名。其地未详。元鼎六年(前111)始封定。至太初年间封国尚存。

②揭阳令:揭阳县令。揭阳,汉县名。治今广东揭阳西北。以县西有揭岭而名。南越国亡后归入汉南海郡。

随桃

①随桃:侯国名。其地未详。元鼎六年(前111)始封赵光。至太初年间封国尚存。

②南越苍梧王:南越国分封的苍梧王。苍梧,由秦桂林郡分置,汉武帝灭南越后置郡,治广信(今广西梧州)。

③六年四月癸亥:元鼎六年四月二十一。

湘成

①湘成:侯国名。析堵阳(治今河南南阳方城东)而置。元鼎六年(前111)始封居翁。至太初年间封国尚存。

②南越桂林监:秦南越桂林郡监御史之简称,与郡守、郡尉同为郡长官。桂林郡,秦置,郡治在今广西贵港桂平西南,武帝改置郁林郡。番禺:南越国都,今广东广州。

③瓯骆:古民族名。我国古代越人的一部分。秦汉时主要分布在岭南西部地区即今广东、广西及越南北部一带。在南越国之西,汉初亦曾称王。

④六年五月壬申:元鼎六年(前111)五月初一。

海常

①海常:侯国名。其地未详。元鼎六年(前111)始封苏弘。太初元

年（前104），苏弘去世，无后，封国撤销。

②伏波司马：伏波将军路博德的司马。司马，参谋军事，掌管军法。

③六年七月乙酉：元鼎六年（前111）七月十五。

④太初元年：前104年。按，据文例，该侯无罪而死，去世之年算在为侯年数里，前补“一”字。

北石

①北石：侯国名。《汉书·景武昭宣元成功臣表》作“外石”，注在“济阳”，今河南开封兰考东北。元封元年（前110）始封吴阳，至太初年间封国尚存。

②以故东越衍侯佐繇王斩馀善：吴阳本为东越越衍侯，元鼎六年（前111）东越王馀善反，他领本邑兵攻东越，又与繇王居股商议杀死了馀善投汉。东越衍侯，应作“东越越衍侯”。繇王，越繇王，名居股。

③元年正月壬午：元封元年（前110）正月十五。

④太初四年：前101年。

下郦

①下郦：侯国名。在下郦（今河南南阳西北）。元封元年（前110）始封黄同。至太初年间封国尚存。

②瓯骆左将：瓯骆高级武官。西于王：越人君长。梁玉绳认为“西于”乃“西干”之讹，即交趾。

③元年四月丁酉：元封元年（前110）四月初一。

国名	缭嫈[1]
侯功	以故校尉从横海将军说击东越[2]，功侯。刘福作为原来的校尉跟随横海将军韩说进攻东越，因功封侯。
元光	
元朔	
元狩	
元鼎	
元封	一　元年五月乙卯[3]，侯刘福元年。二年，侯福有罪，国除。刘福在元封年间为侯一年。刘福在元封元年五月乙卯被封为缭嫈侯，该年是其元年。元封二年，刘福犯罪，封地被取消。
太初已后	

虁兒[①]
以军卒斩东越徇北将军[②],功侯。辕终古作为副将斩杀东越徇北将军,因功封侯。
六　元年闰月癸卯[③],庄侯辕终古元年。辕终古在元封年间为侯六年。辕终古在元封元年闰月癸卯被封为虁兒侯,“庄”为其谥号,该年是其元年。
一　太初元年[④],终古死,无后,国除。太初元年,辕终古去世,没有后嗣,封地被取消。

国名	开陵[①]
侯功	以故东越建成侯与繇王共斩东越王馀善[②],功侯。敖作为原来的东越建成侯与繇王一起斩杀了东越王馀善,因功封侯。
元光	
元朔	
元狩	
元鼎	
元封	**六**　元年闰月癸卯,侯建成元年[③]。原东越建成侯敖在元封年间为侯六年。敖在元封元年闰月癸卯被封为开陵侯,该年是其元年。
太初已后	

临蔡[1]
以故南越郎闻汉兵破番禺，为伏波得南越相吕嘉[2]，功侯。孙都作为原来的南越郎听说汉兵攻破番禺，为伏波将军俘获南越相吕嘉，因功封侯。
六　元年闰月癸卯，侯孙都元年。孙都在元封年间为侯六年。孙都在元封元年闰月癸卯被封为临蔡侯，该年是其元年。

国名	东成[1]
侯功	以故东越繇王斩东越王馀善[2]，功侯，万户。居服以原来东越繇王的身份斩杀东越王馀善，因功封侯，享有万户食邑。
元光	
元朔	
元狩	
元鼎	
元封	**六**　元年闰月癸卯，侯居服元年。居服在元封年间为侯六年。居服在元封元年闰月癸卯被封为东成侯，该年是其元年。
太初已后	**四**　居服在太初年间继续为侯，共四年。

无锡[①]
以东越将军汉兵至弃军降,侯。多军作为东越将军,汉兵到达时抛下军队投降,封侯。
六 元年,侯多军元年。多军在元封年间为侯六年。多军在元封元年被封为无锡侯,该年是其元年。
四 多军在太初年间继续为侯,共四年。

【注释】

缭妟

①缭妟（yíng）：侯国名。其地未详。《史记地名考》："大抵亦在琅邪（郡治今山东潍坊诸城）东莱（郡治今山东烟台莱州）间也。"元封元年（前110）始封刘福。元封二年（前109），刘福有罪，封国撤销。

②横海将军说：韩说，韩王信后裔。元朔五年（前124）因从卫青击匈奴立功封龙额侯。元鼎五年（前112）坐酎金免侯。击东越时为横海将军。

③元年五月乙卯：元封元年（前110）五月十三。

虉兒

①虉兒：侯国名。在虉兒（今浙江嘉兴桐乡西南）。元封元年（前110）始封辕终古。太初元年（前104），辕终古去世，无后，封国撤销。

②军卒：军中副将、偏师之别称。东越徇北将军：史失其名。东越反时守武林，败楼船将军杨仆属下数校尉，杀长吏。

③元年闰月癸卯：元封元年（前110）后九月初十。闰月，梁玉绳以为"闰"字讹。以当时之情形判断，闰月即后九月。

④太初元年：前104年。按，据文例，该侯无罪而死，去世之年算在为侯年数里，前补"一"字。

开陵

①开陵：侯国名。《汉书·地理志》开陵侯国属临淮郡，其地未详，当在今安徽境内。元封元年（前110）始封敖。太初以后情况不详。

②故东越建成侯：据《东越列传》，此人名敖。

③侯建成：建成是侯名，此作人名，有误。

临蔡

①临蔡：侯国名。其地未详。《汉书·景武昭宣元成功臣表》注在“河内”，今所见《汉书·地理志》河内郡无“临蔡”；《史记地名考》说《水经注·济水》有蔡沟水，是水在今焦作沁阳（汉属河内郡）县城东北，河内临蔡必是临蔡沟水。《水经注·河水》说孙都封在金城之临羌（今青海湟源东南）。元封元年（前110）始封孙都。太初以后情况不详。

②南越相吕嘉：吕嘉在南越历相三王，权势极大。武帝元鼎五年（前112），因不欲内附于汉同内诸侯而反，杀南越王、太后及汉使者。武帝遣伏波将军路博德等南征，六年兵败被杀。

东成

①东成：侯国名。在东成县（今安徽滁州定远东南）。元封元年（前110）始封居服。至太初年间封国尚存。

②东越繇王：建元六年，闽越击南越，汉应南越之请出兵相助。闽越王郢之弟馀善杀郢求和，汉武帝遂罢兵，诏立汉初闽越王元诸之孙丑为越繇王，与东越王馀善同处。

无锡

①无锡：侯国名。在无锡县（今江苏无锡）。元封元年（前110）始封多军。至太初年间封国尚存。

国名	涉都[1]
侯功	以父弃故南海守汉兵至以城邑降[2],子侯[3]。原来的南海郡守弃在汉兵到达时举城投降,他的儿子嘉因此封侯。
元光	
元朔	
元狩	
元鼎	
元封	**六** 元年中[4],侯嘉元年。嘉在元封年间为侯六年。元封元年中,嘉被封为涉都侯,该年是其元年。
太初已后	**二** 太初二年,侯嘉薨,无后,国除。嘉在太初年间为侯两年。太初二年,涉都侯嘉去世,没有后嗣,封地被取消。

平州[①]
以朝鲜将汉兵至降,侯。王唊以朝鲜将军身份在汉军到达时投降,封侯。
一[②] 三年四月丁卯[③],侯唊元年。四年,侯唊薨,无后,国除。王唊在元封年间为侯一年。王唊在元封三年四月丁卯被封为平州侯,该年是其元年。元封四年,平州侯王唊去世,没有后嗣,封地被取消。

国名	荻苴[1]
侯功	以朝鲜相汉兵至围之降,侯。韩阴以朝鲜相身份在汉军到达围城后投降,封侯。
元光	
元朔	
元狩	
元鼎	
元封	**四**　三年四月[2],侯朝鲜相韩阴元年。韩阴在元封年间为侯四年。朝鲜相韩阴在元封三年四月被封为荻苴侯,该年是其元年。
太初已后	**四**　韩阴在太初年间继续为侯,共四年。

洍清[1]
以朝鲜尼谿相使人杀其王右渠来降[2],侯。参以朝鲜尼谿相身份派人杀死朝鲜王右渠来投降,封侯。
四　三年六月丙辰[3],侯朝鲜尼谿相参元年。参在元封年间为侯四年。朝鲜尼谿相参在元封三年六月丙辰被封为洍清侯,该年是其元年。
四　参在太初年间继续为侯,共四年。

【注释】

涉都

①涉都：侯国名。在涉都县（今湖北襄阳老河口西）。元封元年（前110）始封侯嘉。太初二年（前103），侯嘉去世，无后，封国撤销。

②父弃故南海守：此涉都侯名嘉，其父名弃，史失其姓。原为南海郡守。南海郡，秦始皇三十三年（前214）置，秦末汉初地入南越。治番禺（今广东广州）。

③子侯：弃在汉伐南越时立功，但在封侯前去世，故封其子为侯。

④元年：元封元年，前110年。

平州

①平州：侯国名。在平州（今山东济南莱芜西）。元封三年（前108）始封王唊。元封四年（前107），王唊去世，无后，封国撤销。

②一：当作“二”。该侯无罪而死，去世之年算在为侯年数里。

③三年四月丁卯：元封三年（前108）四月十三。

荻苴

①荻苴：侯国名。《读史方舆纪要》疑即今河北沧州盐山县庆云镇东之荻苴城。元封三年（前108）始封韩阴。至太初年间封国尚存。

②三年四月：据《汉书·景武昭宣元成功臣表》，其下有“丁卯”二字，则与平州侯王唊同日封。

澅清

①澅（huà）清：侯国名。其地未详。梁玉绳说即齐之画邑，在今山东淄博临淄西北。元封三年（前108）始封参。至太初年间封国尚存。

②朝鲜尼谿相：西汉时朝鲜国官名。尼谿的主政者。尼谿，古地名。

《孔子世家》：齐景公“将欲以尼谿田封孔子”，其地未详。其王右渠：朝鲜王名右渠。朝鲜王满之孙。在位时广泛诱收汉亡人，又不朝汉天子。元封二年（前109），武帝下谕责之，右渠不予理睬。于是派楼船将军杨仆等率军往讨，他顽强抵抗，汉兵屡挫。其时朝鲜统治集团内部矛盾斗争激烈，三年（前108），被尼谿相参派人所杀。

③三年六月丙辰：元封三年（前108）六月初三。

国名	騠兹[①]
侯功	以小月氏若苴王将众降[②],侯。稽谷姑以小月氏若苴王的身份率众投降,封侯。
元光	
元朔	
元狩	
元鼎	
元封	三　四年十一月丁卯[③],侯稽谷姑元年。稽谷姑在元封年间为侯三年。稽谷姑在元封四年十一月丁卯被封为騠兹侯,该年是其元年。
太初已后	一　太初元年[④],侯稽谷姑薨,无后,国除。太初元年,騠兹侯稽谷姑去世,没有后嗣,封地被取消。

浩[①]
以故中郎将将兵捕得车师王[②],功侯。王恢作为原来的中郎将率军俘虏车师王,因功封侯。
一[③]　四年正月甲申[④],侯王恢元年。四年四月,侯恢坐使酒泉矫制害[⑤],当死,赎,国除。封凡三月。王恢在元封年间为侯一年。王恢在元封四年正月甲申被封为浩侯,该年是其元年。元封四年四月,王恢罪犯在酒泉假传圣旨造成恶果,被判死罪,花钱赎罪,封地被取消。封侯一共三个月。

国名	瓡讘[1]
侯功	以小月氏王将众千骑降,侯。扜者以小月氏王的身份率领一千骑兵投降,封侯。
元光	
元朔	
元狩	
元鼎	
元封	**二** 四年正月乙酉[2],侯扜者元年。扜者在元封年间为侯两年。扜者在元封四年正月乙酉被封为瓡讘侯,该年是其元年。 **一** 六年,侯胜元年。胜在元封年间为侯一年。元封六年,为瓡讘侯胜元年。
太初已后	**四** 胜在太初年间继续为侯,共四年。

幾[1]
以朝鲜王子汉兵围朝鲜降,侯。以朝鲜王子的身份在汉兵围城时投降,封侯。
二　四年三月癸未[2],侯张路归义元年。六年,侯张路使朝鲜,谋反,死,国除。张路在元封年间为侯两年。张路在元封四年三月癸未被封为幾侯,该年是其元年。元封六年,张路出使朝鲜,谋反,被杀,封地被取消。

【注释】

骒兹

①骒（tí）兹：侯国名。其地未详。元封四年（前107）始封稽谷姑。太初元年（前104），稽谷姑去世，无后，封国撤销。

②小月氏若苴王：小月氏的部落首领。小月氏，古民族名。原居敦煌、祁连间（即今甘肃兰州以西直至敦煌的河西走廊一带）的月氏人，大部分于汉文帝初年西迁，未西迁者进入南山（今祁连山），与羌人杂居，称小月氏。

③四年十一月丁卯：元封四年（前107）十一月无丁卯，疑误记。

④太初元年：前104年。按表例，该侯无罪而死，去世之年算在为侯年数里，前补“一”字。

浩

①浩：侯国名。梁玉绳疑即金城浩亹县，在今甘肃兰州永登西南大通河东岸。元封四年（前107）始封王恢。同年王恢有罪，封国撤销。

②捕得车师王：据《大宛列传》，元封三年（前108）武帝派赵破奴出击楼兰、车师。王恢曾为汉使出使西域，被楼兰、车师人攻劫，向武帝报告，武帝遂令他佐赵破奴击破楼兰，虏楼兰王。本传未言王恢捕得车师王。车师，西域古国名。一作姑师。其范围相当于今新疆奇台、哈密、吐鲁番、乌鲁木齐、昌吉等地。

③一：字当削。按表例，该侯有罪被废，被废之年不算在为侯年数里。

④正月甲申：正月初四。

⑤使酒泉矫制害：出使酒泉时假托君命行事造成了恶果。

瓡讘

①瓡讘（zhí niè）：侯国名。在瓡讘（今山西临汾永和西南）。元封四年（前107）始封扜者。传侯于胜。至太初年间封国尚存。

②正月乙酉:正月初五。

幾

①幾:侯国名。其地未详。一说即战国魏幾邑,在今河北邯郸大名东南。元封四年(前107)始封张路(gè)。元封六年(前105),张路谋反,封国撤销。

②四年三月癸未:元封四年(前107)三月初四。

国名	涅阳[①]	右太史公本表[①]以上是太史公司马迁的原表。
侯功	以朝鲜相路人汉兵至首先降[②]，道死，其子侯。朝鲜相路人在汉兵到达时首先投降，死在路途中，其子因而被封为侯。	
元光		
元朔		
元狩		
元鼎		
元封	三　四年三月壬寅[③]，康侯子最元年。子最在元封年间为侯三年。子最在元封四年三月壬寅被封为涅阳侯，“康”为其谥号，该年是其元年。	
太初已后	二　太初二年，侯最死，无后，国除。最在太初年间为侯两年。太初二年，涅阳侯子最去世，没有后嗣，封地被取消。	

当涂[1]	蒲[1]	潦阳[1]	富民[1]	右孝武封国名[1]
魏不害，以圉守尉捕淮阳反者公孙勇等，侯[2]。魏不害，作为圉县的代理县尉捕获在淮阳造反的公孙勇等，封侯。	苏昌，以圉尉史捕淮阳反者公孙勇等，侯[2]。苏昌，作为圉县尉手下的小吏捕获在淮阳造反的公孙勇等，封侯。	江德，以圉厩啬夫共捕淮阳反者公孙勇等[2]，侯。江德，作为圉县管理马棚的小吏捕获在淮阳造反的公孙勇等，封侯。	田千秋，家在长陵[2]。以故高庙寝郎上书谏孝武曰[3]："子弄父兵，罪当笞。父子之怒，自古有之。蚩尤畔父，黄帝涉江[4]。"上书至意[5]，拜为大鸿胪[6]。征和四年为丞相[7]，封三千户。至昭帝时病死[8]，子顺代立，为虎牙将军，击匈奴[9]，不至质[10]，诛死，国除。田千秋，家住长陵。作为原来看守高祖陵墓寝庙的小吏上书劝谏武帝说："儿子擅自使用父亲的军队，应当判处笞刑。父子之间发生争执，自古就有。蚩尤背叛父亲，黄帝就渡江与其交战。"上书合乎武帝的心意，拜为大鸿胪。征和四年做了丞相，享有食邑三千户。田千秋在昭帝时期病死，他的儿子田顺继承了爵位，作为虎牙将军出击匈奴，没有到达规定的地点，问罪被杀，封地被取消。	以上是汉武帝时所封的诸侯。

【注释】

涅阳

①涅阳：侯国名。在涅阳（今河南南阳邓州东北）。元封四年（前107）始封最。太初二年（前103），侯最去世，无后，封国撤销。

②朝鲜相路人汉兵至首先降：路人为朝鲜相，当汉军围攻朝鲜都城王险时先行出城投降。

③三月壬寅：三月十三。

①右太史公本表：《索隐》曰："七十二国，太史公旧；余四十五国，褚先生补也。"梁玉绳曰："六字褚生所改。孙侍御云：'史表原文必如《惠景侯表》之例，云"右元光至太初若干人"。'"梁氏又云，以上七十三侯国中，缭嫈侯刘福为刘氏宗族，当入王子侯表；而李广利、赵弟以伐大宛之功在太初四年四月封侯，还有名为严、甲的两位南越归义者受封为侯，又有驰义侯遗未书；若加上《高祖功臣侯者年表》里武帝建元元年之后复封改封的灌贤、张广、萧庆、靳石、卞仁，《后汉书》武帝封夜郎竹王三子，建元至太初年间共有八十五个侯国。

当涂

①当涂：侯国名。在当涂（今安徽蚌埠怀远南）。征和三年（前90）封魏不害。

②圉守尉：圉县代理县尉。圉，县名。时属淮阳郡。治今河南开封杞县西南圉镇。淮阳反者公孙勇：征和三年（前90），时任城父县令的公孙勇和门客胡倩谋反，胡倩诈称光禄大夫，公孙勇伪为绣衣使者，皆被识破。胡倩被淮阳太守田广明擒杀，公孙勇被魏不害等擒杀。淮阳，郡名。治陈县（今河南周口淮阳）。

蒲

①蒲:侯国名。其地未详。征和三年(前90)封苏昌。

②尉史:县尉属吏,掌捕盗贼及更卒服役之事。

潦阳

①潦阳:侯国名。《汉书·景武昭宣元成功臣表》注在"清河",《汉书·地理志》清河郡有缭县(治今河北邢台南宫东南),或即其地。征和三年(前90)封江德。

②厩啬夫:官名。负责管理马厩的小官吏。

富民

①富民:侯国名。析蕲县(治今安徽宿州南蕲县集)而置。征和四年(前89)封田千秋。传侯于子田顺。宣帝时,侯田顺有罪被杀,封国撤销。

②长陵:古县名。故治在今陕西咸阳东北。汉高祖十二年(前195)置,以汉高祖刘邦的陵墓长陵为名。

③高庙寝郎:官名。为宿卫长陵陵寝之郎官,简称高寝郎。因汉高祖刘邦庙号称太祖高皇帝,故其陵墓亦名高庙。郎中,秩比三百石。

④"子弄父兵"几句:征和二年(前91)在"巫蛊之祸"中,江充诬告太子有用巫术诅咒武帝之嫌疑,太子恐惧,遂起兵杀江充。武帝派兵追杀,经过激战,太子兵败自杀。征和三年(前90)田千秋上书委婉地为太子辩冤。蚩尤畔父,黄帝涉江,《汉书·田千秋传》作:"天子之子过误杀人,当何罪哉!臣尝梦见一白头翁教臣言。"

⑤上书至意:上书合乎皇上的心意。戾太子死后,武帝也渐渐明白太子被冤屈的事实,田千秋此时的上书正合了武帝之意。

⑥大鸿胪:官名。九卿之一,秩中二千石。凡诸侯、四方少数民族及

外国使者入朝迎送接待、封授均由其掌管安排，地方郡国的上计之吏，也由其管理。

⑦征和四年：前89年。为丞相：田千秋接替刘屈氂为相。

⑧至昭帝时病死：田千秋死于汉昭帝元凤四年（前77）。

⑨为虎牙将军，击匈奴：事在宣帝本始二年（前72）。虎牙将军，杂号将军名。喻其如虎牙般锋利。

⑩不至质：没有到达约定的地点。

①右孝武封国名：以上四侯是武帝太初之后所封。

后进好事儒者褚先生曰：太史公记事尽于孝武之事[①]，故复修记孝昭以来功臣侯者[②]，编于左方[③]，令后好事者得览观成败长短绝世之適[④]，得以自戒焉。当世之君子，行权合变[⑤]，度时施宜，希世用事[⑥]，以建功有土封侯，立名当世，岂不盛哉！观其持满守成之道[⑦]，皆不谦让，骄蹇争权[⑧]，喜扬声誉，知进不知退，终以杀身灭国。以三得之[⑨]，及身失之，不能传功于后世，令恩德流子孙，岂不悲哉！夫龙额侯曾为前将军[⑩]，世俗顺善[⑪]，厚重谨信，不与政事[⑫]，退让爱人。其先起于晋六卿之世[⑬]，有土君国以来[⑭]，为王侯，子孙相承不绝，历年经世，以至于今，凡百余岁[⑮]，岂可与功臣及身失之者同日而语之哉？ 悲夫，后世其诫之！

【注释】

①尽于孝武之事：司马迁自述《史记》的记述时间下限为武帝太初年间。

②故复修记孝昭以来功臣侯者：褚少孙补记的是昭帝以后所封侯。计有昭帝所封十二人，宣帝所封二十九人，最后一个是元帝所封的阳平侯王稚君。孝昭，汉昭帝，名弗陵，武帝之子，前86—前74年在位。

③左方：古人从右向左竖行书写，故“左方”即“下面”“后面”。

④成败长短绝世之適（zhé）：意谓那些成功者、传世长久者的经验，与那些失败者、爵位封国很快断绝者的教训。適，通“谪”。过失。

⑤行权合变：行权宜之事，随机应变。权，权宜，变通。

⑥希世用事：迎合世俗行事。希世，迎合世俗。用事，行事。按，褚少孙在这里将其作为一个褒义词来用，意在表彰霍光废昌邑王立

宣帝之事是为国家而随机应变；而司马迁在《儒林列传》中说公孙弘“希世用事，位至公卿”，则有着批判其见风使舵、投合人主欲求的意味。

⑦持满守成：保持前人的成就和业绩。持满，也是保守成业的意思。

⑧骄蹇：傲慢不顺从。蹇，骄纵，不顺服。

⑨以三得之：《集解》曰：“即上所谓‘行权合变，度时施宜，希世用事’也。”

⑩龙頟侯曾：韩曾，《汉书》作“韩增”。韩王信的后代，龙頟侯（后改封案道侯）为韩说之子。韩曾之兄韩长袭案道侯爵，因犯罪被废，武帝后元元年（前88）复封韩曾为龙頟侯。昭帝时任前将军，与大将军霍光定策立宣帝。宣帝本始二年（前72）率兵出云中征匈奴，斩首百余。神爵元年（前61），代张安世为大司马车骑将军，领尚书事。为人宽和自守。

⑪世俗顺善：顺应世俗，顺从善道。

⑫不与（yù）政事：不对朝政发表个人意见。按，褚少孙在这里是赞扬韩曾身居高位而不把持政权，而《汉书·韩增传》则说他“以温颜逊辞承上接下，无所失意，保身固宠，不能有所建明”，颇有贬意。与，参与。

⑬其先起于晋六卿之世：春秋后期把持晋国政权的六大贵族，即范氏、中行氏、智氏、韩氏、赵氏、魏氏，称为六卿。春秋战国之际，韩、赵、魏三家分晋，韩氏建立了韩国，韩曾的高祖韩王信是韩襄王的后裔，所以说“其先起于晋六卿之世”。

⑭有土君国：指受封为王侯。有土，有封地。

⑮凡百余岁：按，这是讲韩氏家族在汉朝为侯的时间。从文帝十六年（前164）韩穨当（韩王信之子，从匈奴逃归）被封为弓高侯，到韩曾续封龙頟侯，为侯三十一年，韩氏家族前后已经历了一百零七年。

【译文】

喜欢多事的晚辈儒者褚少孙说：太史公把本篇的记事截止在武帝年间，现在我再把昭帝以后功臣封侯的情况，编排在下面，让后代喜欢多事的人们能够借鉴那些取得成功、传世长久者的经验，吸取那些很快断送爵位的失败者的教训，从而能够引以为戒。当代君子，或者能做到随机应变，或者能做到审时度势、行事恰当，或者能做到办起事来迎合世俗，他们凭借建立功业而拥有封地、受封侯爵，扬名于当代，难道不是十分兴盛吗！但观察他们获得成功后守护功业的表现，看到他们都不知谦让，骄奢淫逸、争夺权势，喜欢卖弄声名，只知道向前钻营，却不懂得给自己留下退路，最终因此人死国灭。依靠上述三种途径挣来的爵赏，在自己这一代就丢掉了，不能传到后代，将恩德留给子孙，难道不是十分可悲吗！龙頟侯韩曾担任前将军，顺从世俗，顺从善道，厚道谨慎，不把持朝政，谦逊退让，爱护他人。他的祖先本是晋国的六卿之一，建立韩国成为诸侯以后，子孙相继为王为侯，从未断绝，经过了很多年代，一直到现在，仅在汉朝就已经有一百多年了，那些在自己这一代就把爵位丢掉的功臣们怎么能跟韩氏家族同日而语呢？可悲啊，后人要引以为戒啊！

博陆[①]	霍光，家在平阳[②]。以兄骠骑将军故贵。前事武帝，觉捕得侍中谋反者马何罗等功侯[③]，三千户。中辅幼主昭帝[④]，为大将军[⑤]。谨信，用事擅治[⑥]，尊为大司马，益封邑万户。后事宣帝[⑦]。历事三主，天下信乡之[⑧]，益封二万户。子禹代立，谋反，族灭[⑨]，国除。霍光，家住平阳。因为哥哥霍去病的关系而显贵。起初事奉武帝，因为发觉捕获了谋反的侍中马何罗等，因功封侯，享有食邑三千户。中间辅佐幼小的昭帝，官居大将军。慎重守信，处理一切政务，被尊封为大司马，增加食邑万户。最后事奉宣帝。他先后事奉了三代汉帝，天下人都信任拥戴他，增加食邑两万户。他死后儿子霍禹继承了爵位，因为谋反，被灭了族，封地被取消。
秺[①]	金翁叔名日磾[②]，以匈奴休屠王太子从浑邪王将众五万，降汉归义，侍中，事武帝，觉捕侍中谋反者马何罗等功侯，三千户。中事昭帝，谨厚，益封三千户。子弘代立，为奉车都尉[③]，事宣帝。金翁叔名叫日磾，以匈奴休屠王太子的身份跟随浑邪王率领五万部众归降大汉，做了侍中，事奉武帝，因为发觉捕获了谋反的侍中马何罗等，因功封侯，享有食邑三千户。中间事奉昭帝，谨慎忠厚，增加食邑三千户。他死后儿子金弘继承爵位，做奉车都尉，事奉宣帝。
安阳[①]	上官桀，家在陇西[②]。以善骑射从军。稍贵，事武帝，为左将军[③]。觉捕斩侍中谋反者马何罗弟重合侯通功侯[④]，三千户。中事昭帝，与大将军霍光争权，因以谋反[⑤]，族灭，国除。上官桀，家住陇西。凭借善于骑射从军。渐渐贵盛后，事奉武帝，做了左将军。因为发觉捕获了谋反的侍中马何罗的弟弟重合侯马通，因功封侯，享有食邑三千户。之后事奉昭帝，与大将军霍光争夺权力，因而谋反，被灭族，封地被取消。

桑乐[1]	上官安，以父桀为将军故贵，侍中，事昭帝。安女为昭帝夫人，立为皇后故侯[2]，三千户。骄蹇[3]，与大将军霍光争权，因以父子谋反，族灭，国除。上官安，凭借父亲上官桀为将军的缘故贵显，为侍中，事奉昭帝。上官安因为女儿是昭帝的夫人，后立为皇后的关系封侯，享有食邑三千户。他骄纵跋扈，与大将军霍光争夺权力，于是父子共同谋反，被灭族，封地被取消。
富平[1]	张安世，家在杜陵[2]。以故御史大夫张汤子武帝时给事尚书[3]，为尚书令[4]。事昭帝，谨厚习事，为光禄勋、右将军[5]。辅政十三年，无適过[6]，侯，三千户。及事宣帝，代霍光为大司马[7]，用事，益封万六千户。子延寿代立，为太仆[8]，侍中[9]。张安世，家住杜陵。作为原来的御史大夫张汤的儿子武帝时在尚书省做事，做了尚书令。他事奉昭帝，谨慎厚道，熟习事务，做了光禄勋、右将军。辅政十三年，没有罪过，封富平侯，享有食邑三千户。等到事奉宣帝，继霍光之后做大司马，掌握实权，增加食邑一万六千户。他死后儿子张延寿继承爵位，做了太仆，侍中。
义阳[1]	傅介子，家在北地[2]。以从军为郎[3]，为平乐监[4]。昭帝时，刺杀外国王，天子下诏书曰："平乐监傅介子使外国，杀楼兰王[5]，以直报怨[6]，不烦师，有功，其以邑千三百户封介子为义阳侯。"子厉代立，争财相告，有罪，国除。傅介子，家住北地郡。因为从军做了郎官，做了平乐监。昭帝时，他刺杀外国国王，天子下诏书说："平乐监傅介子出使外国，杀死楼兰王，以相同的程度报复恶行，不烦劳出动军队，有功，以食邑一千三百户封傅介子为义阳侯。"傅介子死后儿子傅厉继承爵位，儿子们争夺财产互相告发罪责，被判有罪，封地被取消。

【注释】

博陆

①博陆:侯国名。在博陆(今北京密云东南)。又,《集解》引文颖曰:“博,广;陆,平。取其嘉名,无此县也。”昭帝始元二年(前85)封霍光。传侯于子霍禹。宣帝地节四年(前66),霍禹谋反被诛,封国撤销。

②平阳:据《三代世表》“霍将军者,本居平阳白燕”,《正义》说即汉彘县,其地在今山西临汾霍州。

③觉捕得侍中谋反者马何罗:马何罗,《汉书》作“莽何罗”,汉武帝时任侍中仆射。征和二年(前91),受命助江充治“巫蛊案”,冤杀甚众。又诬指太子刘据参与巫蛊诅帝,太子被逼起兵,他又参与镇压。后武帝察觉太子之冤,族诛江充,他怕株连,乃于后元元年(前88)谋刺武帝,被霍光等发觉擒杀。

④幼主昭帝:汉昭帝刘弗陵,武帝少子,生于太始三年(前94),继位时年仅七岁。

⑤大将军:官名。最高级武官。不常置。金印紫绶,位比三公,但实际的优宠和权力都在丞相之上。武帝元狩四年(前119),又在大将军头衔上加上大司马官号。内秉国政,外则仗钺专征。

⑥用事:执政,当权。擅治:独揽大权。

⑦宣帝:汉宣帝刘询,字次卿,武帝曾孙,巫蛊之乱中受害的太子刘据之孙。幼时寄养于祖母家,居民间,了解下层社会情况及吏治得失。才高好学,通黄老刑名之学。元平元年(前74),大将军霍光迎立其为帝。在位期间,平狱缓刑,任用贤良,轻徭薄赋,发展生产。执政十八年,社会一度趋于安定,史称“宣帝中兴”。

⑧信乡(xiàng):信赖归向。乡,通“向”。向往,景仰。

⑨子禹代立,谋反,族灭:霍光死后其子霍禹继承了博陆侯,任右将军、大司马,霍氏家族权势熏天,多行不法。宣帝削夺霍氏集团权

利，地节四年（前66），霍禹与霍氏宗族子弟谋划废黜宣帝，立霍禹为天子，被张章、董忠等告发，霍氏被族灭。

秺

①秺（dù）：侯国名。在秺（今山东菏泽成武西北）。昭帝始元元年（前86）封金日磾。

②金翁叔名日磾（mì dī）：金日磾，字翁叔。原为匈奴休屠王太子。武帝元狩二年（前121），休屠王与浑邪王共谋降汉，霍去病受命前往迎降，他临时反悔，被浑邪王所杀。金日磾在浑邪王胁迫下降汉，被没入官为养马奴。因才貌出众，马又养得肥壮，受武帝赏识，提升为马监。历迁侍中、驸马都尉、光禄大夫。有子为武帝弄臣，与宫女私通，即杀之，由此更受帝信重，出则陪乘，入则侍从左右。后元元年（前88），侍中马何罗谋刺武帝，被发觉擒杀。

③奉车都尉：简称“奉车”。两汉特设的掌管皇帝御乘、舆车的高级武官。汉武帝元鼎二年（前115）初置。秩比二千石。为皇帝之近臣，帝出则奉车，入则侍从左右。

安阳

①安阳：侯国名。在安阳（今河南安阳西南）。昭帝始元二年（前85）封上官桀。元凤元年（前80），上官桀、上官安等谋反被诛，封国撤销。

②陇西：汉郡名。郡治狄道（今甘肃定西临洮）。

③左将军：官名。汉置，最高级武官之一，位比上卿，金印紫绶，掌领兵及征伐之事。

④马何罗弟重合侯通：马何罗的弟弟马通，武帝征和二年（前91），与景建共击反者如侯（原为长安囚徒，参与戾太子反叛），封重合侯。后元元年（前88），与其兄谋反，于次年被腰斩。

⑤与大将军霍光争权，因以谋反：上官桀与霍光同为武帝顾命大臣，辅佐昭帝，于是联为姻亲，合作处理政务。其孙女（霍光外孙女）为昭帝皇后。后因其子上官安骄奢淫逸，受到霍光处罚，又在其他事情上与霍光意见不合，遂于元凤元年（前80）勾结御史大夫桑弘羊、燕王刘旦谋乱，事败被杀，全族被诛。

桑乐

①桑乐：侯国名。其地未详。昭帝始元五年（前82）封上官安。元凤元年（前80），上官桀、上官安等谋反被诛，封国撤销。

②安女为昭帝夫人，立为皇后：上官安的女儿初入宫时为婕妤，一个月后立为皇后，年仅六岁。夫人，汉代位次皇后的妃妾皆称夫人，有美人、良人、婕妤、昭仪等。皇后以外的嫔妃凡分十四等，婕妤为第二等，官秩视上卿，爵位比列侯。

③骄蹇：傲慢，不顺从。

富平

①富平：侯国名。在富平（今山东滨州阳信东南）。昭帝元凤六年（前75）封张安世。传侯于子张延寿。宣帝甘露二年（前52），张延寿去世，无后，封国撤销。

②杜陵：古邑名。在今陕西西安长安区东北。汉宣帝筑陵于此，并移杜县治此，遂改杜县为杜陵县。

③给事尚书：供职于尚书台。给事，供职。尚书，掌通章奏。武帝时置尚书四员，成帝时增为五人，成为宫廷内政治机构，权力逐渐扩大。杜氏《通典》："汉初，尚书虽有曹名，不以为号，总谓之尚书台。大事八座连名，有不合者得建异议。"

④尚书令：官名。尚书台长官。武帝以后职权渐重。秩二千石。其下属有尚书丞、尚书郎等。

⑤光禄勋：官名。汉初郎中令，汉武帝改为光禄勋，位列九卿，掌管宫殿宿卫门户，总领宫内事，实为宫内总管。右将军：官名。秦汉正式定为官称，但不常置，位上卿，金印紫绶，为仅次于大将军、骠骑将军、车骑将军、卫将军的高级武官。平时在朝，一般还兼有一种具体官职，得宿卫皇帝左右，参与朝议，决定国事。

⑥適（zhé）过：过失，过错。適，通“谪”。过错，缺点。

⑦大司马：武帝改太尉为大司马，无印绶，为大将军（或骠骑将军、车骑将军）的加官。

⑧太仆：官名。掌管皇帝之舆马和马政，位列九卿，秩中二千石。

⑨侍中：入侍宫中。

义阳

①义阳：侯国名。在义阳（今河南信阳北）。昭帝元凤四年（前77）封傅介子。传侯于子傅厉。宣帝元康元年（前65），傅厉有罪，封国撤销。

②北地：汉北地郡，治马岭（今甘肃庆阳西北马岭镇）。

③郎：帝王侍从官之通称。

④平乐监：掌管平乐观的官员。汉制，仅掌一宫观池沼，不够设令丞者，只设监。或以为西汉太仆所隶皇家马厩之属官。平乐，宫观名。汉高祖始建，武帝扩修，在上林苑中未央宫北，周围十余里。故址在今陕西西安西北郊。

⑤平乐监傅介子使外国，杀楼兰王：元凤四年（前77）傅介子请命以赏赐为名刺杀楼兰王，遂携带黄金锦绣至楼兰，于宴席中斩杀楼兰王安归，另立在汉的楼兰质子为王。

⑥以直报怨：语出《论语·宪问》：“或曰：‘以德报怨，何如？’子曰：‘何以报德？以直报怨，以德报德。’”直，正义。

商利[1]	王山[2],齐人也。故为丞相史[3],会骑将军上官安谋反,山说安与俱入丞相[4],斩安。山以军功为侯,三千户。上书愿治民,为代太守[5]。为人所上书言,系狱当死,会赦,出为庶人,国除。王山,是齐国人。原来曾做过丞相史,正值骑将军上官安谋反,王山游说上官安与他一同进入丞相府,于是斩了上官安。王山凭借军功封侯,享有食邑三千户。他上书表示希望能治理百姓,于是做了代郡太守。后被人上书告发,被关进监狱判了死罪,正赶上大赦,被释放贬为平民百姓,封地被取消。
建平[1]	杜延年,以故御史大夫杜周子给事大将军幕府[2],发觉谋反者骑将军上官安等罪[3],封为侯,邑二千七百户,拜为太仆。元年[4],出为西河太守[5]。五凤三年[6],入为御史大夫。杜延年,作为原来的御史大夫杜周的儿子在大将军幕府做事,因为发觉骑将军上官安等谋反,封侯,享有食邑二千七百户,拜为太仆。宣帝元康元年,外派任西河郡太守。五凤三年,调回京师任御史大夫。
弋阳[1]	任宫,以故上林尉捕格谋反者左将军上官桀[2],杀之便门[3],封为侯,二千户。后为太常[4],及行卫尉事[5]。节俭谨信,以寿终,传于子孙。任宫作为原来的上林尉收捕谋反的左将军上官桀,与之格斗,在便门杀死了他,封为侯,享有食邑二千户。后任太常,代理卫尉。任宫节俭谨慎守信,寿终正寝,将爵位传给了子孙。
宜城[1]	燕仓,以故大将军幕府军吏发谋反者骑将军上官安罪有功[2],封侯,邑二千户。为汝南太守[3],有能名。燕仓,作为原来的大将军幕府中的军官因告发谋反的骑将军上官安罪状而立功,封侯,享有食邑二千户。任汝南太守,有能干的名声。

宜春[①]	王訢，家在齐。本小吏佐史[②]，稍迁至右辅都尉[③]。武帝数幸扶风郡[④]，訢共置办[⑤]，拜为右扶风。至孝昭时，代桑弘羊为御史大夫[⑥]。元凤三年[⑦]，代田千秋为丞相，封二千户。立二年，为人所上书言暴，自杀，不殊[⑧]。子代立，为属国都尉[⑨]。王訢，家住齐国。他本来是个小吏佐史，逐渐升迁到了右辅都尉。汉武帝几次驾临扶风郡，王訢能充分供应武帝及其随行人员所需物资，拜为右扶风。到汉昭帝时，代替桑弘羊做了御史大夫。元凤三年，代替田千秋做了丞相，封为宜春侯，享有食邑二千户。封侯两年，被人上书告发残暴，自杀，受伤未死。他的儿子继承侯爵，官任属国都尉。
安平[①]	杨敞，家在华阴[②]。故给事大将军幕府，稍迁至大司农[③]，为御史大夫。元凤六年[④]，代王訢为丞相，封二千户。立二年，病死。子贲代立，十三年病死。子翁君代立，为典属国[⑤]。三岁，以季父恽故出恶言[⑥]，系狱当死，得免，为庶人，国除。杨敞，家住华阴。原来在大将军幕府做事，逐渐升迁到了大司农，后任御史大夫。元凤六年，接替王訢做丞相，封安平侯，享有食邑二千户。封侯两年，病死。杨敞的儿子杨贲继承侯爵，为侯十三年病死。杨贲的儿子杨翁君继承侯爵，官任典属国。为侯三年，因为叔父杨恽口出恶言，杨翁君受牵连入狱被判死刑，得到赦免，贬为平民，封地被取消。
右孝昭时所封国名[①]以上是汉昭帝时所封的诸侯。	

【注释】

商利

①商利:侯国名。析徐县(治今江苏宿迁泗洪南)而置。昭帝元凤元年(前80)封王寿。宣帝元康元年(前65),王寿有罪,封国撤销。

②王山:据《汉书》,此人名为王寿。

③丞相史:官名。丞相之属官。秩四百石,有员二十人,在丞相长史直接管辖下,处理丞相主管的各类具体事务。

④说安与俱入丞相:哄骗上官安和他一起进入丞相府。

⑤代太守:代郡太守。代郡,治代县(今河北张家口蔚县东北)。

建平

①建平:侯国名。在建平(今河南商丘永城西南)。昭帝元凤元年(前80)封杜延年。

②杜周:西汉武帝时酷吏,字长孺。南阳杜衍(今河南南阳西南)人。元封二年(前109),任酷吏张汤之廷尉史。因得武帝赏识,升任御史中丞。治狱专以皇帝意旨而不依法。天汉三年(前98),以逐盗及捕治桑弘羊等有功,升御史大夫。

③发觉谋反者骑将军上官安等罪:上官桀、上官安等谋反,有人向大司马杨敞告发,杨敞告诉了杜延年,杜延年于是报告给霍光,迅速扑灭了此次谋反。发觉,告发,揭发。

④元年:此指宣帝元康元年(前65)。

⑤西河太守:西河郡太守。西河郡,治平定(今内蒙古鄂尔多斯东胜境)。

⑥五凤三年:前55年。

弋阳

①弋阳:侯国名。在弋阳(今河南信阳潢川西)。昭帝元凤元年

（前80年）封任宫。

②上林尉：官名。掌管上林苑治安的官员。

③便门：长安城北面西头的城门名。《汉书·武帝纪》“初作便门桥”，颜师古注：“便门，长安城北面西头门。”

④太常：官名。掌宗庙礼仪。位列九卿，秩中二千石。一般选用列侯忠孝敬慎者任此职。

⑤行卫尉事：代理卫尉职务。卫尉，掌管宫门警卫和南军，位列九卿，多以亲信为之。

宜城

①宜城：侯国名。当作“宜成”，在今山东济南济阳西北。昭帝元凤元年（前80）封燕仓。

②大将军幕府军吏：霍光大将军府官属泛称，非统兵官。

③汝南太守：汝南郡太守。汝南郡，治上蔡（今河南驻马店上蔡西南）。

宜春

①宜春：侯国名。在宜春（今河南驻马店汝南西南）。昭帝元凤四年（前77）封王䜣。传侯于子。

②小吏佐史：汉代地方郡县长官的属吏。主办郡、县官府中各种具体事务。为汉时有俸官吏中最低级。

③右辅都尉：官名。汉代职掌右扶风宿卫军事之武官。武帝太初年间改右内史为京兆尹，左内史为左冯翊，又改都尉为右扶风，合称“三辅”。后更置三辅都尉，右扶风都尉别称右辅都尉。

④扶风郡：即右扶风。汉武帝太初元年（前104）改主爵都尉置，取扶助风化之意。治理右内史西北部地区。职掌相当于郡太守，故有时亦称郡。

⑤共置办：供应武帝及其随行人员所需物资很周全充分。共，通“供”，供给，供应，供奉。办，犹“具”，完备，齐全。

⑥桑弘羊：武帝时任治粟都尉，领大司农，主管经济。曾主持订立盐铁酒类的官营专卖政策，并在地方置均输，使远方各以当地所产互相转贩，在京师置平准，使商人不能牟取暴利。后任御史大夫，与霍光、金日磾、上官桀同为武帝顾命大臣。因参与上官桀等谋反，被族诛。

⑦元凤三年：前78年。

⑧不殊：指自杀未死。殊，断绝，死亡。

⑨属国都尉：官名。汉武帝时设置于边地内迁少数民族地区，管理内迁少数民族事务。

安平

①安平：侯国名。《汉书·外戚恩泽侯表》注在“汝南”，今地未详。《汉书补注》说在今江西吉安安福东南。昭帝元凤六年（前75）封杨敞。传侯于子杨贲。宣帝五凤四年（前54），杨贲被废，封国撤销。

②华阴：古县名。故治在今陕西渭南华阴东南。因在华山以北，故名。

③大司农：官名。主管国家财政经济，租税钱谷盐铁等，位列九卿。秩中二千石。

④元凤六年：前75年。

⑤典属国：官名。职掌少数民族归降、朝贡之事。秩中二千石。位列卿。

⑥季父恽：杨恽，字子幼。杨敞少子，司马迁外孙。曾向宣帝揭发霍氏谋反，及霍氏被诛，封平通侯。后与太仆戴长乐不和，遭戴诬告，被免为庶人。在与友人孙会宗书中，多牢骚不平，复被人告

发，以大逆不道罪处腰斩，其家人受株连者甚多。

①右孝昭时所封国名：按，表列汉昭帝所封列侯共十二人，实际下表中阳平侯蔡义、平陵侯范明友也是昭帝所封，昭帝共封侯十四人。

阳平[①]	蔡义,家在温[②]。故师受《韩诗》[③],为博士[④],给事大将军幕府,为杜城门候[⑤]。入侍中,授昭帝《韩诗》,为御史大夫。是时年八十,衰老,常两人扶持乃能行。然公卿大臣议,以为为人主师,当以为相。以元平元年代杨敞为丞相[⑥],封二千户。病死,绝无后,国除。蔡义,家住温县。原先拜师学《韩诗》,做了博士,在大将军幕府做事,做管理杜县城门的小官。入宫做了侍中,为昭帝讲授《韩诗》,做了御史大夫。当时蔡义已经八十岁了,衰弱老迈,经常需要两人搀扶才能行走。但公卿大臣们商议,认为他是皇帝的老师,应该做丞相。于是在元平元年接替杨敞做了丞相,封阳平侯,享有食邑二千户。蔡义病死,没有后嗣,封地被取消。
扶阳[①]	韦贤,家在鲁。通《诗》《礼》《尚书》,为博士,授鲁大儒。入侍中,为昭帝师,迁为光禄大夫[②],大鸿胪,长信少府[③]。以为人主师,本始三年代蔡义为丞相[④],封扶阳侯,千八百户。为丞相五岁,多恩,不习吏事,免相就第,病死。子玄成代立,为太常。坐祠庙骑[⑤],夺爵,为关内侯。韦贤,家住鲁国。精通《诗》《礼》《尚书》,做了博士,教授鲁国儒生。后入宫做侍中,做了昭帝的老师,升迁为光禄大夫,大鸿胪,长信少府。因为是皇帝的老师,本始三年接替蔡义做了丞相,封扶阳侯,享有食邑一千八百户。做丞相五年,多有恩惠,但不熟习政务,被免去丞相职务家居,因病而死。儿子韦玄成继承爵位,做了太常。因为骑马去参加祭祀宗庙的典礼,不敬,被剥夺了爵位封地,降级为关内侯。

平陵[①]	范明友，家在陇西。以家世习外国事，使护西羌[②]。事昭帝，拜为度辽将军[③]，击乌桓功侯[④]，二千户。取霍光女为妻。地节四年，与诸霍子禹等谋反[⑤]，族灭，国除。范明友，家住陇西郡。因为家族世代熟悉外国事务，受命监护归顺汉朝的西羌诸部落。事奉汉昭帝，拜为度辽将军，出击乌桓，因功封侯，享有食邑二千户。他娶霍光的女儿为妻。地节四年，与霍光的儿子霍禹等霍家人谋反，被灭族，封地被取消。
营平[①]	赵充国，以陇西骑士从军得官，侍中，事武帝。数将兵击匈奴有功，为护军都尉[②]，侍中，事昭帝。昭帝崩，议立宣帝[③]，决疑定策，以安宗庙功侯，封二千五百户。赵充国，作为陇西郡的骑士参军得到官职，做了侍中，事奉汉武帝。多次率军出击匈奴立下军功，做了护军都尉，侍中，事奉汉昭帝。昭帝去世，支持拥立宣帝，解决疑难定立决策，凭借安定汉室宗庙的功劳封营平侯，享有食邑二千五百户。
阳成[①]	田延年，以军吏事昭帝；发觉上官桀谋反事，后留迟不得封[②]，为大司农。本造废昌邑王议立宣帝[③]，决疑定策，以安宗庙功侯，二千七百户。逢昭帝崩，方上事并急[④]，因以盗都内钱三千万[⑤]。发觉，自杀[⑥]，国除。田延年，作为军官事奉汉昭帝；发觉上官桀谋反事，后来因为迟疑未能告发而没有得到封赏，做了大司农。提议废昌邑王立宣帝，解决疑难定立决策，凭借安定汉室宗庙的功劳封阳成侯，享有食邑二千七百户。在昭帝去世时，修筑陵墓的事情很急，而田延年贪污了都城内国库钱三千万。宣帝即位两年后，事情败露，田延年自杀，封地被取消。

平丘[1]	王迁，家在卫[2]。为尚书郎[3]，习刀笔之文[4]，侍中，事昭帝。帝崩，立宣帝，决疑定策，以安宗庙功侯，二千户。为光禄大夫，秩中二千石[5]。坐受诸侯王金钱财，漏泄中事[6]，诛死，国除。王迁，家住卫国。他做尚书郎，熟习公文，侍中，事奉汉昭帝。昭帝去世，立宣帝，解决疑难定立决策，凭借安定汉室宗庙的功劳封平丘侯，享有食邑二千户。做光禄大夫，品级为中二千石。罪犯收受诸侯王钱财贿赂，泄漏宫中机密事，被诛杀，封地被取消。
乐成[1]	霍山，山者，大将军光兄子也[2]。光未死时上书曰："臣兄骠骑将军去病从军有功，病死，赐谥景桓侯，绝无后，臣光愿以所封东武阳邑三千五百户分与山。"天子许之，拜山为侯。后坐谋反，族灭，国除。霍山，是大将军霍光哥哥的儿子。霍光生前上书说："我的兄长骠骑将军霍去病参军作战有功，病死，皇上赐谥号为景桓侯，断绝香火没有后嗣，为臣霍光愿意将受封的东武阳邑三千五百户分给霍山。"天子同意了，拜霍山为乐成侯。后来罪犯谋反，被灭族，封地被取消。
冠军[1]	霍云，以大将军兄骠骑将军適孙为侯[2]。地节三年，天子下诏书曰："骠骑将军去病击匈奴有功，封为冠军侯。薨卒，子侯代立，病死无后。《春秋》之义，善善及子孙，其以邑三千户封云为冠军侯。"后坐谋反，族灭，国除。霍云，作为大将军的兄长骠骑将军霍去病的嫡孙封为冠军侯。地节三年，天子下诏书说："骠骑将军霍去病出击匈奴有功，封为冠军侯。他去世后，儿子霍子侯继承侯爵，子侯病死没有后嗣。《春秋》的义理，善待善人要推及他的子孙，用食邑三千户封霍云为冠军侯。"后来罪犯谋反，被灭族，封地被取消。

平恩[①]	许广汉，家昌邑[②]。坐事下蚕室[③]，独有一女，嫁之。宣帝未立时，素与广汉出入相通，卜相者言当大贵，以故广汉施恩甚厚。地节三年，封为侯，邑三千户。病死无后，国除。许广汉，家住昌邑。犯罪被处以宫刑，只有一个女儿，嫁了人。宣帝刘询没有继位时，经常与许广汉来往，看相的人说刘询应当会极其富贵，所以许广汉给了他非常优厚的恩惠。地节三年，封平恩侯，享有食邑三千户。他病死后没有后嗣，封地被取消。
昌水[①]	田广明，故郎，为司马，稍迁至南郡都尉、淮阳太守、鸿胪、左冯翊[②]。昭帝崩，议废昌邑王，立宣帝，决疑定策，以安宗庙。本始三年，封为侯，邑二千三百户。为御史大夫。后为祁连将军，击匈奴[③]，军不至质[④]，当死[⑤]，自杀，国除。田广明，原来是郎官，做了司马，逐渐升迁到南郡都尉、淮阳太守、鸿胪、左冯翊。昭帝去世，提议废昌邑王，立宣帝，解决疑难定立决策，安定汉室宗庙。本始三年，封为昌水侯，享有食邑二千三百户。任御史大夫。后来作为祁连将军，出击匈奴，军队没有到达指定地点，被判死罪，自杀，封地被取消。
高平[①]	魏相，家在济阴[②]。少学《易》，为府卒史[③]，以贤良举为茂陵令[④]，迁河南太守[⑤]。坐贼杀不辜，系狱[⑥]，当死，会赦，免为庶人。有诏守茂陵令，为扬州刺史[⑦]，入为谏议大夫[⑧]，复为河南太守，迁为大司农、御史大夫。地节三年，谮毁韦贤[⑨]，代为丞相，封千五百户。病死，长子宾代立，坐祠庙失侯[⑩]。魏相，家住济阴。年轻时学习《周易》，做府卒史，作为贤良被举荐为茂陵令，升迁为河南太守。罪犯杀了无辜的人，收入狱中，被判死罪，正值大赦，免职成了平民百姓。有诏书命魏相代理茂陵令，做扬州刺史，入朝为谏议大夫，又做了河南太守，升迁为大司农、御史大夫。地节三年，进谗言诋毁韦贤，接替韦贤做了丞相，封侯，享有食邑一千五百户。魏相病死，长子魏宾继承侯爵，罪犯骑马去参加祭祀宗庙失去了爵位。

【注释】

阳平

①阳平:侯国名。在阳平(今山东聊城莘县)。昭帝元平元年(前74)封蔡义。宣帝本始四年(前70),蔡义去世,无后,封国撤销。

②温:古县名。治今河南焦作温县西南。

③《韩诗》:汉人传《诗经》有齐、鲁、韩、毛四家,燕人韩婴所传者通称《韩诗》,为今文经。韩氏于此做了两方面工作,一则为《诗经》训故,后亡于宋;再则依《诗经》而加以推演成《内外传》,现传有《韩诗外传》。

④博士:官名。为奉常(太常)属官。诸子、诗赋、方技、术数等皆曾立博士,职掌议论顾问,充当君主参谋,并兼有礼官性质。武帝建元五年(前136)初置五经博士,之后职掌增多,大致有议政、制礼、藏书、教授博士弟子、试策、奉命出使等职能。

⑤杜城门候:杜城守门官。杜城,即杜县,在今陕西西安东南。门候,掌管城门,按时开闭。

⑥元平元年:前74年。

扶阳

①扶阳:侯国名。在扶阳(今安徽宿州萧县西南)。宣帝本始三年(前71)封韦贤。传侯于子韦玄成。宣帝时,韦玄成有罪,封国撤销。

②光禄大夫:官名。掌天子顾问应对,秩比二千石。

③长信少府:掌皇太后长信宫中事务,秩二千石。长信宫,汉太后常居此宫。在今陕西西安西北汉长安城东南隅。少府,旧称詹事,景帝时改称少府。

④本始三年:前71年。

⑤坐祠庙骑:因下雨骑马前去参加祭祀宗庙的典礼,此为不敬之罪。

事在宣帝甘露元年（前53）。

平陵

①平陵：侯国名。在平陵（今湖北十堰丹江口旧均县城）。昭帝元凤四年（前77）封范明友。宣帝地节四年（前66），范明友参与霍氏谋反被杀，封国撤销。

②护西羌：总领处理西羌事务。护，监督，总领。西羌，指居住在今甘肃、青海境内黄河及其支流湟水一带的羌人。因居地偏西故名。汉代统称河湟诸羌为西羌。

③度辽将军：杂号将军名。范明友出辽东往击乌桓，因当度辽水，故以为号。事罢而废。

④击乌桓：昭帝元凤三年（前78）冬，乌桓犯塞。是时，匈奴发兵袭击乌桓。范明友奉命率骑兵二万出辽东迎击匈奴军。匈奴撤兵。范明友遂乘乌桓遭匈奴袭击损耗甚大之机，进击乌桓，一举击杀其三名首领并部众六千余人，得胜还师。乌桓，亦作“乌丸”。东胡族的一支。东胡在秦末为匈奴所破，部分残部退保乌桓山，遂因山以名，称乌桓。汉初随匈奴，武帝后附汉，迁至上谷、渔阳、右北平、辽西、辽东五郡塞外，即今内蒙古赤峰翁牛特旗、通辽奈曼旗一带。

⑤与诸霍子禹等谋反：参与霍光之子霍禹等人的谋反。

营平

①营平：侯国名。一说侯国名。在今山东济南城东。宣帝本始元年（前73）封赵充国。

②护军都尉：官名。护军即尽护诸将之意，为中级武官。武帝以之属大司马，称大司马护军都尉。

③议立宣帝：昭帝死后，霍光等曾先立武帝子昌邑王刘贺为帝；后因

昌邑王荒淫无道，不好掌控，遂废刘贺而改立戾太子之孙刘询为帝，即宣帝。在此过程中，赵充国是支持霍光的重要人物，故下文说他有“安宗庙功”。

阳成

①阳成：侯国名。其地未详。宣帝本始元年（前73）封田延年。本始二年（前72），田延年有罪，封国撤销。

②发觉上官桀谋反事，后留迟不得封：按，此事记载有误。发觉上官桀谋反者是杜延年，并非田延年。田延年初为大将军霍光长史，后任河东太守，诛杀豪强，奸邪震慑，入为大司农。

③本造废昌邑王议立宣帝：霍光对刘贺不满，欲废之而不决，向田延年咨询对策，田延年提出废刘贺另立新帝，并在霍光召集众大臣商议时握剑威逼众臣同意，废立之议遂定。

④方上事并急：指汉昭帝突然死去，而其陵墓尚未修好，且物资并未备齐。《汉书·酷吏传·田延年》：“昭帝大行时，方上事暴起，用度未办。”颜师古注：“方上，谓圹中也。昭帝暴崩，故其事仓猝。”方上，指墓圹。

⑤因以盗都内钱三千万：田延年在替汉昭帝修建陵墓时，拉一车沙土，要付给百姓一千钱的租金。田延年报虚账，一车沙土算两千钱。前后共拉了三万车沙土，在大司农府报销了六千万，贪污了三千万。此事在拥立宣帝而封侯之前。都内钱，指都城内库所藏钱。都内，亦称大内，汉代京城内的府藏。

⑥发觉，自杀：田延年因在修筑昭帝陵墓时，强征富商焦、贾两家屯积有炭苇等物，两家怨，出钱求得田延年贪污实证，向上告发。田延年不愿去廷尉受审，自杀。事在宣帝本始二年（前72）。

平丘

①平丘：侯国名。析肥城（治今山东泰安肥城）而置。宣帝本始元年（前73）封王迁。地节二年（前68），王迁有罪，封国撤销。

②卫：古卫国之地，今河南鹤壁淇县、濮阳等一带地区。

③尚书郎：西汉时尚书台尚未形成，故置四人，分掌尚书职掌，秩四百石，为尚书令之下属。据《汉官仪》："尚书郎四人，一人主匈奴单于营部，一人主羌夷吏民，一人主天下户口土田垦作，一人主钱帛贡献委输。"

④刀笔之文：指法律文书。刀笔，指法律案牍。

⑤秩：官阶。中二千石：九卿的秩俸等级。"中"是满之意，中二千石即实得二千石，月得谷一百八十斛。汉代之"二千石"分"中二千石""二千石""比二千石"三等，"中二千石"为最高等，"二千石"低一等，"比二千石"最低。

⑥中事：朝廷或宫廷中的事情。

乐成

①乐成：侯国名。在乐成（今山东聊城西南）。宣帝地节二年（前68）封霍山。地节四年（前66），霍山谋反被杀，封国撤销。

②山者，大将军光兄子也：按，此文以霍山为霍去病之子，《汉书》则云是霍去病之孙。

冠军

①冠军：侯国名。在冠军县（今河南南阳邓州西北）。宣帝地节三年（前67）封霍云。地节四年（前66），霍云谋反被杀，封国撤销。

②以大将军兄骠骑将军嫡孙为侯：霍云作为霍去病的嫡孙继承其爵位和封地。据下文"子侯代立，病死无后"，则霍去病并无亲生孙子，霍云应是过继为嫡孙。

平恩

①平恩:侯国名。在平恩县(今河北邯郸邱县西南)。宣帝地节三年(前67)封许广汉。许广汉病死无后,封国撤销。

②昌邑:汉县名。治今山东菏泽巨野南。

③下蚕室:指受宫刑。

昌水

①昌水:侯国名。析陵县(治今山东德州陵城)而置。宣帝本始三年(前71)封田广明。同年,田广明有罪自杀,封国撤销。

②南郡都尉:掌管南郡军事事务的武官。南郡,汉郡名。治江陵(今湖北荆州江陵)。左冯翊:政区名,也是职官名。武帝太初元年(前104)改左内史置左冯翊,管理京师东部事务,职掌相当于郡太守,辖区相当于一郡,因地处畿辅,故不称郡,而以官名名之。治所在长安(今陕西西安西北)。

③为祁连将军,击匈奴:本始二年(前72),汉宣帝应乌孙请求,发兵击匈奴,田广明率军出西河,出塞外千六百里,至鸡秩山,斩首捕虏十九级,获牛马羊百余。祁连将军,杂号将军名。因兵出祁连山,故以为号。

④军不至质:没有到达指定地点。汉朝使者从匈奴返回,说鸡秩山西有匈奴大军。田广明不敢前进,戒告使者不准说有敌军踪迹,并欲引军南返,其部下认为不可,但田广明不听,便率领军队返回。

⑤当死:汉宣帝以田广明"知虏在前,逗遛不进"判其死刑。

高平

①高平:侯国名。析柘县(治今河南商丘柘城北)而置。宣帝地节三年(前67)封魏相。传侯于子魏宾。甘露元年(前53),魏宾有罪,封国撤销。

②济阴:汉郡名。治定陶(今山东菏泽定陶西北)。

③卒史:地方郡守的主要属吏。

④茂陵令:茂陵县令。茂陵县,本为槐里县茂乡。汉武帝建茂陵,因以置县。故治在今陕西咸阳兴平东北。

⑤河南太守:河南郡太守。河南,汉郡名。故秦三川郡,汉高祖二年改为郡。治雒阳(今河南洛阳东北)。

⑥贼杀不辜,系狱:丞相车千秋去世,其子任洛阳武库令,畏魏相治郡严,自免官离开,魏相追不及。霍光误以为魏相"苟见丞相不在而斥逐其子,何浅薄也",加以申斥;时又有人告魏相杀无罪之人,霍光遂将魏相下狱。

⑦扬州刺史:汉武帝置十三州刺史部监察吏治,扬州为其一,每州设刺史一人。扬州辖境相当于今安徽淮水和江苏长江以南及浙江、福建、江西三省,湖北广济、黄梅、英山,河南信阳商城、固始等县地。刺史,官名。为朝廷所派督察地方之官。汉武帝元封五年(前106)正式设置。刺,检举不法之意;史,皇帝所使。上受中央御史中丞管辖。秩六百石,位下大夫,可监临二千石的郡守。

⑧谏议大夫:此实为"谏大夫"之误。《汉书·魏相传》作"征为谏大夫"。谏大夫,职掌论议及顾问应对,秩比八百石。因其居宫中办事,故在名义上为光禄勋属官,但实际上是皇帝高级参谋,为皇帝的近侍之臣,参与议政,职权较大。

⑨谮毁韦贤:此事史无明载。韦贤因老病致仕,丞相致仕自韦贤始。

⑩坐祠庙失侯:因下雨骑马前去参加祭祀宗庙的典礼,此为不敬之罪。按,此事同时受谴者多人。

博望[①]	许中翁，以平恩侯许广汉弟封为侯，邑二千户。亦故有私恩[②]，为长乐卫尉[③]。死，子延年代立。许中翁，凭借是平恩侯许广汉的弟弟封为博望侯，享有食邑二千户。也因为原来对宣帝有私人的恩惠，做了长乐卫尉。他死后，儿子许延年继承侯爵。
乐平[①]	许翁孙[②]，以平恩侯许广汉少弟故为侯，封二千户。拜为强弩将军，击破西羌[③]，还，更拜为大司马、光禄勋[④]。亦故有私恩，故得封。嗜酒好色，以早病死。子汤代立。许翁孙，凭借是平恩侯许广汉的幼弟封为乐平侯，享有食邑二千户。官拜强弩将军，出击攻破西羌，回朝，加封大司马、光禄勋。也因为原来对宣帝有私人的恩惠，所以封侯。许翁孙特别爱喝酒喜欢美色，因此很早就病死了。儿子许汤继承侯爵。
将陵[①]	史子回[②]，以宣帝大母家封为侯[③]，二千六百户，与平台侯昆弟行也[④]。子回妻宜君，故成王孙[⑤]，嫉妒，绞杀侍婢四十余人，盗断妇人初产子臂膝以为媚道[⑥]。为人所上书言，论弃市。子回以外家故，不失侯。史子回，凭借是宣帝祖母的亲属封侯，享有食邑二千六百户，与平台侯史子叔是兄弟。他的妻子宜君，是原来成王的孙女，嫉妒，绞死了四十多个侍女，偷窃别的女人刚生下来的孩子斩断手臂腿脚祈请鬼神害人。被人上书告发，被判当众斩首。史子回因为是天子祖母家亲属，没有失去侯爵。
平台[①]	史子叔[②]，以宣帝大母家封为侯，二千五百户。卫太子时[③]，史氏内一女于太子[④]，嫁一女鲁王[⑤]，今见鲁王亦史氏外孙也[⑥]。外家有亲，以故贵，数得赏赐。史子叔，凭借是宣帝祖母的亲属封侯，享有食邑二千五百户。卫太子时，史家将一个女儿送给太子，将一个女儿嫁给鲁王，现在的鲁王也是史家的外孙。因为是外戚，所以显贵，多次得到赏赐。

乐陵[1]	史子长[2]，以宣帝大母家贵，侍中，重厚忠信。以发觉霍氏谋反事，封三千五百户。史子长，凭借是宣帝祖母的亲属而显贵，侍中，稳重宽厚忠诚守信。凭借发觉霍氏谋反的事，封侯，享有食邑三千五百户。
博成[1]	张章，父故颍川人[2]，为长安亭长[3]。失官，之北阙上书[4]，寄宿霍氏第舍[5]，卧马枥间[6]，夜闻养马奴相与语，言诸霍氏子孙欲谋反状，因上书告反，为侯，封三千户。张章，父亲原来是颍川人，做长安亭长。丢了官职后，到未央宫北门上书，寄宿在霍家的房舍里，睡在马槽间，夜里听到养马的奴仆之间的谈话，说到霍家子孙们想要谋反的情况，于是上书告发霍氏谋反，封博成侯，享有食邑三千户。
都成[1]	金安上，先故匈奴。以发觉故大将军霍光子禹等谋反事有功，封侯，二千八百户。安上者，奉车都尉秺侯从群子[2]。行谨善，退让以自持[3]，欲传功德于子孙。金安上，祖先原来是匈奴人。凭借发觉原大将军霍光的儿子霍禹等人谋反的事有功，封侯，享有食邑二千八百户。金安上，是奉车都尉秺侯金日磾的一个侄子。行为谨慎良善，退避谦让来自我维持，希望将功德传给子孙。
平通[1]	杨恽[2]，家在华阴，故丞相杨敞少子，任为郎。好士，自喜知人，居众人中常与人颜色[3]，以故高昌侯董忠引与屏语[4]，言霍氏谋反状，共发觉告反，侯，二千户，为光禄勋。到五凤四年，作为妖言[5]，大逆罪腰斩，国除。杨恽，家住华阴，是原来的丞相杨敞的小儿子，任职做郎官。他喜欢结交士人，以鉴赏士人为乐，在众人中常显出友好的样子，所以高昌侯董忠拉着他避开别人说话，讲述了霍氏要谋反的情况，一起揭发报告了谋反的事，封侯，享有食邑二千户，官任光禄勋。到了五凤四年，发表荒诞不经的言论，罪犯大逆，被腰斩，封地被取消。

高昌[①]	董忠,父故颍川阳翟人[②],以习书诣长安[③]。忠有材力[④],能骑射,用短兵,给事期门[⑤]。与张章相习知,章告语忠霍禹谋反状,忠以语常侍骑郎杨恽,共发觉告反,侯,二千户。今为枭骑都尉[⑥],侍中。坐祠宗庙乘小车[⑦],夺百户。董忠,父亲原来是颍川阳翟人,凭借擅长书法到了长安。董忠有才能力气,能骑射,擅长用短兵器,陪同皇上一道游猎。他与张章彼此熟悉交好,张章将霍禹谋反的情况告诉了董忠,董忠告诉了常侍骑郎杨恽,共同揭发报告了谋反的事,封侯,享有食邑二千户。现任枭骑都尉,侍中。罪犯乘小车参加祭祀宗庙,被削夺了百户食邑。
爰戚[①]	赵成[②],用发觉楚国事侯,二千三百户。地节元年[③],楚王与广陵王谋反[④],成发觉反状,天子推恩广德义,下诏书曰:“无治广陵王。”广陵王不变更。后复坐祝诅灭国[⑤],自杀,国除。今帝复立子为广陵王[⑥]。赵成,凭借揭发楚王的事封侯,享有食邑二千三百户。地节元年,楚王与广陵王谋反,赵成揭发了他们谋反的情况,天子推行恩惠广播德义,下诏书说:“不要处理广陵王。”广陵王不思悔改。后来罪犯祈请鬼神谋害皇上,自杀,封地被取消。现在的皇上又立其子为广陵王。
酂[①]	地节三年[②],天子下诏书曰:“朕闻汉之兴,相国萧何功第一,今绝无后[③],朕甚怜之,其以邑三千户封萧何玄孙建世为酂侯。”地节三年,天子下诏书说:“我听说大汉的兴起,相国萧何功劳为第一,现在断绝香火没有后嗣,我非常可怜他,用三千户食邑封萧何的玄孙萧建世为酂侯。”

平昌①	王长君②,家在赵国,常山广望邑人也③。卫太子时,嫁太子家,为太子男史皇孙为配④,生子男⑤,绝,不闻声问⑥,行且四十余岁。至今元康元年中,诏征,立以为侯,封五千户⑦。宣帝舅父也。王长君,家住赵国,是常山广望邑人。卫太子时,其姊妹嫁入太子家,为太子的儿子史皇孙的夫人,生了个男孩,联系断绝,不通音信,已经四十多年了。到元康元年,下诏征召,封为侯,享有食邑五千户。他是宣帝的舅父。
乐昌①	王稚君②,家在赵国,常山广望邑人也。以宣帝舅父外家封为侯,邑五千户。平昌侯王长君弟也。王稚君,家住赵国,是常山广望邑人。凭借是宣帝舅父外戚封为侯,食邑五千户。他是平昌侯王长君的弟弟。
邛成①	王奉光,家在房陵②。以女立为宣帝皇后故,封千五百户。言奉光初生时,夜见光其上,传闻者以为当贵云。后果以女故为侯。王奉光,家住房陵。凭借女儿被立为宣帝皇后的缘故,封侯,享有食邑一千五百户。有说法是王奉光出生时,夜里他家房屋上现出光亮,传闻的人认为他应当显贵。后来果然因为女儿的缘故封侯。
安远①	郑吉,家在会稽②。以卒伍起从军为郎,使护将弛刑士田渠梨③。会匈奴单于死,国乱,相攻,日逐王将众来降汉④,先使语吉,吉将吏卒数百人往迎之。众颇有欲还者⑤,因斩杀其渠率⑥,遂与俱入汉。以军功侯,二千户。郑吉,家住会稽。作为士卒参军做到郎官,奉命押解解除刑具强制服兵役的罪犯在渠梨屯田。正值匈奴单于死了,国家大乱,各部落互相攻伐,日逐王率领部众来归降汉朝,先派人告诉郑吉,郑吉带领几百名士卒官吏去迎接他们。日逐王的部众有些人想回去,郑吉斩杀了他们的头领,于是众人一起归降了汉朝。郑吉凭借军功封侯,享有食邑二千户。

【注释】

博望

①博望：侯国名。在博望县（今河南南阳东北）。宣帝元康二年（前64）封许中翁。传于子许延年。

②故有私恩：指宣帝在流落民间时对他有恩。

③长乐卫尉：官名。主管太后所居长乐宫警卫的武官，位列九卿。长乐宫在今陕西西安西北汉长安城东南隅，因在未央宫之东，亦称东宫，为太后居地。

乐平

①乐平：侯国名。析平氏县（治今河南南阳桐柏西）而置。宣帝元康二年（前64）封许翁孙。传于子许汤。

②许翁孙：又名许延寿。

③拜为强弩将军，击破西羌：事在宣帝神爵元年（前61）。西羌先零作乱，许翁孙随赵充国平乱获胜。

④更拜为大司马、光禄勋：许翁孙拜光禄勋在平西羌得胜后。五凤二年（前56）拜为大司马、车骑将军。

将陵

①将陵：侯国名。其地未详。宣帝元康二年（前64）封史曾。神爵四年（前58），史曾去世，无后，封国撤销。

②史子回：史曾，字子回。宣弟祖母之兄史恭的儿子。

③宣帝大母：宣帝的祖母史良娣，死于“巫蛊之祸”。史良娣是武帝太子刘据之妃，生刘进（号史皇孙），刘进生宣帝。后刘据谥戾，故亦称她为“戾后”“戾夫人”。宣帝幼时遭巫蛊之祸流落民间时一直被史家抚养。良娣，太子媵妾称号。太子妻妾有妃、良娣、孺子，凡三等。

④昆弟行:兄弟辈。

⑤成王孙:济北成王刘胡的孙女。成王,刘胡,淮南厉王刘长之孙。

⑥媚道:用巫祝蛊惑之术诅咒人。媚,蛊惑。

平台

①平台:侯国名。其地未详。宣帝元康二年(前64)封史玄。

②史子叔:史玄,字子叔。史恭之子。

③卫太子:即武帝太子刘据。因是卫子夫所生,故称卫太子。

④内:同“纳”。献入,送入。

⑤鲁王:指刘光。景帝之孙,鲁共王(一作“恭王”)刘馀之子。

⑥今见鲁王亦史氏外孙:现在在位的鲁王刘庆忌,是史氏女与刘光之子。见,同“现”。

乐陵

①乐陵:侯国名。在今山东德州乐陵东南。宣帝地节四年(前66)封史高。

②史子长:史高,字子长。史恭之子。

博成

①博成:侯国名。其地未详。宣帝地节四年(前66)封张章。

②颍川:汉郡名。治阳翟(今河南许昌禹州)。

③长安亭长:在长安县做亭长。长安县治在今陕西西安西北。亭长,乡官名。主要职责是“逐捕盗贼”,维持地方治安,并负责一亭之内的民事纠纷,以及迎送过往官员等。

④北阙:未央宫正门,在未央宫北面。

⑤第舍:宅第,住宅。

⑥马枥:马槽。

都成

①都成：侯国名。《汉书补注》认为即山阳郡城都侯国，在今山东菏泽鄄城东南。宣帝地节四年（前66）封金安上。

②奉车都尉秺（dù）侯：即金日磾，见前文。从群子：众多侄子中的一个。

③自持：自守，自固。

平通

①平通：侯国名。析博阳县（治今河南周口商水县东南）而置。宣帝地节四年（前66）封杨恽。五凤四年（前54），杨恽有罪被杀，封国撤销。

②杨恽：司马迁的外孙。其母嫁杨敞为妻，霍光等预谋废昌邑王立宣帝，找杨敞商量，她力劝杨敞附和。

③与人颜色：照顾别人的面子，对人友好，表示赏识。颜色，面子，光彩。

④引与屏（bǐng）语：拉他避人密谈。屏，排除。

⑤作为妖言：指杨恽所作《与孙会宗书》中多牢骚不平之语。

高昌

①高昌：侯国名。在今山东滨州博兴西南。宣帝地节四年（前66）封董忠。

②阳翟：颍川郡治所阳翟县，今河南许昌禹州。

③以习书诣长安：陈直据《汉书·艺文志》载杂赋家有黄门书者王广、吕嘉及黄门书者假史王商所作的赋，认为汉代能书者皆集中在黄门令署中，董忠"以习书诣长安"，等于候补书工。习书，善于书法。西汉书工所书为符节、印章、铜器漆器铭文及砖瓦题字等。其书体今可见者，有虫书、鸟书、芝英体、龟蛇体等。

④材力：勇力，膂力。

⑤给事期门：即担任期门陪皇帝游猎。期门，官名。汉武帝时置，掌执兵扈从护卫。武帝喜微行，多与西北六郡良家子能骑射者期约在殿门会合，故称。汉平帝时更名虎贲郎。

⑥枭骑都尉：官名。以所率为骑兵，故称枭骑都尉。

⑦坐祠宗庙乘小车：因下雨乘坐小车前去参加祭祀宗庙的典礼，此为不敬之罪。小车，马拉的轻车。

爰戚

①爰戚：侯国名。在爰戚（今山东济宁嘉祥南）。宣帝地节二年（前68）封赵成。

②赵成：《汉书》作“赵长年”。

③地节元年：前69年。

④楚王与广陵王谋反：楚王刘延寿认为广陵王刘胥是武帝之子，如天下有变，必能立为皇帝，因此暗地依附辅助他，并派人送信给他，让他注意打听消息，不要让别人捷足先登得了皇位。楚王，刘延寿，楚元王刘交六世孙，天汉元年（前100）嗣爵，地节元年因谋反自杀。广陵王，刘胥，武帝之子。元狩六年（前117）封广陵王。地节元年（前69）谋反未遂，宣帝未治其罪。五凤四年（前54）因祝诅罪发觉自杀。

⑤祝诅：祝告鬼神，使加祸于别人。

⑥今帝复立子为广陵王：刘胥死后七年，元帝复立刘胥之子刘霸为广陵王。今帝，现在在位的皇帝。此指汉元帝。

酂

①酂（zàn）：侯国名。在酂（今湖北襄阳老河口西北）。宣帝地节三年（前67）封萧建世。

②地节三年：前67年。《汉书》作地节四年（前66）。

③今绝无后：萧何的子孙几度因犯罪而失侯，朝廷又几次复封，武帝元封四年（前107），萧寿成又因罪被废，至此时宣帝复封萧建世为侯。

平昌

①平昌：侯国名。在平昌（今山东德州临邑东北）。宣帝地节四年（前66）封王长君。

②王长君：名无故，字长君。

③常山广望邑：常山郡广望邑，在今河北石家庄元氏西北。

④嫁太子家，为太子男史皇孙为配：王长君的一个姊妹嫁给了卫太子之子史皇孙。史皇孙，刘进，宣帝之父。其母为史良娣，故称。

⑤生子男：生了一个男孩，即宣帝。

⑥绝，不闻声问：王长君后来断了音讯。盖“巫蛊之祸”后，王氏与史皇孙皆遇难，王长君也失去了联系。声问，音信。

⑦“至今元康元年中”几句：据《汉书·外戚恩泽侯表》，王长君封侯是在前一年的地节四年。元康元年，前65年。

乐昌

①乐昌：侯国名。一说在今河南濮阳南乐西北，一说在今安徽阜阳太和东。宣帝地节四年（前66）封王稚君。

②王稚君：名武，字稚君。

邛成

①邛成：侯国名。一说应作“郜城”，在今山东菏泽成武东南。宣帝元康二年（前64）封王奉光。

②房陵：汉县名。治今湖北十堰房县。

安远

①安远:侯国名。析慎县(治今安徽阜阳颍上江口镇北)而置。宣帝神爵三年(前59)封郑吉。

②会稽:汉郡名。治吴县(今江苏苏州)。

③使护将弛刑士田渠梨:奉命押解弛刑士在渠梨屯田。护,监督,监视。将,带领。弛刑士,指解除枷锁等刑具而强制服兵役的罪犯。田,屯田。渠梨,古国名。汉西域三十六国之一。国都渠梨城,在今新疆尉犁西。

④日逐王将众来降汉:事在神爵二年(前60)秋。日逐王,匈奴王名。其人名先贤掸,父为匈奴左贤王。

⑤众颇有欲还者:日逐王的部众有些人想回去。

⑥渠率:渠帅,首领,部落酋长。

博阳[1]	邴吉，家在鲁。本以治狱为御史属[2]，给事大将军幕府。常施旧恩宣帝[3]，迁为御史大夫，封侯，二千户。神爵二年[4]，代魏相为丞相。立五岁，病死。子翁孟代立，为将军，侍中。甘露元年，坐祠宗庙不乘大车而骑至庙门，有罪，夺爵，为关内侯。邴吉，家住鲁国。他本来因为善于断案做御史大夫的属官，在大将军霍光的幕府做事。因为曾对宣帝施有恩惠，升迁为御史大夫，封侯，享有食邑二千户。神爵二年，接替魏相做了丞相。为相五年，病死。儿子邴翁孟继承侯爵，做了将军，侍中。甘露元年，邴翁孟罪犯参加祭祀宗庙不乘坐大车而是骑马到了庙门，有罪，削夺了爵位，降级为关内侯。
建成[1]	黄霸，家在阳夏[2]，以役使徙云阳[3]。以廉吏为河内守丞[4]，迁为廷尉监[5]，行丞相长史事[6]。坐见知夏侯胜非诏书大不敬罪[7]，久系狱三岁，从胜学《尚书》。会赦，以贤良举为扬州刺史，颍川太守。善化[8]，男女异路，耕者让畔[9]，赐黄金百斤，秩中二千石。居颍川，入为太子太傅，迁御史大夫。五凤三年，代邴吉为丞相。封千八百户。黄霸，家住阳夏，因为奴役乡人被强制迁到云阳。作为廉吏做了河内守丞，升迁到廷尉监，代理丞相长史事。罪犯明知夏侯胜非议皇上命令大不敬而不举报，被关在狱中长达三年，跟随夏侯胜学《尚书》。正值大赦，作为贤良被举荐为扬州刺史，做了颍川太守。他善于教化百姓，当地男女不走路的同一侧，耕田的人互相谦让地界，朝廷赐他黄金百斤，官阶到了中二千石。他住在颍川，入朝做了太子太傅，升迁为御史大夫。五凤三年，接替邴吉做了丞相。封侯，享有食邑一千八百户。

西平[1]	于定国，家在东海[2]。本以治狱给事为廷尉史[3]，稍迁御史中丞[4]。上书谏昌邑王，迁为光禄大夫[5]，为廷尉[6]。乃师受《春秋》，变道行化，谨厚爱人。迁为御史大夫，代黄霸为丞相。于定国，家住东海。他本来由于善于断案做廷尉史，逐渐升迁至御史中丞。因为上书谏昌邑王，升迁为光禄大夫，做了廷尉。于是从师学习《春秋》，改变方法实行教化，谨慎宽厚仁爱百姓。升迁为御史大夫，接替黄霸做了丞相。
右孝宣时所封[1]以上是宣帝时所封的诸侯。	
阳平[1]	王稚君[2]，家在魏郡[3]。故丞相史[4]。女为太子妃。太子立为帝[5]，女为皇后，故侯，千二百户。初元以来[6]，方盛贵用事，游宦求官于京师者多得其力，未闻其有知略广宣于国家也。王稚君，家住魏郡。原来是丞相史。女儿为太子妃。太子继位为帝，他的女儿做了皇后，因此封侯，享有食邑一千二百户。初元以来，正是非常显贵当权，很多在京师游荡求官的人走他的门路得到了好处，但没听说他有什么在国家广泛流传的谋略。

【注释】

博阳

①博阳:侯国名。析南顿县(治今河南周口项城西南)而置。宣帝元康三年(前63)封邴吉。传侯于子邴翁孟。甘露元年(前53),邴翁孟有罪,封国撤销。

②御史属:御史大夫的属官。

③常施旧恩宣帝:武帝末年在治“巫蛊狱”时,汉宣帝刚刚出生几个月,受祖父卫太子牵连被关在狱中。丙吉挑选谨慎厚道的女囚徒,命令她们护养宣帝。武帝病重欲尽杀狱中囚犯,邴吉不许执行命令的使者进入杀宣帝。后遇大赦,邴吉将宣帝送到其外祖史家抚养。霍光欲废刘贺另立新帝,他建议立宣帝。

④神爵二年:前60年。

建成

①建成:侯国名。在今河南商丘永城东南。宣帝五凤三年(前55)封黄霸。

②阳夏:汉县名。治今河南周口太康。

③以役使徙云阳:《汉书·黄霸传》作:“以豪桀役使徙云陵。”颜师古注:“身为豪桀而役使乡里人也。”则黄霸因为是阳夏颇有势力的豪强役使贫民而被迫搬迁到云阳。云阳,汉县名。治今陕西咸阳淳化西北。《汉书》作“云陵”,治今陕西咸阳淳化北,是汉昭帝所置县。

④河内守丞:河内郡郡丞。郡丞掌佐郡太守治民。河内,汉郡名。郡治怀县(今河南焦作武陟西南)。

⑤廷尉监:廷尉的属官。廷尉右监、廷尉左监之统称。职主逮捕事。秩千石。

⑥丞相长史:丞相重要属官,居众史之长。秩千石。

⑦见知：汉律，官吏知道他人犯罪而不举报，以故纵论处，谓“见知法”，省称“见知”。夏侯胜非诏书：夏侯胜，字长公，专治《尚书》，为西汉时名儒。本始二年（前72），宣帝诏议立武帝庙乐，夏侯胜认为武帝“奢泰无度”致使“天下虚耗”，加以反对，被指为“非议诏书”，毁诬先帝而被捕下狱。

⑧善化：善于教化。

⑨耕者让畔：种田人互相谦让，在田界处让对方多占有土地。畔，田界。

西平

①西平：侯国名。其地未详。宣帝甘露三年（前51）始封于定国。

②东海：汉郡名。治郯县（今山东临沂郯城北）。

③廷尉史：官名。廷尉属官。主决狱、治狱诸事宜。省称“廷史”。

④御史中丞：官名。御史大夫主要属官。在殿中兰台职掌图籍秘书，外督诸部（州）刺史，内领侍御史，受公卿章奏，监察百官。秩千石。

⑤上书谏昌邑王，迁为光禄大夫：昌邑王刘贺为帝时行淫乱，于定国上书劝谏。刘贺被废，宣帝立，霍光奏请凡上书劝谏者皆越级提拔，于定国遂升为光禄大夫。光禄大夫，官名。光禄勋属官，掌天子顾问应对，秩比二千石。

⑥廷尉：官名。位列九卿，职掌刑法。

①右孝宣时所封：按，汉宣帝所封列侯共二十七人。阳平侯蔡义、平陵侯范明友皆昭帝所封。

阳平

①阳平：侯国名。在阳平县（今山东聊城莘县）。元帝初元元年

（前48）封王稚君。

②王稚君：名杰。《汉书》名“禁”。

③魏郡：汉郡名。郡治邺县（今河北邯郸临漳西南邺镇）。

④丞相史：官名。丞相之属官。秩四百石，有员二十人，在丞相长史直接管辖下，处理丞相主管的各类具体事务。

⑤太子立为帝：即汉元帝刘奭（shì）。

⑥初元：汉元帝的第一个年号（前48—前44）。

【集评】

汪越曰：“读《建元侯者表》以诛伐四夷为主。表建元至太初以后侯者盖主军功，而击匈奴则功之大者，或从大将军卫青，或从骠骑将军霍去病，多取封侯；南越、东瓯、朝鲜功又其次也。有自匈奴降者，有自南越、东瓯、朝鲜、小月氏降者，可以威远，因侯之；有父死南越而其子侯者，樛世乐、韩千秋是也；有以父击匈奴功而其子侯者，大将军卫青之三子是也；有从击匈奴及使绝域侯者，张骞是也；其不以军功，则周子南君以周后绍封，公孙弘以丞相诏褒为侯，石庆以丞相及先人万石积德谨行侯是也；最下则栾大，以方术侯矣。按：孝武之时，虚中国以事四夷，好大喜功之蔽也，太史公不斥开边，而引《诗》《书》称征伐为非得已；且曰‘功臣受封侔于祖考’，其亦微词与？”（《读史记十表》）

徐克范曰：“‘高帝功臣’及‘惠景间侯者’皆兼同、异姓叙之，独建元以来分‘侯者年表’‘王子侯表’为二何也？盖是时征伐四出，军功既多；支庶毕侯，分邑又众，故分叙之以致意也。”（《读史记十表补》）

齐召南曰：“《汉》表列‘长平’‘冠军’于‘外戚恩泽’，甚为失平。夫以卫、霍之功勋，其将校得封者皆称功臣，岂可以吕、窦、王、田例哉？《史记》叙功，于‘长平’不曰‘皇后弟’，于‘冠军’不曰‘皇后姊子’，可谓公论。”（《汉书补注》引）

李景星曰：“汉世封侯之滥莫过于孝武之时，太史公作《建元以来侯者年表》有隐痛焉，故表序纯用吞吐为讥刺：曰‘以此知功臣受封侔于祖考矣’，言不当与祖考侔也；曰‘岂以晏然不为边境征伐哉’，言不当为边境征伐也；曰‘将率以次封矣’，言将率不当封也。处处以纵为擒，以反作正，而武帝之勤远略，诸臣之幸功名，皆于言外传之，的是写生妙手。”（《史记评议》）

【评论】

《建元以来侯者年表》和《建元已来王子侯者年表》都是记录武帝封侯情况的专表，之所以分为两篇，是因为侧重不同。“王子侯者年表”专门谱列因是诸侯王之子而被封侯的“王子侯”；《建元以来侯者年表》则侧重记因战争原因而封侯的“军功侯”。《太史公自序》说：“北讨强胡，南诛劲越，征伐夷蛮，武功并列，作《建元以来侯者年表》第八。”非常明确地说明了本表的制作宗旨与主要内容。

从表中封侯时间看，元光、元朔、元狩时期所封侯皆与征匈奴有关；元鼎时期所封侯则大多与征南越有关，与征匈奴有关的仅三人；至元封时期，则所封侯则涉及征东越、瓯骆、南越、朝鲜、西域等。从中可见武帝对外用兵的时间线，也可窥见武帝由伐匈奴的自卫反击到面向四方的开疆拓土的战争目的的变化。如果说征伐匈奴的战争是正义的，那么征东越、瓯骆、南越、朝鲜、西域等战争则反映出武帝“好大喜功”的非正义的一面。

对此，司马迁是什么态度呢？汪越在《读史记十表》中说：“孝武之时，虚中国以事四夷，好大喜功之蔽也，太史公不斥开边，而引《诗》《书》称征伐为非得已；且曰‘功臣受封侔于祖考’，其亦微词与？”正是说中了司马迁的意图。如果我们结合《史记》中记述武帝时期对外战争的篇目如《卫将军骠骑列传》《匈奴列传》《南越列传》《东越列传》《朝鲜列传》《西南夷列传》《大宛列传》等，再结合在《平津侯主父列传》中对公孙弘与主父偃所发表的反对武帝对外扩张的言论的赞赏，就更能理解司马迁的态度了。他不反对武帝对匈奴的征讨，甚至对卫青、霍去病取得的伟大胜利给予了毫无保留的赞美，但对于武帝在对匈奴战争胜利后自我膨胀，四出征伐，在当时给汉族与各兄弟民族的人民都造成了严重的灾难，是相当不满的。所以我们看他在表序中引古证今，似乎在为汉武帝的征伐四夷寻找合理根据；看他高调宣布“况乃以中国一统，明天子在上，兼文武，席卷四海，内辑亿万之众，岂以晏然不为边境征伐哉”，似乎是肯定武帝的决策，俨然一个对外战争的拥护者；但实际上，他这是似褒而实贬，是对武帝的含蓄批评讽刺。

从历史发展的角度看，汉武帝的开疆拓土对大一统的多民族国家的形成，对各民族之间的融合，对中外经济、文化的交流都有不可磨灭的功劳；但在当时却不能不说是一种非正义的武力扩张，司马迁作为一个汉代臣子对此持批评态度，不论从民族主义还是从民主主义的立场，都不能不说具有突出的进步性，其勇气更不是一般人所能达到的。

本篇也可与《史记》中记述武帝时期对外战争的篇章相印证，它一方面厘清了这些战争的线索，一方面也补充了一些相关篇章遗漏的材料，对于研究武帝时期的对外战争有着重要的史料价值。

至于褚少孙补充的部分，表格部分作为史料是很重要的，但是他的序谆谆告诫功臣侯者子孙要“顺善”，要“厚重谨信，不与政事，退让爱人”，要懂得“持满守成”，与司马迁的制表意图全不相干，思想境界更是不可同日而语，也难怪清人尚镕在《史记辨证》中讥讽他是“全不知迁意，可谓狗尾续貂”。

据《大宛列传》，李广利因伐大宛被封为海西侯，其部将赵弟因杀一俘虏被封为新畤侯，此表未见记载，不知是何原因。

史记卷二十一

建元已来王子侯者年表第九

【释名】

《建元已来王子侯者年表》也是反映汉武帝封侯史的专表之一，谱列了武帝所封163个王子侯的受封至消亡的情况。这163个王子侯，其中7人受封于元光五年（前130）、六年（前129），127人受封于元朔年间（前128—前123），25人（实为26人，本表失书城阳顷侯子挍侯刘云）受封于元狩年间（前122—前117），3人受封于元鼎元年（前116）。

本表在形式上与《建元已来侯者年表》基本相同，只是时间轴第一栏改称“王子号”，并省略了“侯功”一栏，因为本表所有列侯都因是诸侯王之子而受封，没什么功劳可言。本表可以视为《建元以来侯者年表》的姐妹篇，两篇表合起来即可见武帝一朝封侯的全面情况。

制诏御史①：“诸侯王或欲推私恩分子弟邑者②，令各条上③，朕且临定其号名④。”

【注释】

①制诏御史：皇帝下达命令给御史大夫。制诏，皇帝的命令。御史，汉时单言御史，为御史大夫或侍御史之简称。皇帝诏书所称御史，多指御史大夫。按，汉代皇帝颁布命令的程序是：皇帝把自己

的意图告诉御史大夫，御史大夫据此形成文件发给丞相，丞相再发往全国。此过程可参看《三王世家》。

②推私恩分子弟邑：把自己的封地分给自己的儿子或兄弟，让他们也被封侯。按，汉代的诸侯王通常领有一个郡，而列侯的封地通常为一个县，或是由一个县分出来的一部分。

③条上：逐条开列，向上报告。

④临定其号名：亲自选择裁定他们的封地、名号。临，选择。按，此即汉武帝元朔二年（前127）颁布的“推恩令”，从此诸侯王国越分越小，力量大为削弱，而中央的直辖区（郡县）日益扩大，进一步加强了中央集权。汉文帝时，贾谊在《治安策》中就曾提出“众建诸侯而少其力”，即为这一政策的雏形，至主父偃向武帝提出“愿陛下令诸侯得推恩分子弟，以地侯之。彼人人喜得所愿，上以德施，实分其国，不削而稍弱矣”，使其更为隐蔽完善，得以顺利实施。徐克范曰：“盖前此之封，恩自上逮，或侯或不侯，不尽封也。至是始令诸侯各得推私恩分子弟，恩自下推，上特临定之耳。所以藩国悉分，支庶毕侯，不削而自弱也。”（《读史记十表补》）

【译文】

皇帝下令给御史大夫说：“诸侯王中凡是想要把自己的封地分给自己的儿子或兄弟，让他们封侯的，让他们各自把名单报上来，我要亲自裁定赐给他们封地、名号。”

太史公曰：盛哉，天子之德！一人有庆，天下赖之[①]。

【注释】

①一人有庆，天下赖之：语出《尚书·吕刑》：“一人有庆，兆民赖之。”一人，古代称天子。庆，善，善事。赖，得益，受益。齐召南曰：“按《汉书》直题曰‘王子侯表’，起自高祖之封羹颉；而《史

记》截自建元，最有深意。盖武帝以前即有王子封侯，出自特恩，非通例也。至主父偃之策行，则王子无不封侯，而诸侯益弱矣。”（《史记卷二十一考证》）杨燕起曰：“讽刺了汉武帝以一种高明的手段，达到了削弱诸侯，巩固中央集权的目的。在似乎歌颂、宣扬的评论中，指出这种允许诸侯王‘推恩分子弟邑’的办法，在表面上显示天子仁善、盛德的地方，却包藏着暗中使诸侯国化整为零、变强为弱的用心。结果是制造出了一个有利的形势，实现了完全箝制诸侯王的企图。”（《史记全译》）

【译文】

太史公说：多么隆盛啊，皇帝的恩德！天子做好事，天下人都得到恩惠。

国名	兹[①]
王子号	河间献王子[②]。河间献王刘德之子。
元光	二[③]　五年正月壬子[④]，侯刘明元年。刘明在元光年间为侯两年。刘明在元光五年正月壬子被封为兹侯，该年是其元年。
元朔	二　三年，侯明坐谋反杀人[⑤]，弃市，国除。刘明在元朔年间为侯两年。元朔三年，兹侯刘明罪犯谋反杀人，被当众斩首，封地被取消。
元狩	
元鼎	
元封	
太初	

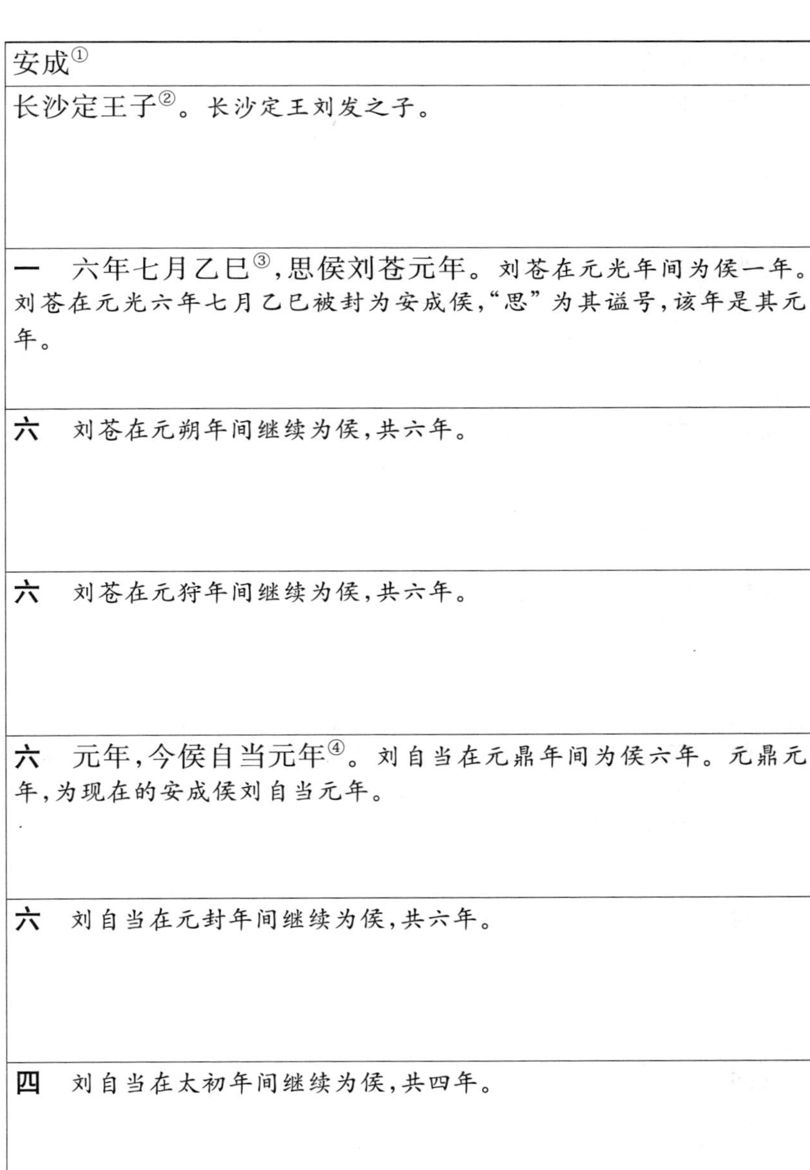

安成[1]
长沙定王子[2]。长沙定王刘发之子。
一　六年七月乙巳[3]，思侯刘苍元年。刘苍在元光年间为侯一年。刘苍在元光六年七月乙巳被封为安成侯，"思"为其谥号，该年是其元年。
六　刘苍在元朔年间继续为侯，共六年。
六　刘苍在元狩年间继续为侯，共六年。
六　元年，今侯自当元年[4]。刘自当在元鼎年间为侯六年。元鼎元年，为现在的安成侯刘自当元年。
六　刘自当在元封年间继续为侯，共六年。
四　刘自当在太初年间继续为侯，共四年。

国名	宜春[1]
王子号	长沙定王子。长沙定王刘发之子。
元光	**一** 六年七月乙巳,侯刘成元年。刘成在元光年间为侯一年。刘成在元光六年七月乙巳被封为宜春侯,该年是其元年。
元朔	**六** 刘成在元朔年间继续为侯,共六年。
元狩	**六** 刘成在元狩年间继续为侯,共六年。
元鼎	**四** 五年,侯成坐酎金[2],国除。刘成在元鼎年间为侯四年。元鼎五年,刘成因献给朝廷供祭祀之用的贡金不合格,封地被取消。
元封	
太初	

句容[1]
长沙定王子。长沙定王刘发之子。
一　六年七月乙巳，哀侯刘党元年。刘党在元光年间为侯一年。刘党在元光六年七月乙巳被封为句容侯，“哀”为其谥号，该年是其元年。
元年，哀侯党薨，无后，国除。元朔元年，句容哀侯刘党去世，没有后嗣，封地被取消。

国名	句陵①
王子号	长沙定王子。长沙定王刘发之子。
元光	一　六年七月乙巳，侯刘福元年。刘福在元光年间为侯一年。刘福在元光六年七月乙巳被封为句陵侯，该年是其元年。
元朔	六　刘福在元朔年间继续为侯，共六年。
元狩	六　刘福在元狩年间继续为侯，共六年。
元鼎	四　五年，侯福坐酎金，国除。刘福在元鼎年间为侯四年。元鼎五年，刘福因献给朝廷供祭祀之用的贡金不合格，封地被取消。
元封	
太初	

杏山[①]
楚安王子[②]。楚安王刘道之子。
一　六年后九月壬戌[③]，侯刘成元年。刘成在元光年间为侯一年。刘成在元光六年闰九月壬戌被封为杏山侯，该年是其元年。
六　刘成在元朔年间继续为侯，共六年。
六　刘成在元狩年间继续为侯，共六年。
四　五年，侯成坐酎金，国除。刘成在元鼎年间为侯四年。元鼎五年，刘成因献给朝廷供祭祀之用的贡金不合格，封地被取消。

【注释】

兹

①兹:侯国名。其地未详。梁玉绳疑即太原兹氏县(今山西吕梁汾阳东南),或琅邪兹乡(今山东潍坊诸城西北)。元光五年(前130)始封刘明。元朔三年(前126),刘明有罪,封国撤销。

②河间献王:刘德,景帝之子,栗姬所生。景帝二年(前155)封河间王。元光五年(前130)去世,谥"献"。好古学,爱藏书,在国传授"六经",立《毛诗》《左氏春秋》博士。又广交名儒,治学严谨。

③二:刘明在元光年间为侯两年。按,这个位置的数字表示该侯在这一时期为侯年数。

④五年正月壬子:元光五年正月十九。

⑤侯明坐谋反杀人:刘明谋反之事不见记载。梁玉绳认为刘明只是杀人,并无谋反,此是误记。

安成

①安成:侯国名。一作"安城"。治安成县(今江西吉安安福西)。元光六年(前129)始封刘苍,传侯于子刘自当。至太初年间封国尚存。

②长沙定王:刘发,景帝之子,唐姬所生。景帝二年(前155)立为长沙王。元朔二年(前127)去世,谥"定"。

③六年七月乙巳:元光六年七月二十。

④元年,今侯自当元年:刘发卒于元狩六年(前117),元鼎元年(前116),其子刘自当袭位为侯。

宜春

①宜春:侯国名。在宜春县(今江西宜春)。元光六年(前129)始封刘成。元鼎五年(前112),刘成因酎金不合格,封国撤销。

②坐酎金：按，元鼎五年（前112）武帝以酎金不合格为借口大规模削夺诸王侯封爵，刘成也是其中之一。酎金，汉制，天子于八月祭祀宗庙，大会诸侯王、列侯，诸侯王列侯须贡金助祭。这次大祀叫作饮酎或酎祭，因称助祭之金为“酎金”。

句容

①句容：侯国名。在句容（今江苏镇江句容）。元光六年（前129）始封刘党。元朔元年（前128），刘党去世，无后，封国撤销。

句陵

①句陵：侯国名。应作“容陵”。在今湖南株洲攸县北。元光六年（前129）始封刘福。元鼎五年（前112），刘福因酎金不合格，封国撤销。

杏山

①杏山：侯国名。其地未详。据梁玉绳《史记志疑》，今河南信阳光山县西北、安徽滁州凤阳东北皆有杏山，未知孰是。元光六年（前129）始封刘成。元鼎五年（前112），刘成因酎金不合格，封国撤销。

②楚安王：刘道，楚元王刘交之孙。

③六年后九月壬戌：元光六年闰九月初八。后九月，闰九月。当时的闰月都加在每年最后一个月后，当时以十月为岁首，故闰九月。

国名	浮丘[1]
王子号	楚安王子。楚安王刘道之子。
元光	**一**　六年后九月壬戌,侯刘不审元年[2]。刘不审在元光年间为侯一年。刘不审在元光六年闰九月壬戌被封为浮丘侯,该年是其元年。
元朔	**六**　刘不审在元朔年间继续为侯,共六年。
元狩	**四**　刘不审在元狩年间为侯四年。 **二**　五年,侯霸元年。刘霸在元狩年间为侯两年。元狩五年,为浮丘侯刘霸元年。
元鼎	**四**　五年,侯霸坐酎金,国除。刘霸在元鼎年间为侯四年。元鼎五年,刘霸因献给朝廷供祭祀之用的贡金不合格,封地被取消。
元封	
太初	

广戚[①]
鲁共王子[②]。鲁共王刘馀之子。
六 元年十月丁酉[③]，节侯刘择元年[④]。刘择在元朔年间为侯六年。刘择在元朔元年十月丁酉被封为广戚侯，“节”为其谥号，该年是其元年。
六 元年，侯始元年。刘始在元狩年间为侯六年。元狩元年，为广戚侯刘始元年。
四 五年，侯始坐酎金，国除。刘始在元鼎年间为侯四年。元鼎五年，广戚侯刘始因献给朝廷供祭祀之用的贡金不合格，封地被取消。

国名	丹杨[1]
王子号	江都易王子[2]。江都易王刘非之子。
元光	
元朔	**六** 元年十二月甲辰[3]，哀侯敢元年。刘敢在元朔年间为侯六年。刘敢在元朔元年十二月甲辰被封为丹杨侯，"哀"为其谥号，该年是其元年。
元狩	**一** 元狩元年，侯敢薨，无后，国除[4]。元狩元年，丹杨侯刘敢去世，没有后嗣，封地被取消。
元鼎	
元封	
太初	

盱台[1]
江都易王子。江都易王刘非之子。
六 元年十二月甲辰，侯刘象之元年[2]。刘象之在元朔年间为侯六年。刘象之在元朔元年十二月甲辰被封为盱台侯，该年是其元年。
六 刘象之在元狩年间继续为侯，共六年。
四 五年，侯象之坐酎金，国除。刘象之在元鼎年间为侯四年。元鼎五年，盱台侯刘象之因献给朝廷供祭祀之用的贡金不合格，封地被取消。

国名	湖孰[①]
王子号	江都易王子。江都易王刘非之子。
元光	
元朔	六　元年正月丁卯[②]，顷侯刘胥元年[③]。刘胥在元朔年间为侯六年。刘胥在元朔元年正月丁卯被封为湖孰侯，“顷”为其谥号，该年是其元年。
元狩	六　刘胥在元狩年间继续为侯，共六年。
元鼎	四　刘胥在元鼎年间为侯四年。 二　五年，今侯圣元年[④]。刘圣在元鼎年间为侯两年。元鼎五年，为现在的湖孰侯刘圣元年。
元封	六　刘圣在元封年间继续为侯，共六年。
太初	四　刘圣在太初年间继续为侯，共四年。

秩阳[1]
江都易王子。江都易王刘非之子。
六　元年正月丁卯，终侯刘涟元年[2]。刘涟在元朔年间为侯六年。刘涟在元朔元年正月丁卯被封为秩阳侯，“终”为其谥号，该年是其元年。
六　刘涟在元狩年间继续为侯，共六年。
三[3]　四年，终侯涟薨，无后，国除。刘涟在元鼎年间为侯三年。元鼎四年，秩阳终侯刘涟去世，没有后嗣，封地被取消。

【注释】

浮丘

①浮丘:侯国名。梁玉绳曰:"即《水经注》三十所云'淮水东迳浮山'者也。"在今安徽蚌埠五河县东。元光六年(前129)始封刘不审。传侯于子刘霸。元鼎五年(前112),刘霸因酎金不合格,封国撤销。

②刘不审:《汉书》作"刘不害",谥"节"。按表例,此侯在元狩四年(前119)去世,当书谥。

广戚

①广戚:侯国名。在广戚(今江苏徐州沛县东)。元朔元年(前128)始封刘择。传侯于子刘始。元鼎五年(前112),刘始因酎金不合格,封国撤销。

②鲁共王:刘馀,景帝之子,程姬所生。在位二十八年卒,谥"共"。好治宫室苑囿狗马,晚年嗜音乐,口吃不善言词。

③元年十月丁酉:元朔元年十月十四。

④刘择:《汉书》作"刘将"。

丹杨

①丹杨:侯国名。在丹杨(今安徽马鞍山当涂东北)。元朔元年(前128)始封刘敢。元狩元年(前122),刘敢去世,无后,封国撤销。

②江都易王:刘非,景帝之子,程姬所生。元朔元年(前128)去世,谥"易"。有才气。景帝二年(前155)封汝南王。吴楚七国之乱时上书自请击吴,与汉军并力平乱。四年(前153)改封江都王。在国生活奢侈,大治宫馆,招纳四方豪杰。

③元年十二月甲辰:元朔元年十二月二十二。

④“元狩”格：按表例，刘敢无罪而死，去世之年应计入为侯年数，故“元狩”格应补“一”字。

盱台

①盱台（xū yí）：侯国名。在盱台（今江苏淮安盱眙东北）。元朔元年（前128）始封刘象之。元鼎五年（前112），刘象之因酎金不合格，封国撤销。

②刘象之：《汉书》作“刘蒙之”。

湖孰

①湖孰：侯国名。在湖孰（今江苏南京江宁东南湖熟）。元朔元年（前128）始封刘胥。传侯于子刘圣。至太初年间封国尚存。

②元年正月丁卯：元朔元年正月十五。

③刘胥：《汉书》作“刘胥行”。

④五年，今侯圣元年：刘胥卒于元鼎四年（前113），元鼎五年（前112），其子刘圣袭位为侯。

秩阳

①秩阳：侯国名。当作“秣陵”。治秣陵（今江苏江宁南秣陵）。元朔元年（前128）始封刘涟。元鼎四年（前113），刘涟去世，无后，封国撤销。

②刘涟：《汉书》作“刘缠”。

③三：应作“四”。按表例，刘涟无罪而死，去世之年应计入为侯年数。

国名	睢陵[1]
王子号	江都易王子。江都易王刘非之子。
元光	
元朔	**六** 元年正月丁卯,侯刘定国元年。刘定国在元朔年间为侯六年。刘定国在元朔元年正月丁卯被封为睢陵侯,该年是其元年。
元狩	**六** 刘定国在元狩年间继续为侯,共六年。
元鼎	**四** 五年,侯定国坐酎金,国除。刘定国在元鼎年间为侯四年。元鼎五年,睢陵侯刘定国因献给朝廷供祭祀之用的贡金不合格,封地被取消。
元封	
太初	

龙丘[①]
江都易王子。江都易王刘非之子。
五 二年五月乙巳[②]，侯刘代元年。刘代在元朔年间为侯五年。刘代在元朔二年五月乙巳被封为龙丘侯，该年是其元年。
六 刘代在元狩年间继续为侯，共六年。
四 五年，侯代坐酎金，国除。刘代在元鼎年间为侯四年。元鼎五年，龙丘侯刘代因献给朝廷供祭祀之用的贡金不合格，封地被取消。

国名	张梁[①]
王子号	江都易王子[②]。江都易王刘非之子。
元光	
元朔	**五** 二年五月乙巳，哀侯刘仁元年。刘仁在元朔年间为侯五年。刘仁在元朔二年五月乙巳被封为张梁侯，"哀"为其谥号，该年是其元年。
元狩	**六** 刘仁在元狩年间继续为侯，共六年。
元鼎	**二** 刘仁在元鼎年间为侯两年。 **四** 三年，今侯顺元年[③]。刘顺在元鼎年间为侯四年。元鼎三年，为现在的张梁侯刘顺元年。
元封	**六** 刘顺在元封年间继续为侯，共六年。
太初	**四** 刘顺在太初年间继续为侯，共四年。

剧[①]
菑川懿王子。淄川懿王刘志之子。
五　二年五月乙巳，原侯刘错元年。刘错在元朔年间为侯五年。刘错在元朔二年五月乙巳被封为剧侯，“原”为其谥号，该年是其元年。
六　刘错在元狩年间继续为侯，共六年。
一　刘错在元鼎年间为侯一年。 **五**　二年，孝侯广昌元年[②]。刘广昌在元鼎年间为侯五年。元鼎二年，为剧孝侯刘广昌元年。
六　刘广昌在元封年间继续为侯，共六年。
四　刘广昌在太初年间继续为侯，共四年。

国名	壤[1]
王子号	菑川懿王子[2]。淄川懿王刘志之子。
元光	
元朔	**五** 二年五月乙巳,夷侯刘高遂元年。刘高遂在元朔年间为侯五年。刘高遂在元朔二年五月乙巳被封为壤侯,"夷"为其谥号,该年是其元年。
元狩	**六** 刘高遂在元狩年间继续为侯,共六年。
元鼎	**六** 元年,今侯延元年[3]。刘延在元鼎年间为侯六年。元鼎元年,为现在的壤侯刘延元年。
元封	**六** 刘延在元封年间继续为侯,共六年。
太初	**四** 刘延在太初年间继续为侯,共四年。

平望①
菑川懿王子。淄川懿王刘志之子。
五　二年五月乙巳，夷侯刘赏元年。刘赏在元朔年间为侯五年。刘赏在元朔二年五月乙巳被封为平望侯，“夷”为其谥号，该年是其元年。
二　刘赏在元狩年间为侯两年。 **四**　三年，今侯楚人元年。刘楚人在元狩年间为侯四年。元狩三年，为现在的平望侯刘楚人元年。
六　刘楚人在元鼎年间继续为侯，共六年。
六　刘楚人在元封年间继续为侯，共六年。
四　刘楚人在太初年间继续为侯，共四年。

【注释】

睢陵

①睢陵:侯国名。在睢陵(今江苏宿迁泗洪东南)。一说当作“淮陵”,在今安徽滁州明光东北。两地相邻。元朔元年(前128)始封刘定国。元鼎五年(前112),刘定国因酎金不合格,封国撤销。

龙丘

①龙丘:侯国名。其地未详。元朔二年(前127)始封刘代。元鼎五年(前112),刘代因酎金不合格,封国撤销。

②二年五月乙巳:元朔二年五月初一。

张梁

①张梁:侯国名。梁玉绳疑其地即今河南商丘南之杨梁聚。元朔二年(前127)始封刘仁。传侯于子刘顺。至太初年间封国尚存。

②江都易王子:梁玉绳考刘仁当为梁共王子。梁共王,梁孝王刘武之子刘买。景帝中元五年(前145)封乘氏侯,后元元年(前143)嗣父爵为梁王,建元四年(前137)去世,谥“共”。

③三年,今侯顺元年:刘仁卒于元鼎二年(前115),元鼎三年(前114),其子刘顺袭位为侯。

剧

①剧:侯国名。其地说法不一。王先谦《汉书补注》以为在今山东潍坊寿光东南纪台镇;赵一清《水经注释》说为今山东潍坊昌乐西。二地相近。元朔二年(前127)始封刘错。传侯于子刘广昌。至太初年间封国尚存。

②二年,孝侯广昌元年:刘错卒于元鼎元年(前116),元鼎二年(前115),其子刘广昌袭位为侯。孝侯,按表例,此侯在太初年间仍

在世,不当书谥。“孝”或为后人所加。

壤

①壤:侯国名。其地未详。元朔二年(前127)始封刘高遂。传侯于子刘延。至太初年间封国尚存。

②菑川懿王:刘志,齐悼惠王刘肥之子。文帝四年(前176)封安都侯。十六年(前164),晋封济北王。景帝三年(前154),因时任淄川王刘贤参与吴楚七国之乱被杀,他被改封淄川王。元光五年(前130)去世,谥“懿”。

③元年,今侯延元年:刘高遂卒于元狩六年(前117),元鼎元年(前116),现在的壤侯刘延袭位为侯。按,《汉书》记刘高遂去世于元朔三年(前126),刘延在元朔四年(前125)继位,与此不同。今侯延,《汉书》作“刘延年”。

平望

①平望:侯国名。在平望(今山东潍坊寿光东北)。元朔二年(前127)始封刘赏。传侯于子刘楚人。至太初年间封国尚存。

国名	临原[①]
王子号	菑川懿王子。淄川懿王刘志之子。
元光	
元朔	**五**　二年五月乙巳，敬侯刘始昌元年。刘始昌在元朔年间为侯五年。刘始昌在元朔二年五月乙巳被封为临原侯，“敬”为其谥号，该年是其元年。
元狩	**六**　刘始昌在元狩年间继续为侯，共六年。
元鼎	**六**　刘始昌在元鼎年间继续为侯，共六年。
元封	**六**　刘始昌在元封年间继续为侯，共六年。
太初	**四**　刘始昌在太初年间继续为侯，共四年。

葛魁[1]
菑川懿王子。淄川懿王刘志之子。
五　二年五月乙巳，节侯刘宽元年。刘宽在元朔年间为侯五年。刘宽在元朔二年五月乙巳被封为葛魁侯，"节"为其谥号，该年是其元年。
三　刘宽在元狩年间为侯三年。 三　四年，侯戚元年[2]。刘戚在元狩年间为侯三年。元狩四年，为葛魁侯刘戚元年。
二　三年，侯戚坐杀人，弃市，国除。刘戚在元鼎年间为侯两年。元鼎三年，葛魁侯刘戚因犯杀人罪，当众处死，封地被取消。

国名	益都[1]
王子号	菑川懿王子。淄川懿王刘志之子。
元光	
元朔	**五** 二年五月乙巳，侯刘胡元年。刘胡在元朔年间为侯五年。刘胡在元朔二年五月乙巳被封为益都侯，该年是其元年。
元狩	**六** 刘胡在元狩年间继续为侯，共六年。
元鼎	**六** 刘胡在元鼎年间继续为侯，共六年。
元封	**六** 刘胡在元封年间继续为侯，共六年。
太初	**四** 刘胡在太初年间继续为侯，共四年。

平酌[①]
菑川懿王子。淄川懿王刘志之子。
五 二年五月乙巳，戴侯刘强元年。刘强在元朔年间为侯五年。刘强在元朔二年五月乙巳被封为平酌侯，"戴"为其谥号，该年是其元年。
六 刘强在元狩年间继续为侯，共六年。
六 元年，思侯中时元年。刘中时在元鼎年间为侯六年。元鼎元年，为平酌思侯刘中时元年。
六 刘中时在元封年间继续为侯，共六年。
四 刘中时在太初年间继续为侯，共四年。

国名	剧魁[①]
王子号	菑川懿王子。淄川懿王刘志之子。
元光	
元朔	**五**　二年五月乙巳，夷侯刘墨元年[②]。刘墨在元朔年间为侯五年。刘墨在元朔二年五月乙巳被封为剧魁侯，“夷”为其谥号，该年是其元年。
元狩	**六**　刘墨在元狩年间继续为侯，共六年。
元鼎	**六**　刘墨在元鼎年间继续为侯，共六年。
元封	**三**　元年，侯昭元年[③]。刘昭在元封年间为侯三年。元封元年，为剧魁侯刘昭元年。 **三**　四年，侯德元年[④]。刘德在元封年间为侯三年。元封四年，为剧魁侯刘德元年。
太初	**四**　刘德在太初年间继续为侯，共四年。

寿梁①
菑川懿王子。淄川懿王刘志之子。
五 二年五月乙巳，侯刘守元年。刘守在元朔年间为侯五年。刘守在元朔二年五月乙巳被封为寿梁侯，该年是其元年。
六 刘守在元狩年间继续为侯，共六年。
四 五年，侯守坐酎金，国除。刘守在元鼎年间为侯四年。元鼎五年，寿梁侯刘守因献给朝廷供祭祀之用的贡金不合格，封地被取消。

国名	平度①
王子号	菑川懿王子。淄川懿王刘志之子。
元光	
元朔	**五** 二年五月乙巳,侯刘衍元年。刘衍在元朔年间为侯五年。刘衍在元朔二年五月乙巳被封为平度侯,该年是其元年。
元狩	**六** 刘衍在元狩年间继续为侯,共六年。
元鼎	**六** 刘衍在元鼎年间继续为侯,共六年。
元封	**六** 刘衍在元封年间继续为侯,共六年。
太初	**四** 刘衍在太初年间继续为侯,共四年。

宜成[1]
菑川懿王子。淄川懿王刘志之子。
五　二年五月乙巳，康侯刘偃元年。刘偃在元朔年间为侯五年。刘偃在元朔二年五月乙巳被封为宜成侯，“康”为其谥号，该年是其元年。
六　刘偃在元狩年间继续为侯，共六年。
六　元年，侯福元年[2]。刘福在元鼎年间为侯六年。元鼎元年，为宜成侯刘福元年。
六　刘福在元封年间继续为侯，共六年。
元年，侯福坐杀弟，弃市，国除。太初元年，宜成侯刘福罪犯杀死弟弟，被当众处死，封地被取消。

【注释】

临原

①临原:侯国名。在临原(今山东潍坊临朐东)。元朔二年(前127)始封刘始昌。至太初年间封国尚存。

葛魁

①葛魁:侯国名。其地未详。元朔二年(前127)始封刘宽。传侯于子刘戚。元鼎三年(前114),刘戚杀人被斩,封国撤销。

②四年,侯戚元年:刘宽卒于元狩三年(前120),元狩四年(前119),其子刘戚袭位为侯。

益都

①益都:侯国名。在益都(今山东潍坊寿光西北)。元朔二年(前127)始封刘胡。至太初年间封国尚存。

平酌

①平酌:侯国名。当作"平的"。其地未详。元朔二年(前127)始封刘强。传侯于子刘中时。至太初年间封国尚存。

剧魁

①剧魁:侯国名。在居魁(今山东潍坊昌乐西北)。元朔二年(前127)始封刘墨。传二侯。至太初年间封国尚存。

②刘墨:《汉书》作"刘黑"。

③元年,侯昭元年:刘墨卒于元鼎六年(前111),元封元年(前110),其子刘昭袭位为侯。

④四年,侯德元年:刘昭卒于元封三年(前108),元封四年(前107),其子刘德袭位为侯。

寿梁

①寿梁：侯国名。在寿梁（今山东泰安东平西南）。元朔二年（前127）始封刘守。元鼎五年（前112），刘守因酎金不合格，封国撤销。

平度

①平度：侯国名。在平度（今山东青岛平度西北）。元朔二年（前127）始封刘衍。至太初年间封国尚存。

宜成

①宜成：侯国名。在宜成（今山东济南济阳西北）。元朔二年（前127）始封刘偃。传侯于子刘福。太初元年（前104），刘福有罪被杀，封国撤销。

②元年，侯福元年：刘偃卒于元狩六年（前117），元鼎元年（前116），其子刘福袭位为侯。

国名	临朐[1]
王子号	菑川懿王子。淄川懿王刘志之子。
元光	
元朔	**五**　二年五月乙巳，哀侯刘奴元年[2]。刘奴在元朔年间为侯五年。刘奴在元朔二年五月乙巳被封为临朐侯，“哀”为其谥号，该年是其元年。
元狩	**六**　刘奴在元狩年间继续为侯，共六年。
元鼎	**六**　刘奴在元鼎年间继续为侯，共六年。
元封	**六**　刘奴在元封年间继续为侯，共六年。
太初	**四**　刘奴在太初年间继续为侯，共四年。

雷[1]
城阳共王子[2]。城阳共王刘喜之子。
五　二年五月甲戌[3],侯刘稀元年[4]。刘稀在元朔年间为侯五年。刘稀在元朔二年五月甲戌被封为雷侯,该年是其元年。
六　刘稀在元狩年间继续为侯,共六年。
五　五年,侯稀坐酎金,国除。刘稀在元鼎年间为侯五年。元鼎五年,雷侯刘稀因献给朝廷供祭祀之用的贡金不合格,封地被取消。

国名	东莞[1]
王子号	城阳共王子。城阳共王刘喜之子。
元光	
元朔	三　二年五月甲戌,侯刘吉元年。五年,侯吉有痼疾,不朝[2],废,国除。刘吉在元朔年间为侯三年。刘吉在元朔二年五月甲戌被封为东莞侯,该年是其元年。元朔五年,东莞侯刘吉患有积久难治的病,不来朝见,被废除爵位,封地被取消。
元狩	
元鼎	
元封	
太初	

辟[1]
城阳共王子。城阳共王刘喜之子。
三　二年五月甲戌，节侯刘壮元年。刘壮在元朔年间为侯三年。刘壮在元朔二年五月甲戌被封为辟侯，该年是其元年。 **二**　五年，侯朋元年[2]。刘朋在元朔年间为侯两年。元朔五年，为辟侯刘朋元年。
六　刘朋在元狩年间继续为侯，共六年。
四　五年，侯朋坐酎金，国除。刘朋在元鼎年间为侯四年。元鼎五年，辟侯刘朋因献给朝廷供祭祀之用的贡金不合格，封地被取消。

国名	尉文[①]
王子号	赵敬肃王子[②]。赵敬肃王刘彭祖之子。
元光	
元朔	**五**　二年六月甲午[③]，节侯刘丙元年。刘丙在元朔年间为侯五年。刘丙在元朔二年六月甲午被封为尉文侯，“节”为其谥号，该年是其元年。
元狩	**六**　元年，侯犊元年[④]。刘犊在元狩年间为侯六年。元狩元年，为尉文侯刘犊元年。
元鼎	**四**　五年，侯犊坐酎金，国除。刘犊在元鼎年间为侯四年。元鼎五年，尉文侯刘犊因献给朝廷供祭祀之用的贡金不合格，封地被取消。
元封	
太初	

封斯[1]
赵敬肃王子。赵敬肃王刘彭祖之子。
五　二年六月甲午，共侯刘胡阳元年[2]。刘胡阳在元朔年间为侯五年。刘胡阳在元朔二年六月甲午被封为封斯侯，“共”为其谥号，该年是其元年。
六　刘胡阳在元狩年间继续为侯，共六年。
六　刘胡阳在元鼎年间继续为侯，共六年。
六　刘胡阳在元封年间继续为侯，共六年。
二　刘胡阳在太初年间为侯两年。 二　三年，今侯如意元年[3]。刘如意在太初年间为侯两年。太初三年，为现在的封斯侯刘如意元年。

【注释】

临朐

①临朐(qú):侯国名。在临朐(今山东烟台莱州西北)。元朔二年(前127)始封刘奴。至太初年间封国尚存。

②哀侯刘奴:按表例,此侯在太初年间仍在世,不当书谥。"哀"或为后人所加。又,《汉书》刘奴谥"夷"。

雷

①雷:侯国名。其地未详。疑即城阳国虑县,在今山东临沂沂水县西南。元朔二年(前127)始封刘稀。元鼎五年(前112),刘稀因酎金不合格,封国撤销。

②城阳共王:刘喜,城阳景王刘章之子。文王四年(前176)嗣父爵为城阳王,十二年(前168),徙淮南王,十六年(前164),复还为城阳王。景帝中元六年(前144)去世,谥"共"。

③二年五月甲戌:元朔二年五月三十。

④刘稀:《汉书》作"刘豨"。

东莞

①东莞:侯国名。在东莞(今山东临沂沂水县)。元朔二年(前127)始封刘吉。元朔五年(前124),刘吉被废,封国撤销。

②痼疾:积久难治的病。不朝:不来京师朝见。

辟

①辟:侯国名。其地未详。《汉书》作"辟土",梁玉绳认为字盖作"壁"。《水经注·沭水》作"辟城",其地在今山东日照莒县东南。元朔二年(前127)始封刘壮。传侯于子刘朋。元鼎五年(前112),刘朋因酎金不合格,封国撤销。

②朋:《汉书》作“明”。

尉文

①尉文:侯国名。一说在今河北石家庄无极西,一说在今河北邯郸广平。元朔二年(前127)始封刘丙。传侯于子刘犊。元鼎五年(前112),刘犊因酎金不合格,封国撤销。

②赵敬肃王:刘彭祖,景帝之子,贾夫人所生。景帝二年(前155)封广川王,三年(前154)赵王刘遂参与吴楚七国之乱被废,他改封赵王。征和元年(前92)去世,谥“敬肃”。好法律,善诡辩,朝廷派来的国相常被其陷害。

③二年六月甲午:元朔二年六月二十。

④元年,侯犊元年:刘丙卒于元朔六年(前123),元狩元年(前122),其子刘犊袭位为侯。

封斯

①封斯:侯国名。在封斯(今河北石家庄赵县西北)。元朔二年(前127)始封刘胡阳。传侯于子刘如意。至太初年间封国尚存。

②共侯刘胡阳:《汉书》作“戴侯刘胡伤”。陈直据《秦本纪》有“客卿胡伤”,《小校经阁金文》有周仲竟末句云“吴胡伤里”,认为“‘胡伤’与‘无伤’‘何伤’义皆相近,为两汉人之习俗语”,所以该侯名当从《汉书》作“胡伤”。

③三年,今侯如意元年:刘胡阳卒于太初二年(前103),太初三年(前102),现在的封斯侯刘如意袭位为侯。

国名	榆丘[1]
王子号	赵敬肃王子。赵敬肃王刘彭祖之子。
元光	
元朔	**五**　二年六月甲午,侯刘寿福元年[2]。刘寿福在元朔年间为侯五年。刘寿福在元朔二年六月甲午被封为榆丘侯,该年是其元年。
元狩	**六**　刘寿福在元狩年间继续为侯,共六年。
元鼎	**四**　五年,侯寿福坐酎金,国除。刘寿福在元鼎年间为侯四年。元鼎五年,榆丘侯刘寿福因献给朝廷供祭祀之用的贡金不合格,封地被取消。
元封	
太初	

襄嚵[1]
赵敬肃王子。赵敬肃王刘彭祖之子。
五　二年六月甲午,侯刘建元年。刘建在元朔年间为侯五年。刘建在元朔二年六月甲午被封为襄嚵侯,该年是其元年。
六　刘建在元狩年间继续为侯,共六年。
四　五年,侯建坐酎金,国除。刘建在元鼎年间为侯四年。元鼎五年,襄嚵侯刘建因献给朝廷供祭祀之用的贡金不合格,封地被取消。

国名	邯会①
王子号	赵敬肃王子。赵敬肃王刘彭祖之子。
元光	
元朔	五　二年六月甲午，侯刘仁元年。刘仁在元朔年间为侯五年。刘仁在元朔二年六月甲午被封为邯会侯，该年是其元年。
元狩	六　刘仁在元狩年间继续为侯，共六年。
元鼎	六　刘仁在元鼎年间继续为侯，共六年。
元封	六　刘仁在元封年间继续为侯，共六年。
太初	四　刘仁在太初年间继续为侯，共四年。

朝[①]
赵敬肃王子。赵敬肃王刘彭祖之子。
五　二年六月甲午，侯刘义元年[②]。刘义在元朔年间为侯五年。刘义在元朔二年六月甲午被封为朝侯，该年是其元年。
六　刘义在元狩年间继续为侯，共六年。
二　刘义在元鼎年间为侯两年。 四　三年，今侯禄元年[③]。刘禄在元鼎年间为侯四年。元鼎三年，为现在的朝侯刘禄元年。
六　刘禄在元封年间继续为侯，共六年。
四　刘禄在太初年间继续为侯，共四年。

国名	东城[①]
王子号	赵敬肃王子。赵敬肃王刘彭祖之子。
元光	
元朔	**五**　二年六月甲午，侯刘遗元年。刘遗在元朔年间为侯五年。刘遗在元朔二年六月甲午被封为东城侯，该年是其元年。
元狩	**六**　刘遗在元狩年间继续为侯，共六年。
元鼎	元年，侯遗有罪[②]，国除。元鼎元年，东城侯刘遗犯了罪，封地被取消。
元封	
太初	

阴城[1]
赵敬肃王子。赵敬肃王刘彭祖之子。
五 二年六月甲午,侯刘苍元年。刘苍在元朔年间为侯五年。刘苍在元朔二年六月甲午被封为阴城侯,该年是其元年。
六 刘苍在元狩年间继续为侯,共六年。
六 刘苍在元鼎年间继续为侯,共六年。
元年,侯苍有罪,国除[2]。元封元年,阴城侯刘苍犯了罪,封地被取消。

【注释】

榆丘

①榆丘:侯国名。其地未详。梁玉绳曰:"或曰即太原榆次县。"在今山西晋中榆次。元朔二年(前127)始封刘寿福。元鼎五年(前112),刘寿福因酎金不合格,封国撤销。

②刘寿福:《汉书》作"刘受福"。

襄嚵

①襄嚵(chán):侯国名。析广平县(今河北邯郸鸡泽东南)而置。元朔二年(前127)始封刘建。元鼎五年(前112),刘建因酎金不合格,封国撤销。

邯会

①邯会:侯国名。在邯会(今河南安阳西北)。元朔二年(前127)始封刘仁。至太初年间封国尚存。

朝

①朝:侯国名。在朝(今山东聊城莘县朝城镇南)。元朔二年(前127)始封刘义。传侯于子刘禄。至太初年间封国尚存。

②侯刘义:据《汉书》,刘义谥"节"。按表例,此侯在元鼎二年(前115)去世,当书谥。

③三年,今侯禄元年:刘义卒于元鼎二年(前115),元鼎三年(前114),现在的朝侯刘禄袭位为侯。

东城

①东城:侯国名。在东城(今河北邯郸永年西)。元朔二年(前127)始封刘遗。元鼎元年(前116),刘遗有罪,封国撤销。

②侯遗有罪:《汉书》作“为孺子所杀”。孺子,颜师古注:“孺子,王妾之有品号者也。”

阴城

①阴城:侯国名。梁玉绳以为其地当近葛孽(今河北邯郸肥乡西南)。元朔二年(前127)始封刘苍。元封元年(前110),刘苍有罪,封国撤销。

②元年,侯苍有罪,国除:《史记》记刘苍在元封元年(前110)犯罪,封国被撤销,而《汉书》记刘苍谥号为“思”,又曰:“十七年,太初元年薨。嗣子有罪,不得代。”梁玉绳又据《新唐书·宰相世系表》“广平刘氏出自汉景帝子赵敬肃王彭祖。彭祖生阴城思侯苍,苍薨,嗣子有罪不得立”,认为此当作“思侯苍薨,嗣子有罪,不得代”,且前当有“一”字,表示刘苍在元封年间为侯一年。但《汉书》记刘苍在元朔二年受封,为侯共十七年,则其去世当在元封元年,作“太初元年薨”有误。

国名	广望[①]
王子号	中山靖王子[②]。中山靖王刘胜之子。
元光	
元朔	**五** 二年六月甲午，侯刘安中元年[③]。刘安中在元朔年间为侯五年。刘安中在元朔二年六月甲午被封为广望侯，该年是其元年。
元狩	**六** 刘安中在元狩年间继续为侯，共六年。
元鼎	**六** 刘安中在元鼎年间继续为侯，共六年。
元封	**六** 刘安中在元封年间继续为侯，共六年。
太初	**四** 刘安中在太初年间继续为侯，共四年。

将梁[1]
中山靖王子。中山靖王刘胜之子。
五　二年六月甲午，侯刘朝平元年。刘朝平在元朔年间为侯五年。刘朝平在元朔二年六月甲午被封为将梁侯，该年是其元年。
六　刘朝平在元狩年间继续为侯，共六年。
四　五年，侯朝平坐酎金，国除。刘朝平在元鼎年间为侯四年。元鼎五年，将梁侯刘朝平因献给朝廷供祭祀之用的贡金不合格，封地被取消。

国名	新馆[1]
王子号	中山靖王子。中山靖王刘胜之子。
元光	
元朔	**五**　二年六月甲午，侯刘未央元年。刘未央在元朔年间为侯五年。刘未央在元朔二年六月甲午被封为新馆侯，该年是其元年。
元狩	**六**　刘未央在元狩年间继续为侯，共六年。
元鼎	**四**　五年，侯未央坐酎金，国除。刘未央在元鼎年间为侯四年。元鼎五年，新馆侯刘未央因献给朝廷供祭祀之用的贡金不合格，封地被取消。
元封	
太初	

新处[1]
中山靖王子。中山靖王刘胜之子。
五　二年六月甲午，侯刘嘉元年。刘嘉在元朔年间为侯五年。刘嘉在元朔二年六月甲午被封为新处侯，该年是其元年。
六　刘嘉在元狩年间继续为侯，共六年。
四　五年，侯嘉坐酎金，国除。刘嘉在元鼎年间为侯四年。元鼎五年，新处侯刘嘉因献给朝廷供祭祀之用的贡金不合格，封地被取消。

国名	陉城①
王子号	中山靖王子。中山靖王刘胜之子。
元光	
元朔	**五** 二年六月甲午，侯刘贞元年。刘贞在元朔年间为侯五年。刘贞在元朔二年六月甲午被封为陉城侯，该年是其元年。
元狩	**六** 刘贞在元狩年间继续为侯，共六年。
元鼎	**四** 五年，侯贞坐酎金，国除。刘贞在元鼎年间为侯四年。元鼎五年，陉城侯刘贞因献给朝廷供祭祀之用的贡金不合格，封地被取消。
元封	
太初	

蒲领[1]
广川惠王子[2]。广川惠王刘越之子。
四　三年十月癸酉[3]，侯刘嘉元年[4]。刘嘉在元朔年间为侯四年。刘嘉在元朔三年十月癸酉被封为蒲领侯，该年是其元年。

国名	西熊[①]
王子号	广川惠王子。广川惠王刘越之子。
元光	
元朔	**四**　三年十月癸酉,侯刘明元年[②]。刘明在元朔年间为侯四年。刘明在元朔三年十月癸酉被封为西熊侯,该年是其元年。
元狩	
元鼎	
元封	
太初	

枣彊[1]
广川惠王子。广川惠王刘越之子。
四　三年十月癸酉,侯刘晏元年[2]。刘晏在元朔年间为侯四年。刘晏在元朔三年十月癸酉被封为枣彊侯,该年是其元年。

【注释】

广望

①广望:侯国名。在广望(今河北保定清苑西南)。元朔二年(前127)始封刘安中。至太初年间封国尚存。

②中山靖王:刘胜,景帝之子,贾夫人所生。景帝三年(前154)封中山王,元鼎四年(前113)去世,谥"靖"。重酒色,妻妾众多,生子一百二十余人。

③刘安中:《汉书》作"刘忠"。

将梁

①将梁:侯国名。在今河北保定清苑西南,汉广望东北。元朔二年(前127)始封刘朝平。元鼎五年(前112),刘朝平因酎金不合格,封国撤销。

新馆

①新馆:侯国名。其地未详。《史记地名考》疑"新馆"为涿郡"新昌"之误,在今河北保定高碑店新城东。元朔二年(前127)始封刘未央。元鼎五年(前112),刘未央因酎金不合格,封国撤销。

新处

①新处:侯国名。在新处(今河北保定定州东北)。元朔二年(前127)始封刘嘉。元鼎五年(前112),刘嘉因酎金不合格,封国撤销。

陉城

①陉(xíng)城:侯国名。当依《汉书》作"陆城"。在今河北保定蠡县南。元朔二年(前127)始封刘贞,刘备即其后裔。元鼎五年

（前112），刘贞因酎金不合格，封国撤销。

蒲领

①蒲领：侯国名。在蒲领（今河北衡水阜城东北）。元朔三年（前126）始封刘嘉。元狩之后情况不详。

②广川惠王：刘越，景帝之子，王夫人所生。景帝中元二年（前148）封广川王，建元五年（前136）卒，谥“惠”。

③三年十月癸酉：元朔三年十月初一。

④侯刘嘉元年：按，“元狩”格下诸格皆无记录，疑原缺或佚失。

西熊

①西熊：侯国名。其地未详。元朔三年（前126）始封刘明。元狩之后情况不详。

②侯刘明元年：按，“元狩”格下诸格皆无记录，疑原缺或佚失。

枣彊

①枣彊：侯国名。在枣彊（今河北衡水枣强东南）。元朔三年（前126）始封刘晏。元狩之后情况不详。

②侯刘晏元年：按，“元狩”格下诸格皆无记录，疑原缺或佚失。

国名	毕梁[1]
王子号	广川惠王子。广川惠王刘越之子。
元光	
元朔	**四** 三年十月癸酉，侯刘婴元年。刘婴在元朔年间为侯四年。刘婴在元朔三年十月癸酉被封为毕梁侯，该年是其元年。
元狩	**六** 刘婴在元狩年间继续为侯，共六年。
元鼎	**六** 刘婴在元鼎年间继续为侯，共六年。
元封	**三** 四年，侯婴有罪，国除。刘婴在元封年间为侯三年。元封四年，毕梁侯刘婴犯了罪，封地被取消。
太初	

房光[1]
河间献王子[2]。河间献王刘德之子。
四　三年十月癸酉,侯刘殷元年。刘殷在元朔年间为侯四年。刘殷在元朔三年十月癸酉被封为房光侯,该年是其元年。
六　刘殷在元狩年间继续为侯,共六年。
元年,侯殷有罪,国除。元鼎元年,房光侯刘殷犯了罪,封地被取消。

国名	距阳[1]
王子号	河间献王子。河间献王刘德之子。
元光	
元朔	**四**　三年十月癸酉,侯刘匄元年。刘匄在元朔年间为侯四年。刘匄在元朔三年十月癸酉被封为距阳侯,该年是其元年。
元狩	**四**　刘匄在元狩年间为侯四年。 **二**　五年[2],侯渡元年。刘渡在元狩年间为侯两年。元狩五年,为距阳侯刘渡元年。
元鼎	**四**　五年,侯渡有罪,国除。刘渡在元鼎年间为侯四年。元鼎五年,距阳侯刘渡犯了罪,封地被取消。
元封	
太初	

蒌安[①]
河间献王子。河间献王刘德之子。
四　三年十月癸酉，侯刘邈元年[②]。刘邈在元朔年间为侯四年。刘邈在元朔三年十月癸酉被封为蒌安侯，该年是其元年。
六　刘邈在元狩年间继续为侯，共六年。
六　刘邈在元鼎年间继续为侯，共六年。
六　元年，今侯婴元年[③]。刘婴在元封年间为侯六年。元封元年，为现在的蒌安侯刘婴元年。
四　刘婴在太初年间继续为侯，共四年。

国名	阿武[1]
王子号	河间献王子。河间献王刘德之子。
元光	
元朔	**四**　三年十月癸酉，湣侯刘豫元年[2]。刘豫在元朔年间为侯四年。刘豫在元朔三年十月癸酉被封为阿武侯，“湣”为其谥号，该年是其元年。
元狩	**六**　刘豫在元狩年间继续为侯，共六年。
元鼎	**六**　刘豫在元鼎年间继续为侯，共六年。
元封	**六**　刘豫在元封年间继续为侯，共六年。
太初	**二**　刘豫在太初年间为侯两年。 **二**　三年，今侯宽元年[3]。刘宽在太初年间为侯两年。太初三年，为现在的阿武侯刘宽元年。

参户[①]
河间献王子。河间献王刘德之子。
四　三年十月癸酉,侯刘勉元年[②]。刘勉在元朔年间为侯四年。刘勉在元朔三年十月癸酉被封为参户侯,该年是其元年。
六　刘勉在元狩年间继续为侯,共六年。
六　刘勉在元鼎年间继续为侯,共六年。
六　刘勉在元封年间继续为侯,共六年。
四　刘勉在太初年间继续为侯,共四年。

【注释】

毕梁

①毕梁:侯国名。《汉书补注》认为析自魏县而置,魏县在今河北邯郸大名西南;《史记地名考》认为毕梁或曲梁字讹,曲梁在今河北邯郸永年。元朔三年(前126)始封刘婴。元封四年(前107),刘婴有罪,封国撤销。

房光

①房光:侯国名。其地未详。梁玉绳以为或即常山房子县(今河北石家庄高邑西南)。元朔三年(前126)始封刘殷。元鼎元年(前116),刘殷有罪,封国撤销。

②河间献王:刘德,景帝之子,栗姬所生。

距阳

①距阳:侯国名。其地未详。元朔三年(前126)始封刘匄。传侯于子刘渡。元鼎五年(前112),刘渡有罪,封国撤销。

②五年:元狩五年,前118年。

蒌安

①蒌安:侯国名。《汉书》作"蒌",其地未详。或说在今河北衡水饶阳东北。元朔三年(前126)始封刘邈。传侯于子刘婴。至太初年间封国尚存。

②刘邈:《汉书》作"刘退",谥"节"。按表例,此侯在元鼎六年(前111)去世,当书谥。

③元年,今侯婴元年:刘邈卒于元鼎六年(前111),元封元年(前110),现在的蒌安侯刘婴袭位为侯。

阿武

①阿武:侯国名。在阿武(今河北沧州献县西北)。元朔三年(前126)始封刘豫。传侯于子刘宽。至太初年间封国尚存。

②湣侯:《汉书》作“戴侯”。梁玉绳曰:“豫在位二十四年,疑‘湣’非。”

③三年,今侯宽元年:刘豫卒于太初二年(前103),太初三年(前102),现在的阿武侯刘宽袭位为侯。宽,《汉书》作“宣”。

参户

①参户:侯国名。在参户(今河北沧州青县西南)。元朔三年(前126)始封刘勉。至太初年间封国尚存。

②刘勉:《汉书》作“刘免”。

国名	州乡[1]
王子号	河间献王子。河间献王刘德之子。
元光	
元朔	四　三年十月癸酉，节侯刘禁元年。刘禁在元朔年间为侯四年。刘禁在元朔三年十月癸酉被封为州乡侯，“节”为其谥号，该年是其元年。
元狩	六　刘禁在元狩年间继续为侯，共六年。
元鼎	六[2]　刘禁在元鼎年间继续为侯，共六年。
元封	五　刘禁在元封年间为侯五年。 一　六年，今侯惠元年[3]。刘惠在元封年间为侯一年。元封六年，为现在的州乡侯刘惠元年。
太初	四　刘惠在太初年间继续为侯，共四年。

成平[①]
河间献王子。河间献王刘德之子。
四 三年十月癸酉,侯刘礼元年。刘礼在元朔年间为侯四年。刘礼在元朔三年十月癸酉被封为成平侯,该年是其元年。
二 三年,侯礼有罪,国除。刘礼在元狩年间为侯两年。元狩三年,成平侯刘礼犯了罪,封地被取消。

国名	广①
王子号	河间献王子。河间献王刘德之子。
元光	
元朔	**四** 三年十月癸酉，侯刘顺元年。刘顺在元朔年间为侯四年。刘顺在元朔三年十月癸酉被封为广侯，该年是其元年。
元狩	**六** 刘顺在元狩年间继续为侯，共六年。
元鼎	**四** 五年，侯顺坐酎金，国除。刘顺在元鼎年间为侯四年。元鼎五年，广侯刘顺因献给朝廷供祭祀之用的贡金不合格，封地被取消。
元封	
太初	

盖胥[1]
河间献王子。河间献王刘德之子。
四　三年十月癸酉，侯刘让元年。刘让在元朔年间为侯四年。刘让在元朔三年十月癸酉被封为盖胥侯，该年是其元年。
六　刘让在元狩年间继续为侯，共六年。
四　五年，侯让坐酎金，国除。刘让在元鼎年间为侯四年。元鼎五年，盖胥侯刘让因献给朝廷供祭祀之用的贡金不合格，封地被取消。

国名	陪安[1]
王子号	济北贞王子[2]。济北贞王刘勃之子。
元光	
元朔	**四** 三年十月癸酉,康侯刘不害元年。刘不害在元朔年间为侯四年。刘不害在元朔三年十月癸酉被封为陪安侯,“康”为其谥号,该年是其元年。
元狩	**六** 刘不害在元狩年间继续为侯,共六年。
元鼎	**一** 刘不害在元鼎年间为侯一年。 **二** 二年,哀侯秦客元年[3]。三年,侯秦客薨,无后,国除。刘秦客在元鼎年间为侯两年。元鼎二年,为陪安哀侯刘秦客元年。元鼎三年,陪安哀侯刘秦客去世,没有后嗣,封地被取消。
元封	
太初	

荣简[1]
济北贞王子。济北贞王刘勃之子。
四 三年十月癸酉，侯刘骞元年。刘骞在元朔年间为侯四年。刘骞在元朔三年十月癸酉被封为荣简侯，该年是其元年。
二 三年，侯骞有罪，国除。刘骞在元狩年间为侯两年。元狩三年，荣简侯刘骞犯了罪，封地被取消。

国名	周坚[①]
王子号	济北贞王子。济北贞王刘勃之子。
元光	
元朔	**四**　三年十月癸酉,侯刘何元年。刘何在元朔年间为侯四年。刘何在元朔三年十月癸酉被封为周坚侯,该年是其元年。
元狩	**四**　刘何在元狩年间为侯四年。 **二**　五年,侯当时元年[②]。刘当时在元狩年间为侯两年。元狩五年,为周坚侯刘当时元年。
元鼎	**四**　五年,侯当时坐酎金,国除。刘当时在元鼎年间为侯四年。元鼎五年,周坚侯刘当时因献给朝廷供祭祀之用的贡金不合格,封地被取消。
元封	
太初	

安阳[①]
济北贞王子。济北贞王刘勃之子。
四 三年十月癸酉，侯刘桀元年[②]。刘桀在元朔年间为侯四年。刘桀在元朔三年十月癸酉被封为安阳侯，该年是其元年。
六 刘桀在元狩年间继续为侯，共六年。
六 刘桀在元鼎年间继续为侯，共六年。
六 刘桀在元封年间继续为侯，共六年。
四 刘桀在太初年间继续为侯，共四年。

【注释】

州乡

①州乡:侯国名。在州乡(今河北沧州河间东北)。元朔三年(前126)始封刘禁。传侯于子刘惠。至太初年间封国尚存。

②"元鼎"格:据《汉书》,刘禁于元鼎元年(前116)去世,"元鼎二年,思侯齐嗣"。则此表失思侯一代。"元鼎"格应书数字"一""五",表示在元鼎年间刘禁为侯一年,刘齐为侯五年;加书"元鼎二年,思侯齐元年"。

③六年,今侯惠元年:刘禁卒于元封五年(前106),元封六年(前105),现在的州乡侯刘惠袭位为侯。

成平

①成平:侯国名。在成平(今河北沧州西南)。元朔三年(前126)始封刘礼。元狩三年(前120),刘礼有罪,封国撤销。

广

①广:侯国名。其地未详。元朔三年(前126)始封刘顺。元鼎五年(前112),刘顺因酎金不合格,封国撤销。

盖胥

①盖胥:侯国名。其地未详。元朔三年(前126)始封刘让。元鼎五年(前112),刘让因酎金不合格,封国撤销。

陪安

①陪安:侯国名。其地未详。元朔三年(前126)始封刘不害。传侯于子刘秦客。元鼎三年(前114),刘秦客去世,无后,封国撤销。

②济北贞王:刘勃,淮南厉王刘长之子。文帝八年(前172)封安阳

侯，十六年（前164）晋封衡山王。景帝三年（前154）吴楚七国之乱，他拒不参加，坚守封国。乱平，景帝嘉其功，徙济北王。景帝五年（前152）去世，谥“贞”。

③二年，哀侯秦客元年：刘不害卒于元鼎元年（前116），元鼎二年（前115），其子刘秦客袭位为侯。

荣简

①荣简：侯国名。《汉书》作“荣关”。其地析茌平（今山东聊城茌平西）而置。元朔三年（前126）始封刘骞。元狩三年（前120），刘骞有罪，封国撤销。

周坚

①周坚：侯国名。《汉书》作“周望”。其地未详。《史记地名考》疑即《水经注·济水》所言之周首，在今山东聊城东阿东北。元朔三年（前126）始封刘何。传侯于子刘当时。元鼎五年（前112），刘当时因酎金不合格，封国撤销。

②五年，侯当时元年：刘何卒于元狩四年（前119），元狩五年（前118），其子刘当时袭位为侯。

安阳

①安阳：侯国名。其地未详。梁玉绳疑即平原郡安侯国，在今河北沧州吴桥旧吴桥镇西北。元朔三年（前126）始封刘桀。至太初年间封国尚存。

②刘桀：《汉书》作“刘乐”。

国名	五橡[1]
王子号	济北贞王子[2]。济北贞王刘勃之子。
元光	
元朔	**四** 三年十月癸酉，侯刘䐡丘元年。刘䐡丘在元朔年间为侯四年。刘䐡丘在元朔三年十月癸酉被封为五橡侯，该年是其元年。
元狩	**六** 刘䐡丘在元狩年间继续为侯，共六年。
元鼎	**四** 五年，侯䐡丘坐酎金，国除。刘䐡丘在元鼎年间为侯四年。元鼎五年，五橡侯刘䐡丘因献给朝廷供祭祀之用的贡金不合格，封地被取消。
元封	
太初	

富[1]
济北贞王子。济北贞王刘勃之子。
四　三年十月癸酉，侯刘袭元年[2]。刘袭在元朔年间为侯四年。刘袭在元朔三年十月癸酉被封为富侯，该年是其元年。
六　刘袭在元狩年间继续为侯，共六年。
六　刘袭在元鼎年间继续为侯，共六年。
六　刘袭在元封年间继续为侯，共六年。
四　刘袭在太初年间继续为侯，共四年。

国名	陪[1]
王子号	济北贞王子。济北贞王刘勃之子。
元光	
元朔	**四** 三年十月癸酉，缪侯刘明元年[2]。刘明在元朔年间为侯四年。刘明在元朔三年十月癸酉被封为陪侯，"缪"为其谥号，该年是其元年。
元狩	**六** 刘明在元狩年间继续为侯，共六年。
元鼎	**二** 刘明在元鼎年间为侯两年。 **二** 三年，侯邑元年[3]。五年，侯邑坐酎金，国除。刘邑在元鼎年间为侯两年。元鼎三年，为陪侯刘邑元年。元鼎五年，陪侯刘邑因献给朝廷供祭祀之用的贡金不合格，封地被取消。
元封	
太初	

从[①]
济北贞王子。济北贞王刘勃之子。
四　三年十月癸酉，侯刘信元年。刘信在元朔年间为侯四年。刘信在元朔三年十月癸酉被封为丛侯，该年是其元年。
六　刘信在元狩年间继续为侯，共六年。
四　五年，侯信坐酎金，国除。刘信在元鼎年间为侯四年。元鼎五年，丛侯刘信因献给朝廷供祭祀之用的贡金不合格，封地被取消。

国名	平[①]
王子号	济北贞王子。济北贞王刘勃之子。
元光	
元朔	**四**　三年十月癸酉,侯刘遂元年。刘遂在元朔年间为侯四年。刘遂在元朔三年十月癸酉被封为平侯,该年是其元年。
元狩	元年,侯遂有罪[②],国除。元狩元年,平侯刘遂犯了罪,封地被取消。
元鼎	
元封	
太初	

羽[①]
济北贞王子。济北贞王刘勃之子。
四　三年十月癸酉,侯刘成元年。刘成在元朔年间为侯四年。刘成在元朔三年十月癸酉被封为羽侯,该年是其元年。
六　刘成在元狩年间继续为侯,共六年。
六　刘成在元鼎年间继续为侯,共六年。
六　刘成在元封年间继续为侯,共六年。
四　刘成在太初年间继续为侯,共四年。

国名	胡母[1]
王子号	济北贞王子。济北贞王刘勃之子。
元光	
元朔	**四**　三年十月癸酉,侯刘楚元年。刘楚在元朔年间为侯四年。刘楚在元朔三年十月癸酉被封为胡母侯,该年是其元年。
元狩	**六**　刘楚在元狩年间继续为侯,共六年。
元鼎	**四**　五年,侯楚坐酎金,国除。刘楚在元鼎年间为侯四年。元鼎五年,胡母侯刘楚因献给朝廷供祭祀之用的贡金不合格,封地被取消。
元封	
太初	

离石[1]
代共王子[2]。代共王刘登之子。
四　三年正月壬戌[3],侯刘绾元年。刘绾在元朔年间为侯四年。刘绾在元朔三年正月壬戌被封为离石侯,该年是其元年。
六　刘绾在元狩年间继续为侯,共六年。
六　刘绾在元鼎年间继续为侯,共六年。
六　刘绾在元封年间继续为侯,共六年。
四　刘绾在太初年间继续为侯,共四年。

【注释】

五㯹

①五㯹(qú):侯国名。《汉书》作“五据”。其地未详。元朔三年(前126)始封刘臒丘。元鼎五年(前112),刘臒丘因酎金不合格,封国撤销。

②济北贞王子:《汉书》作“济北式王子”。济北式王,刘胡,济北贞王刘勃之子。景帝前元六年(前151)嗣爵,天汉三年(前98)去世。

富

①富:侯国名。在富(今山东泰安肥城西南)。元朔三年(前126)始封刘袭。至太初年间封国尚存。

②刘袭:《汉书》作“刘龙”。

陪

①陪:侯国名。析平原郡平原县(今山东德州平原县西南)而置。元朔三年(前126)始封刘明。传侯于子刘邑。元鼎五年(前112),刘邑因酎金不合格,封国撤销。

②刘明:《汉书》作“刘则”。

③三年,侯邑元年:刘明卒于元鼎二年(前115),元鼎三年(前114),其子刘邑袭位为侯。《汉书》记刘邑袭位在元鼎二年(前115)。

丛

①丛:其地未详。梁玉绳疑即《后汉书·郡国志》琅邪国临沂(今山东临沂北)之丛亭。《汉书》作“前”,颜师古曰:“字或作菆,音侧流反。”元朔三年(前126)始封刘信。元鼎五年(前112),刘信因酎金不合格,封国撤销。按,陪、丛两侯《汉书》列在安阳侯之前。

平

①平：侯国名。一说在今河南洛阳孟津东。梁玉绳以为是齐郡平广侯国，今地未详。元朔三年（前126）始封刘遂。元狩元年（前122），刘遂有罪，封国撤销。

②侯遂有罪：《汉书》记其罪为“坐知人盗官母马为臧”，即贪污朝廷的母马。当时汉对匈奴作战，马匹是战略物资，管控很严。

羽

①羽：侯国名。在羽（今山东德州禹城西南）。元朔三年（前126）始封刘成。至太初年间封国尚存。

胡母

①胡母：侯国名。其地未详。元朔三年（前126）始封刘楚。元鼎五年（前112），刘楚因酎金不合格，封国撤销。按，以上五檏、富、平、羽、胡母五侯，《汉书》皆作“济北式王子”，济北式王刘胡是济北贞王刘勃之子，在元朔三年还在位。两代济北王之子同日受封，梁玉绳以为“盖分封式王之弟若子也”，但“与《史》皆作‘贞王子’者异，疑莫能定”。

离石

①离石：侯国名。在离石（今山西吕梁离石）。元朔三年（前126）始封刘绾。至太初年间封国尚存。

②代共王：刘登，文帝之孙，代孝王刘参之子。文帝后元三年（前161）嗣爵，武帝元光二年（前133）去世，谥“共”。

③三年正月壬戌：元朔三年正月二十二。

国名	邵[①]
王子号	代共王子。代共王刘登之子。
元光	
元朔	四　三年正月壬戌，侯刘慎元年[②]。刘慎在元朔年间为侯四年。刘慎在元朔三年正月壬戌被封为邵侯，该年是其元年。
元狩	六　刘慎在元狩年间继续为侯，共六年。
元鼎	六　刘慎在元鼎年间继续为侯，共六年。
元封	六　刘慎在元封年间继续为侯，共六年。
太初	四　刘慎在太初年间继续为侯，共四年。

利昌[1]
代共王子。代共王刘登之子。
四　三年正月壬戌，侯刘嘉元年。刘嘉在元朔年间为侯四年。刘嘉在元朔三年正月壬戌被封为利昌侯，该年是其元年。
六　刘嘉在元狩年间继续为侯，共六年。
六　刘嘉在元鼎年间继续为侯，共六年。
六　刘嘉在元封年间继续为侯，共六年。
四　刘嘉在太初年间继续为侯，共四年。

国名	蔺[1]
王子号	代共王子。代共王刘登之子。
元光	
元朔	三年正月壬戌，侯刘憙元年[2]。刘憙在元朔三年正月壬戌被封为蔺侯，该年是其元年。
元狩	
元鼎	
元封	
太初	

临河①
代共王子。代共王刘登之子。
三年正月壬戌，侯刘贤元年②。刘贤在元朔三年正月壬戌被封为临河侯，该年是其元年。

国名	隰成[1]
王子号	代共王子。代共王刘登之子。
元光	
元朔	三年正月壬戌，侯刘忠元年[2]。刘忠在元朔三年正月壬戌被封为隰成侯，该年是其元年。
元狩	
元鼎	
元封	
太初	

土军[①]
代共王子。代共王刘登之子。
三年正月壬戌，侯刘郢客元年。刘郢客在元朔三年正月壬戌被封为土军侯，该年是其元年。
侯郢客坐与人妻奸，弃市[②]。土军侯刘郢客罪犯与他人妻子通奸，被当众处死。

国名	皋狼[1]
王子号	代共王子。代共王刘登之子。
元光	
元朔	三年正月壬戌,侯刘迁元年[2]。刘迁在元朔三年正月壬戌被封为皋狼侯,该年是其元年。
元狩	
元鼎	
元封	
太初	

千章[①]
代共王子。代共王刘登之子。
三年正月壬戌,侯刘遇元年[②]。刘遇在元朔三年正月壬戌被封为千章侯,该年是其元年。

【注释】

邵

①邵:侯国名。其地未详。梁玉绳疑“邵”为“饶”之误,西河郡有饶县(当在今山西吕梁汾阳境);沈钦韩疑“邵”为“邬”之误,邬属太原郡,在今山西晋中介休东北。元朔三年(前126)始封刘慎。至太初年间封国尚存。

②刘慎:《汉书》作“刘顺”。

利昌

①利昌:侯国名。其地未详。一说在今山西吕梁离石北。元朔三年(前126)始封刘嘉。至太初年间封国尚存。

蔺

①蔺:侯国名。在蔺(今山西吕梁离石西)。元朔三年(前126)始封刘憙。

②侯刘憙(xī)元年:刘憙,《汉书》作“刘罴军”。按,“元朔”格下诸格皆无记录,疑原缺或佚失。

临河

①临河:侯国名。《索隐》说即《汉书·地理志》朔方郡临河县,在今内蒙古巴彦淖尔临河东北;梁玉绳认为代王之子皆封西河,此临河疑为西河郡临水之误,临水在今山西吕梁临县东北。元朔三年(前126)始封刘贤。

②侯刘贤元年:按,“元朔”格下诸格皆无记录,疑原缺或佚失。

隰成

①隰(xí)成:侯国名。在隰成(今山西吕梁离石西南)。元朔三年

（前126）始封刘忠。

②侯刘忠元年：按，“元朔”格下诸格皆无记录，疑原缺或佚失。

土军

①土军：侯国名。在土军（今山西吕梁石楼）。元朔三年（前126）始封刘郢客。按，此侯“元狩”格无记录，疑原缺或佚失。

②侯郢客坐与人妻奸，弃市：《汉书》作“后更为钜乘侯，坐酎金免”。按，“元狩”格、“元鼎”格皆未书该侯为侯年数，疑原缺。按表例，“元狩”格应补“六”字。

皋狼

①皋狼：侯国名。一作“皋琅”，其地未详。梁玉绳说为西河郡皋狼县，在今山西吕梁离石西北。元朔三年（前126）始封刘迁。

②侯刘迁元年：按，“元朔”格下诸格皆无记录，疑原缺或佚失。

千章

①千章：侯国名。其地未详，当在今山西吕梁、晋中地区。元朔三年（前126）始封刘遇。

②侯刘遇元年：按，“元朔”格下诸格皆无记录，疑原缺或佚失。

国名	博阳[1]
王子号	齐孝王子[2]。齐孝王刘将闾之子。
元光	
元朔	**四**　三年三月乙卯[3]，康侯刘就元年[4]。刘就在元朔年间为侯四年。刘就在元朔三年三月乙卯被封为博阳侯，“康”为其谥号，该年是其元年。
元狩	**六**　刘就在元狩年间继续为侯，共六年。
元鼎	**二**　刘就在元鼎年间为侯两年。 **二**　三年，侯终吉元年[5]。五年，侯终吉坐酎金，国除。刘终吉在元鼎年间为侯两年。元鼎三年，为博阳侯刘终吉元年。元鼎五年，博阳侯刘终吉因献给朝廷供祭祀之用的贡金不合格，封地被取消。
元封	
太初	

宁阳[1]
鲁共王子[2]。鲁共王刘馀之子。
四　三年三月乙卯，节侯刘恢元年[3]。刘恢在元朔年间为侯四年。刘恢在元朔三年三月乙卯被封为宁阳侯，“节”为其谥号，该年是其元年。
六　刘恢在元狩年间继续为侯，共六年。
六　刘恢在元鼎年间继续为侯，共六年。
六　刘恢在元封年间继续为侯，共六年。
四　刘恢在太初年间继续为侯，共四年。

国名	瑕丘[1]
王子号	鲁共王子。鲁共王刘馀之子。
元光	
元朔	**四** 三年三月乙卯,节侯刘贞元年[2]。刘贞在元朔年间为侯四年。刘贞在元朔三年三月乙卯被封为瑕丘侯,"节"为其谥号,该年是其元年。
元狩	**六** 刘贞在元狩年间继续为侯,共六年。
元鼎	**六** 刘贞在元鼎年间继续为侯,共六年。
元封	**六** 刘贞在元封年间继续为侯,共六年。
太初	**四** 刘贞在太初年间继续为侯,共四年。

公丘[①]
鲁共王子。鲁共王刘馀之子。
四　三年三月乙卯,夷侯刘顺元年。刘顺在元朔年间为侯四年。刘顺在元朔三年三月乙卯被封为公丘侯,"夷"为其谥号,该年是其元年。
六　刘顺在元狩年间继续为侯,共六年。
六　刘顺在元鼎年间继续为侯,共六年。
六　刘顺在元封年间继续为侯,共六年。
四　刘顺在太初年间继续为侯,共四年。

国名	郁狼[①]
王子号	鲁共王子。鲁共王刘馀之子。
元光	
元朔	**四** 三年三月乙卯，侯刘骑元年[②]。刘骑在元朔年间为侯四年。刘骑在元朔三年三月乙卯被封为郁狼侯，该年是其元年。
元狩	**六** 刘骑在元狩年间继续为侯，共六年。
元鼎	**四** 五年，侯骑坐酎金，国除。刘骑在元鼎年间为侯四年。元鼎五年，郁狼侯刘骑因献给朝廷供祭祀之用的贡金不合格，封地被取消。
元封	
太初	

西昌①
鲁共王子。鲁共王刘馀之子。
四 三年三月乙卯，侯刘敬元年。刘敬在元朔年间为侯四年。刘敬在元朔三年三月乙卯被封为西昌侯，该年是其元年。
六 刘敬在元狩年间继续为侯，共六年。
四 五年，侯敬坐酎金，国除。刘敬在元鼎年间为侯四年。元鼎五年，西昌侯刘敬因献给朝廷供祭祀之用的贡金不合格，封地被取消。

【注释】

博阳

①博阳：侯国名。在今山东泰安东南。一说为汝南郡博阳，在今河南商水县东北；一说即偪阳、傅阳，在今山东枣庄峄城。元朔三年（前126）始封刘就。传侯于子刘终吉。元鼎五年（前112），刘终吉因酎金不合格，封国撤销。

②齐孝王：刘将闾，一作“刘将庐”。齐悼惠王刘肥之子，刘邦之孙。文帝四年（前176）封杨虚侯（一作“阳虚侯”），十六年（前164）晋封齐王。景帝三年（前154）吴楚七国乱，他曾与吴楚通谋，但未曾参与。吴楚败，他畏罪服毒自杀。谥“孝”。

③三年三月乙卯：元朔三年三月十六。

④康侯刘就：《汉书》刘就谥号为“顷”。

⑤三年，侯终吉元年：刘就卒于元鼎二年（前115），元鼎三年（前114），其子刘终吉袭位为侯。终吉，《汉书》作“终古”。汉人多以“终古”为名，刘氏宗族即有菑川思王、柏阳侯皆名终古。

宁阳

①宁阳：侯国名。在宁阳（今山东泰安宁阳南）。元朔三年（前126）始封刘恢。至太初年间封国尚存。

②鲁共王：刘馀，景帝之子，程姬所生。在位二十八年卒，谥“共”。好治宫室苑囿狗马，晚年嗜音乐，口吃不善言词。

③节侯刘恢：按表例，刘恢在太初年间仍在世，不当记谥，“节”字盖后人据《汉书》所加。下文瑕丘侯刘贞的谥号“节”、公丘侯刘顺的谥号“夷”与此同例。刘恢，《汉书》作“刘恬”。

瑕丘

①瑕丘：侯国名。在瑕丘（今山东济宁兖州东北）。元朔三年（前

126）始封刘贞。至太初年间封国尚存。

②刘贞:《汉书》作“刘政”,《水经注》亦作“刘政”,且其侯国作“敬丘”,在今河南商丘永城西北。

公丘

①公丘:侯国名。在公丘（今山东枣庄滕州西南）。元朔三年（前126）始封刘顺。至太初年间封国尚存。

郁狼

①郁狼:侯国名。在郁狼（今山东枣庄滕州郁郎村）。元朔三年（前126）始封刘骑。元鼎五年（前112),刘骑因酎金不合格,封国撤销。

②刘骑:《汉书》作“刘骄”。

西昌

①西昌:侯国名。其地未详。梁玉绳疑即东郡须昌,西、须音近。在今山东泰安东平西北。元朔三年（前126）始封刘敬。元鼎五年（前112),刘敬因酎金不合格,封国撤销。

国名	陉城[①]
王子号	中山靖王子[②]。中山靖王刘胜之子。
元光	
元朔	**四**　三年三月癸酉[③],侯刘义元年。刘义在元朔年间为侯四年。刘义在元朔三年三月癸酉(应为乙卯)被封为陉城侯(应为陆地侯),该年是其元年。
元狩	**六**　刘义在元狩年间继续为侯,共六年。
元鼎	**四**　五年,侯义坐酎金,国除。刘义在元鼎年间为侯四年。元鼎五年,陉城侯(应为陆地侯)刘义因献给朝廷供祭祀之用的贡金不合格,封地被取消。
元封	
太初	

邯平[1]
赵敬肃王子[2]。赵敬肃王刘彭祖之子。
四 三年四月庚辰[3],侯刘顺元年。刘顺在元朔年间为侯四年。刘顺在元朔三年四月庚辰被封为邯平侯,该年是其元年。
六 刘顺在元狩年间继续为侯,共六年。
四 五年,侯顺坐酎金,国除。刘顺在元鼎年间为侯四年。元鼎五年,邯平侯刘顺因献给朝廷供祭祀之用的贡金不合格,封地被取消。

国名	武始[1]
王子号	赵敬肃王子。赵敬肃王刘彭祖之子。
元光	
元朔	四　三年四月庚辰，侯刘昌元年。刘昌在元朔年间为侯四年。刘昌在元朔三年四月庚辰被封为武始侯，该年是其元年。
元狩	六　刘昌在元狩年间继续为侯，共六年。
元鼎	六　刘昌在元鼎年间继续为侯，共六年。
元封	六　刘昌在元封年间继续为侯，共六年。
太初	四　刘昌在太初年间继续为侯，共四年。

象氏[1]
赵敬肃王子。赵敬肃王刘彭祖之子。
四　三年四月庚辰，节侯刘贺元年。刘贺在元朔年间为侯四年。刘贺在元朔三年四月庚辰被封为象氏侯，该年是其元年。
六　刘贺在元狩年间继续为侯，共六年。
六　刘贺在元鼎年间继续为侯，共六年。
二　刘贺在元封年间为侯两年。 **四**　三年，思侯安德元年[2]。刘安德在元封年间为侯四年。元封三年，为象氏思侯刘安德元年。
四　刘安德在太初年间继续为侯，共四年。

国名	易①
王子号	赵敬肃王子。赵敬肃王刘彭祖之子。
元光	
元朔	四　三年四月庚辰,安侯刘平元年。刘平在元朔年间为侯四年。刘平在元朔三年四月庚辰被封为易侯,“安”为其谥号,该年是其元年。
元狩	六　刘平在元狩年间继续为侯,共六年。
元鼎	六　刘平在元鼎年间继续为侯,共六年。
元封	四　刘平在元封年间为侯四年。 二　五年,今侯种元年②。刘种在元封年间为侯两年。元封五年,为现在的易侯刘种元年。
太初	四　刘种在太初年间继续为侯,共四年。

洛陵[1]
长沙定王子[2]。长沙定王刘发之子。
三　四年三月乙丑[3],侯刘章元年[4]。刘章在元朔年间为侯三年。刘章在元朔四年三月乙丑被封为洛陵侯,该年是其元年。
一　二年,侯章有罪,国除。刘章在元狩年间为侯一年。元狩二年,洛陵侯刘章犯了罪,封地被取消。

【注释】

陉城

①陉(xíng)城:侯国名。当依《汉书》作"陆地"。在今河北保定定州东北。元朔三年(前126)始封刘义。元鼎五年(前112),刘义因酎金不合格,封国撤销。

②中山靖王:刘胜,景帝之子,贾夫人所生。

③三年三月癸酉:此年三月无癸酉,当依《汉书》作"三月乙卯"。

邯平

①邯平:侯国名。析广平国广平县(今河北邯郸鸡泽东南)而置。元朔三年(前126)始封刘顺。元鼎五年(前112),刘顺因酎金不合格,封国撤销。

②赵敬肃王:刘彭祖,景帝之子,贾夫人所生。

③三年四月庚辰:元朔三年四月十一。

武始

①武始:侯国名。在武始(今河北邯郸西南)。元朔三年(前126)始封刘昌。至太初年间封国尚存。

象氏

①象氏:侯国名。在象氏(今河北邢台隆尧西北)。元朔三年(前126)始封刘贺。传侯于子刘安德。至太初年间封国尚存。

②三年,思侯安德元年:刘贺卒于元封二年(前109),元封三年(前108),其子刘安德袭位为侯。思侯安德,此侯太初年间在位,按表例,当记作"今侯",谥号"思"当是后人据《汉书》所加。安德,《汉书》作"安意"。

易

①易:侯国名。析鄗县(今河北邢台柏乡北)而置。钱穆《史记地名考》认为即"南易",在今河北邯郸永年。元朔三年(前126)始封刘平。传侯于子刘种。至太初年间封国尚存。

②五年,今侯种元年:刘平卒于元封四年(前107),元封五年(前106)现在的易侯刘种袭位为侯。

洛陵

①洛陵:侯国名。《汉书》作"路陵",洛、路古通。其地未详。钱大昭疑"洛"为"昭"之误。昭陵,长沙国属县,在今湖南邵阳。元朔四年(前125)始封刘章。元狩二年(前121),刘章有罪,封国撤销。

②长沙定王:刘发,景帝之子,唐姬所生。

③四年三月乙丑:元朔四年三月初二。

④刘章:《汉书》作"刘童"。

国名	攸舆①
王子号	长沙定王子。长沙定王刘发之子。
元光	
元朔	三　四年三月乙丑，侯刘则元年。刘则在元朔年间为侯三年。刘则在元朔四年三月乙丑被封为攸舆侯，该年是其元年。
元狩	六　刘则在元狩年间继续为侯，共六年。
元鼎	六　刘则在元鼎年间继续为侯，共六年。
元封	六　刘则在元封年间继续为侯，共六年。
太初	元年，侯则篡死罪②，弃市，国除。太初元年，攸舆侯刘则犯劫狱罪，被当众处死，封地被取消。

茶陵[1]
长沙定王子。长沙定王刘发之子。
三　四年三月乙丑，侯刘欣元年[2]。刘欣在元朔年间为侯三年。刘欣在元朔四年三月乙丑被封为茶陵侯，该年是其元年。
六　刘欣在元狩年间继续为侯，共六年。
一　刘欣在元鼎年间为侯一年。 五　二年，哀侯阳元年[3]。刘阳在元鼎年间为侯五年。元鼎二年，为茶陵哀侯刘阳元年。
六　刘阳在元封年间继续为侯，共六年。
元年，侯阳薨，无后，国除。太初元年，茶陵侯刘阳去世，没有后嗣，封地被取消。

国名	建成[①]
王子号	长沙定王子。长沙定王刘发之子。
元光	
元朔	**三**　四年三月乙丑，侯刘拾元年。刘拾在元朔年间为侯三年。刘拾在元朔四年三月乙丑被封为建成侯，该年是其元年。
元狩	**五**　六年，侯拾坐不朝，不敬，国除[②]。刘拾在元狩年间为侯五年。元狩六年，建成侯刘拾罪犯不朝见，不敬，封地被取消。
元鼎	
元封	
太初	

安众[1]
长沙定王子。长沙定王刘发之子。
三　四年三月乙丑,康侯刘丹元年。刘丹在元朔年间为侯三年。刘丹在元朔四年三月乙丑被封为安众侯,“康”为其谥号,该年是其元年。
六　刘丹在元狩年间继续为侯,共六年。
六　刘丹在元鼎年间继续为侯,共六年。
五　刘丹在元封年间为侯五年。 一　六年,今侯山拊元年[2]。刘山拊在元封年间为侯一年。元封六年,为现在的安众侯刘山拊元年。
四　刘山拊在太初年间继续为侯,共四年。

国名	叶[①]
王子号	长沙定王子。长沙定王刘发之子。
元光	
元朔	三　四年三月乙丑，康侯刘嘉元年[②]。刘嘉在元朔年间为侯三年。刘嘉在元朔四年三月乙丑被封为叶侯，“康”为其谥号，该年是其元年。
元狩	六　刘嘉在元狩年间继续为侯，共六年。
元鼎	四　五年，侯嘉坐酎金，国除。刘嘉在元鼎年间为侯四年。元鼎五年，叶侯刘嘉因献给朝廷供祭祀之用的贡金不合格，封地被取消。
元封	
太初	

利乡[①]
城阳共王子[②]。城阳共王刘喜之子。
三　四年三月乙丑，康侯刘婴元年[③]。刘婴在元朔年间为侯三年。刘婴在元朔四年三月乙丑被封为利乡侯，“康”为其谥号，该年是其元年。
二　三年，侯婴有罪，国除。刘婴在元狩年间为侯两年。元狩三年，利乡侯刘婴犯了罪，封地被取消。

【注释】

攸舆

①攸舆:侯国名。在攸舆(今湖南株洲攸县东北)。元朔四年(前125)始封刘则。太初元年(前104),刘则有罪被杀,封国撤销。

②篡死罪:犹今之所谓"劫狱"。篡,夺取。死罪,《汉书》作"死罪囚",即死刑犯。

荼陵

①荼陵:侯国名。在荼陵(今湖南株洲茶陵东北)。元朔四年(前125)始封刘欣。传侯于子刘阳。太初元年(前104),刘阳去世,无后,封国撤销。

②刘欣:《汉书》作"刘䜣",谥"节"。据表例,此侯在元鼎元年(前116)去世,当书谥。

③二年,哀侯阳元年:刘欣卒于元鼎元年(前116),元鼎二年(前115)其子刘阳袭位为侯。阳,《汉书》作"汤"。

建成

①建成:侯国名。在建成(今江西宜春高安)。元朔四年(前125)始封刘拾。元狩六年(前117),刘拾有罪,封国撤销。

②侯拾坐不朝,不敬,国除:《汉书》作"元鼎二年,坐使行人奉璧皮荐,贺元年十月不会,免"。则事实是刘拾在元狩年间一直为侯;元鼎元年夏改元,在元鼎二年十月(当时以十月为岁首)朝贺改元时,刘拾只派了使者,没有亲自来朝,犯了不敬之罪,封国被撤销。如此,则"元狩"格内应只书一"六"字,"元鼎"格书"一 二年,侯拾坐不朝,不敬,国除"。

安众

①安众:侯国名。在安众(今河南南阳镇平东南)。元朔四年(前125)始封刘丹。传侯于子刘山拊。至太初年间封国尚存。

②六年,今侯山拊元年:刘丹卒于元封五年(前106),元封六年(前105),其子刘山拊袭位为侯。

叶

①叶(shè):侯国名。在叶(今河南平顶山叶县西南)。元朔四年(前125)始封刘嘉。元鼎五年(前112),刘嘉因酎金不合格,封国撤销。

②康侯刘嘉:《汉书》作“平侯喜”。梁玉绳曰:“嘉坐酎金免,不应有谥也,当衍。”

利乡

①利乡:侯国名。在利乡(今江苏连云港赣榆西古城)。元朔四年(前125)始封刘婴。元狩三年(前120),刘婴有罪,封国撤销。

②城阳共王:刘喜,城阳景王刘章之子。

③康侯刘婴:《汉书》此侯无谥。梁玉绳曰:“婴于元狩三年免,不应有谥,当衍。”

国名	有利[1]
王子号	城阳共王子。城阳共王刘喜之子。
元光	
元朔	三　四年三月乙丑，侯刘钉元年。刘钉在元朔年间为侯三年。刘钉在元朔四年三月乙丑被封为有利侯，该年是其元年。
元狩	元年，侯钉坐遗淮南书称臣[2]，弃市，国除。元狩元年，有利侯刘钉罪犯在给淮南王刘安的信中称臣，被当众处死，封地被取消。
元鼎	
元封	
太初	

东平[①]
城阳共王子。城阳共王刘喜之子。
三　四年三月乙丑,侯刘庆元年。刘庆在元朔年间为侯三年。刘庆在元朔四年三月乙丑被封为东平侯,该年是其元年。
二　三年,侯庆坐与姊妹奸,有罪,国除。刘庆在元狩年间为侯两年。元狩三年,东平侯刘庆罪犯与姊妹奸淫,封地被取消。

国名	运平①
王子号	城阳共王子。城阳共王刘喜之子。
元光	
元朔	**三** 四年三月乙丑,侯刘䜣元年②。刘䜣在元朔年间为侯三年。刘䜣在元朔四年三月乙丑被封为运平侯,该年是其元年。
元狩	**六** 刘䜣在元狩年间继续为侯,共六年。
元鼎	**四** 五年,侯䜣坐酎金,国除。刘䜣在元鼎年间为侯四年。元鼎五年,运平侯刘䜣因献给朝廷供祭祀之用的贡金不合格,封地被取消。
元封	
太初	

山州[①]
城阳共王子。城阳共王刘喜之子。
三　四年三月乙丑，侯刘齿元年。刘齿在元朔年间为侯三年。刘齿在元朔四年三月乙丑被封为山州侯，该年是其元年。
六　刘齿在元狩年间继续为侯，共六年。
四　五年，侯齿坐酎金，国除。刘齿在元鼎年间为侯四年。元鼎五年，山州侯刘齿因献给朝廷供祭祀之用的贡金不合格，封地被取消。

国名	海常[①]
王子号	城阳共王子。城阳共王刘喜之子。
元光	
元朔	**三** 四年三月乙丑，侯刘福元年。刘福在元朔年间为侯三年。刘福在元朔四年三月乙丑被封为海常侯，该年是其元年。
元狩	**六** 刘福在元狩年间继续为侯，共六年。
元鼎	**四** 五年，侯福坐酎金，国除。刘福在元鼎年间为侯四年。元鼎五年，海常侯刘福因献给朝廷供祭祀之用的贡金不合格，封地被取消。
元封	
太初	

钧丘[1]
城阳共王子。城阳共王刘喜之子。
三　四年三月乙丑,侯刘宪元年[2]。刘宪在元朔年间为侯三年。刘宪在元朔四年三月乙丑被封为钧丘侯,该年是其元年。
三　刘宪在元狩年间为侯三年。 三　四年,今侯执德元年[3]。刘执德在元狩年间为侯三年。元狩四年,为现在的钧丘侯刘执德元年。
六　刘执德在元鼎年间继续为侯,共六年。
六　刘执德在元封年间继续为侯,共六年。
四　刘执德在太初年间继续为侯,共四年。

国名	南城①
王子号	城阳共王子。城阳共王刘喜之子。
元光	
元朔	三　四年三月乙丑，侯刘贞元年。刘贞在元朔年间为侯三年。刘贞在元朔四年三月乙丑被封为南城侯，该年是其元年。
元狩	六　刘贞在元狩年间继续为侯，共六年。
元鼎	六　刘贞在元鼎年间继续为侯，共六年。
元封	六　刘贞在元封年间继续为侯，共六年。
太初	四　刘贞在太初年间继续为侯，共四年。

广陵[1]
城阳共王子。城阳共王刘喜之子。
三　四年三月乙丑,常侯刘表元年[2]。刘表在元朔年间为侯三年。刘表在元朔四年三月乙丑被封为广陵侯,"常"为其谥号,该年是其元年。
四　刘表在元狩年间为侯四年。 二　五年,侯成元年[3]。刘成在元狩年间为侯两年。元狩五年,为广陵侯刘成元年。
四　五年,侯成坐酎金,国除。刘成在元鼎年间为侯四年。元鼎五年,广陵侯刘成因献给朝廷供祭祀之用的贡金不合格,封地被取消。

【注释】

有利

①有利:侯国名。其地《水经注·沭水》说在即丘县(今山东临沂东南)东仓山上,《史记志疑》说为利城县之有利乡(今江苏连云港赣榆西古城)。按,二县县境相接,有利或在即丘之东,利城之西。元朔四年(前125)始封刘钉。元狩元年(前122),刘钉有罪被杀,封国撤销。

②侯钉坐遗淮南书称臣:刘钉写信给淮南王刘安时自称为"臣",有讨好、依附之意。淮南王,此指刘安。此年刘安被告发谋反,自杀身死。

东平

①东平:侯国名。其地未详。当在汉城阳国境内,今山东临沂费县以西、江苏连云港赣榆以西以乡而置。元朔四年(前125)始封刘庆。元狩三年(前120),刘庆有罪,封国撤销。

运平

①运平:侯国名。其地未详。梁玉绳疑即鲁之东郓,在今山东临沂沂水县北,"其地势处平夷,故曰运平"。元朔四年(前125)始封刘䜣。元鼎五年(前112),刘䜣因酎金不合格,封国撤销。

②刘䜣:《汉书》作"刘记"。

山州

①山州:侯国名。其地未详。当在汉城阳国境内。元朔四年(前125)始封刘齿。元鼎五年(前112),刘齿因酎金不合格,封国撤销。

海常

①海常:侯国名。其地未详。元朔四年(前125)始封刘福。元鼎五年(前112),刘福因酎金不合格,封国撤销。

钧丘

①钧丘:侯国名。当依《汉书·王子侯表》作“驺丘”。梁玉绳云:“驺山即峄山,国因山为名,其即驺丘乎?”即今山东济宁邹城的峄山镇。元朔四年(前125)始封刘宪。传侯于子刘执德。至太初年间封国尚存。

②刘宪:《汉书》作“刘宽”,谥“敬”。按表例,此侯在元狩三年(前120)去世,当书谥。

③四年,今侯执德元年:刘宪卒于元狩三年(前120),元狩四年(前119),其子刘执德袭位为侯。执德,《汉书》作“报德”。

南城

①南城:侯国名。在南城(今山东临沂费县西南)。元朔四年(前125)始封刘贞。至太初年间封国尚存。

广陵

①广陵:侯国名。其地未详。按,广陵,《集解》引徐广曰“一作阳”。梁玉绳疑即《汉书·地理志》广阳国广阳县,在今北京房山良乡东北。但距城阳国较远,恐非。元朔四年(前125)始封刘表。传侯于子刘成。元鼎五年(前112),刘成因酎金不合格,封国撤销。

②常侯刘表:《汉书》作“虒侯裘”。梁玉绳曰:“‘表’‘裘’二字或以形近致讹,而谥法未见有‘虒’,即‘常’亦非谥,疑。”

③五年,侯成元年:刘表卒于元狩四年(前119),元狩五年(前118)其子刘成袭位为侯。

国名	庄原[1]
王子号	城阳共王子。城阳共王刘喜之子。
元光	
元朔	三　四年三月乙丑,侯刘皋元年。刘皋在元朔年间为侯三年。刘皋在元朔四年三月乙丑被封为庄原侯,该年是其元年。
元狩	六　刘皋在元狩年间继续为侯,共六年。
元鼎	四　五年,侯皋坐酎金,国除。刘皋在元鼎年间为侯四年。元鼎五年,庄原侯刘皋因献给朝廷供祭祀之用的贡金不合格,封地被取消。
元封	
太初	

临乐[1]
中山靖王子[2]。中山靖王刘胜之子。
三　四年四月甲午[3]，敦侯刘光元年。刘光在元朔年间为侯三年。刘光在元朔四年四月甲午被封为临乐侯，“敦”为其谥号，该年是其元年。
六　刘光在元狩年间继续为侯，共六年。
六　刘光在元鼎年间继续为侯，共六年。
五　刘光在元封年间为侯五年。 一　六年，今侯建元年[4]。刘建在元封年间为侯一年。元封六年，为现在的临乐侯刘建元年。
四　刘建在太初年间继续为侯，共四年。

国名	东野[1]
王子号	中山靖王子。中山靖王刘胜之子。
元光	
元朔	三　四年四月甲午，侯刘章元年。刘章在元朔年间为侯三年。刘章在元朔四年四月甲午被封为东野侯，该年是其元年。
元狩	六　刘章在元狩年间继续为侯，共六年。
元鼎	六　刘章在元鼎年间继续为侯，共六年。
元封	六　刘章在元封年间继续为侯，共六年。
太初	四　刘章在太初年间继续为侯，共四年。

高平[1]
中山靖王子。中山靖王刘胜之子。
三　四年四月甲午，侯刘嘉元年[2]。刘嘉在元朔年间为侯三年。刘嘉在元朔四年四月甲午被封为高平侯，该年是其元年。
六　刘嘉在元狩年间继续为侯，共六年。
四　五年，侯嘉坐酎金，国除。刘嘉在元鼎年间为侯四年。元鼎五年，高平侯刘嘉因献给朝廷供祭祀之用的贡金不合格，封地被取消。

国名	广川①
王子号	中山靖王子。中山靖王刘胜之子。
元光	
元朔	三　四年四月甲午，侯刘颇元年。刘颇在元朔年间为侯三年。刘颇在元朔四年四月甲午被封为广川侯，该年是其元年。
元狩	六　刘颇在元狩年间继续为侯，共六年。
元鼎	四　五年，侯颇坐酎金，国除。刘颇在元鼎年间为侯四年。元鼎五年，广川侯刘颇因献给朝廷供祭祀之用的贡金不合格，封地被取消。
元封	
太初	

千锺[1]
河间献王子[2]。河间献王刘德之子。
三　四年四月甲午,侯刘摇元年[3]。刘摇在元朔年间为侯三年。刘摇在元朔四年四月甲午被封为千锺侯,该年是其元年。
一　二年,侯阴不使人为秋请[4],有罪,国除。刘摇在元狩年间为侯一年。元狩二年,千锺侯刘阴(即刘摇)不派人请示秋天来朝见的日期,有罪,封地被取消。

【注释】

庄原

①庄原：侯国名。当依《汉书·王子侯表》作“杜原”。其地或在今山东淄博临淄。元朔四年（前125）始封刘皋。元鼎五年（前112），刘皋因酎金不合格，封国撤销。

临乐

①临乐：侯国名。在临乐（今河北沧州南皮东南）。元朔四年（前125）始封刘光。传侯于子刘建。至太初年间封国尚存。

②中山靖王：刘胜，景帝之子，贾夫人所生。

③四年四月甲午：元朔四年四月初一。

④六年，今侯建元年：刘光卒于元封五年（前106），元封六年（前105）其子刘建袭位为侯。

东野

①东野：侯国名。其地未详。梁玉绳以为即《左传·定公五年》“季平子行东野”之东野，其地近费（今山东临沂费县西北），汉时属东海郡。元朔四年（前125）始封刘章。至太初年间封国尚存。

高平

①高平：侯国名。其地未详。梁玉绳认为即临淮高平，在今江苏宿迁泗洪东南；《史记地名考》认为即战国魏高平邑，在今河南焦作孟州西北。两地均距中山国较远，似非。元朔四年（前125）始封刘嘉。元鼎五年（前112），刘嘉因酎金不合格，封国撤销。

②刘嘉：《汉书》作“刘喜”。

广川

①广川：侯国名。在广川（今河北衡水景县西南广川镇）。元朔四年（前125）始封刘颇。元鼎五年（前112），刘颇因酎金不合格，封国撤销。

千锺

①千锺：侯国名。一作“重”。其地《水经注·淇水》说在今河北沧州盐山县西南千童镇。元朔四年（前125）始封刘阴。元狩二年（前121），刘阴有罪，封国撤销。

②河间献王：刘德，景帝之子，栗姬所生。

③刘摇：《汉书》作“刘担”。《集解》：“一云‘刘阴’。”梁玉绳据《集解》及《水经注》引《史》表作“刘阴”，而下文正作“侯阴”，认为此侯名刘阴。

④秋请：秋季朝见天子。汉律规定，春见曰朝，秋见曰请。

国名	披阳[1]
王子号	齐孝王子[2]。齐孝王刘将闾之子。
元光	
元朔	三　四年四月乙卯[3]，敬侯刘燕元年。刘燕在元朔年间为侯三年。刘燕在元朔四年四月乙卯被封为披阳侯，“敬”为其谥号，该年是其元年。
元狩	六　刘燕在元狩年间继续为侯，共六年。
元鼎	四　刘燕在元鼎年间为侯四年。 二　五年，今侯隅元年[4]。刘隅在元鼎年间为侯两年。元鼎五年，为现在的披阳侯刘隅元年。
元封	六　刘隅在元封年间继续为侯，共六年。
太初	四　刘隅在太初年间继续为侯，共四年。

定[1]
齐孝王子。齐孝王刘将闾之子。
三　四年四月乙卯,敬侯刘越元年。刘越在元朔年间为侯三年。刘越在元朔四年四月乙卯被封为定侯,"敬"为其谥号,该年是其元年。
六　刘越在元狩年间继续为侯,共六年。
三　刘越在元鼎年间为侯三年。 三　四年,今侯德元年[2]。刘德在元鼎年间为侯三年。元鼎四年,为现在的定侯刘德元年。
六　刘德在元封年间继续为侯,共六年。
四　刘德在太初年间继续为侯,共四年。

国名	稻[①]
王子号	齐孝王子。齐孝王刘将闾之子。
元光	
元朔	三　四年四月乙卯，夷侯刘定元年。刘定在元朔年间为侯三年。刘定在元朔四年四月乙卯被封为稻侯，“夷”为其谥号，该年是其元年。
元狩	六　刘定在元狩年间继续为侯，共六年。
元鼎	二　刘定在元鼎年间为侯两年。 四　三年，今侯都阳元年[②]。刘都阳在元鼎年间为侯四年。元鼎三年，为现在的稻侯刘都阳元年。
元封	六　刘都阳在元封年间继续为侯，共六年。
太初	四　刘都阳在太初年间继续为侯，共四年。

山[1]
齐孝王子。齐孝王刘将闾之子。
三　四年四月乙卯，侯刘国元年。刘国在元朔年间为侯三年。刘国在元朔四年四月乙卯被封为山侯，该年是其元年。
六　刘国在元狩年间继续为侯，共六年。
六　刘国在元鼎年间继续为侯，共六年。
六　刘国在元封年间继续为侯，共六年。
四　刘国在太初年间继续为侯，共四年。

国名	繁安[1]
王子号	齐孝王子。齐孝王刘将闾之子。
元光	
元朔	三　四年四月乙卯,侯刘忠元年[2]。刘忠在元朔年间为侯三年。刘忠在元朔四年四月乙卯被封为繁安侯,该年是其元年。
元狩	六　刘忠在元狩年间继续为侯,共六年。
元鼎	六　刘忠在元鼎年间继续为侯,共六年。
元封	六[3]　刘忠在元封年间继续为侯,共六年。
太初	三　刘忠在太初年间为侯三年。 一　四年,今侯寿元年[4]。刘寿在太初年间为侯一年。太初四年,为现在的繁安侯刘寿元年。

柳[①]
齐孝王子。齐孝王刘将闾之子。
三　四年四月乙卯，康侯刘阳元年[②]。刘阳在元朔年间为侯三年。刘阳在元朔四年四月乙卯被封为柳侯，“康”为其谥号，该年是其元年。
六　刘阳在元狩年间继续为侯，共六年。
三　刘阳在元鼎年间为侯三年。 三　四年，侯罢师元年[③]。刘罢师在元鼎年间为侯三年。元鼎四年，为柳侯刘罢师元年。
四　刘罢师在元封年间为侯四年。 二　五年，今侯自为元年[④]。刘自为在元封年间为侯两年。元封五年，为现在的柳侯刘自为元年。
四　刘自为在太初年间继续为侯，共四年。

【注释】

披阳

①披阳:侯国名。在披阳(今山东淄博高青东南)。元朔四年(前125)始封刘燕。传侯于子刘隅。至太初年间封国尚存。

②齐孝王:刘将闾,一作"刘将庐"。齐悼惠王刘肥之子,刘邦之孙。

③四年四月乙卯:元朔四年四月二十二。

④五年,今侯隅元年:刘燕卒于元鼎四年(前113),元鼎五年(前112),其子刘隅袭位为侯。

定

①定:侯国名。在定(今山东德州乐陵东北)。元朔四年(前125)始封刘越。传侯于子刘德。至太初年间封国尚存。

②四年,今侯德元年:刘越卒于元鼎三年(前114),元鼎四年(前113),其子刘德袭位为侯。

稻

①稻:侯国名。在稻(今山东潍坊高密西南)。元朔四年(前125)始封刘定。传侯于子刘都阳。至太初年间封国尚存。

②三年,今侯都阳元年:刘定卒于元鼎二年(前115),元鼎三年(前114),其子刘都阳袭位为侯。都阳,《汉书》作"阳都"。

山

①山:侯国名。其地未详。元朔四年(前125)始封刘国。至太初年间封国尚存。

繁安

①繁安:侯国名。其地未详。当在汉千乘郡内。元朔四年(前125)

始封刘忠。传侯于子刘寿。至太初年间封国尚存。

②刘忠:《汉书》记其谥“夷”。按表例,此侯在太初三年(前102)去世,当书谥。

③“元封”格:据《汉书》,繁安有“元封四年,安侯守嗣”,则此表“元封”格少记一代。梁玉绳认为此格“当分作两‘三’字”,并补“四年,安侯守元年”七字,其说可从。

④四年,今侯寿元年:刘忠卒于太初三年(前102),太初四年(前101)其子刘寿袭位为侯。寿,《汉书》作“寿汉”。

柳

①柳:侯国名。在柳(今河北沧州盐山县东北)。元朔四年(前125)始封刘阳。传侯于子刘罢师、孙刘自为。至太初年间封国尚存。

②刘阳:《汉书》作“刘阳已”。

③四年,侯罢师元年:刘阳卒于元鼎三年(前114),元鼎四年(前113)其子刘罢师袭位为侯。侯罢师,《汉书》记此侯谥“敷”。按表例,此侯在元封四年(前107)去世,当书谥。

④五年,今侯自为元年:刘罢师卒于元封四年(前107),元封五年(前106)其子刘自为袭位为侯。

国名	云①
王子号	齐孝王子。齐孝王刘将闾之子。
元光	
元朔	三　四年四月乙卯,夷侯刘信元年。刘信在元朔年间为侯三年。刘信在元朔四年四月乙卯被封为云侯,"夷"为其谥号,该年是其元年。
元狩	六　刘信在元狩年间继续为侯,共六年。
元鼎	五　刘信在元鼎年间为侯五年。 一　六年,今侯岁发元年②。刘岁发在元鼎年间为侯一年。元鼎六年,为现在的云侯刘岁发元年。
元封	六　刘岁发在元封年间继续为侯,共六年。
太初	四　刘岁发在太初年间继续为侯,共四年。

牟平[1]
齐孝王子。齐孝王刘将闾之子。
三　四年四月乙卯，共侯刘渫元年。刘渫在元朔年间为侯三年。刘渫在元朔四年四月乙卯被封为牟平侯，“共”为其谥号，该年是其元年。
二　刘渫在元狩年间为侯两年。 四　三年，今侯奴元年[2]。刘奴在元狩年间为侯四年。元狩三年，为现在的牟平侯刘奴元年。
六　刘奴在元鼎年间继续为侯，共六年。
六　刘奴在元封年间继续为侯，共六年。
四　刘奴在太初年间继续为侯，共四年。

国名	柴[1]
王子号	齐孝王子。齐孝王刘将闾之子。
元光	
元朔	三　四年四月乙卯，原侯刘代元年[2]。刘代在元朔年间为侯三年。刘代在元朔四年四月乙卯被封为柴侯，“原”为其谥号，该年是其元年。
元狩	六　刘代在元狩年间继续为侯，共六年。
元鼎	六　刘代在元鼎年间继续为侯，共六年。
元封	六　刘代在元封年间继续为侯，共六年。
太初	四　刘代在太初年间继续为侯，共四年。

柏阳[1]
赵敬肃王子。赵敬肃王刘彭祖之子。
二　五年十一月辛酉[2]，侯刘终古元年。刘终古在元朔年间为侯两年。刘终古在元朔五年十一月辛酉被封为柏阳侯，该年是其元年。
六　刘终古在元狩年间继续为侯，共六年。
六　刘终古在元鼎年间继续为侯，共六年。
六　刘终古在元封年间继续为侯，共六年。
四　刘终古在太初年间继续为侯，共四年。

国名	鄗①
王子号	赵敬肃王子。赵敬肃王刘彭祖之子。
元光	
元朔	二　五年十一月辛酉，侯刘延年元年。刘延年在元朔年间为侯两年。刘延年在元朔五年十一月辛酉被封为鄗侯，该年是其元年。
元狩	六　刘延年在元狩年间继续为侯，共六年。
元鼎	四　五年，侯延年坐酎金，国除。刘延年在元鼎年间为侯四年。元鼎五年，鄗侯刘延年因献给朝廷供祭祀之用的贡金不合格，封地被取消。
元封	
太初	

桑丘[1]
中山靖王子。中山靖王刘胜之子。
二　五年十一月辛酉[2]，节侯刘洋元年[3]。刘洋在元朔年间为侯两年。刘洋在元朔五年十一月辛酉被封为桑丘侯，"节"为其谥号，该年是其元年。
六　刘洋在元狩年间继续为侯，共六年。
三　刘洋在元鼎年间为侯三年。 三　四年，今侯德元年[4]。刘德在元鼎年间为侯三年。元鼎四年，为现在的桑丘侯刘德元年。
六　刘德在元封年间继续为侯，共六年。
四　刘德在太初年间继续为侯，共四年。

【注释】

云

①云:侯国名。《索隐》以为即《汉书·地理志》琅邪郡云侯国,今地未详,当在山东旧莱州府境;《水经注·河水》说在富平县(今山东滨州阳信东南)西,汉属平原郡。元朔四年(前125)始封刘信。传侯于子刘岁发。至太初年间封国尚存。

②六年,今侯岁发元年:刘信卒于元鼎五年(前112),元鼎六年(前111),其子刘岁发袭位为侯。岁发,《汉书》作"茂发"。

牟平

①牟平:侯国名。在牟平(今山东烟台福山区西北)。元朔四年(前125)始封刘渫。传侯于子刘奴。至太初年间封国尚存。

②三年,今侯奴元年:刘渫卒于元狩二年(前121),元狩三年(前120),其子刘奴袭位为侯。

柴

①柴:侯国名。在柴(今山东泰安新泰西南)。元朔四年(前125)始封刘代。至太初年间封国尚存。

②原侯刘代:按表例,此侯太初年间仍在世,不当书谥,"原"为后人所加。

柏阳

①柏阳:侯国名。《汉书·王子侯表》作"柏畅"。《太平寰宇记》引《水经注》泜水所迳有柏畅亭,在今河北邢台临城西,或即其地。元朔五年(前124)始封刘终古。至太初年间封国尚存。

②五年十一月辛酉:元朔五年十一月初一。

鄗

①鄗（hào）：侯国名。在鄗（今河北邢台柏乡县北）。元朔五年（前124）始封刘延年。元鼎五年（前112），刘延年因酎金不合格，封国撤销。

桑丘

①桑丘：侯国名。在桑丘（今河北保定徐水区西南）。元朔五年（前124）始封刘洋。传侯于子刘德。至太初年间封国尚存。

②五年十一月辛酉：梁玉绳认为此侯与以下高丘侯等皆中山靖王子，当同封于五年三月癸酉。

③刘洋：《汉书》作“刘将夜”。

④四年，今侯德元年：刘洋卒于元鼎三年（前114），元鼎四年（前113），其子刘德袭位为侯。

国名	高丘①
王子号	中山靖王子。中山靖王刘胜之子。
元光	
元朔	二　五年三月癸酉②,哀侯刘破胡元年。刘破胡在元朔年间为侯两年。刘破胡在元朔五年三月癸酉被封为高丘侯,“哀”为其谥号,该年是其元年。
元狩	六　刘破胡在元狩年间继续为侯,共六年。
元鼎	元年,侯破胡薨,无后,国除③。元鼎元年,高丘侯刘破胡去世,没有后嗣,封地被取消。
元封	
太初	

柳宿[1]
中山靖王子。中山靖王刘胜之子。
二 五年三月癸酉,夷侯刘盖元年。刘盖在元朔年间为侯两年。刘盖在元朔五年三月癸酉被封为柳宿侯,“夷”为其谥号,该年是其元年。
二 刘盖在元狩年间为侯两年。 **四** 三年,侯苏元年[2]。刘苏在元狩年间为侯四年。元狩三年,为柳宿侯刘苏元年。
四 五年,侯苏坐酎金,国除。刘苏在元鼎年间为侯四年。元鼎五年,柳宿侯刘苏因献给朝廷供祭祀之用的贡金不合格,封地被取消。

国名	戎丘①
王子号	中山靖王子。中山靖王刘胜之子。
元光	
元朔	**二**　五年三月癸酉，侯刘让元年。刘让在元朔年间为侯两年。刘让在元朔五年三月癸酉被封为戎丘侯，该年是其元年。
元狩	**六**　刘让在元狩年间继续为侯，共六年。
元鼎	**四**　五年，侯让坐酎金，国除。刘让在元鼎年间为侯四年。元鼎五年，戎丘侯刘让因献给朝廷供祭祀之用的贡金不合格，封地被取消。
元封	
太初	

樊舆[1]
中山靖王子。中山靖王刘胜之子。
二　五年三月癸酉，节侯刘条元年[2]。刘条在元朔年间为侯两年。刘条在元朔五年三月癸酉被封为樊舆侯，“节”为其谥号，该年是其元年。
六　刘条在元狩年间继续为侯，共六年。
六　刘条在元鼎年间继续为侯，共六年。
六　刘条在元封年间继续为侯，共六年。
四　刘条在太初年间继续为侯，共四年。

国名	曲成[1]
王子号	中山靖王子。中山靖王刘胜之子。
元光	
元朔	**二**　五年三月癸酉,侯刘万岁元年。刘万岁在元朔年间为侯两年。刘万岁在元朔五年三月癸酉被封为曲成侯,该年是其元年。
元狩	**六**　刘万岁在元狩年间继续为侯,共六年。
元鼎	**四**　五年,侯万岁坐酎金,国除。刘万岁在元鼎年间为侯四年。元鼎五年,曲成侯刘万岁因献给朝廷供祭祀之用的贡金不合格,封地被取消。
元封	
太初	

安郭[1]
中山靖王子。中山靖王刘胜之子。
二　五年三月癸酉，侯刘博元年[2]。刘博在元朔年间为侯两年。刘博在元朔五年三月癸酉被封为安郭侯，该年是其元年。
六　刘博在元狩年间继续为侯，共六年。
六　刘博在元鼎年间继续为侯，共六年。
六　刘博在元封年间继续为侯，共六年。
四　刘博在太初年间继续为侯，共四年。

国名	安险[1]
王子号	中山靖王子。中山靖王刘胜之子。
元光	
元朔	**二** 五年三月癸酉，侯刘应元年。刘应在元朔年间为侯两年。刘应在元朔五年三月癸酉被封为安险侯，该年是其元年。
元狩	**六** 刘应在元狩年间继续为侯，共六年。
元鼎	**四** 五年，侯应坐酎金，国除。刘应在元鼎年间为侯四年。元鼎五年，安险侯刘应因献给朝廷供祭祀之用的贡金不合格，封地被取消。
元封	
太初	

安遥[1]
中山靖王子[2]。中山靖王刘胜之子。
二　五年三月癸酉，侯刘恢元年。刘恢在元朔年间为侯两年。刘恢在元朔五年三月癸酉被封为安遥侯，该年是其元年。
六　刘恢在元狩年间继续为侯，共六年。
四　五年，侯恢坐酎金，国除。刘恢在元鼎年间为侯四年。元鼎五年，安遥侯刘恢因献给朝廷供祭祀之用的贡金不合格，封地被取消。

【注释】

高丘

①高丘:侯国名。其地未详。《汉书·地理志》涿郡有谷丘,谷、高双声,或是。在今河北衡水安平西南。元朔五年(前124)始封刘破胡。元鼎元年(前116),刘破胡去世,封国撤销。

②五年三月癸酉:元朔五年三月十五。

③“元鼎”格:按表例,刘破胡无罪而死,去世之年应计入为侯年数,“元鼎”格内当补“一”字。

柳宿

①柳宿:侯国名。梁玉绳曰:“《汉书·外戚·史皇孙王夫人传》有柳宿,苏林注‘聚邑也,在中山卢奴东北’。”卢奴,在今河北保定定州。元朔五年(前124)始封刘盖。传侯于子刘苏。元鼎五年(前112),刘苏因酎金不合格,封国撤销。

②三年,侯苏元年:刘盖卒于元狩二年(前121),元狩三年(前120),其子刘苏袭位为侯。

戎丘

①戎丘:侯国名。其地未详。《水经注·漾水》说茅川水出西南戎溪,“东北流迳戎丘城南”,故城在陇西郡西县,今甘肃天水西南。梁玉绳据此疑即刘让侯国地。然中山靖王之子远封陇西,颇为可疑。元朔五年(前124)始封刘让。元鼎五年(前112),刘让因酎金不合格,封国撤销。

樊舆

①樊舆:侯国名。在樊舆(今河北保定徐水区东南)。元朔五年(前124)始封刘条。至太初年间封国尚存。

②节侯刘条：按表例，此侯太初年间仍在世，不当书谥，“节”为后人所加。刘条，《汉书》作“刘脩”。

曲成

①曲成：侯国名。其地未详。元朔五年（前124）始封刘万岁。元鼎五年（前112），刘万岁因酎金不合格，封国撤销。

安郭

①安郭：侯国名。在安郭（今河北保定安国东南）。元朔五年（前124）始封刘博。至太初年间封国尚存。

②刘博：《汉书》作“刘传富”。

安险

①安险：侯国名。在安险（今河北保定定州东南）。元朔五年（前124）始封刘应。元鼎五年（前112），刘应因酎金不合格，封国撤销。

安遥

①安遥：侯国名。《汉书》作“安道”。安道在汉南阳郡境，具体未详。元朔五年（前124）始封刘恢。元鼎五年（前112），刘恢因酎金不合格，封国撤销。

②中山靖王子：梁玉绳疑刘恢封地在南阳郡，距中山国过远，其或为长沙定王子，且与舂陵侯等皆封于六月壬子。

国名	夫夷[1]
王子号	长沙定王子。长沙定王刘发之子。
元光	
元朔	二　五年三月癸酉[2],敬侯刘义元年。刘义在元朔年间为侯两年。刘义在元朔五年三月癸酉被封为夫夷侯,“敬”为其谥号,该年是其元年。
元狩	六　刘义在元狩年间继续为侯,共六年。
元鼎	四　刘义在元鼎年间为侯四年。 二　五年,今侯禹元年[3]。刘禹在元鼎年间为侯两年。元鼎五年,为现在的夫夷侯刘禹元年。
元封	六　刘禹在元封年间继续为侯,共六年。
太初	四　刘禹在太初年间继续为侯,共四年。

春陵[①]
长沙定王子。长沙定王刘发之子。
二　五年六月壬子[②]，侯刘买元年。刘买在元朔年间为侯两年。刘买在元朔五年六月壬子被封为春陵侯，该年是其元年。
六[③]　刘买在元狩年间继续为侯，共六年。
六　刘买在元鼎年间继续为侯，共六年。
六　刘买在元封年间继续为侯，共六年。
四　刘买在太初年间继续为侯，共四年。

国名	都梁[1]
王子号	长沙定王子。长沙定王刘发之子。
元光	
元朔	二　五年六月壬子，敬侯刘遂元年[2]。刘遂在元朔年间为侯两年。刘遂在元朔五年六月壬子被封为都梁侯，“敬”为其谥号，该年是其元年。
元狩	六　刘遂在元狩年间继续为侯，共六年。
元鼎	六　元年，今侯係元年[3]。刘係在元鼎年间为侯六年。元鼎元年，为现在的都梁侯刘係元年。
元封	六　刘係在元封年间继续为侯，共六年。
太初	四　刘係在太初年间继续为侯，共四年。

洮阳[1]
长沙定王子。长沙定王刘发之子。
二 五年六月壬子,靖侯刘狗彘元年[2]。刘狗彘在元朔年间为侯两年。刘狗彘在元朔五年六月壬子被封为洮阳侯,“靖”为其谥号,该年是其元年。
五[3] 六年,侯狗彘薨,无后,国除。刘狗彘在元狩年间为侯五年(应为六年)。元狩六年,洮阳侯刘狗彘去世,没有后嗣,封地被取消。

国名	泉陵[1]
王子号	长沙定王子。长沙定王刘发之子。
元光	
元朔	二　五年六月壬子，节侯刘贤元年。刘贤在元朔年间为侯两年。刘贤在元朔五年六月壬子被封为泉陵侯，"节"为其谥号，该年是其元年。
元狩	六　刘贤在元狩年间继续为侯，共六年。
元鼎	六　刘贤在元鼎年间继续为侯，共六年。
元封	六　刘贤在元封年间继续为侯，共六年。
太初	四　刘贤在太初年间继续为侯，共四年。

终弋[1]
衡山王赐子[2]。衡山王刘赐之子。
一　六年四月丁丑[3]，侯刘广置元年。刘广置在元朔年间为侯一年。刘广置在元朔六年四月丁丑被封为终弋侯，该年是其元年。
六　刘广置在元狩年间继续为侯，共六年。
四　五年，侯广置坐酎金，国除。刘广置在元鼎年间为侯四年。元鼎五年，终弋侯刘广置因献给朝廷供祭祀之用的贡金不合格，封地被取消。

【注释】

夫夷

①夫夷:侯国名。在夫夷(今湖南邵阳市邵阳县西)。元朔五年(前124)始封刘义。传侯于子刘禹。至太初年间封国尚存。

②五年三月癸酉:梁玉绳认为,春陵侯等长沙定王之子都于五年六月壬子封侯,夫夷侯不当独封于三月。

③五年,今侯禹元年:刘义卒于元鼎四年(前113),元鼎五年(前112),其子刘禹袭位为侯。

舂陵

①舂陵:侯国名。舂陵侯国其地前后不一。初在零道舂陵乡,今湖南永州宁远北;后在南阳白水乡,今湖北襄阳枣阳南。元朔五年(前124)始封刘买。东汉光武帝刘秀即其后代。至太初年间封国尚存。

②五年六月壬子:元朔五年六月二十六。

③"元狩"格:《汉书》书刘买封侯四年薨,"元狩三年,戴侯熊渠嗣",则刘买死于元狩二年(前121)。本表失记刘熊渠一代。"元狩"格应删"六"字,书"二""四"两个数字,并加书"三年,戴侯熊渠元年"。

都梁

①都梁:侯国名。在都梁(今湖南邵阳武冈东北)。元朔五年(前124)始封刘遂。传侯于子刘係。至太初年间封国尚存。

②刘遂:《汉书》作"刘定"。

③元年,今侯係元年:刘遂卒于元狩六年(前117),元鼎元年(前116),其子刘係袭位为侯。係,《汉书》作"傒"。

洮阳

①洮阳:侯国名。在洮阳(今广西桂林全州北湘江西)。元朔五年(前124)始封刘狗彘(zhì)。元狩六年(前117),刘狗彘去世,无后,封国撤销。

②刘狗彘:《汉书》作"刘狩燕"。

③五:当作"六"。按表例,刘狗彘无罪而死,去世之年当计入为侯年数。

泉陵

①泉陵:侯国名。在泉陵(今湖南永州零陵北)。元朔五年(前124)始封刘贤。至太初年间封国尚存。

终弋

①终弋:侯国名。其地未详。梁玉绳疑是弋阳(今河南信阳光山县西北)之乡名。元朔六年(前123)始封刘广置。元鼎五年(前112),刘广置因酎金不合格,封国撤销。

②衡山王赐:刘赐,刘邦之孙,淮南王刘长之子。文帝八年(前172)封阳周侯,十六年(前164)封庐江王,景帝四年(前153)改封衡山王。元狩元年(前122),图谋叛乱,事泄自杀。

③六年四月丁丑:此年四月无"丁丑",记载有误。

国名	麦[①]
王子号	城阳顷王子[②]。城阳顷王刘延之子。
元光	
元朔	
元狩	**六** 元年四月戊寅[③],侯刘昌元年。刘昌在元狩年间为侯六年。刘昌在元狩元年四月戊寅被封为麦侯,该年是其元年。
元鼎	**四** 五年,侯昌坐酎金,国除。刘昌在元鼎年间为侯四年。元鼎五年,麦侯刘昌因献给朝廷供祭祀之用的贡金不合格,封地被取消。
元封	
太初	

钜合[1]
城阳顷王子。城阳顷王刘延之子。
六　元年四月戊寅，侯刘发元年。刘发在元狩年间为侯六年。刘发在元狩元年四月戊寅被封为钜合侯，该年是其元年。
四　五年，侯发坐酎金，国除。刘发在元鼎年间为侯四年。元鼎五年，钜合侯刘发因献给朝廷供祭祀之用的贡金不合格，封地被取消。

国名	昌①
王子号	城阳顷王子。城阳顷王刘延之子。
元光	
元朔	
元狩	**六** 元年四月戊寅，侯刘差元年。刘差在元狩年间为侯六年。刘差在元狩元年四月戊寅被封为昌侯，该年是其元年。
元鼎	**四** 五年，侯差坐酎金，国除。刘差在元鼎年间为侯四年。元鼎五年，昌侯刘差因献给朝廷供祭祀之用的贡金不合格，封地被取消。
元封	
太初	

蒉①
城阳顷王子。城阳顷王刘延之子。
六 元年四月戊寅，侯刘方元年。刘方在元狩年间为侯六年。刘方在元狩元年四月戊寅被封为蒉侯，该年是其元年。
四 五年，侯方坐酎金，国除。刘方在元鼎年间为侯四年。元鼎五年，蒉侯刘方因献给朝廷供祭祀之用的贡金不合格，封地被取消。

国名	雩殷[①]
王子号	城阳顷王子。城阳顷王刘延之子。
元光	
元朔	
元狩	**六** 元年四月戊寅，康侯刘泽元年[②]。刘泽在元狩年间为侯六年。刘泽在元狩元年四月戊寅被封为雩殷侯，“康”为其谥号，该年是其元年。
元鼎	**六** 刘泽在元鼎年间继续为侯，共六年。
元封	**六** 刘泽在元封年间继续为侯，共六年。
太初	**四** 刘泽在太初年间继续为侯，共四年。

石洛[①]
城阳顷王子。城阳顷王刘延之子。
六　元年四月戊寅，侯刘敬元年[②]。刘敬在元狩年间为侯六年。刘敬在元狩元年四月戊寅被封为石洛侯，该年是其元年。
六　刘敬在元鼎年间继续为侯，共六年。
六　刘敬在元封年间继续为侯，共六年。
四　刘敬在太初年间继续为侯，共四年。

国名	扶沶①
王子号	城阳顷王子。城阳顷王刘延之子。
元光	
元朔	
元狩	**六**　元年四月戊寅,侯刘昆吾元年。刘昆吾在元狩年间为侯六年。刘昆吾在元狩元年四月戊寅被封为扶沶侯,该年是其元年。
元鼎	**六**　刘昆吾在元鼎年间继续为侯,共六年。
元封	**六**　刘昆吾在元封年间继续为侯,共六年。
太初	**四**　刘昆吾在太初年间继续为侯,共四年。

挍[1]
城阳顷王子。城阳顷王刘延之子。
六　元年四月戊寅，侯刘霸元年。刘霸在元狩年间为侯六年。刘霸在元狩元年四月戊寅被封为挍侯，该年是其元年。
六　刘霸在元鼎年间继续为侯，共六年。
六　刘霸在元封年间继续为侯，共六年。
四　刘霸在太初年间继续为侯，共四年。

【注释】

麦

①麦：侯国名。析琅邪县（今山东青岛胶南西南夏河城）而置。《史记地名考》认为即麦丘，在今山东济南商河县西北。元狩元年（前122）始封刘昌。元鼎五年（前112），刘昌因酎金不合格，封国撤销。

②城阳顷王：刘延，刘章之孙，刘喜之子。景帝后元元年（前143）嗣爵为城阳王（亦作“成阳王”）。元狩五年（前118）去世，谥“顷”。

③元年四月戊寅：此年四月无“戊寅”，记载有误。

钜合

①钜合：侯国名。一说析平原县（今山东德州平原县西南）而置；《水经注·济水》作“巨合”，在今济南东平陵县（今山东济南历城东）。元狩元年（前122）始封刘发。元鼎五年（前112），刘发因酎金不合格，封国撤销。

昌

①昌：侯国名。在昌（今山东潍坊诸城东北）。元狩元年（前122）始封刘差。元鼎五年（前112），刘差因酎金不合格，封国撤销。

蒯

①蒯（kuài）：侯国名。其地即东海郡费县，在今山东临沂费县西北。元狩元年（前122）始封刘方。元鼎五年（前112），刘方因酎金不合格，封国撤销。

雩殷

①雩殷：侯国名。其地约在山东旧莱州府境。梁玉绳认为当作“雩叚”。元狩元年（前122）始封刘泽。至太初年间封国尚存。

②康侯刘泽：按表例，此侯太初年间仍在世，不当书谥，“康”为后人所加。

石洛

①石洛：侯国名。《续山东考古录》载诸城县曾出土汉石洛侯印，其地疑在今山东潍坊诸城境。元狩元年（前122）始封刘敬。至太初年间封国尚存。

②刘敬：《汉书》作“刘敢”。

扶浸

①扶浸（jìn）：侯国名。汉书作“挟术”。其地未详。梁玉绳疑即琅邪之祓，在今山东青岛胶州牧马城；张文虎疑在琅邪郡东莞，在今山东临沂沂水县。元狩元年（前122）始封刘昆吾。至太初年间封国尚存。

挍

①挍（jiào）：侯国名。在挍（今山东潍坊临朐东）。元狩元年（前122）始封刘霸。至太初年间封国尚存。

国名	杨[1]
王子号	城阳顷王子。城阳顷王刘延之子。
元光	
元朔	
元狩	**六** 元年四月戊寅，侯刘让元年。刘让在元狩年间为侯六年。刘让在元狩元年四月戊寅被封为杨侯，该年是其元年。
元鼎	**六** 刘让在元鼎年间继续为侯，共六年。
元封	**六** 刘让在元封年间继续为侯，共六年。
太初	**四** 刘让在太初年间继续为侯，共四年。

父城[①]
城阳顷王子。城阳顷王刘延之子。
六 元年四月戊寅,侯刘光元年。刘光在元狩年间为侯六年。刘光在元狩元年四月戊寅被封为父城侯,该年是其元年。
四 五年,侯光坐酎金,国除。刘光在元鼎年间为侯四年。元鼎五年,父城侯刘光因献给朝廷供祭祀之用的贡金不合格,封地被取消。

国名	庸[①]
王子号	城阳顷王子。城阳顷王刘延之子。
元光	
元朔	
元狩	**六**　元年四月戊寅,侯刘谭元年[②]。刘谭在元狩年间为侯六年。刘谭在元狩元年四月戊寅被封为庸侯,该年是其元年。
元鼎	**六**　刘谭在元鼎年间继续为侯,共六年。
元封	**六**　刘谭在元封年间继续为侯,共六年。
太初	**四**　刘谭在太初年间继续为侯,共四年。

翟[1]
城阳顷王子。城阳顷王刘延之子。
六　元年四月戊寅，侯刘寿元年。刘寿在元狩年间为侯六年。刘寿在元狩元年四月戊寅被封为翟侯，该年是其元年。
四　五年，侯寿坐酎金，国除。刘寿在元鼎年间为侯四年。元鼎五年，翟侯刘寿因献给朝廷供祭祀之用的贡金不合格，封地被取消。

国名	鳣[1]
王子号	城阳顷王子。城阳顷王刘延之子。
元光	
元朔	
元狩	**六**　元年四月戊寅,侯刘应元年。刘应在元狩年间为侯六年。刘应在元狩元年四月戊寅被封为鳣侯,该年是其元年。
元鼎	**四**　五年,侯应坐酎金,国除。刘应在元鼎年间为侯四年。元鼎五年,鳣侯刘应因献给朝廷供祭祀之用的贡金不合格,封地被取消。
元封	
太初	

彭[1]
城阳顷王子。城阳顷王刘延之子。
六　元年四月戊寅，侯刘偃元年[2]。刘偃在元狩年间为侯六年。刘偃在元狩元年四月戊寅被封为彭侯，该年是其元年。
四　五年，侯偃坐酎金，国除。刘偃在元鼎年间为侯四年。元鼎五年，彭侯刘偃因献给朝廷供祭祀之用的贡金不合格，封地被取消。

国名	瓡[1]
王子号	城阳顷王子。城阳顷王刘延之子。
元光	
元朔	
元狩	**六** 元年四月戊寅，侯刘息元年。刘息在元狩年间为侯六年。刘息在元狩元年四月戊寅被封为瓡侯，该年是其元年。
元鼎	**六** 刘息在元鼎年间继续为侯，共六年。
元封	**六** 刘息在元封年间继续为侯，共六年。
太初	**四** 刘息在太初年间继续为侯，共四年。

虚水[1]
城阳顷王子。城阳顷王刘延之子。
六　元年四月戊寅，侯刘禹元年。刘禹在元狩年间为侯六年。刘禹在元狩元年四月戊寅被封为虚水侯，该年是其元年。
六　刘禹在元鼎年间继续为侯，共六年。
六　刘禹在元封年间继续为侯，共六年。
四　刘禹在太初年间继续为侯，共四年。

国名	东淮[1]
王子号	城阳顷王子。城阳顷王刘延之子。
元光	
元朔	
元狩	**六** 元年四月戊寅,侯刘类元年。刘类在元狩年间为侯六年。刘类在元狩元年四月戊寅被封为东淮侯,该年是其元年。
元鼎	**四** 五年,侯类坐酎金,国除。刘类在元鼎年间为侯四年。元鼎五年,东淮侯刘类因献给朝廷供祭祀之用的贡金不合格,封地被取消。
元封	
太初	

栒[1]
城阳顷王子。城阳顷王刘延之子。
六　元年四月戊寅，侯刘买元年[2]。刘买在元狩年间为侯六年。刘买在元狩元年四月戊寅被封为栒侯，该年是其元年。
四　五年，侯买坐酎金，国除。刘买在元鼎年间为侯四年。元鼎五年，栒侯刘买因献给朝廷供祭祀之用的贡金不合格，封地被取消。

【注释】

朸

①朸(lì):侯国名。在朸(今山东济南商河县东北)。元狩元年(前122)始封刘让。至太初年间封国尚存。

父城

①父城:侯国名。当依《汉书》作"文成"。其地在东海郡,具体未详。元狩元年(前122)始封刘光。元鼎五年(前112),刘光因酎金不合格,封国撤销。按,《汉书》在文成侯下还有一挍侯刘云,也是城阳顷王之子,同时受封,元鼎五年(前112)坐酎金免。梁玉绳认为:据《汉书》,城阳顷王子封侯者有二十人,此表遗漏了刘云;但《汉书》刘云的封国"挍"疑当是"掖",在今山东烟台莱州。

庸

①庸:侯国名。或析琅邪县(今山东青岛胶南西南夏河城)而置。元狩元年(前122)始封刘谭。至太初年间封国尚存。

②刘谭:《汉书》作"刘馀"。

翟

①翟:侯国名。其地未详。元狩元年(前122)始封刘寿。元鼎五年(前112),刘寿因酎金不合格,封国撤销。

鱣

①鱣:侯国名。析襄贲(今山东临沂兰陵东南)而置。梁玉绳认为即《读史方舆纪要》所载今山东临沂东北亶邱戍。元狩元年(前122)始封刘应。元鼎五年(前112),刘应因酎金不合格,封国撤销。

彭

①彭:侯国名。其地未详。王先谦《汉书补注》引钱坫说“彭”即“祊”,古字通用,《后汉书·郡国志》费县有祊亭,在今山东临沂费县。元狩元年(前122)始封刘偃。元鼎五年(前112),刘偃因酎金不合格,封国撤销。

②刘偃:《汉书》作“刘强”。

瓡

①瓡(zhí):侯国名。其地未详。或说即今山东潍坊寿光北霜雪城。元狩元年(前122)始封刘息。至太初年间封国尚存。

虚水

①虚水:侯国名。其地未详。元狩元年(前122)始封刘禹。至太初年间封国尚存。

东淮

①东淮:侯国名。其地未详。元狩元年(前122)始封刘类。元鼎五年(前112),刘类因酎金不合格,封国撤销。

栒

①栒:侯国名。《汉书》作“拘”。一说析千乘(今山东淄博高青高城北)而置;一说即《汉书·地理志》东海郡朐县,在今江苏连云港西南锦屏山侧。元狩元年(前122)始封刘买。元鼎五年(前112),刘买因酎金不合格,封国撤销。

②刘买:《汉书》作“刘贤”。

国名	涓[1]
王子号	城阳顷王子。城阳顷王刘延之子。
元光	
元朔	
元狩	**六**　元年四月戊寅,侯刘不疑元年。刘不疑在元狩年间为侯六年。刘不疑在元狩元年四月戊寅被封为涓侯,该年是其元年。
元鼎	**四**　五年,侯不疑坐酎金,国除。刘不疑在元鼎年间为侯四年。元鼎五年,涓侯刘不疑因献给朝廷供祭祀之用的贡金不合格,封地被取消。
元封	
太初	

陆[1]
菑川靖王子[2]。淄川靖王刘建之子。
六　元年四月戊寅[3]，侯刘何元年。刘何在元狩年间为侯六年。刘何在元狩元年四月戊寅（应为七月辛卯）被封为陆侯，该年是其元年。
六　刘何在元鼎年间继续为侯，共六年。
六　刘何在元封年间继续为侯，共六年。
四　刘何在太初年间继续为侯，共四年。

国名	广饶[①]
王子号	菑川靖王子。淄川靖王刘建之子。
元光	
元朔	
元狩	**六**　元年十月辛卯[②]，康侯刘国元年[③]。刘国在元狩年间为侯六年。刘国在元狩元年十月（应为七月）辛卯被封为广饶侯，“康”为其谥号，该年是其元年。
元鼎	**六**　刘国在元鼎年间继续为侯，共六年。
元封	**六**　刘国在元封年间继续为侯，共六年。
太初	**四**　刘国在太初年间继续为侯，共四年。

缾[1]
菑川靖王子。淄川靖王刘建之子。
六　元年十月辛卯,侯刘成元年。刘成在元狩年间为侯六年。刘成在元狩元年十月(应为七月)辛卯被封为缾侯,该年是其元年。
六　刘成在元鼎年间继续为侯,共六年。
六　刘成在元封年间继续为侯,共六年。
四　刘成在太初年间继续为侯,共四年。

国名	俞闾[1]
王子号	菑川靖王子。淄川靖王刘建之子。
元光	
元朔	
元狩	**六** 元年十月辛卯,侯刘不害元年[2]。刘不害在元狩年间为侯六年。刘不害在元狩元年十月(应为七月)辛卯被封为俞闾侯,该年是其元年。
元鼎	**六** 刘不害在元鼎年间继续为侯,共六年。
元封	**六** 刘不害在元封年间继续为侯,共六年。
太初	**四** 刘不害在太初年间继续为侯,共四年。

甘井[1]
广川穆王子[2]。广川穆王刘齐之子。
六　元年十月乙酉，侯刘元元年[3]。刘元在元狩年间为侯六年（刘元在元狩年间未封侯）。刘元在元狩元年十月乙酉（应为元鼎元年七月己酉）被封为甘井侯，该年是其元年。
六　刘元在元鼎年间继续为侯（刘元在元鼎元年始封），共六年。
六　刘元在元封年间继续为侯，共六年。
四　刘元在太初年间继续为侯，共四年。

【注释】

涓

①涓:侯国名。在今山东潍坊诸城境。元狩元年(前122)始封刘不疑。元鼎五年(前112),刘不疑因酎金不合格,封国撤销。

陆

①陆:侯国名。析寿光(今山东潍坊寿光东)而置。元狩元年(前122)始封刘何。至太初年间封国尚存。

②菑川靖王:刘建,齐悼惠王刘肥之孙,淄川王刘志之子。元光六年(前129)嗣爵为王。元封元年(前110)去世,谥“靖”。

③元年四月戊寅:梁玉绳认为刘何当与其他淄川王子同封于七月辛卯(十七)。

广饶

①广饶:侯国名。在广饶(今山东潍坊寿光北)。元狩元年(前122)始封刘国。至太初年间封国尚存。

②元年十月辛卯:刘国当与其他淄川王子同日受封,此“十月”应作“七月”。七月辛卯,七月十七。

③康侯刘国:按表例,此侯太初年间仍在世,不当书谥,“康”为后人所加。

缾

①缾(píng):侯国名。在今山东潍坊临朐东南。梁玉绳认为缾属陈留,《水经·睢水注》陈留有缾亭、缾乡。元狩元年(前122)始封刘成。至太初年间封国尚存。

俞闾

①俞闾:侯国名。其地未详。《史记地名考》说地必近《汉书·地理志》载淄川国剧县,在今山东潍坊寿光东南。元狩元年(前122)始封刘不害。至太初年间封国尚存。

②刘不害:《汉书》作“刘毋害”。

甘井

①甘井:侯国名。其地未详。元鼎元年(前116)始封刘元。至太初年间封国尚存。

②广川穆王:刘齐,景帝之孙,广川惠王刘越之子。建元五年(前136)嗣爵。征和二年(前91)去世,谥“穆”。按表例,此侯太初年间仍在世,不当书谥。当依“衡山王赐”之例云“广川王齐”。

③“元狩”格:按,据《汉书》,甘井侯与襄陵侯都封于元鼎元年(前116)七月己酉(七月初十),而不是元狩元年(前122)十月乙酉,故此格应为空格,下“元鼎”格内加“元年七月己酉,侯刘元元年”几字。刘元,《汉书》作“刘光”。

国名	襄陵[①]
王子号	广川穆王子。广川穆王刘齐之子。
元光	
元朔	
元狩	**六** 元年十月乙酉,侯刘圣元年。刘圣在元狩年间为侯六年(刘圣在元狩年间未封侯)。刘圣在元狩元年十月乙酉(应为元鼎元年七月己酉)被封为襄陵侯,该年是其元年。
元鼎	**六** 刘圣在元鼎年间继续为侯(刘圣在元鼎元年始封),共六年。
元封	**六** 刘圣在元封年间继续为侯,共六年。
太初	**四** 刘圣在太初年间继续为侯,共四年。

皋虞[1]
胶东康王子[2]。胶东康王刘寄之子。
三[3] 元年五月丙午[4]，侯刘建元年。刘建在元鼎年间为侯三年。刘建在元鼎元年五月丙午被封为皋虞侯，该年是其元年。 三 四年，今侯处元年[5]。刘处在元鼎年间为侯三年。元鼎四年，为现在的皋虞侯刘处元年。
六 刘处在元封年间继续为侯，共六年。
四 刘处在太初年间继续为侯，共四年。

国名	魏其[①]
王子号	胶东康王子。胶东康王刘寄之子。
元光	
元朔	
元狩	
元鼎	**六**　元年五月丙午，畅侯刘昌元年[②]。刘昌在元鼎年间为侯六年。刘昌在元鼎元年五月丙午被封为魏其侯，“畅”为其谥号，该年是其元年。
元封	**六**　刘昌在元封年间继续为侯，共六年。
太初	**四**　刘昌在太初年间继续为侯，共四年。

祝兹[1]
胶东康王子。胶东康王刘寄之子。
四 元年,五月丙午,侯刘延元年[2]。五年,延坐弃印绶出国,不敬,国除。刘延在元鼎年间为侯四年。刘延在元鼎元年五月丙午被封为祝兹侯,该年是其元年。元鼎五年,祝兹侯刘延罪犯丢弃印绶出国境,不敬,封地被取消。

【注释】

襄陵

①襄陵:侯国名。《汉书》作“襄隄”。《史记地名考》以为或即信都国之高堤县,在今河北衡水枣强东北。元鼎元年(前116)始封刘元。至太初年间封国尚存。

皋虞

①皋虞:侯国名。在皋虞(今山东青岛即墨东北)。元狩元年(前122)始封刘建。传侯于子刘处。至太初年间封国尚存。

②胶东康王:刘寄,景帝之子。景帝中元二年(前148)封胶东王。武帝元狩元年(前122),淮南王刘安谋反,他私作兵车镞矢准备响应。事泄,刘安自杀,他亦于次年(前121)自杀,谥“康”。

③三:意谓刘建在元鼎年间在位三年,卒于元鼎三年(前114)。按,据《汉书》,刘建在位九年,当卒于元封三年(前108)。

④元年五月丙午:元鼎元年五月初六。

⑤四年,今侯处元年:元鼎四年(前113),刘处袭位为侯。处,《汉书》作“定”。

魏其

①魏其:侯国名。在魏其(今山东临沂东南)。元鼎元年(前116)始封刘昌。至太初年间封国尚存。

②畅侯刘昌:按表例,此侯太初年间仍在世,不当书谥,“畅”为后人所加。又据《汉书》,刘昌谥号为“炀”,谥法无“畅”。

祝兹

①祝兹:侯国名。在琅邪,近今山东青岛胶州。元鼎元年(前116)始封刘延。元鼎五年(前112),刘延有罪,封国撤销。

②刘延:《汉书》作“刘延年”。

【集评】

齐召南曰："《汉书》直曰'王子侯表'，起高祖之封羹颉；而《史记》截自建元，最有深意。盖武帝以前即有王子封侯，出自特恩，非通例也。至主父偃之策行，则王子无不封侯，而诸侯益弱矣。"（《汉书补注》引）

陈仁锡曰："元光侯者七，元朔侯者一百二十七，元狩侯者二十五，元鼎侯者三，当时分封诸侯子弟，施行次第皆可知矣。"（《史记评林》）

汪越曰："汉约非军功不侯，武帝始侯诸王子，有食邑，但即其父所封国使支庶侯者分食之，此所谓'众建而少其力'，实贾谊遗策也。……《史记》断自建元，以大封诸王支庶实始于主父偃也。"又曰："河间献王子十一人，长沙定王子十五人，楚安王子二人，鲁共王子六人，江都易王子七人，甾川懿王子十二人，城阳共王子十三人，赵敬肃王子十四人，中山靖王子十九人，广川惠王子四人，济北贞王子十一人，代共王子八人，齐孝王子十人，衡山王赐子一人，城阳顷王子十九人，甾川靖王子五人，广川穆王子二人，胶东康王子三人。有同是一王之子而前后别见者，盖异年封也。诸王子之失侯者，坐酎金凡五十五，无后四。此外则不朝不敬一，弃绶出国不敬一。其甚者则篡死罪一，奸人妻一，杀人坐弃市一，杀弟坐弃市一，有罪不明所坐十，而谋叛者无闻焉，岂非户邑分而势销弱故与？然汉自是遂无大藩国，至于哀、平之际，王氏专政，一岁之中无罪而免者数十，捽而去之如挥羊豕。其欲诛莽者，武平侯璜、陵乡侯会，翟义所立者严乡侯信，只骈首就戮，无一人应，恶睹所谓百足不僵者乎！故观《王子侯表》，合《汉兴以来诸侯表》究其终始，此西京二百三十年之大势也。"（《读史记十表》）

徐克范曰："王子封侯在昔已然，不自主父偃言始也。偃之言在元朔二年，元光五六年间已封河间献王子侯一人，长沙定王子四人，楚安王子二人。元朔元年侯鲁共王子一人，江都易王子五人，论者谓建元始行分封之典何也？盖前此之封恩自上逮，或侯或不侯，不尽封也。至是始令诸侯得推私恩分子弟，恩自下推，上特临定之耳。所以藩国悉分，支庶毕侯,不削而自弱也。文帝采贾谊之言,武帝用主父之策,其事一也,而实不同。文帝之心在分地以保全之,不失亲亲之本,故淮南厉王废死,随立其嗣。武帝之心在分地以削弱之,假以推恩之名,故封不数年,以酎金小过除国者凡五十五人。汲黯所谓'内多欲而外施仁义'者,即此可见也,恶得与文帝比哉?"(《读史记十表补》)

尚镕曰:"王子侯一百六十二人,虽推恩分邑,实因主父偃之策削弱诸侯也。然旋坐酎金失侯者多至五十五人,则是锡鞶带而终朝三褫矣。而迁反盛推天子之德,岂所谓讳莫如深耶?"(《史记辨正》)

吴见思曰:"只记推恩一诏,而寥寥一结,为似史公笔仗。盖当时失亡,而后人略摭数言以冠其篇与,如《三王世家》亦只载分封三诏,详略虽不同,而事则一也。"又曰:"建元以来之王子侯,非推恩之意,乃削弱诸侯之计也。当时或有讥刺,而后人删之乎!"(《史记论文》)

【评论】

汉朝封诸侯王子为侯早有先例,但大规模封王子侯是在武帝时期,主要是在武帝接受了主父偃建议,在元朔二年(前127)正式开始实行"推恩令"之后。这个"推恩令"就是针对让汉朝历代皇帝纠结不已的诸侯问题的。主父偃在元光元年(前134)上书建议"推恩":"愿陛下令诸侯得推恩分子弟,以地侯之。彼人人喜得所愿,上以德施,实分其国,不削而稍弱矣。"实际上就是通过这种表面上显示天子仁善、盛德的方式,来达到使诸侯国化整为零、变强为弱的目的,实现完全钳制诸侯王的企图。

实际上,在"推恩令"实行之前,贾谊曾向文帝建议"众建诸侯而少其力",文帝已分齐国为七,分淮南国为三,都是先将其诸子封侯,而后又将其晋封为王。景帝时将梁国一分为五,赵国一分为六。即以武帝而言,早在主父偃进言以前,就已经封了长沙王四子、江都王五子等等。"推恩令"与之前不同之处在于"盖前此之封,恩自上逮,或侯或不侯,不尽封也。至是始令诸侯各得推私恩分子弟，恩自下推，上特临定之耳。所以藩国悉分，支庶毕侯，不削而自弱也”（徐克范《读史记十表补》）。有了“推恩令”，分化诸侯国就不再有自上而下的“削藩”之嫌，而变成了由下而上的“自愿”，而且以法令形式固定下来，等于诸侯王们要自觉依法分地，可以说是一劳永逸地解决了诸侯威胁中央的问题。

《建元已来王子侯者年表》给人印象最深的是元鼎五年（前112）因酎金不合格，一下子有54个列侯被废掉；如果再加上其他因此被废的，此次酎金事件一共导致106个王侯被废。而这个事件背后的原因是武帝想出兵伐南越，希望诸侯们有人出人、有钱出钱支持朝廷，为此他还特意竖立了一个积极响应号召的平民卜式做榜样，可是众列侯都互相观望，置若罔闻。武帝因此大怒，以酎金不合格为借口，废掉了大批王侯以示惩戒，也发泄怒气。此外，武帝还通过小题大做的方式，以一些轻微的罪名废掉了一批诸侯，于是到了太初年间（前104—前101），被废掉的列侯共有84个，剩下的不到一半，那些被撤销了建制的侯国地盘都被收归了朝廷。由此，我们也可以看出，武帝实施“推恩令”，不仅是要把大诸侯国分化成一盘散沙，让它们彻底失去与朝廷抗衡的能力，还要收回它们的地盘，加强中央集权。所以当我们再看司马迁在本表序言中所说的：“盛哉，天子之德！一人有庆，天下赖之。”这是多么具有讽刺意义，这也正是司马迁的“狡黠”之处。

汪越在分析了汉代刘姓诸侯在“推恩令”而凋敝后，感慨道：“然汉自是遂无大藩国，至于哀、平之际，王氏专政，一岁之中，无罪而免者数十，捽而去之如挥羊豖。其欲诛莽者，武平侯璜、陵乡侯会。翟义所立者严乡侯信，袛骈首就戮，无一人应，恶睹所谓百足不僵者乎？故观《王子侯表》，合《汉兴以来诸侯表》，究其终始，此西京二百三十年之大势也。”认为这是为王莽篡汉准备了条件。几十年之后的事，汉武帝看不到，而眼前实现中央集权，天下一统，藐视碾压诸侯的快感又是哪一位帝王能够抵抗得了的呢？我们不能说司马迁预见到西汉因压制诸侯而被篡，他对受打击、受迫害的诸侯王与王子侯的同情,是出于对统治集团内部那种被权势、利欲扭曲了的丑恶人性的极端厌恶,是从道德层面对统治集团进行的批判,这一思想是贯穿在《史记》全书之中的。

史记卷二十二

汉兴以来将相名臣年表第十

【释名】

《汉兴以来将相名臣年表》谱列了汉高祖元年（前206）至汉成帝鸿嘉元年（前20）年间的将相名臣的任免、升黜、死亡等情况，并记录了历年发生的主要军国大事，可将其视为一篇西汉大事记。

本表横向以汉帝纪年为时间轴，一年一列。纵向五栏，第一栏为汉代皇帝纪年；第二栏为“大事记”，记历年大事；第三栏为“相位”，记历任丞相的更替；第四栏为“将位”，记太尉、将军及他们领导的具有全局性的军事行动；第五栏为“御史大夫位”，记御史大夫的更替情况。可见它谱列了西汉一百八十多年间“三公”一级执政大臣的升沉始末。表中除第一栏数字是纪年外，其他格中数字皆为将相大臣在官的年数。

本表无表序。其究竟出自何人之手，自古以来说法不一。多数人认为武帝以前的部分是司马迁的原作，后面的部分则是后人的补写。

	前206	前205
	高皇帝**元**年[①] 汉高祖元年。	**二** 汉高祖二年。
大事记[①]	春，沛公为汉王[②]，之南郑[③]。秋，还定雍[④]。 此年春四月刘邦已由沛公被封为汉王，去南郑赴任。此年秋八月，回军关中，平定了雍国。	春，定塞、翟、魏、河南、韩、殷国[①]。夏，伐项籍，至彭城。立太子。还据荥阳[②]。 此年春，平定塞、翟、魏、河南、韩、殷等诸侯国。此年夏，进攻项羽，攻入了彭城。在关中立刘盈为太子。刘邦在彭城战败，退守荥阳。
相位[②]	**一**[⑤]　丞相萧何守汉中[⑥]。 萧何为相的第一年。萧何为丞相，在汉军攻取三秦时据守汉中。	**二**　守关中。 萧何为相的第二年。汉军东进及与楚军相持于荥阳时，萧何镇守关中。
将位[③]		**一**[③]　太尉长安侯卢绾[④]。 卢绾为太尉的第一年。长安侯卢绾任太尉。
御史大夫位[④]	御史大夫周苛守荥阳[⑦]。 周苛出任御史大夫，在汉王刘邦等逃出荥阳后继续坚守荥阳。	

前204	前203
三 汉高祖三年。	**四** 汉高祖四年。
魏豹反[①]。使韩信别定魏[②]，伐赵[③]。楚围我荥阳[④]。 魏王豹叛变。派韩信另率一支部队平定魏国，攻灭赵国。楚项羽将我军围困在荥阳。	使韩信别定齐及燕[①]，太公自楚归[②]，与楚界洪渠[③]。 派韩信另率一支部队平定了齐国和燕国，刘太公被楚人放回，与楚以鸿沟为界休兵。
三 萧何为相的第三年。	**四** 萧何为相的第四年。
二 卢绾为太尉的第二年。	**三** 卢绾为太尉的第三年。 周苛守荥阳，死[④]。 周苛坚守荥阳，项羽破城后，不屈被杀。
	御史大夫汾阴侯周昌[⑤]。 汾阴侯周昌继堂兄周苛出任御史大夫。

	前202
	五 汉高祖五年。
大事记	冬,破楚垓下,杀项籍[1]。春,王践皇帝位定陶[2]。入都关中[3]。 此年冬,在垓下打败楚军,杀死了项羽。此年春,汉王刘邦在定陶登基称帝。定都关中。
相位	**五** 萧何为相的第五年。 罢太尉官[4]。 因卢绾被封燕王,取消了太尉一职。
将位	**四**　后九月[5],绾为燕王。 卢绾为太尉的第四年。闰九月,卢绾被封为燕王。
御史大夫位	

前201

六 汉高祖六年。
尊太公为太上皇。刘仲为代王[①]。立大市[②]。更命咸阳曰长安[③]。 尊刘邦之父刘太公为太上皇。封刘邦二哥刘仲为代王。在郡国之外选择重要城市设为大市。将咸阳改名为长安。
六　封为酂侯[④]。张苍为计相[⑤]。 萧何为相的第六年。被封为酂侯。张苍做了丞相属下分管财政经济的官员。

【注释】

①大事记：各年重大事件。

②相位：历任丞相、太尉的任免更替。

③将位：历任太尉、将军的任免以及具有全局性的军事行动。

④御史大夫位：历任御史大夫的任免更替。御史大夫，掌副丞相职。主管图籍秘书、四方文书、监察执法，有时亦奉命出征。与丞相、太尉共称“三公”。秩中二千石。

高皇帝元年（前206）

①高皇帝元年：此年是刘邦被项羽封为汉王的第一年，刘邦并未称帝，而其纪年则从此年算起。按，汉代在武帝太初元年之前，一直以十月为岁首，所以十月、十一月、十二月是一年中最初的三个月。

②春，沛公为汉王：据《秦楚之际月表》，此年正月，项羽分关中为汉；二月，刘邦始称汉王。在此之前习称刘邦为沛公。

③之南郑：项羽定南郑为汉之国都。此年四月刘邦赴汉王任，去往南郑。南郑，今陕西汉中。其地濒临汉水，北取褒斜道以通长安，南取金牛道以通巴蜀，为古代兵争之地。

④秋，还定雍：此年八月刘邦从汉中东出杀回关中，袭击项羽封在关中的雍王章邯，很快平定了雍地。雍，项羽前206年三分关中，以其西部地区（辖秦内史西部及陇西、北地两郡）置雍国封章邯，都废丘（今陕西咸阳兴平东南）。

⑤一：萧何为相的第一年。按，这个位置上的数字表示该人为相的年数。

⑥丞相萧何守汉中：刘邦为汉王，即以萧何为丞相。刘邦率军东取三秦，萧何留守汉中，收巴蜀，镇抚安定百姓，为前方筹措转运军粮。

⑦御史大夫周苛守荥阳：周苛是沛（今江苏徐州沛县）人。秦末为

泗水亭卒史。秦二世元年（前209），随刘邦起兵于沛，又从刘邦入关灭秦。刘邦为汉王，拜周苛为御史大夫。刘邦还定三秦，并继续东进，周苛为其镇守荥阳。荥阳，在今河南郑州荥阳东北。

高皇帝二年（前205）

①塞、翟、魏、河南、韩、殷：皆项羽分封的诸侯国。前206年，项羽三分关中，以其东部地区置塞国封司马欣，都栎阳（今陕西西安临潼东北）；以其北部地区置翟国封董翳，都高奴（今陕西延安东北）。项羽又将秦末魏咎、魏豹所占有的魏国分为西魏、殷两国，迁原魏王豹为西魏王，都平阳（今山西临汾西南）；封司马卯为殷王，都朝歌（今河南鹤壁淇县）。封申阳为河南王，都洛阳（今河南洛阳）。封韩成为韩王，后将其杀害，刘邦东进关中时，封郑昌为韩王，都阳翟（今河南许昌禹州）。

②“夏，伐项籍”几句：据《秦楚之际月表》，刘邦向东推进，在前205年四月攻入彭城，旋即被项羽击溃，退至荥阳。刘邦在奔逃途中，遇到一双子女，将其送入关中。六月，刘邦回到关中，立儿子刘盈为太子，令其与萧何固守关中，自己则复回荥阳据守。

③一：卢绾为太尉的第一年。按，这个位置上的数字表示该人为太尉的年数。

④太尉长安侯卢绾：卢绾为刘邦自幼好友，深受器重，恩宠过于诸将。刘邦东伐项羽，封卢绾为太尉、长安侯。太尉，秦始设，汉沿置，位列“三公”，职掌全国武事。金印紫绶，秩万石。但卢绾军事才能并不见记载，此特以优宠见封。郭嵩焘曰：“似此时太尉不专兵，高帝因秦制而为之名，非汉制也。”

高皇帝三年（前204）

①魏豹反：事在高祖二年（前205）。据《秦楚之际月表》，魏王豹在高

祖二年三月降汉，刘邦彭城大败后，他在五月借故返回魏地叛汉。

②使韩信别定魏：事在高祖二年（前205）。八月，刘邦拜韩信为左丞相击魏豹，韩信以木罂缶在阳夏渡过黄河，袭安邑，九月俘虏了魏豹，闰九月，定魏为河东、上党郡。

③伐赵：高祖三年（前204）十月，韩信在井陉之战中斩杀陈馀，俘虏赵王歇，灭赵。

④楚围我荥阳：刘邦被项羽围困在荥阳，至七月，用陈平之计从荥阳逃出。

高皇帝四年（前203）

①使韩信别定齐及燕：韩信灭赵后，听从原赵国谋士李左车之计招降了燕王。高祖四年十一月，韩信进攻齐国，杀齐王田广，灭齐。

②太公自楚归：彭城之败，刘邦之父太公与妻子吕雉都被项羽俘虏，扣押在楚军。高祖四年九月，刘邦与项羽约定以鸿沟为界各自罢兵，项羽放回太公与吕雉。

③与楚界洪渠：楚汉以鸿沟为界，鸿沟以西属汉，以东属楚。洪渠，即鸿沟。约战国时魏惠王十年（前360）开通。后又称“汴渠”，隋大业后成为大运河通济渠的一部分。

④周苛守荥阳，死：据《秦楚之际月表》，事在本年三月。周苛时为御史大夫，一直镇守荥阳。刘邦逃出荥阳后，项羽入城将他俘获，他不肯投降，被杀。（按，此处是《史记》中特殊的记录形式——倒书。具体原因众说纷纭，现在很多学者认为这些内容是后来补写的，为与原记录相区别，采用了这种形式。）

⑤御史大夫汾阴侯周昌：周苛死后，刘邦念其功，封其堂弟周昌为御史大夫。汾阴侯，周昌在高祖六年（前202）才被封为汾阴侯，这是用后来的封号称呼他。

高皇帝五年（前202）

①冬，破楚垓下，杀项籍：高祖五年（前202）十二月，刘邦在垓下之战击溃项羽，项羽在乌江自刎。

②春，王践皇帝位定陶：本年二月，刘邦在定陶称帝。定陶，在今山东菏泽定陶西北。

③入都关中：刘邦本想都于洛阳，本年六月，听从娄敬、张良等的劝说，入关定都咸阳。

④罢太尉官：太尉本为卢绾，此年八月，燕王臧荼反，九月被平定，闰九月封卢绾为燕王，免去他的太尉一职。

⑤后九月：闰九月。当时的闰月都放在全年最后，因一年最后一个月是九月，故称后九月。

高皇帝六年（前201）

①刘仲：刘邦的二哥。《汉书》记其名为“喜”。代：诸侯国名。当时国都在代县（今河北张家口蔚县东北）。

②大市：制度不详。陈直曰：“盖在郡国之外，选择重要都市，改为大市。共立有几大市，则不可考。”李根蟠认为，大市泛指城市市场，或指某种开市制度。

③更命咸阳曰长安：据《汉书·地理志》，高祖五年置长安县，此时改都城咸阳名为长安，应是根据县名而定。

④封为酂（cuó）侯：封萧何为酂侯。在今河南商丘永城西酂城镇。

⑤张苍为计相：张苍在秦朝时即为柱下史，熟悉国内户籍税役档案等事务，故从代国相迁为主管朝廷经济的计相。计相，亦称“主计”，隶丞相府。主管各地向朝廷上报的户口、垦田、钱谷出入、盗贼多少等事务和文书。计相不是丞相，不应列在此格。

前200

	七 汉高祖七年。
大事记	长乐宫成[①]，自栎阳徙长安[②]。伐匈奴[③]，匈奴围我平城[④]。 长安城东的长乐宫落成，将国都从栎阳迁至长安。进攻匈奴，匈奴将我军围困在平城。
相位	**七** 萧何为相的第七年。
将位	
御史大夫位	

前199

八 汉高祖八年。
击韩信反虏于赵城[①]。贯高作乱，明年觉，诛之[②]。匈奴攻代王，代王弃国亡，废为郃阳侯[③]。 在赵国的东垣击败造反的韩王信。贯高欲杀高祖作乱，第二年阴谋泄露，诛杀了贯高。匈奴攻击代国，代王刘仲抛下代国逃回长安，废除其王位降为郃阳侯。
八 萧何为相的第八年。

	前198
	九 汉高祖九年。
大事记	未央宫成[1]，置酒前殿[2]，太上皇辇上坐[3]，帝奉玉卮上寿，曰："始常以臣不如仲力，今臣功孰与仲多？"太上皇笑，殿上称万岁。徙齐田，楚昭、屈、景于关中[4]。 长安城西部的未央宫落成，在前殿大摆酒宴，太上皇乘辇坐于上座，高祖捧着玉杯向他敬酒，说："当初您认为我不如二哥得力，现在我与二哥比谁的事业大？"太上皇笑了，大殿上高呼万岁。将齐国的田氏家族，楚国的昭氏、屈氏、景氏几大家族迁徙到关中。
相位	**九**　迁为相国[5]。 萧何为相的第九年。由丞相升迁为相国。
将位	
御史大夫位	御史大夫昌为赵丞相[6]。 御史大夫周昌出任赵国丞相。

前197	前196
十 汉高祖十年。	十一 汉高祖十一年。
太上皇崩[①]。陈豨反代地[②]。 太上皇去世。陈豨在代国反叛。	诛淮阴、彭越[①]。黥布反[②]。 诛杀了淮阴侯韩信、梁王彭越。黥布起兵反叛。
十 萧何为相的第十年。	十一 萧何为相的第十一年。
	周勃为太尉，攻代[③]。后官省[④]。 周勃做了太尉，进攻代国。后来太尉官被取消了。
御史大夫江邑侯赵尧[③]。 江邑侯赵尧出任御史大夫。	

	前195	前194
	十二 汉高祖十二年。	孝惠**元**年 汉惠帝元年。
大事记	冬，击布[①]。还过沛[②]。夏，上崩[③]，葬长陵[④]。 此年冬，讨伐黥布。回军经过沛县。此年夏，高祖去世，葬在长陵。	赵隐王如意死[①]。始作长安城西北方。除诸侯丞相为相[②]。 赵隐王刘如意被杀。开始建造长安城的西北方。诸侯王的丞相改称相。
相位	**十二** 萧何为相的第十二年。	**十三** 萧何为相的第十三年。
将位		
御史大夫位		

前193

二

汉惠帝二年。

楚元王、齐悼惠王来朝[①]。

楚元王刘交、齐悼惠王刘肥来京朝见。

七月辛未[②]，何薨。

七月辛未，相国萧何去世。

十四　七月癸巳[③]，齐相平阳侯曹参为相国[④]。

萧何为相的第十四年。这一年七月癸巳，齐相平阳侯曹参做了相国。

【注释】

高皇帝七年（前200）

①长乐宫：汉宫殿名。在今陕西西安西北汉长安城东南隅。因在未央宫之东，亦称东宫。高祖五年（前202）以秦兴乐宫改建，至七年（前200）建成。汉初皇帝视朝于此。惠帝后朝会移未央宫，长乐宫改为太后居地。近年经考古勘探，长乐宫全部面积约六平方公里，占长安城总面积约六分之一。

②自栎阳徙长安：栎阳，县名。故治在今陕西西安临潼东北。战国时曾为秦国都城。咸阳被项羽焚毁，刘邦一直将朝廷设于此地。

③伐匈奴：此年韩王信投降匈奴，引匈奴攻汉，十月，刘邦北伐。

④匈奴围我平城：刘邦中匈奴诱敌之计，被围于平城白登山，七日七夜方才脱困。平城，县名。在今山西大同东北。

高皇帝八年（前199）

①击韩信反虏于赵城：据《高祖本纪》，此年“高祖东击韩王信余反寇于东垣”。则此处韩信即韩王信；赵城，指时属赵国的东垣，在今河北石家庄正定南。

②“贯高作乱”几句：刘邦对女婿赵王张敖很无礼，赵相贯高愤而欲杀刘邦。此年刘邦从东垣回京路过赵地，贯高在柏人县埋伏人欲行刺未果。次年仇家将其告发，被杀。

③“匈奴攻代王”几句：此事《汉书·高帝纪》记于高祖七年十二月。弃国亡，指刘仲抛弃代国的国土、百姓逃回长安。郃（hé）阳，在今陕西渭南合阳东南。

高皇帝九年（前198）

①未央宫成：梁玉绳以为，未央宫与长乐宫同于高祖七年二月落成，“非至是始成也”。然考《史记·高祖本纪》记高祖八年萧何

“营作未央宫,立东阙、北阙、前殿、武库、太仓。高祖还,见宫阙壮甚”,此事《汉书·高帝纪》记于高祖七年二月,曰“萧何治未央宫”云云,皆未说其已成,而《高祖本纪》与此处皆云“未央宫成”,疑其在七年、八年时已成规模,至九年才全部落成。未央宫,遗址在今陕西西安西北汉长安故城内西南隅。萧何主持兴建。近年经考古勘察,宫垣东西长约2300米,南北宽近2000米。可见当初规模之巨大。

②前殿:未央宫前殿遗址在今西安马家寨村北突兀高起的土丘,南北长200米,东西宽约100米,北端最高处达10余米。

③辇上坐:乘辇前来,坐于上座。辇,秦汉后专指帝王后妃所乘的车。

④徙齐田,楚昭、屈、景于关中:将齐国田氏和楚国昭氏、屈氏、景氏几大家族迁入关中。这几个大家族均为战国秦汉之际诸侯后裔,人多势大,刘邦遂听从娄敬建议,将他们迁入关中,一来使其离开原来的势力范围,二来充实关中人口,可以防备匈奴或对付东方诸侯。

⑤迁为相国:萧何由丞相升为相国。据《汉书·百官公卿表》汉至高祖十一年“丞相”更名为“相国”。

⑥御史大夫昌为赵丞相:刘邦为了保护爱子赵王如意,将对吕后有恩的周昌由御史大夫降级为赵丞相派给如意,防止吕后加害。

高皇帝十年(前197)

①太上皇崩:事在本年五月。

②陈豨(xī)反代地:陈豨时为代相,统领赵、代边防部队。因招蓄宾客数千,为高祖所忌,使人案查。宾客诸多不法事都直接牵连到他自身,恐。本年九月勾结匈奴叛乱,自立为代王。

③御史大夫江邑侯赵尧:赵尧原为周昌手下御史,献计让刘邦调周昌为赵相以保护赵王如意,而自己升任御史大夫。赵尧封江邑侯

是在高祖十一年，这是用后来的封号称呼他。

高皇帝十一年（前196）

①诛淮阴、彭越：本年正月，淮阴侯韩信以谋反罪名被族诛。三月，吕后命人诬告彭越谋反，将其族诛。

②黥布反：黥布见韩信、彭越先后被诛杀，害怕被杀，遂于本年七月起兵造反。

③周勃为太尉，攻代：周勃因击破韩王信与匈奴而迁为太尉，此年又领兵进攻在代地叛乱的陈豨。

④后官省：后来太尉一职被取消。

高皇帝十二年（前195）

①冬，击布：黥布造反后，刘邦亲自领兵征讨，至本年十月击败黥布。

②还过沛：刘邦击败黥布后，派别将继续追击，自己领兵回京，路过家乡沛县，置酒大会亲朋父老，做《大风歌》。

③夏，上崩：本年四月，刘邦去世。

④长陵：刘邦的陵墓名。在今陕西咸阳东北。

惠帝元年（前194）

①赵隐王如意死：赵王刘如意，戚夫人所生，深受刘邦喜爱，曾欲立之为太子，使吕后大为嫉恨。刘邦刚去世，吕后就派人将赵王如意召至京师。虽然惠帝对如意加以护持，但吕后仍找机会将如意杀死。时为惠帝元年十二月，距刘邦去世仅八个月。隐，如意的谥号。

②除诸侯丞相为相：这里实际是诸侯王相国改称丞相，以与朝廷的“相国”相区分。改诸侯丞相为相是景帝时事。

惠帝二年（前193）

①楚元王：刘交。刘邦同父异母弟。好读书，多材艺。秦末从高祖起兵，入关后封文信君。又从击项羽，常侍于高祖左右。高祖六年（前201）韩信被袭捕后，被立为楚王。谥“元”。齐悼惠王：高祖之子，惠帝之异母兄。高祖六年（前201）封齐王。惠帝二年（前193）入朝，与惠帝宴饮，不为君臣礼，而以兄弟之礼相待，吕后怒，于酒中下药欲毒害之，未遂。他采纳内史勋（《汉书》作“内史士”）建议，将阳城郡献与吕后之女鲁元公主，并尊公主为王太后，吕后乃罢休。谥“悼惠”。

②七月辛未：七月初五。

③七月癸巳：七月二十七。

④齐相平阳侯曹参为相国：萧何去世前推荐曹参接替自己。曹参时为齐相、平阳侯。

	前192	前191
	三 汉惠帝三年。	四 汉惠帝四年。
大事记	初作长安城[①]。蜀湔氐反[②],击之。 长安城新建成。蜀地湔氐道有氐族人造反,出兵攻打。	三月甲子[①],赦,无所复作[②]。 三月甲子,大赦,遇赦的犯人不再罚做苦役。
相位	二 曹参为相的第二年。	三 曹参为相的第三年。
将位		
御史大夫位		

前190

五 汉惠五帝年。
为高祖立庙于沛城成[1]，置歌儿一百二十人[2]。 在沛城为高祖立的原庙落成，配备一百二十位歌童。 八月乙丑[3]，参卒。 八月乙丑，相国曹参去世。
四 曹参为相的第四年。

前189

	六 汉惠帝六年。
大事记	七月，齐悼惠王薨。立太仓、西市[①]。八月赦齐。 七月，齐悼惠王刘肥去世。设立太仓、西市。（“八月赦齐”四字为衍文）
相位	一　十月己巳[②]，安国侯王陵为右丞相，曲逆侯陈平为左丞相[③]。 王陵、陈平为相的第一年。十月己巳，安国侯王陵出任右丞相，曲逆侯陈平出任左丞相。
将位	尧抵罪[④]。 赵尧因设计保护赵王如意被吕后免去御史大夫之职。
御史大夫位	广阿侯任敖为御史大夫[⑤]。 广阿侯任敖出任御史大夫。

前188

七 汉惠帝七年。
上崩[①]。大臣用张辟彊计[②],吕氏权重,以吕台为吕王[③]。立少帝[④]。九月辛丑[⑤],葬安陵[⑥]。 汉惠帝去世。大臣们用张辟彊的计谋,吕氏家族的权重势大,封吕台为吕王。少帝继位。九月辛丑,汉惠帝葬在安陵。
二 王陵、陈平为相的第二年。

【注释】

汉惠帝三年（前192）

①初作长安城：惠帝元年“始作长安城西北方”，至此年“初作长安城”，而据《吕太后本纪》“（惠帝）三年，方筑长安城，四年就半，五年六年城就”，大约是此年开始全面修筑长安城，至六年完全筑成。

②湔氐（jiān dī）：秦湔氐县，汉改湔氐道，故治在今四川阿坝松潘北。此指居住在这一带的氐人。

汉惠帝四年（前191）

①三月甲子：三月初七。

②无所复作：被赦免的人不再罚做苦役。

汉惠帝五年（前190）

①为高祖立庙于沛城：《高祖本纪》：“及孝惠五年，思高祖之悲乐沛，以沛宫为高祖原庙。”原庙指在正庙以外另立的宗庙。刘邦击败黥布回京路过家乡沛县，悲喜交加，惠帝遂在京城宗庙外，又将沛县的离宫别立为宗庙。

②置歌儿一百二十人：刘邦在沛县教一百二十个儿童唱《大风歌》，此时即令此一百二十个歌儿在庙中守候，“为吹乐，后有缺，辄补之”。

③八月乙丑：八月二十七。

汉惠帝六年（前189）

①太仓：设在京城的国家粮仓。《高祖本纪》高祖八年记萧何修未央宫时已有立太仓的记载，此时又曰“立太仓”，梁玉绳认为当依《汉纪》作“修敖仓”。敖仓是荥阳城北敖山上的粮仓。西市：汉

长安有东西两个主要市场,都在汉长安城内西北部。

②十月己巳:十月二十二。

③安国侯王陵为右丞相,曲逆侯陈平为左丞相:刘邦病重,吕后曾询问萧何之后的相国人选,刘邦提到王陵可以为相,但需陈平辅助。此时吕后即按照刘邦所说行事。

④尧抵罪:赵尧因为刘邦设计保护赵王如意,吕后知道后找机会将他治罪,免去其御史大夫之职。

⑤任敖为御史大夫:任敖与刘邦是同乡好友,自起兵即追随刘邦。按,任敖为御史大夫与赵尧抵罪事均在两年之后的吕后元年。此处记载有误。

汉惠帝七年(前188)

①上崩:惠帝于此年八月去世。

②张辟彊:张良之子。他见吕后在惠帝葬礼上"泣不下",遂劝陈平等让吕氏族人掌权用事,吕氏由此开始把握军政大权。

③以吕台为吕王:吕台是吕后长兄吕泽之子。他是吕氏家族中第一个在世时被封王的。其封国为济南郡,国都东平陵,今山东济南章丘城西。按,据《吕太后本纪》,吕台封王是在下年即吕后元年。

④立少帝:此时的少帝是惠帝之子,《史记》未书其名,《汉书》记其名为刘恭。

⑤九月辛丑:底本作"己卯"。按《吕太后本纪》作"九月辛丑",即九月初五。《汉书·惠帝纪》正作"九月辛丑,葬安陵"。今据改。

⑥安陵:惠帝陵墓名。在刘邦的长陵之西,今陕西咸阳东北。

前187	
	高后元年[①] 汉高后元年。
大事记	王孝惠诸子[②]。置孝悌力田[③]。 封汉惠帝的儿子们为王。设“孝悌力田”科目选拔人才任用为官。
相位	三　十一月甲子，徙平为右丞相，辟阳侯审食其为左丞相[④]。 王陵、陈平为相的第三年。十一月甲子，陈平转任右丞相。辟阳侯审食其出任左丞相。
将位	
御史大夫位	

前186	前185
二 汉高后二年。	**三** 汉高后三年。
十二月，吕王台薨[①]，子嘉代立为吕王。行八铢钱[②]。 十二月，吕王吕台去世，儿子吕嘉继位为吕王。发行八铢钱。	
四　平。 陈平为相的第四年。 **二**　食其。 审食其为相的第二年。	**五** 陈平为相的第五年。 **三** 审食其为相的第三年。
平阳侯曹窋为御史大夫[③]。 平阳侯曹窋出任御史大夫。	

	前184
	四 汉高后四年。
大事记	废少帝,更立常山王弘为帝[1]。 废少帝,改立常山王刘弘为帝。
相位	**六** 陈平为相的第六年。 **四** 审食其为相的第四年。 置太尉官[2]。 重新设置太尉一职。
将位	一　绛侯周勃为太尉[3]。 周勃为太尉的第一年。绛侯周勃出任太尉。
御史大夫位	

前183

五 汉高后五年。
八月，淮阳王薨[1]，以其弟壶关侯武为淮阳王[2]。令戍卒岁更[3]。 八月，淮阳王去世，让他的弟弟壶关侯刘武继任淮阳王。命令戍守边关的士兵每年轮换一次。
七 陈平为相的第七年。 **五** 审食其为相的第五年。
二 周勃为太尉的第二年。

【注释】

高后元年（前187）

①高后元年：高后即刘邦之皇后吕雉，因刘邦谥号高帝，故称其为高后；因其姓吕，也称吕后、吕太后。惠帝去世后，虽立有少帝，但她称制执政，这段时期即以“高后”纪年。

②王孝惠诸子：吕后欲封吕氏子弟为王，故先封惠帝子刘强为淮阳王、刘不疑为常山王。

③置孝悌力田：设立“孝悌力田”为朝廷选拔官吏的科目。汉代选拔官吏，是由地方政府按各种科目向上推荐，最后由朝廷考核任用。梁玉绳曰：“是年除三族及妖言罪，此美事也，何以不书。”

④徙平为右丞相，辟阳侯审食其为左丞相：由于王陵反对封吕氏为王，吕后免去了他的右丞相之职，调迎合自己的陈平为右丞相，又任命自己的宠臣审食其为左丞相，但只管宫中之事。

高后二年（前186）

①十二月，吕王台薨：据《吕太后本纪》，吕台死于此年十一月。

②八铢钱：每文重量为八铢的铜钱。一铢为一两的二十四分之一。八铢钱是为了纠正高祖时“荚钱”（一铢）型制过轻，引起物价高昂而发行的。

③平阳侯曹窋（zhú）：曹窋是曹参之子，袭父爵为平阳侯。

高后四年（前184）

①废少帝，更立常山王弘为帝：惠帝奉吕后之命娶了吕后外甥女张氏为皇后，张皇后无子，少帝乃后宫其他美人所生。吕后杀死少帝生母，谎称其是张皇后之子。少帝知道实情后，发怒说等自己长大后要报仇。吕后遂将其幽禁，对外说其病重，废掉少帝，另立常山王为帝，之后又杀死了少帝。常山王弘，本名刘义，即位

后改名刘弘。

②置太尉官：高祖十一年周勃曾为太尉伐代，后撤销了太尉一职，此年又恢复了太尉一职。

③绛侯周勃为太尉：据《绛侯周勃世家》，置太尉官与周勃为太尉皆在惠帝六年。《正义》曰："按：孝惠六年〔至〕高后八年崩，是十年耳。而《功臣表》及《将相表》云高后四年置太尉官，未详。"

高后五年（前183）

①淮阳王：惠帝之子刘强。高后元年，以淮阳郡为淮阳国，在陈县（今河南周口淮阳）。

②壶关侯武：刘武，高后元年封。壶关侯国，在今山西长治北。

③令戍卒岁更：命令戍守边境的士卒每年轮换一次。

	前182	前181
	六 汉高后六年。	**七** 汉高后七年。
大事记	以吕产为吕王[①]。四月丁酉[②],赦天下。昼昏[③]。 封吕产为吕王。四月丁酉,大赦天下。白昼昏暗。	赵王幽死,以吕禄为赵王。梁王徙赵,自杀[①]。 赵王刘友被幽禁而死,封吕禄为赵王。梁王刘恢转为赵王,不堪忍受吕氏耳目监视而自杀。
相位	**八** 陈平为相的第八年。 **六** 审食其为相的第六年。	**九** 陈平为相的第九年。 **七** 审食其为相的第七年。
将位	**三** 周勃为太尉的第三年。	**四** 周勃为太尉的第四年。
御史大夫位		

前180

八

汉高后八年。

七月，高后崩。九月，诛诸吕[①]。后九月，代王至，践皇帝位[②]。

七月，吕后去世。九月，诛灭了吕氏家族。闰九月，代王刘恒到达京师，继皇帝位。

后九月，食其免相[③]。

闰九月，免去审食其的丞相之位。

十

陈平为相的第十年。

八　七月辛巳，为帝太傅。九月丙戌，复为丞相[④]。

审食其为相的第八年。七月辛巳，出任帝太傅。九月丙戌，再次出任丞相。

五　隆虑侯灶为将军，击南越[⑤]。

周勃为太尉的第五年。隆虑侯周灶作为将军，出击南越。

御史大夫苍。

张苍出任御史大夫。

前179	
	孝文**元**年 汉文帝元年。
大事记	除收孥相坐律[①]。立太子。赐民爵[②]。 废除了一人犯罪全家没入官府为奴的法令。立刘启为太子。赐给全国作为父亲继承者的百姓一级爵位。
相位	**十一**　十一月辛巳,平徙为左丞相,太尉绛侯周勃为右丞相[③]。 陈平为相的第十一年。十一月辛巳,陈平转为左丞相,太尉周勃出任右丞相。
将位	**六**　勃为相,颍阴侯灌婴为太尉[④]。 周勃为太尉的第六年。周勃出任丞相,颍阴侯灌婴出任太尉。
御史大夫位	

前178

二

汉文帝二年。

除诽谤律。皇子武为代王，参为太原王，胜为梁王。

废除诽谤朝廷有罪的法令。封皇子刘武为代王，刘参为太原王，刘胜为梁王。

十月，丞相平薨。

十月，丞相陈平去世。

一　十一月乙亥，绛侯勃复为丞相[1]。

周勃再次为相的第一年。十一月乙亥，绛侯周勃再次出任丞相。

一

灌婴为太尉的第一年。

【注释】

高后六年（前182）

①以吕产为吕王：吕产为吕台之弟。吕台死后，其子吕嘉嗣位为吕王。此年吕后因吕嘉居处骄恣将其废掉，立吕产为吕王。

②四月丁酉：四月初三。

③昼昏：白天天色暗如黄昏。这在当时被认为是“灾异”，故加以记录。

高后七年（前181）

①“赵王幽死”几句：事实经过是：吕后杀掉赵王如意后，迁淮阳王刘友为赵王；刘友不爱王后吕氏女，吕氏女谗之吕后，吕后将他召回京师幽禁饿死。之后吕后又迁梁王刘恢为赵王，以吕产之女为后，并派吕氏亲信监视他，吕氏王后又将其宠妃毒死，刘恢不堪忍受而自杀。此后吕后封自己兄长吕释之之子吕禄为赵王。

高后八年（前180）

①九月，诛诸吕：吕后于此年七月去世，八月刘章约其兄齐王刘襄率兵进京，吕产等派灌婴出兵抵挡，灌婴中途倒戈，朝中的周勃、陈平等迅即发动政变，杀光了吕氏家族与惠帝诸子，准备立代王刘恒为帝，派人去代国迎接他。

②后九月，代王至，践皇帝位：刘恒先派人进京探听到真实消息，然后急速进京，闰九月晦日己酉，抵达长安，接受皇帝印玺继位，是为汉文帝。

③食其免相：审食其凭借是吕后亲信宠臣而为左丞相，诸吕被诛，他亦被免职。

④“七月辛巳”几句：这里主语都是审食其，是他在免相前的职位变动。七月辛巳，七月三十。

⑤隆虑侯灶为将军，击南越：吕后七年，南越王赵佗出兵攻击长沙

国，吕后派隆虑侯周灶率军往击而未成功。此年吕后去世，遂罢兵。隆虑侯灶，周灶，高祖六年封隆虑侯。南越，秦末龙川令赵佗兼并桂林、南海和象三郡所建之国，汉高祖时归附汉朝。建都番禺（今广东广州）。辖境相当于今广东、广西两省及越南大部分地区。

文帝元年（前179）

①收孥（nú）：一人犯法，妻子儿女连坐，没为官奴婢。相坐：谓一人犯法，株连其他人同时治罪。《淮南子·泰族训》："商鞅为秦立相坐之法，而百姓怨矣。"高诱注："相坐之法，一家有罪，三家坐之。"

②赐民爵：据《汉书·文帝纪》，此年"赐天下民当为父后者爵一级"。民爵，秦汉爵的分类名。指庶民可以得到的爵位。其界限因时而异，汉文帝以后具体指二十等爵的一至八级，即公士、上造、簪袅、不更、大夫、官大夫、公大夫、公乘。获民爵者并不能为官。一般情况下，获民爵者不能免除徭役，但一生可少服四年徭役，有罪亦可减免刑罚。民爵亦可出卖。

③"十一月辛巳"几句：陈平迁为左丞相，周勃免去太尉一职，改任右丞相。右丞相比左丞相位次高，周勃超越陈平为右丞相，是因为在平定诸吕时周勃亲自入夺北军，并指挥部署，功劳更大。十一月辛巳，十一月初二。

④颍阴侯灌婴为太尉：由于灌婴没有进攻齐军而是屯兵荥阳，和周勃等内外配合，最终平定了诸吕之乱，故周勃调任丞相后，他被任命为太尉。

文帝二年（前178）

①十一月乙亥，绛侯勃复为丞相：周勃做了右丞相后，月余，有人以功高震主将致祸警告他，他即辞去丞相一职。此年陈平去世，文帝再次拜周勃为丞相。十一月乙亥，十一月初二。

前177

	三 汉文帝三年。
大事记	徙代王武为淮阳王。上幸太原[①]。济北王反[②]。匈奴大入上郡[③]。以地尽与太原，太原更号代[④]。 代王刘武转为淮阳王。文帝亲至太原。济北王刘兴居造反。匈奴大规模入侵上郡。将代国与太原国合并，太原国改名为代国。 十一月壬子，勃免相，之国[⑤]。 十一月壬子，免去周勃的丞相之职，让他到自己的封地去。
相位	一　十二月乙亥，太尉颍阴侯灌婴为丞相。 灌婴为相的第一年。十二月乙亥，太尉颍阴侯灌婴出任丞相。 罢太尉官。 取消了太尉一职。
将位	二　棘蒲侯陈武为大将军，击济北[⑥]。昌侯卢卿、共侯卢罢师、甯侯遬、深泽侯将夜皆为将军[⑦]，属武。祁侯贺将兵屯荥阳[⑧]。 灌婴为太尉的第二年。棘蒲侯陈武任大将军，讨伐济北国。昌侯卢卿、共侯卢罢师、甯侯魏遬、深泽侯赵将夜都任将军，受陈武统辖。祁侯缯贺领兵屯驻在荥阳。
御史大夫位	

前176

四

汉文帝四年。

十二月乙巳①，婴卒。

十二月乙巳，丞相灌婴去世。

一　正月甲午，御史大夫北平侯张苍为丞相。

张苍为相的第一年。正月甲午，原御史大夫北平侯张苍出任丞相。

安丘侯张说为将军，击胡，出代②。

安丘侯张说任将军，出击匈奴，从代国出兵。

关中侯申屠嘉为御史大夫③。

关中侯申屠嘉出任御史大夫。

	前175 **五** 汉文帝五年。
大事记	除钱律[①],民得铸钱。 废除民间不得私自铸钱的法令,百姓可以自己铸钱。
相位	**二** 张苍为相的第二年。
将位	
御史大夫位	

前174	前173
六 汉文帝六年。	**七** 汉文帝七年。
废淮南王,迁严道,道死雍[①]。 淮南王刘长因谋反罪被废,发配严道,途中死在雍地。	四月丙子[①],初置南陵[②]。 四月丙子,开始设立南陵邑,为薄太后预修陵墓。
三 张苍为相的第三年。	**四** 张苍为相的第四年。

【注释】

文帝三年（前177）

①上幸太原：此年五月，匈奴入寇，文帝至甘泉（今陕西咸阳淳化西北），遣灌婴击匈奴，匈奴撤走，文帝从甘泉至高奴（今陕西延安东北延河北岸），又到了太原国。太原国，都晋阳（今山西太原）。

②济北王反：济北王刘兴居是刘襄和刘章之弟，三兄弟在平定诸吕之乱中起了极其重要的任用，功劳巨大。原本计划封刘章和刘兴居为赵王、梁王，但因后来得知齐王刘襄称帝的打算，文帝只在刘襄的齐国封地中割出城阳郡封刘章为城阳王，割出济北郡封刘兴居为济北王。刘章在此年四月郁愤而死，刘兴居乘文帝北上出击匈奴之机，发兵叛乱。

③上郡：郡治肤施，在今陕西榆林东南。

④以地尽与太原，太原更号代：将原代国、太原之地合并为代国，刘参改封为代王，仍都晋阳。

⑤勃免相，之国：文帝曾在二年冬下诏诸侯回到自己的封地去，但没有执行。此年十一月，文帝下诏命周勃带头回封地，遂免去他的丞相一职，到绛侯封地闲居。

⑥击济北：文帝派陈武迎击济北王刘兴居。

⑦甯侯遬：当时的甯侯为魏遬（一名魏选）。深泽侯将夜：当时的深泽侯为赵将夜。

⑧祁侯贺：当时的祁侯为缯贺。将兵屯荥阳：缯贺率卢卿等将军屯驻荥阳以为后援。

文帝四年（前176）

①十二月乙巳：本月无乙巳，疑误记。

②安丘侯张说为将军，击胡，出代：此事别处未见记载。

③关中侯申屠嘉为御史大夫：据《汉书·百官公卿表》此年的御史

大夫名围，申屠嘉至文帝十六年都为御史大夫。关中侯，即关内侯，只有侯号而无封地，居于京师。

文帝五年（前175）

①钱律：西汉政府有关禁止民间私铸钱币的律令。汉高祖刘邦即帝位不久，因秦钱重难用，放弃了中央政府垄断铜币铸造权的政策，听任私人铸钱，结果导致轻薄劣钱充斥，物价腾贵。故高后二年（前186）对钱法进行整顿，铸行八铢钱，并下令禁止私铸钱。

文帝六年（前174）

①“废淮南王”几句：淮南王刘长为文帝异母弟，骄纵跋扈，在封地不尊汉法，自定法令。此年与匈奴、闽越首领联络，图谋叛乱，事泄，废王号，谪徙严道，途中绝食死于雍。严道，属蜀郡，故治在今四川雅安荥经。道是县一级行政单位，因县有蛮夷，故称“道”。雍，县名。在今陕西宝鸡凤翔西南。

文帝七年（前173）

①四月丙子：四月初四。

②初置南陵：文帝之母薄太后预修的陵墓位于汉文帝霸陵之南，称南陵，此年在当地设立南陵邑。在今陕西西安东郊。

	前172	前171
	八 汉文帝八年。	**九** 汉文帝九年。
大事记	太仆汝阴侯滕公卒[1]。 原滕公现太仆汝阴侯夏侯婴去世。	温室钟自鸣[1]。以芷阳乡为霸陵[2]。 温室的钟自己鸣响。因文帝在芷阳乡建造霸陵，将此地改称霸陵邑。
相位	**五** 张苍为相的第五年。	**六** 张苍为相的第六年。
将位		
御史大夫位		御史大夫敬[3]。 冯敬出任御史大夫（应在文帝七年）。

前170	前169
十 汉文帝十年。	十一 汉文帝十一年。
诸侯王皆至长安[①]。 诸侯王都到长安来朝见。	上幸代。地动。 文帝亲至代国。发生地震。
七 张苍为相的第七年。	八 张苍为相的第八年。

	前168	前167
	十二 汉文帝十二年。	**十三** 汉文帝十三年。
大事记	河决东郡金堤[①]。徙淮阳王为梁王[②]。 黄河在东郡金堤决口。淮阳王刘武改封为梁王。	除肉刑及田租税律、戍卒令[①]。 废除肉刑,对种田人不再征税,废除守边士兵一年一轮换的戍卒令。
相位	**九** 张苍为相的第九年。	**十** 张苍为相的第十年。
将位		
御史大夫位		

前166	前165
十四 汉文帝十四年。	**十五** 汉文帝十五年。
匈奴大入萧关[①],发兵击之[②],及屯长安旁。 匈奴大规模入侵萧关,汉朝发兵迎击,并派兵在长安旁边屯驻。	黄龙见成纪[①]。上始郊见雍五帝[②]。 黄龙出现在成纪县。文帝开始到雍县祭祀东西南北中五天帝。
十一 张苍为相的第十一年。	**十二** 张苍为相的第十二年。
成侯董赤、内史栾布、昌侯卢卿、隆虑侯灶、甯侯遬皆为将军[③],东阳侯张相如为大将军,皆击匈奴。中尉周舍、郎中令张武皆为将军[④],屯长安旁[⑤]。 成侯董赤、内史栾布、昌侯卢卿、隆虑侯周灶、甯侯魏遬都任将军,东阳侯张相如任大将军,都出击匈奴。中尉周舍、郎中令张武都任将军,在长安旁边屯驻。	

【注释】

文帝八年（前172）

①太仆汝阴侯滕公：夏侯婴。因曾被刘邦封为滕县县令，故习称滕公。他长期为刘邦驾车，入汉后任太仆，为九卿之一，负责掌管皇帝之舆马和马政。因功被封为汝阴侯。

文帝九年（前171）

①温室：古宫殿名。在未央宫北。

②以芷阳乡为霸陵：因文帝在芷阳乡修建自己的霸陵，遂将其改名为霸陵邑，级别为县级。芷阳乡，古乡名。芷阳县之芷阳乡，在今陕西西安东北。

③御史大夫敬：冯敬为御史大夫。按，据《汉书·百官公卿表》，冯敬为御史大夫在文帝七年。

文帝十年（前170）

①诸侯王皆至长安：梁玉绳曰："按表，是年只三国来朝，不得言'皆至'。"

文帝十二年（前168）

①河决东郡金堤：黄河在东郡金堤决口。东郡，郡名。治濮阳（今河南濮阳西南）。金堤，西汉时在东郡、魏郡、平原郡界内黄河两岸，均有石筑河堤，高可达四五丈。此指东郡境内浚县、滑县一带黄河堤岸。

②徙淮阳王为梁王：淮阳王刘武改封为梁王。刘武即后来的梁孝王。

文帝十三年（前167）

①肉刑：残害肉体的刑罚，古指墨、劓（yì）、剕（fèi）、宫、大辟等。今

泛指对受审者肉体上的处罚。淳于意有罪当受肉刑，其女缇萦上书自请没为官婢以赎父罪，文帝深受感动，遂废肉刑，改为鞭笞。田租税律：此年文帝下诏不再向农民征收田租。

文帝十四年（前166）

①匈奴大入萧关：据《孝文本纪》，“十四年冬，匈奴……攻朝那塞，杀北地都尉卬”。萧关，在今宁夏固原东南。为关中通往塞北的交通要冲。

②发兵击之：匈奴入侵，文帝本欲亲征，经众臣及太后固谏，乃派张相如等迎击。

③内史：官名。管理京畿地区，即后世之京兆尹。

④中尉：官名。掌京师治安，汉时并兼领北军（首都卫戍军之一部）。后改称执金吾。郎中令：官名。掌管宫内一切事务，位列九卿。后改名光禄勋。

⑤屯长安旁：周舍、张武率军屯驻于渭河北岸，长安在渭河南岸。

文帝十五年（前165）

①黄龙见成纪：这是方士公孙臣等想推动汉朝改制从中捞取好处而弄的玄虚。成纪，汉县名。治在今甘肃平凉静宁西南。

②上始郊见雍五帝：汉文帝开始到雍地祭祀五帝。郊，祭礼。古代天子在郊外祭天或祭地。雍，汉县名。在今陕西宝鸡凤翔西南。五帝，指东西南北中的五方天帝。

	前164	前163
	十六 汉文帝十六年。	**后元年**[①] 汉文帝后元元年。
大事记	上郊见渭阳五帝[①]。 文帝开始在渭阳五帝庙祭祀五天帝。	新垣平诈言方士，觉，诛之[②]。 新垣平用假方术说谎行骗，被揭发出来，被诛杀。
相位	**十三** 张苍为相的第十三年。	**十四** 张苍为相的第十四年。
将位		
御史大夫位		

前162

二 汉文帝后元二年。
匈奴和亲[①]。地动。 与匈奴重修和亲。发生地震。
八月戊辰[②]，苍免相[③]。 八月戊辰，免除张苍的丞相之职。
十五　八月庚午[④]，御史大夫申屠嘉为丞相，封故安侯。 张苍为相的第十五年。八月庚午，御史大夫申屠嘉出任丞相，被封为故安侯。
御史大夫青[⑤]。 陶青出任御史大夫。

	前161	前160	前159
	三 汉文帝后元三年。	**四** 汉文帝后元四年。	**五** 汉文帝后元五年。
大事记	置谷口邑[①]。 设置谷口邑。		上幸雍[①]。 文帝亲至雍县。
相位	**二** 申屠嘉为相的第二年。	**三** 申屠嘉为相的第三年。	**四** 申屠嘉为相的第四年。
将位			
御史大夫位			

前158

六 汉文帝后元六年。
匈奴三万人入上郡[①]，二万人入云中[②]。 匈奴三万人入侵上郡，两万人入侵云中郡。
五 申屠嘉为相的第五年。
以中大夫令免为车骑将军[③]，军飞狐[④]；故楚相苏意为将军，军句注[⑤]；将军张武屯北地[⑥]；河内守周亚夫为将军[⑦]，军细柳[⑧]；宗正刘礼军霸上[⑨]；祝兹侯徐厉军棘门[⑩]：以备胡。数月，胡去，亦罢。 让中大夫令免任车骑将军，驻军飞狐塞；原楚相苏意任将军，驻军句注山；将军张武屯驻北地郡；河内守周亚夫任将军，驻军细柳；宗正刘礼驻军霸上；祝兹侯徐厉驻军棘门：用来防备匈奴。几个月后，匈奴退兵，汉军也撤兵了。

【注释】

文帝十六年（前164）

①渭阳五帝：渭阳五帝庙，祀白、青、黄、赤、黑五帝。庙在渭城（今陕西咸阳东北），渭水与霸水会合处的北面。

文帝后元元年（前163）

①后元年：此年有人向文帝献上玉杯，上刻“人主延寿”，文帝以为祥瑞，于是改元。

②新垣平诈言方士，觉，诛之：新垣平是赵国人，号称善于观望天地气运，云“长安东北有神气，成五采”，建议在渭阳作五帝庙。赐爵上大夫及千金。又假言多种符瑞，让人献上“人主延寿”玉杯，并要求于汾阴南治庙迎“周鼎”。后骗术被人告发，被杀。

文帝后元二年（前162）

①匈奴和亲：此年汉文帝与匈奴老上单于互相通信，休兵罢战，再结和亲，“和亲已定，始于今年”。

②八月戊辰：八月初二。

③苍免相：张苍因反对公孙臣汉属土德，后果有黄龙见成纪之瑞，于是称病自绌。此年又因所任官员有罪，被文帝责备，遂以病免相。

④八月庚午：八月初四。

⑤御史大夫青：陶青为御史大夫。陶青，高祖功臣陶舍之子。高祖十二年袭爵为开封侯。

文帝后元三年（前161）

①谷口邑：即谷口县。故治在今陕西咸阳礼泉东北，地当泾水的出山之口。

文帝后元五年（前159）

①上幸雍：此年三月，汉文帝亲自到雍县祭祀五方天帝。此年正月汉文帝先至陇西，再至雍，七月至代地。

文帝后元六年（前158）

①上郡：汉郡名。治肤施（今陕西榆林东南）。

②云中：汉郡名。治云中县（今内蒙古鄂尔多斯东北）。

③中大夫令免：名叫免的中大夫令。中大夫令，官名。宫中郎官大夫之长。即郎中令，掌殿中侍卫诸郎，并为皇帝之顾问参议，宿卫侍从，及传达接待之任。汉武帝改称光禄勋。

④飞狐：即飞狐口。在今河北保定涞源北、张家口蔚县东南。

⑤句注：古山名。在今山西忻州代县西北。以山形勾转、水势注流而名。又名西陉山、陉岭，亦称雁门山。为古代北方军事重地。《吕氏春秋》以其为天下九塞之一。

⑥北地：汉郡名。治马岭（今甘肃庆阳西北马岭镇）。

⑦河内守：河内郡太守。河内，汉郡名。郡治怀县（治所在今河南焦作武陟西南）。周亚夫，周勃之子。

⑧细柳：古地名。在当时长安城西（今陕西咸阳西南）渭河北岸。汉置细柳仓于此。

⑨宗正：官名。职掌皇室亲族，负责编序皇族外戚属籍。位列九卿。秩中二千石。霸上：古地名。一作“灞上”。在当时长安东南（今陕西西安东）霸水西岸。为古代咸阳、长安附近军事要地。

⑩棘门：古地名。在今陕西咸阳东北。本秦宫门。古时宫门插棘，故名。

前157

	七 汉文帝后元七年。
大事记	六月己亥[①],孝文皇帝崩。其年丁未,太子立[②]。民出临三日[③],葬霸陵。 六月己亥,汉文帝去世。本月丁未(“其年”为衍文),太子刘启继位。百姓出门哭丧三天,汉文帝葬在霸陵。
相位	**六** 申屠嘉为相的第六年。
将位	中尉亚夫为车骑将军[④],郎中令张武为复土将军[⑤],属国捍为将屯将军[⑥]。詹事戎奴为车骑将军,侍太后[⑦]。 中尉周亚夫任车骑将军,郎中令张武任复土将军,典属国徐捍任将屯将军。詹事戎奴任车骑将军,做太后的侍从仪卫。
御史大夫位	

前156

孝景**元**年 汉景帝元年。
立孝文皇帝庙,郡国为太宗庙[①]。 在京城立孝文皇帝庙,在郡国立太宗庙。
七 申屠嘉为相的第七年。 置司徒官[②]。 设置司徒一职。

前155

	二 汉景帝二年。
大事记	立皇子德为河间王,阏为临江王,徐为淮阳王,非为汝南王,彭祖为广川王,发为长沙王。四月中,孝文太后崩[1]。 封皇子刘德为河间王,刘阏为临江王,刘馀为淮阳王,刘非为汝南王,刘彭祖为广川王,刘发为长沙王。四月中旬,孝文帝的母亲薄太后去世。 嘉卒[2]。 丞相申屠嘉去世。
相位	八 开封侯陶青为丞相。 申屠嘉为相的第八年。开封侯陶青出任丞相。
将位	
御史大夫位	御史大夫错[3]。 晁错出任御史大夫。

前154

三

汉景帝三年。

吴楚七国反[1]，发兵击，皆破之[2]。皇子端为胶西王，胜为中山王。

吴、楚等七个诸侯国造反，朝廷发兵讨伐，将它们全部打败。封皇子刘端为胶西王，刘胜为中山王。

二

陶青为相的第二年。

置太尉官[3]。

设置太尉一职。

中尉条侯周亚夫为太尉，击吴楚；曲周侯郦寄为将军，击赵[4]；窦婴为大将军，屯荥阳；栾布为将军，击齐[5]。

中尉条侯周亚夫出任太尉，讨伐吴、楚叛军；曲周侯郦寄任将军，讨伐赵国叛军；窦婴为大将军，屯驻荥阳；栾布任将军，讨伐齐国叛军。

【注释】

文帝后元七年（前157）

①六月己亥：六月初一。

②丁未，太子立：六月初九，太子刘启继位，即汉景帝。

③民出临三日：百姓们出门哭丧三天。文帝遗诏反对因为自己服丧而使百姓“重服久临，以罹寒暑之数，哀人父子，伤长老之志，损其饮食，绝鬼神之祭祀”，乃“其令天下吏民，令到出临三日，皆释服”。

④中尉亚夫：中尉周亚夫。中尉，武官名。掌京师治安，汉时并兼领北军（首都卫戍军之一部）。

⑤复土将军：杂号将军名。掌修治陵墓之事。《索隐》曰：“谓穿圹出土，下棺已而填之，即以为坟，故云复土。”

⑥属国捍：名叫捍的典属国。属国，典属国，官名。职掌少数民族归降、朝贡之事。居列卿之位。将屯将军：杂号将军名。掌屯军以备非常之事。

⑦詹事戎奴为车骑将军，侍太后：梁玉绳曰：“车骑将军已有亚夫，何以又命戎奴？詹事之官，元掌太后宫者，何必将军？盖太后送葬霸陵，别有仪卫，戎奴以本官为将军扈行也。”詹事戎奴，名叫戎奴的詹事。詹事，即给事，职掌太子、皇后之供给事，秩真二千石。太后，此指文帝的皇后窦氏。文帝去世，她即转为太后。

景帝元年（前156）

①立孝文皇帝庙，郡国为太宗庙：在京城和在各郡治所、诸侯国国都皆为文帝立庙，称太宗庙。据《孝文本纪》，丞相申屠嘉等言：“世功莫大于高皇帝，德莫盛于孝文皇帝，高皇庙宜为帝者太祖之庙，孝文皇帝庙宜为帝者太宗之庙。……郡国诸侯宜各为孝文皇帝立太宗之庙。”文帝为太宗，《集解》引应劭曰：“始取天下者为祖，

高帝称高祖是也。始治天下者为宗,文帝称太宗是也。"

②置司徒官:梁玉绳曰:"哀帝元寿二年始改丞相为大司徒,此时安得有之?《史诠》以为错简之文。"

景帝二年(前155)

①孝文太后:即文帝之母薄太后。

②嘉卒:丞相申屠嘉去世。晁错深得景帝信任,申屠嘉所言不用,嫉恨晁错。因以晁错擅自洞穿宗庙墙垣罪请诛之,景帝不许,申屠嘉怒而呕血死。

③御史大夫错:晁错升任御史大夫。

景帝三年(前154)

①吴楚七国反:景帝采纳晁错削藩之议,逐步削减诸侯王封地,引起各诸侯王不满。此年正月吴王刘濞串通楚王刘戊、赵王刘遂、胶东王刘雄渠、胶西王刘卬、淄川王刘贤、济南王刘辟光六国诸侯王,以诛晁错"清君侧"为名,发动叛乱。

②发兵击,皆破之:景帝派太尉周亚夫等率军击之,历时三月,大破吴、楚联军。刘濞被杀,刘戊等皆自杀。

③置太尉官:文帝三年罢太尉官,此年重新设置了太尉一职,作为最高军事长官率军平定七国之乱。

④曲周侯郦寄为将军,击赵:郦寄围赵十个月才将其攻下,赵王自杀。

⑤栾布为将军,击齐:七国之乱时,胶西、淄川、济南三国围困齐都临淄,栾布领兵攻打三国,解除临淄之围。

	前153	前152
	四 汉景帝四年。	**五** 汉景帝五年。
大事记	立太子[1]。 立刘荣为太子。	置阳陵邑[1]。 预修阳陵，设置阳陵邑。 丞相北平侯张苍卒[2]。 丞相北平侯张苍去世。
相位	**三** 陶青为相的第三年。	**四** 陶青为相的第四年。
将位	二　太尉亚夫。 周亚夫为太尉的第二年。 周亚夫出任太尉。	三 周亚夫为太尉的第三年。
御史大夫位	御史大夫蚡[2]。 田蚡出任御史大夫。	

前151

六 汉景帝六年。
徙广川王彭祖为赵王。 改封广川王刘彭祖为赵王。
五 陶青为相的第五年。
四 周亚夫为太尉的第四年。
御史大夫阳陵侯岑迈①。 阳陵侯岑迈出任御史大夫。

前150

	七 汉景帝七年。
大事记	废太子荣为临江王。四月丁巳,胶东王立为太子[①]。 废除刘荣太子之位,降为临江王。四月丁巳,立胶东王刘彻为太子。 青罢相。 免除陶青的丞相之职。
相位	六月乙巳,太尉条侯亚夫为丞相[②]。 六月乙巳,太尉条侯周亚夫出任丞相。 罢太尉官。 取消了太尉一职。
将位	**五** 迁为丞相。 周亚夫为太尉的第五年。周亚夫升迁为丞相。
御史大夫位	御史大夫舍[③]。 刘舍出任御史大夫。

前149	前148
中元年 汉景帝中元元年。	二 汉景帝中元二年。
	皇子越为广川王，寄为胶东王。 封皇子刘越为广川王，刘寄为胶东王。
二 周亚夫为相的第二年。	三 周亚夫为相的第三年。

【注释】

景帝四年(前153)

①立太子:立长子刘荣为太子。其母为栗姬,又称栗太子。

②御史大夫蚡:田蚡为御史大夫。田蚡是景帝王夫人同母异父的弟弟,其事详见《魏其武安侯列传》。按,史书中未见田蚡出任御史大夫的记载,此处当从《汉书》作"御史大夫介"。陈直说:"按:《汉书·百官公卿表》作'御史大夫介'。'介'字与'蚡'字右旁形相似,疑本作'介'字,因建元六年田蚡为丞相条牵连而误。"又,去年御史大夫晁错被杀,故此年新任命御史大夫。史失记。

景帝五年(前152)

①置阳陵邑:景帝为自己预修陵墓阳陵,在其地设邑,称阳陵邑。

②丞相北平侯张苍卒:按,当时的丞相是陶青,张苍早已免相,此处不当称丞相。

景帝六年(前151)

①御史大夫阳陵侯岑迈:陈直曰:"按:《史记》傅宽封阳陵侯,至元狩元年始国除。此时岑迈不得再封阳陵侯,当有误字。岑迈官御史大夫,不见于《汉书·百官公卿表》,岑迈之名,亦不见于其他文献,最为可宝材料。"

景帝七年(前150)

①"废太子荣为临江王"几句:景帝之姐刘嫖初欲与太子刘荣结亲,刘荣之母栗夫人没答应;她转而求与当时的胶东王刘彻结亲,刘彻之母王夫人欲借长公主之力使儿子立为太子,遂立即应允。两人乃设计使景帝厌恶栗夫人,又废刘荣为临江王。而因长公主常在景帝前夸奖刘彻,景帝最终立刘彻为太子,王夫人为皇后。临

江,都江陵(今湖北荆州江陵)。辖境仅南郡一郡之地。四月丁巳,四月二十九。胶东王,刘彻,即日后的汉武帝。

②六月乙巳,太尉条侯亚夫为丞相:《景帝本纪》记此事在二月乙巳。其记事顺序为:废栗太子、陶青罢相、周亚夫由太尉为丞相、立胶东王为太子。周亚夫拜相在刘彻立为太子前,则此处当依《景帝本纪》作“二月乙巳”。

③御史大夫舍:刘舍出任御史大夫。刘舍为刘襄之子。刘襄本项羽族人,后投降刘邦,被封为桃侯。刘襄死后刘舍袭爵。

	前147 **三** 汉景帝中元三年。
大事记	皇子乘为清河王。 封皇子刘乘为清河王。 亚夫免相①。 免除周亚夫的丞相之职。
相位	**四**　御史大夫桃侯刘舍为丞相。 周亚夫为相的第四年。御史大夫桃侯刘舍出任丞相。
将位	
御史大夫位	御史大夫绾②。 卫绾出任御史大夫。

前146	前145
四 汉景帝中元四年。	**五** 汉景帝中元五年。
临江王征，自杀[①]，葬蓝田[②]，燕数万为衔土置冢上。 临江王刘荣被征召到长安，被逼自杀，葬在蓝田县，有几万只燕子衔来泥土放在他的坟墓上。	皇子舜为常山王。 封皇子刘舜为常山王。
二 刘舍为相的第二年。	**三** 刘舍为相的第三年。

前144

	六 汉景帝中元六年。
大事记	梁孝王武薨[1]。分梁为五国，王诸子[2]：子买为梁王，明为济川王，彭离为济东王，定为山阳王，不识为济阴王。 梁孝武王刘武去世。将梁国为分五个小国，分封刘武的几个儿子为王：刘买为梁王，刘明为济川王，刘彭离为济东王，刘定为山阳王，刘不识为济阴王。
相位	四 刘舍为相的第四年。
将位	
御史大夫位	

前143

后元年

汉景帝后元元年。

五月，地动。七月乙巳[1]，日蚀。

五月，发生地震。七月乙巳，发生日食。

舍免相。

免除刘舍的丞相之职。

五　八月壬辰[2]，御史大夫建陵侯卫绾为丞相。

刘舍为相的第五年。八月壬辰，御史大夫建陵侯卫绾出任丞相。

御史大夫不疑。

直不疑出任御史大夫。

【注释】

景帝中元三年（前147）

①亚夫免相：周亚夫因坚持原则，得罪了景帝、窦太后、王皇后等人，景帝逐渐疏远他。后匈奴王唯徐卢等五人降，景帝欲封他们为侯以招徕其他匈奴人，周亚夫不同意，景帝否定了他的意见，周亚夫遂谢病，此年免相。

②御史大夫绾：任命卫绾为御史大夫。卫绾，文帝时，任中郎将。景帝时，曾任河间王太傅。吴楚七国之乱起，奉命率河间兵击吴楚有功，拜中尉，封建陵侯。后任丞相。在位敦谨自守，无所兴废，为景帝所信任。

景帝中元四年（前146）

①临江王征，自杀：刘荣被废为临江王，在位三年，因侵占庙壖垣建宫室，被朝廷传讯，被逼自杀，国除，汉于其地置南郡。谥“闵”（一作“愍”）。

②蓝田：汉县名。故治在今陕西西安蓝田西灞河西岸。因县东南有蓝田山，故名。

景帝中元六年（前144）

①梁孝王武薨：梁孝王刘武，景帝同母弟，深受窦太后所钟爱。景帝与之燕饮时曾许以“千秋万代后传位于王”。吴楚七国之乱时，他与太尉周亚夫配合，共拒叛军，有功。所得封地既广且富，太后赏赐亦多，并赐天子旌旗，出警入跸，拟于天子。入朝京师时，入宫则与景帝同辇，出猎则同车。由是骄横跋扈，在国大治宫苑，广敛钱财，珠玉宝器超过京师。又大量招纳四方名士。曾通过太后求为嗣君，因袁盎等议异而止。刘彻被立为太子，由是怀恨，进而与羊胜、公孙诡合谋，暗杀袁盎等朝臣十余人，遂被疏远。此年病

死，谥“孝”。

②分梁为五国，王诸子：梁国原本为大诸侯国，至此被分为五国，已无力与汉朝廷抗衡。

景帝后元元年（前143）

①七月乙巳：七月二十九。

②八月壬辰：此年八月无壬辰，此处记载有误。

	前142	前141
	二 汉景帝后元二年。	三 汉景帝后元三年。
大事记		正月甲子[①]，孝景皇帝崩。二月丙子[②]，太子立。 正月甲子，孝景皇帝去世。二月丙子，太子刘彻继位。
相位	二 卫绾为相的第二年。	三 卫绾为相的第三年。
将位	六月丁丑，御史大夫岑迈卒[①]。 六月丁丑，御史大夫岑迈去世。	
御史大夫位		

前 140

孝武建元元年[①]

汉武帝建元元年。

绾免相。

免除卫绾的丞相之职。

四　魏其侯窦婴为丞相[②]。

卫绾为相的第四年。魏其侯窦婴出任丞相。

置太尉[③]。

恢复设置太尉一职。

武安侯田蚡为太尉[④]。

武安侯田蚡出任太尉。

御史大夫抵[⑤]。

牛抵出任御史大夫。

	前139 二 汉武帝建元二年。
大事记	置茂陵[1]。 预修茂陵,设置茂陵邑。 婴免相[2]。 免除窦婴的丞相之职。
相位	二月乙未[3],太常柏至侯许昌为丞相[4]。 二月乙未,太常柏至侯许昌出任丞相。 蚡免太尉[5]。 免除田蚡的太尉之职。 罢太尉官。 取消了太尉一职。
将位	
御史大夫位	御史大夫赵绾[6]。 赵绾出任御史大夫。

前138	前137	前136
三 汉武帝建元三年。	**四** 汉武帝建元四年。	**五** 汉武帝建元五年。
东瓯王广武侯望率其众四万余人来降，处庐江郡[①]。 东瓯王广武侯望率领部众四万多人前来归降，将他们安置在庐江郡。		行三分钱[①]。 发行三分钱。
二 许昌为相的第二年。	**三** 许昌为相的第三年。	**四** 许昌为相的第四年。
	御史大夫青翟[①]。 庄青翟出任御史大夫。	

【注释】

景帝后元二年（前142）

①六月丁丑，御史大夫岑迈卒：陈直曰："六年岑迈为御史大夫，七年有御史大夫舍（刘舍），中三年有御史大夫绾（卫绾），后元年有御史大夫不疑（直不疑），而后二年又书'六月丁丑御史大夫岑迈卒'。照表文体例，岑迈仅官御史大夫一年，既未迁丞相，亦未注罢免，以后刘舍及卫绾等连任此官，隔了九年之久，忽记岑迈之卒，于体例不合，此条应为误文。"

景帝后元三年（前141）

①正月甲子：正月二十七。

②二月丙子：二月初九。

武帝建元元年（前140）

①孝武：按，依司马迁《史记》迄于太初，应称武帝为"今上"。但此表后来佚失，现可见者为后人续补，故此处称"孝武"。

②魏其侯窦婴为丞相：窦婴是窦太后族侄，在平定七国之乱时有功，封魏其侯。

③置太尉：景帝七年（前150）罢太尉官，此年第三次恢复这一职位。

④武安侯田蚡为太尉：武帝继位之初，田蚡在协助武帝稳定时局等方面多有贡献。他作为外戚新贵本欲与窦婴争丞相之位，后被劝说主动请任太尉。

⑤御史大夫抵：此人《汉书》作牛抵，由齐相升任御史大夫。《史记》中仅此一见，事迹不详。

武帝建元二年（前139）

①茂陵：汉武帝为自己预修的陵墓，并在当地建陵邑。地在今陕西

咸阳兴平东北咸阳原西端(时为槐里县茂乡)。

②婴免相:窦婴等提倡儒家学说,以与喜好黄老之学的窦太后相抗衡,被窦太后打压而免职。

③二月乙未:二月初十。

④太常柏至侯许昌为丞相:窦太后打压窦婴等,提拔任命许昌为丞相。

⑤蚡免太尉:田蚡因与窦婴等鼓吹儒家学说,被窦太后一并免职,太尉一职也再次被废止。

⑥御史大夫赵绾:赵绾曾受《诗》于申培,尊奉儒学,窦婴、田蚡等为提倡儒术,提拔其为御史大夫。据《魏其武安侯列传》,建元元年他就被任命为御史大夫,二年因奏请武帝不要再向窦太后奏事而被免职,后自杀。

武帝建元三年(前138)

①东瓯王广武侯望率其众四万余人来降,处庐江郡:此年闽越王受吴王刘濞之子怂恿进攻东瓯,东瓯向汉朝求救,武帝派兵往救,未至而闽越撤军,东瓯王请求举国内迁,遂处江淮之间。庐江郡,当时郡治当在番阳(今江西上饶鄱阳东北),辖境约相当于今江西北部濒江之地及安徽长江以南的西部部分地区。

武帝建元四年(前137)

①御史大夫青翟:窦太后任命庄青翟为御史大夫。事当在建元二年赵绾被罢逐之后。

武帝建元五年(前136)

①三分钱:汉钱币名。即有廓"半两"钱。三分钱按半两(十二铢)的三分之一计,其重量为四铢,故称"三分钱",实即恢复了汉文帝时的四铢"半两"钱制度。这种半两钱因采取有廓形式,可防止人们磨取铜屑,是钱制上的一项改进。

	前135	前134
	六 汉武帝建元六年。	元光**元**年① 汉武帝元光元年。
大事记	正月，闽越王反①。孝景太后崩②。 正月，闽越王谋反。孝景帝的母亲窦太后去世。 昌免相③。 免除许昌的丞相之职。	
相位	**五**　六月癸巳④，武安侯田蚡为丞相⑤。 许昌为相的第五年。六月癸巳，武安侯田蚡出任丞相。	**二** 田蚡为相的第二年。
将位	青翟为太子太傅⑥。 庄青翟任太子太傅。	
御史大夫位	御史大夫安国⑦。 韩安国出任御史大夫。	

前133

二 汉武帝元光二年。
帝初之雍，郊见五畤[①]。 武帝第一次到雍县，在五畤祭天。
三 田蚡为相的第三年。
夏，御史大夫韩安国为护军将军，卫尉李广为骁骑将军，太仆公孙贺为轻车将军，大行王恢为将屯将军，太中大夫李息为材官将军，篡单于马邑[②]，不合[③]，诛恢[④]。 此年夏，御史大夫韩安国任护军将军，卫尉李广任骁骑将军，太仆公孙贺任轻车将军，大行王恢任将屯将军，太中大夫李息任材官将军，在马邑伏击单于，事泄未成功，杀死王恢。

【注释】

武帝建元六年（前135）

①正月，闽越王反：此年闽越击南越，南越向朝廷报告，武帝派兵相救，闽越人杀其王郢投降。闽越，为古代越族之一支，秦汉时分布在今浙江南部、福建北部一带，其首领无诸相传为越王句践之后。汉高祖五年（前202）置闽越国，封无诸为王，治东冶（今福建福州），辖境相当于今浙江南部和福建省。按，《汉书·武帝纪》记闽越反事在此年八月。

②孝景太后崩：《汉书·武帝纪》记孝景太后死于此年五月。孝景太后即窦太后，汉景帝之母，武帝祖母。其一生经历颇为传奇，对汉初政治有较大影响。详见《外戚世家》。

③昌免相：窦太后去世，她所任命的丞相许昌即被罢免。

④六月癸巳：六月初三。

⑤武安侯田蚡为丞相：窦太后去世，田蚡、王太后一派势力取代窦太后，田蚡也超越窦婴成为丞相。

⑥青翟为太子太傅：庄青翟为窦太后一派，窦太后死后从御史大夫降为太子太傅。

⑦御史大夫安国：韩安国出任御史大夫。

武帝元光元年（前134）

①元光：建元六年，因有长星见，故第二年改元元光。

武帝元光二年（前133）

①郊见五畤（zhì）：在密畤等五畤举行祭天典礼。五畤，祭祀黄帝、炎帝（赤帝）、青帝、白帝、黑帝五帝的五处畤的合称。在今陕西宝鸡凤翔西南。《正义》以鄜畤（秦文公作，祭白帝）、密畤（秦宣公作，祭青帝）、吴阳上畤、吴阳下畤（秦灵公作，祭赤帝、黄帝）、

北畤（汉高祖作，祭黑帝）为五畤。畤，古时帝王祭祀天地五帝的场所。

②篡单于马邑：此即马邑之战。武帝接受王恢建议，派韩安国等率大军三十万在马邑设伏，派商人聂壹诱匈奴单于进入包围圈而一举歼灭，但计谋败露，单于撤走，汉军无功而返。篡，用强力夺取。此指伏击。单于，此时的匈奴单于为军臣单于。马邑，汉县名。治在今山西朔州。

③不合：不成功。合，成。

④诛恢：马邑之战，单于撤走，王恢未按战前部署出击单于辎重，擅自引兵罢归。武帝大怒，他虽力辩，不成。又求助于丞相及太后，亦无效。武帝下令诛之，他闻知后，乃自杀。

	前132	前131
	三 汉武帝元光三年。	**四** 汉武帝元光四年。
大事记	五月丙子[1]，河决于瓠子[2]。 五月丙子，黄河在瓠子河口决口。	十二月丁亥[1]，地动。 十二月丁亥，发生地震。 蚡卒[2]。 丞相田蚡去世（应在元光三年）。
相位	**四** 田蚡为相的第四年。	**五**　平棘侯薛泽为丞相[3]。 田蚡为相的第五年。平棘侯薛泽出任丞相（薛泽出任丞相在元光三年，此年应为薛泽为相的第二年）。
将位		
御史大夫位		御史大夫欧[4]。 张欧出任御史大夫。

前130

五 汉武帝元光五年。
十月，族灌夫家，弃魏其侯市[1]。 十月，族灭灌夫的全族，魏其侯窦婴被当众处死（二人之死皆在元光三年）。
二 薛泽为相的第二年（应为第三年）。

	前129
	六 汉武帝元光六年。
大事记	南夷始置邮亭[①]。 南夷开始设置驿站。
相位	三 薛泽为相的第三年（应为第四年）。
将位	太中大夫卫青为车骑将军，出上谷；卫尉李广为骁骑将军，出雁门；大中大夫公孙敖为骑将军，出代；太仆公孙贺为轻车将军，出云中：皆击匈奴[②]。 太中大夫卫青任车骑将军，从上谷郡出兵；卫尉李广任骁骑将军，从雁门郡出兵；大中大夫公孙敖任骑将军，从代郡出兵；太仆公孙贺任轻车将军，从云中郡出兵：一起出击匈奴。
御史大夫位	

前128

元朔元年 汉武帝元朔元年。
卫夫人立为皇后[①]。 夫人卫子夫被立为皇后。
四 薛泽为相的第四年（应为第五年）。
车骑将军青出雁门，击匈奴。卫尉韩安国为将屯将军，军代[②]，明年，屯渔阳卒[③]。 车骑将军青从雁门郡出兵，出击匈奴。卫尉韩安国任将屯将军驻军代郡（应为将军李息驻军代郡），元朔二年，韩安国在屯兵渔阳郡时去世。

【注释】

武帝元光三年（前132）

①五月丙子：五月初三。

②河决于瓠子：黄河在瓠子河口决口。瓠子，古水名。自今河南濮阳西南分黄河东出注入济水。此年黄河决入瓠子河，东南注巨野，通于淮泗，梁、楚一带连年被灾。

武帝元光四年（前131）

①十二月丁亥：十二月十八。

②蚡卒：田蚡倚仗王太后的势力与窦婴争权，杀害了窦婴、灌夫，自己也暴病而死。按，田蚡死于元光三年三月，据《惠景间侯者年表》，田蚡在武帝时期共为侯九年，当元光三年，元光四年已是其子田梧元年。

③“相位”格：田蚡死于元光三年，薛泽当随即拜相，则此年应是薛泽为相的第二年。此格“五”当作“二”，之后“相位”格年数应递增；“平棘侯薛泽为丞相”当移至元光三年“相位”格。

④御史大夫欧：张欧出任御史大夫。张欧，汉初功臣张说之子。事迹详见《万石张叔列传》。

武帝元光五年（前130）

①十月，族灌夫家，弃魏其侯市：事当在元光三年。田蚡、窦婴争权，灌夫与窦婴交好，因看不惯田蚡仗势欺人，得罪田蚡，在元光三年十月被族诛；窦婴为救灌夫，亦于十二月被杀。事详见《魏其武安侯列传》。

武帝元光六年（前129）

①南夷：指夜郎地区的少数民族。战国至秦汉时分布在今贵州（除

东北部外)、广西西北部、云南东部及四川南部边缘地区。邮亭:驿馆,古代沿途设置的供传递文书者食宿之处。

②“太中大夫卫青为车骑将军”几句:此次卫青等四路汉军出击匈奴,即“关市之战”。过程详见《卫将军骠骑列传》。上谷,汉郡名。治沮阳县(今河北张家口怀来东南)。雁门,汉郡名。治善无(今山西朔州右玉南)。代,汉郡名。治代县(今河北张家口蔚县东北)。云中,汉郡名。治云中县(今内蒙古呼和浩特托克托东北)。

武帝元朔元年(前128)

①卫夫人立为皇后:此年春卫子夫生了儿子,遂被立为皇后。此前大长公主刘嫖之女陈皇后因无子而妒,又为巫蛊,已被废。卫夫人,卫子夫,生平经历见《外戚列传》。夫人,帝王妃嫔的通称。

②卫尉韩安国为将屯将军,军代:梁玉绳据《匈奴列传》及《汉纪》考证,此年军代者为将军李息。韩安国在上年屯军渔阳,被匈奴所败。而卫青、李息此次出击正为阻击匈奴劫掠渔阳、雁门。

③明年,屯渔阳卒:韩安国在渔阳战败后,东徙屯于右北平,抑郁吐血而终。此“渔阳”当作“右北平”。渔阳,汉郡名。郡治渔阳(今北京密云西南)。右北平,汉郡名。治平刚(今辽宁凌源西南)。

前127

	二 汉武帝元朔二年。
大事记	
相位	**五** 薛泽为相的第五年（应为第六年）。
将位	春，车骑将军卫青出云中，至高阙[①]，取河南地[②]。 此年春，车骑将军卫青从云中郡出兵，率军到达高阙，夺取了今内蒙古东胜一带的河套地区。
御史大夫位	

前126	前125
三 汉武帝元朔三年。	**四** 汉武帝元朔四年。
匈奴败代太守友[①]。 匈奴打败并杀死了代郡太守共友。	匈奴入定襄、代、上郡[①]。 匈奴入侵定襄郡、代郡、上郡。
六 薛泽为相的第六年（应为第七年）。	**七** 薛泽为相的第七年（应为第八年）。
御史大夫弘[②]。 公孙弘出任御史大夫。	

前124

	五 汉武帝元朔五年。
大事记	匈奴败代都尉朱英[①]。 匈奴打败并杀死了代郡都尉朱英。 泽免相。 免除薛泽的丞相之职。
相位	八　十一月乙丑[②]，御史大夫公孙弘为丞相，封平津侯[③]。 薛泽为相的第八年（应为第九年）。十一月乙丑，御史大夫公孙弘出任丞相，被封为平津侯。
将位	春，长平侯卫青为大将军，击右贤[④]。卫尉苏建为游击将军，属青；左内史李沮为强弩将军[⑤]，太仆贺为车骑将军[⑥]，代相李蔡为轻车将军[⑦]，岸头侯张次公为将军，大行息为将军[⑧]：皆属大将军，击匈奴[⑨]。 此年春，长平侯车骑将军卫青，出击右贤王，大败匈奴，拜为大将军。此次出征，卫尉苏建任游击将军，受卫青统辖；左内史李沮任强弩将军，太仆公孙贺任车骑将军（应为骑将军），代相李蔡任轻车将军，岸头侯张次公任将军，大行李息任将军：都受大将军卫青统辖，一同出击匈奴。
御史大夫位	

前123

六 汉武帝元朔六年。
二 公孙弘为相的第二年。
大将军青再出定襄击胡[1]。合骑侯公孙敖为中将军，太仆贺为左将军，郎中令李广为后将军。翕侯赵信为前将军，败降匈奴。卫尉苏建为右将军，败，身脱。左内史沮为强弩将军。皆属青。 大将军卫青再次从定襄郡出兵进攻匈奴。合骑侯公孙敖任中将军，太仆贺任左将军，郎中令李广任后将军。翕侯赵信任前将军，战败投降匈奴。卫尉苏建任右将军，战败，只身逃脱。左内史李沮任强弩将军。诸位将军都归卫青统辖。

【注释】

武帝元朔二年（前127）

①高阙：古塞名。在今内蒙古巴彦淖尔杭锦后旗东北。阴山山脉至北中断，望若阙然，故名。《水经注·河水》："阙口有城，跨山结局，谓之高阙戍。自古迄今，常置重捍，以防塞道。"

②取河南地：此即"西河朔方之战"。此年春，匈奴左贤王军大举入袭上谷、渔阳两郡，杀掠人畜甚众。武帝命将军卫青和李息率领部队西出云中，沿黄河北岸西进，避实击虚，对河套及其以南地区的匈奴军进行深远距离的包围迂回。汉军迅速进至高阙塞，随即沿着黄河西岸，转而南进。此役汉军斩杀和捕获匈奴军五千多人，牛羊百万余只，全部收复了河南地。河南地，又叫"新秦中"，指今内蒙古河套地区。

武帝元朔三年（前126）

①代太守友：代郡太守共友。

②御史大夫弘：公孙弘出任御史大夫。公孙弘，熟习文法吏事，而缘饰以儒术，不肯面折廷争，议事常顺武帝之意，故为武帝信任。事迹详见《平津侯主父列传》。

武帝元朔四年（前125）

①定襄：汉郡名。治成乐（今内蒙古呼和浩特和林格尔西北盛乐镇）。上郡：汉郡名。治肤施（今陕西榆林东南）。

武帝元朔五年（前124）

①匈奴败代都尉朱英：事在此年秋，卫青等伐匈奴之后。代都尉，代郡负责军事的长官。

②十一月乙丑：十一月初五。

③御史大夫公孙弘为丞相，封平津侯：公孙弘是汉代第一位因拜相而封侯的官员。

④长平侯卫青为大将军，击右贤：卫青在元朔二年“西河朔方之战”后封长平侯，但此战他是以车骑将军领兵击右贤王，胜利后才拜大将军。

⑤左内史：职官名。内史为秦掌治京师的最高行政长官。汉景帝二年（前155）分置左、右内史，分掌京畿地区行政。武帝太初元年（前104）将左内史改称左冯翊，为管理畿辅地区东北部的行政长官。

⑥太仆贺为车骑将军：太仆公孙贺在此战中是骑将军，非车骑将军。

⑦代相李蔡：李蔡是李广堂弟。代，汉诸侯国名。都晋阳（今山西太原东）。

⑧大行息：大行李息。大行，大行令，职掌朝廷接待宾客等事之官。位列九卿。武帝太初元年改称大鸿胪。

⑨皆属大将军，击匈奴：按，此战汉军兵分三路：卫青出高阙，苏建、李沮、公孙贺、李蔡出朔方，李息、张次公出右北平，击溃匈奴右贤王。

武帝元朔六年（前123）

①大将军青再出定襄击胡：按，元朔五年、六年两次的出击即“漠南之战”，具体过程见《卫将军骠骑列传》。此战霍去病为剽姚校尉，率八百骑兵深入数百里，斩获甚多，封冠军侯。

前122

	元狩元年[①] 汉武帝元狩元年。
大事记	十月中，淮南王安、衡山王赐谋反[②]，皆自杀，国除[③]。 十月中旬，淮南王刘安、衡山王刘赐谋反，都自杀，封国被取消。
相位	三 公孙弘为相的第三年。
将位	
御史大夫位	御史大夫蔡[④]。 李蔡出任御史大夫。

前121

二
汉武帝元狩二年。

匈奴入雁门、代郡。江都王建反[1]。胶东王子庆立为六安王[2]。
匈奴入侵雁门郡、代郡。江都王刘建谋反。平叛后封胶东王的儿子刘庆为六安王。

弘卒。
丞相公孙弘去世。

四　御史大夫乐安侯李蔡为丞相。
公孙弘为相的第四年。御史大夫乐安侯李蔡出任丞相。

冠军侯霍去病为骠骑将军，击胡，至祁连[3]；合骑侯敖为将军[4]，出北地；博望侯张骞、郎中令李广为将军，出右北平。
冠军侯霍去病任骠骑将军，出击匈奴，到达祁连山；合骑侯公孙敖任将军，从北地郡出兵；博望侯张骞、郎中令李广任将军，从右北平郡出兵。

御史大夫汤[5]。
张汤出任御史大夫。

	前120
	三 汉武帝元狩三年。
大事记	匈奴入右北平、定襄。 匈奴入侵右北平郡、定襄郡。
相位	二 李蔡为相的第二年。
将位	
御史大夫位	

前119	前118
四 汉武帝元狩四年。	**五** 汉武帝元狩五年。
	蔡坐侵园堧[1]，自杀。 丞相李蔡犯侵占景帝陵园的边地，自杀。
三 李蔡为相的第三年。	**四**　太子少傅武彊侯庄青翟为丞相[2]。 李蔡为相的第四年。太子少傅武彊侯庄青翟出任丞相。
大将军青出定襄[1]，郎中令李广为前将军[2]，太仆公孙贺为左将军，主爵赵食其为右将军[3]，平阳侯曹襄为后将军[4]：击单于。 大将军卫青从定襄郡出兵，郎中令李广任前将军，太仆公孙贺任左将军，主爵赵食其任右将军，平阳侯曹襄任后将军：共同出击单于。汉军在漠北大败匈奴，匈奴从此远去。	

【注释】

武帝元狩元年（前122）

①元狩：据《孝武本纪》，因郊得一角兽而改元元狩。

②十月中，淮南王安、衡山王赐谋反：淮南王刘安、衡山王刘赐，皆淮南厉王刘长之子。二人谋反之事详见《淮南衡山列传》，后人多有认为其事可疑者。

③国除：淮南国除为九江郡，治寿春（今安徽淮南寿县）。衡山国除为衡山郡，治邾（今湖北黄冈北）。

④御史大夫蔡：李蔡出任御史大夫。李蔡是李广堂弟。

武帝元狩二年（前121）

①江都王建反：江都王刘建，景帝之孙，江都易王刘非之子。元朔二年（前127）袭爵为王。其人本荒淫，又受淮南王刘安谋反影响，遂谋反。刘建服罪自杀，国除为广陵郡（今江苏扬州）。

②胶东王子庆立为六安王：胶东王刘寄之子刘庆被立为六安王，都六县（今安徽六安东北）。

③冠军侯霍去病为骠骑将军，击胡，至祁连：事在此年夏，即“河西之战”。具体过程见《卫将军骠骑列传》。祁连，祁连山，在今甘肃、青海交界处。

④合骑侯敖：合骑侯公孙敖，与霍去病一同出北地。

⑤御史大夫汤：张汤出任御史大夫。张汤，西汉著名酷吏。曾建议铸造白金及五铢钱，统一货币；支持盐铁官营政策；制定“算缗、告缗令”，深受武帝亲幸，大权在握，丞相形同虚设。后为丞相庄青翟及丞相长史朱买臣等陷害，自杀。事迹详见《酷吏列传》。

武帝元狩四年（前119）

①大将军青出定襄：按，此役即“漠北之战”。漠北之战实为汉武帝

反击匈奴战争的战略大决战，此战之后，匈奴向西北远遁，出现了“漠南无王庭”的局面，危害汉朝百余年的匈奴边患已基本得到解决。此后，双方暂时休战。

②郎中令李广为前将军：李广与卫青同出定襄，后被调往东路与赵食其合兵，最终迷路失期，李广愤而自杀。事详见《李将军列传》。

③主爵赵食其：赵食其为主爵都尉。主爵都尉掌有关封爵之事，秩比二千石。

④平阳侯曹襄：曹襄为汉初功臣曹参的玄孙。其母为武帝之姐平阳公主，又娶武帝与卫子夫之女卫长公主为妻。

武帝元狩五年（前118）

①侵园堧（ruán）：侵占景帝陵园墙边空地。

②太子少傅武彊侯庄青翟为丞相：庄青翟在建元六年（前135）被免去丞相降为太子太傅，此年再次出任丞相。

	前117	前116
	六 汉武帝元狩六年。	元鼎**元年**[①] 汉武帝元鼎元年。
大事记	四月乙巳[①]，皇子闳为齐王，旦为燕王，胥为广陵王[②]。 四月乙巳，封皇子刘闳为齐王，刘旦为燕王，刘胥为广陵王。	
相位	**二** 庄青翟为相的第二年。	**三** 庄青翟为相的第三年。
将位		
御史大夫位		

前115

二 汉武帝元鼎二年。
青翟有罪，自杀①。 丞相庄青翟有罪，自杀。
四　太子太傅高陵侯赵周为丞相②。 庄青翟为相的第四年。太子太傅高陵侯赵周出任丞相。
汤有罪，自杀③。 御史大夫张汤有罪，自杀。
御史大夫庆④。 石庆出任御史大夫。

	前114	前113
	三 汉武帝元鼎三年。	四 汉武帝元鼎四年。
大事记		立常山宪王子平为真定王，商为泗水王[①]。六月中，河东汾阴得宝鼎[②]。 封常山宪王子刘平为真定王，刘商为泗水王。六月中，在河东郡的汾阴得到宝鼎。
相位	二 赵周为相的第二年。	三 赵周为相的第三年。
将位		
御史大夫位		

前112

五 汉武帝元鼎五年。
三月中，南越相嘉反[①]，杀其王及汉使者[②]。 三月中，南越相吕嘉造反，杀死了南越王与汉朝派去的使者。 八月，周坐酎金自杀[③]。 八月，丞相赵周罪犯纵容诸侯王诸列侯的酎金不足而被捕入狱自杀。
四　九月辛巳[④]，御史大夫石庆为丞相，封牧丘侯。 赵周为相的第四年。九月辛巳，御史大夫石庆出任丞相，被封为牧丘侯。
卫尉路博德为伏波将军，出桂阳[⑤]；主爵杨仆为楼船将军，出豫章[⑥]：皆破南越[⑦]。 卫尉路博德任伏波将军，从桂阳郡出兵；主爵都尉杨仆任楼船将军，从豫章郡出兵：共同打败南越国。

【注释】

武帝元狩六年（前117）

①四月乙巳：四月二十九。

②皇子闳为齐王，旦为燕王，胥为广陵王：武帝封三个儿子为王之事，详见《三王世家》。

武帝元鼎元年（前116）

①元鼎：因获宝鼎而改元。

武帝元鼎二年（前115）

①青翟有罪，自杀：庄青翟与张汤有矛盾，因惧怕为张汤所害，与丞相长史朱买臣等共谋，借故陷害张汤，张汤自杀。不久事泄下狱，庄青翟亦自杀。

②赵周：景帝吴楚之乱时，其父赵夷吾上书告发楚王刘戊造反，被刘戊杀害。乱平，赵周以父功封侯。司马迁在《张丞相列传》中评价说："以列侯继嗣，娖娖廉谨，为丞相备员而已，无所能发明功名有著于当世者。"

③汤有罪，自杀：张汤被庄青翟的长史朱买臣等合伙诬陷，被逼自杀。

④御史大夫庆：石庆出任御史大夫。石庆，万石君石奋少子，以驯顺著称。

武帝元鼎四年（前113）

①立常山宪王子平为真定王，商为泗水王：此年常山王刘勃有罪被废，常山国被撤销，武帝念及与故常山宪王的兄弟之情，改封其庶子刘平、刘商为王。常山宪王，刘舜，景帝少子，最受宠爱。常山，常山国，都元氏（今河北石家庄元氏西北）。真定，真定国，汉武帝此年分常山郡置，治真定（今河北石家庄正定南）。泗水，泗水

国,汉武帝在此年以东海郡三万户置。治凌县(故治在今江苏宿迁泗阳东北)。

②河东汾阴得宝鼎:事详见《孝武本纪》与《封禅书》。河东,汉郡名。郡治安邑(今山西运城夏县西北)。汾阴,汉县名。在今山西运城万荣西南庙前村北古城。因在汾水之南,故名。

武帝元鼎五年(前112)

①三月中,南越相嘉反:南越王赵兴与其母欲归汉,而丞相吕嘉不愿内附比内诸侯,南越王联合汉使者欲杀吕嘉而未成,吕嘉遂反。

②杀其王:当时的南越王是赵兴,其母南越王太后是邯郸人,樛氏。汉使者:武帝在元鼎四年派安国少季和终军出使南越,敦促其内附。安国少季在中原时即与樛太后有私情,故武帝派他出使。

③八月,周坐酎金自杀:此年列侯酎金多不合格,丞相赵周因知情不报而获罪下狱,其自杀在九月。

④九月辛巳:九月初六。据《汉书百官表》赵周死于九月辛巳,石庆为丞相在九月丙申,较为合理。

⑤桂阳:汉郡名。治郴县(今湖南郴州)。

⑥豫章:汉郡名。治南昌县(今江西南昌)。

⑦皆破南越:据《南越列传》,此次伐南越,汉军除路博德、杨仆两路外,还有两位投降的南越侯出零陵、下离水,驰义侯遗发夜郎兵下牂柯江,共五路,在南越都城番禺(今广州)会师。

前111	
	六 汉武帝元鼎六年。
大事记	十二月,东越反[①]。 十二月,东越国造反。
相位前	二 石庆为相的第二年。
将位	故龙额侯韩说为横海将军,出会稽[②];楼船将军杨仆出豫章;中尉王温舒出会稽:皆破东越[③]。 原龙额侯韩说任横海将军,从会稽郡出兵;楼船将军杨仆从豫章郡出兵;中尉王温舒从会稽郡出兵:共同打败东越国。
御史大夫位	御史大夫式[④]。 卜式出任御史大夫。

前110	前109
元封元年[①] 汉武帝元封元年。	二 汉武帝元封二年。
[②]	
三 石庆为相的第三年。	四 石庆为相的第四年。
	秋，楼船将军杨仆、左将军荀彘出辽东[①]，击朝鲜。 此年秋，楼船将军杨仆、左将军荀彘从辽东郡出兵，进攻朝鲜。
御史大夫宽[③]。 兒宽出任御史大夫。	

	前108	前107	前106	前105
	三 汉武帝元封三年。	**四** 汉武帝元封四年。	**五** 汉武帝元封五年。	**六** 汉武帝元封六年。
大事记				
相位	**五** 石庆为相的第五年。	**六** 石庆为相的第六年。	**七** 石庆为相的第七年。	**八** 石庆为相的第八年。
将位				
御史大夫位				

前104	前103
太初元年[1] 汉武帝太初元年。	二 汉武帝太初二年。
改历，以正月为岁首[2]。 改用太初历，将正月作为一年的开始。	正月戊申[1]，庆卒。 正月戊申，丞相石庆去世。
九 石庆为相的第九年。	十　三月丁卯[2]，太仆公孙贺为丞相[3]，封葛绎侯。 石庆为相的第十年。三月丁卯，太仆公孙贺出任丞相，被封为葛绎侯。

【注释】

武帝元鼎六年（前111）

①东越反：元鼎五年南越反时，闽越王馀善表示要出兵助汉，之后却按兵观望。汉军请讨闽越，馀善听说之后遂发兵反。

②会稽：汉郡名。郡治吴县（今江苏苏州）。

③皆破东越：据《东越列传》，此次伐东越，在韩说、杨仆、王温舒三路之外，还有越侯“为戈船、下濑将军，出若邪（今浙江绍兴东平水江）、白沙（今江西上饶鄱阳）”，在元封元年冬全部攻入东越。

④御史大夫式：卜式出任御史大夫。卜式，以牧羊致富。武帝征匈奴，他上书愿输家财之半助边，乃召拜为中郎；后南越反，西羌侵边，他上书愿父子死南越，武帝下诏褒扬，赐爵关内侯，黄金及田若干。元鼎六年（前111）代石庆为御史大夫。事迹详见《平准书》。

武帝元封元年（前110）

①元封：以泰山封禅改元。

②“大事记”格：梁玉绳曰：“元封以后‘大事纪’及‘将位’多缺略不具。”

③御史大夫宽：兒（ní）宽出任御史大夫。兒宽，治《尚书》，善属文，元鼎四年（前113），迁左内史。在任期间，劝农事，缓刑罚，理狱讼，礼贤下士，深得吏民信爱。又于郑国渠上流南岸开六条小渠，使周围高地得到灌溉，史称“六辅渠”。后与司马迁等共制定《太初历》。事迹详见《儒林列传》。

武帝元封二年（前109）

①楼船将军杨仆、左将军荀彘（zhì）出辽东：杨仆率军从齐渡海，荀彘从辽东共击朝鲜。辽东，汉郡名。治襄平（今辽宁辽阳）。

武帝太初元年（前104）

①太初：改行太初历，故改元。

②改历，以正月为岁首：《索隐》曰："始用夏正也。"按，此前都以十月为岁首。

武帝太初二年（前103）

①正月戊申：太初二年正月无"戊申"，疑误记。

②三月丁卯：三月十二。

③公孙贺为丞相：按，据《汉书》，公孙贺见前几任丞相李蔡、庄青翟、赵周皆因罪自杀，石庆虽以驯良谨慎得以善终，亦数次受到武帝谴责，害怕自己不能担此重任，一旦有所纰漏恐将祸延于身，不肯受丞相印绶，顿首涕泣，见武帝生气后才不得已拜受。

	前102	前101	前100	前99
	三 汉武帝太初三年。	**四** 汉武帝太初四年。	天汉**元**年[1] 汉武帝天汉元年。	**二** 汉武帝天汉二年。
大事记				
相位	**二** 公孙贺为相的第二年。	**三** 公孙贺为相的第三年。	**四** 公孙贺为相的第四年。	**五** 公孙贺为相的第五年。
将位				
御史大夫位	御史大夫延广[1]。 延广出任御史大夫。		御史大夫卿[2]。 王卿出任御史大夫。	

前98	前97
三 汉武帝天汉三年。	**四** 汉武帝天汉四年。
六 公孙贺为相的第六年。	**七** 公孙贺为相的第七年。
	春,贰师将军李广利出朔方[①],至余吾水上[②];游击将军韩说出五原[③];因杅将军公孙敖[④]:皆击匈奴。 此年春,贰师将军李广利从朔方郡出兵,到达余吾水边;游击将军韩说从五原郡出兵;因杅将军公孙敖:共同出击匈奴。
御史大夫周[①]。 杜周出任御史大夫。	

	前96	前95	前94	前93
	太始元年 汉武帝太始元年。	**二** 汉武帝太始二年。	**三** 汉武帝太始三年。	**四** 汉武帝太始四年。
大事记				
相位	**八** 公孙贺为相的第八年。	**九** 公孙贺为相的第九年。	**十** 公孙贺为相的第十年。	**十一** 公孙贺为相的第十一年。
将位				
御史大夫位			御史大夫胜之[①]。 暴胜之出任御史大夫。	

前92	前91
征和元年 汉武帝征和元年。	**二** 汉武帝征和二年。
冬，贺坐为蛊死①。 此年冬，公孙贺罪犯利用巫蛊害人被杀。	七月壬午①，太子发兵，杀游击将军说、使者江充②。 七月壬午，太子刘据发兵，杀了游击将军韩说、使者江充。
十二 公孙贺为相的第十二年。	三月丁巳③，涿郡太守刘屈氂为丞相，封彭城侯。 三月丁巳，涿郡太守刘屈氂出任丞相，被封为彭城侯。
	御史大夫成④。 商丘成出任御史大夫。

【注释】

武帝太初三年（前102）

①御史大夫延广：此人名延广，史失其姓。前曾为胶东太守。

武帝天汉元年（前100）

①天汉元年：梁玉绳曰："天汉以下至孝成鸿嘉元年，皆后人所续。以《汉书》校之，大半乖迕。"

②御史大夫卿：王卿出任御史大夫。王卿曾为济南太守。

武帝天汉三年（前98）

①御史大夫周：杜周出任御史大夫。杜周，武帝时期有名的酷吏。生平详见《酷吏列传》。

武帝天汉四年（前97）

①贰师将军李广利：武帝宠妃李夫人之兄。武帝欲伐大宛至贰师城取其好马，命李广利率军出征，故以贰师为号。朔方：汉郡名。治朔方城（今内蒙古杭锦旗西北黄河南岸）。

②余吾水：古水名。亦简称余吾。当今蒙古国境内的土拉河。源出乌兰巴托东肯特山脉，注入贝加尔湖。地处大漠南北交通之要冲。

③五原：汉郡名。治九原（今内蒙古包头西北）。

④因杅将军公孙敖：因杅为匈奴地名，公孙敖率军击匈奴，故以此为号。

武帝太始三年（前94）

①御史大夫胜之：暴胜之出任御史大夫。暴胜之，武帝时曾以直指使者至泰山、琅邪镇压农民起义。太始三年（前94）任御史大夫，称"暴君"。征和二年（前91），因受太子据巫蛊之祸牵连，自杀。

武帝征和元年（前92）

①贺坐为蛊死：丞相公孙贺之子以擅用军费下狱。他为替子赎罪，捕"大侠"朱安世。安世上书告敬声与阳石公主私通，又使巫埋木偶诅上，巫蛊案从此起。他受牵连下狱。父子俱死狱中。灭族。

武帝征和二年（前91）

①七月壬午：七月初九。

②太子发兵，杀游击将军说、使者江充：武帝命江充查巫蛊案，江充与太子刘据有矛盾，遂趁机与韩说等四人诬陷太子，武帝派他们到太子宫中查抄巫蛊，太子怒而起兵诛杀江充等。江充，本名齐，初供事于赵敬肃王，因得罪赵太子丹出亡，更名充。书奏武帝告发赵太子丹奸乱，武帝收捕赵太子丹。他得召见，自请出使匈奴，归拜直指绣衣使者，督察近臣贵戚，受到武帝宠信。受命治巫蛊狱，致使数万人冤死。

③三月丁巳：三月十一。

④御史大夫成：商丘成出任御史大夫。此人姓商丘，名成。武帝太初年间任大鸿胪。太子受诬起兵反，他领兵力战平乱，俘太子部将张光，故得封为秺（dù）侯。同年，又升任御史大夫。

	前90
	三 汉武帝征和三年。
大事记	六月，刘屈氂因蛊斩[1]。 六月，丞相刘屈氂因为在巫蛊之案中诛杀过多及自己用巫蛊诅咒而被杀。
相位	二 刘屈氂为相的第二年。
将位	春，贰师将军李广利出朔方，以兵降胡[2]。重合侯莽通出酒泉[3]，御史大夫商丘成出河西[4]，击匈奴[5]。 此年春，贰师将军李广利从朔方郡出兵，因听说全家因巫蛊被族灭，率军投降了匈奴。重合侯莽通从酒泉郡出兵，御史大夫商丘成从河西郡出兵，共同出击匈奴。
御史大夫位	

前89	前88
四 汉武帝征和四年。	后元**元**年[①] 汉武帝后元元年。
六月丁巳[①],大鸿胪田千秋为丞相,封富民侯[②]。 六月丁巳,大鸿胪田千秋出任丞相,被封为富民侯。	**二** 田千秋为相的第二年。

	前87
	二 汉武帝后元二年。
大事记	
相位	三 田千秋为相的第三年。
将位	二月己巳[①]，光禄大夫霍光为大将军，博陆侯；都尉金日磾为车骑将军，秺侯；太仆安阳侯上官桀为大将军[②]。 遵武帝遗嘱，二月己巳，封光禄大夫霍光为大将军，博陆侯；封都尉金日磾为车骑将军，秺侯；封太仆安阳侯上官桀为大将军（应为左将军）。
御史大夫位	

前86	前85
孝昭始元元年 汉昭帝始元元年。	**二** 汉昭帝始元二年。
四 田千秋为相的第四年。 九月，日磾卒[1]。 九月，金日磾去世。	**五** 田千秋为相的第五年。

【注释】

武帝征和三年（前90）

①刘屈氂因蛊斩：刘屈氂是中山靖王刘胜之子。曾任涿郡太守。征和二年（前91）代公孙贺为左丞相。巫蛊之乱中奉武帝之命率军与太子军交战，太子战败出逃。此年，内侍郭穰密告丞相刘屈氂夫人诅咒汉武帝，并与贰师将军李广利共祷祠，欲令李夫人之子昌邑王为帝。刘屈氂被腰斩于东市。

①春，贰师将军李广利出朔方，以兵降胡：李广利领兵七万与匈奴交战，不利后撤。李广利之妻在刘屈氂一案中被逮捕，李广利听说家人被武帝族诛，遂率军投降。按，李广利投降一事，《汉书》与《史记》所记有出入。《汉书》记李广利出师大胜，闻妻子被收，欲将功折罪，遂不顾军队疲劳而出战，战败投降。

③重合侯莽通出酒泉：莽通领兵四万出酒泉至天山，匈奴二万人不敢迎战而退。酒泉，汉河西四郡之一。本匈奴浑邪王地。汉武帝元狩二年（前121）置郡。治禄福（今甘肃酒泉）。

④御史大夫商丘成出河西：商丘成领兵三万至追邪径，未见匈奴军队，引军还。

⑤击匈奴：此次汉军兵分三路，共十四万出击匈奴，李广利败降，其他两路无功而返。

武帝征和四年（前89）

①六月丁巳：六月二十五。

②大鸿胪田千秋为丞相，封富民侯：在“巫蛊之祸”中，江充诬告太子有用巫术诅咒武帝之嫌疑，太子恐惧，遂起兵杀江充。武帝派兵追杀，太子兵败自杀。征和三年（前90）田千秋上书委婉地为太子辩冤，当时武帝已明白太子冤屈，遂封田千秋为大鸿胪。此年接替刘屈氂任丞相。大鸿胪，官名。凡诸侯、四方少数民族及

外国使者入朝迎送接待、封授均由其掌管安排，地方郡国的上计之吏，也由其管理。位列九卿，秩中二千石。

武帝后元元年（前88）

①后元：一说此并非年号。

武帝后元二年（前87）

①二月己巳：二月十六。武帝卒于二月十四，十六是霍光等正式上任之期。

②“光禄大夫霍光为大将军”几句：武帝临终任命霍光、金日磾、上官桀为顾命大臣辅佐昭帝。

昭帝始元元年（前86）

①九月，日磾卒：金日磾去世。

	前84	前83
	三 汉昭帝始元三年。	**四** 汉昭帝始元四年。
大事记		
相位	**六** 田千秋为相的第六年。	**七** 田千秋为相的第七年。
将位		三月癸酉[①]，卫尉王莽为左将军[②]，骑都尉上官安为车骑将军[③]。 三月癸酉，卫尉王莽任左将军，骑都尉上官安任车骑将军。
御史大夫位		

前82	前81
五 汉昭帝始元五年。	**六** 汉昭帝始元六年。
八 田千秋为相的第八年。	**九** 田千秋为相的第九年。

前80	
	元凤元年 汉昭帝元凤元年。
大事记	
相位	十 田千秋为相的第十年。
将位	九月庚午[①],光禄勋张安世为右将军[②]。 九月庚午,光禄勋张安世任右将军。
御史大夫位	御史大夫䜣[③]。 王䜣出任御史大夫。

前79	前78
二 汉昭帝元凤二年。	**三** 汉昭帝元凤三年。
十一 田千秋为相的第十一年。	**十二** 田千秋为相的第十二年。
	十二月庚寅[1]，中郎将范明友为度辽将军，击乌丸[2]。 十二月庚寅，中郎将范明友任度辽将军，出击乌丸。

	前77	前76
	四 汉昭帝元凤四年。	**五** 汉昭帝元凤五年。
大事记	三月甲戌[①]，千秋卒[②]。 三月甲戌，丞相田千秋去世。	十二月庚戌[①]，䜣卒。 十二月庚戌，丞相王䜣去世。
相位	三月乙丑[③]，御史大夫王䜣为丞相，封宜春侯。 三月乙丑，御史大夫王䜣出任丞相，被封为宜春侯。	**二** 王䜣为相的第二年。
将位		
御史大夫位	御史大夫杨敞[④]。 杨敞出任御史大夫。	

前75

六 汉昭帝元凤六年。
十一月乙丑[1]，御史大夫杨敞为丞相，封安平侯。 十一月乙丑，御史大夫杨敞出任丞相，被封为安平侯。
九月庚寅[2]，卫尉平陵侯范明友为度辽将军，击乌丸[3]。 九月庚寅，卫尉平陵侯范明友任度辽将军，出击乌丸。

【注释】

昭帝始元四年（前83）

①三月癸酉：此年三月无癸酉。记载有误。

②王莽：字稚叔。天水（今甘肃天水）人。为人沉静详审。按，此王莽不是日后篡位建立新朝的王莽。

③骑都尉上官安为车骑将军：上官安是昭帝皇后之父，上官桀之子。此年三月立上官氏为皇后，上官安即由骑都尉升为车骑将军。骑都尉，两汉特设的位次于将军的高级军官。职掌皇帝的羽林骑兵。秩比二千石。平时在朝一般有侍中之类的加官号，为内朝官，属皇帝的亲卫武官。车骑将军，西汉时地位仅次于大将军、骠骑将军的最高级武官。位比三公，金印紫绶。职掌宫卫，领禁兵。

昭帝元凤元年（前80）

①九月庚午：九月初二。

②光禄勋张安世为右将军：张安世由光禄勋升为右将军。张安世，张汤之子。光禄勋，武帝太初元年改郎中令为光禄勋。实为宫内总管。右将军，仅次于大将军、骠骑将军、车骑将军、卫将军的高级武官。平时在朝得宿卫皇帝左右，参与朝议，决定国事。

③御史大夫䜣：王䜣出任御史大夫。

昭帝元凤三年（前78）

①十二月庚寅：十二月二十四。

②中郎将范明友为度辽将军，击乌丸：此年匈奴因乌桓曾发先单于墓，发兵击乌桓。霍光趁机发兵击匈奴，匈奴不战而退，范明友遂奉霍光之命击乌桓。中郎将，郎中令（光禄勋）属官。西汉时皇帝卫侍分属五官、左、右三署，各置中郎将统领之，故有五官中郎将（主五官郎）、左中郎将（主左署郎）、右中郎将（主右署郎）的

区分，秩皆比二千石，位次将军。乌丸即乌桓，东胡族的一支。汉初随匈奴。武帝后附汉，迁至上谷、渔阳、右北平、辽西、辽东五郡塞外。

昭帝元凤四年（前77）

①三月甲戌：此年三月无甲戌。记载有误。

②千秋卒：丞相田千秋去世。田千秋晚年体弱，特准其乘坐小车出入宫廷，故又号“车丞相”。

③三月乙丑：此年三月无乙丑。记载有误。

④御史大夫杨敞：杨敞出任御史大夫。杨敞是司马迁的女婿。

昭帝元凤五年（前76）

①十二月庚戌：十二月二十六。

昭帝元凤六年（前75）

①十一月乙丑：十一月十六。

②九月庚寅：此年九月无庚寅。记载有误。

③卫尉平陵侯范明友为度辽将军，击乌丸：《汉书·昭帝纪》未记此事在何月何日。

	前74
	元平元年 汉昭帝元平元年。
大事记	敞卒[1]。 丞相杨敞去世。
相位	九月戊戌[2],御史大夫蔡义为丞相[3],封阳平侯。 九月戊戌,御史大夫蔡义出任丞相,被封为阳平侯。
将位	四月甲申[4],光禄大夫龙额侯韩曾为前将军[5]。五月丁酉[6],水衡都尉赵充国为后将军[7],右将军张安世为车骑将军。 四月甲申,光禄大夫龙额侯韩曾任前将军。五月丁酉,水衡都尉赵充国任后将军,右将军张安世任车骑将军。
御史大夫位	御史大夫昌水侯田广明[8]。 昌水侯田广明出任御史大夫。

前73

孝宣本始**元**年[①] 汉宣帝本始元年。
二 蔡义为相的第二年。

【注释】

昭帝元平元年（前74）

①敞卒：丞相杨敞去世。昭帝薨没后，昌邑王继位而无道。霍光谋废昌邑王另立宣帝，杨敞在惊惧之下附和。是年病卒。

②九月戊戌：九月初四。

③蔡义：一作蔡谊。因擅《韩诗》受昭帝赏识，任少府、御史大夫。元平元年（前74），代杨敞为丞相。

④四月甲申：四月十八。

⑤光禄大夫：官名。汉武帝置，掌顾问应对，为九卿光禄勋属官。韩曾：《汉书》又作“韩增”。韩说之子。

⑥五月丁酉：五月初一。

⑦水衡都尉赵充国为后将军：据《汉书·赵充国传》，此年赵充国应是因尊立宣帝封营平侯，其擢为后将军是在宣帝本始年间的事。水衡都尉，官名。简称“水衡”。汉武帝元鼎二年（前115）初置。主掌上林苑，兼管皇室园圃、器物、铸钱、船只、马匹、税收、仓库等事。古山林之官曰衡，其主苑池，故称水衡。赵充国，字翁孙，陇西上邽（今甘肃天水）人。善骑射，有谋略，熟悉边情。武帝时以假司马从李广利击匈奴，召拜郎中。不久迁车骑将军长史。昭帝时，武都氐人反，他以大将军护军都尉击定之，迁中郎将，屯军上谷。后征还为水衡都尉。与大将军霍光定策尊立宣帝，封营平侯。复击匈奴，俘西祁王，擢为后将军。又与羌人作战，屯田西北，对巩固边防多所贡献。历事武、昭、宣三帝。谥“壮侯”。

⑧田广明：字子公，田千秋之子。善以杀伐为治。因平息公孙勇、胡倩等谋反有功，征为大鸿胪。昭帝始元四年（前83）镇压益州西南夷姑缯叛乱，俘杀三万余人，事乃平。赐爵关内侯，又为卫尉、左冯翊。因参与拥立宣帝拜为御史大夫，封昌水侯，食二千三百户。

宣帝本始元年（前73）

①本始元年：上一年四月昭帝去世，昌邑王继位。六月，昌邑王荒淫无道，被霍光等所废。七月立武帝曾孙刘病已（后改名刘询）为帝，是为宣帝。此年改元本始。

	前72
	二 汉宣帝本始二年。
大事记	
相位	三 蔡义为相的第三年。
将位	七月庚寅[①]，御史大夫田广明为祁连将军，龙额侯韩曾为后将军，营平侯赵充国为蒲类将军，度辽将军平陵侯范明友为云中太守，富民侯田顺为虎牙将军[②]：皆击匈奴[③]。 七月庚寅，御史大夫田广明任祁连将军，龙额侯韩曾任后将军，营平侯赵充国任蒲类将军，度辽将军平陵侯范明友任云中太守，富民侯田顺任虎牙将军：共同出击匈奴。
御史大夫位	

前71

三 汉宣帝本始三年。
三月戊子[1]，皇后崩[2]。 三月戊子，宣帝许皇后被霍氏暗杀。 六月乙丑，义薨[3]。 六月乙丑，丞相蔡义去世。
六月甲辰[4]，长信少府韦贤为丞相[5]，封扶阳侯。 六月甲辰，长信少府韦贤出任丞相，被封为扶阳侯。 田广明、田顺击胡还，皆自杀[6]。充国夺将军印[7]。 田广明、田顺出击匈奴，知敌在前而率军返回，被下狱，都自杀了。赵充国被收缴将军印信，免职。
御史大夫魏相[8]。 魏相出任御史大夫。

【注释】

宣帝本始二年(前72)

①七月庚寅:《汉书·宣帝纪》记此次伐匈奴,五将军从长安出发的时间是本始三年正月戊辰。

②田顺:田千秋之子。昭帝元凤四年(前77)嗣为富民侯。官至云中太守。此年率三万余骑击匈奴,因虏获不多,盗而增之以邀功,获罪自杀。

③皆击匈奴:此年匈奴侵犯汉朝边境,又西伐乌孙。乌孙王与乌孙公主刘细君上书求救,宣帝遂派田广明等五将军十五万骑伐匈奴。

宣帝本始三年(前71)

①三月戊子:本始三年三月无"戊子",疑误记。

②皇后崩:皇后许平君去世。许皇后是宣帝继位前所娶之妻。宣帝立,为倢伃。公卿欲立大将军霍光女为皇后,宣帝坚持立她为皇后。此年霍光夫人趁其怀孕,使女医将其毒死。

③六月乙丑,义薨:六月丞相蔡义去世。

④六月甲辰:六月二十六。

⑤长信少府:官名。西汉景帝中六年(前144)置。原为长信詹事。掌皇太后宫中事务,秩二千石。韦贤:字长孺,鲁国邹(今山东济宁邹城南)人。为人质朴少欲,笃志好学,兼通《诗》《礼》《尚书》,号称"邹鲁大儒"。昭帝时召为博士,入侍中,以《诗》授昭帝。后迁光禄大夫、大鸿胪。宣帝即位,徙长信少府,赐爵关内侯。代蔡义为丞相,封扶阳侯。为丞相五年,以不习吏事免相。病卒,谥"节"。

⑥田广明、田顺击胡还,皆自杀:田广明出塞到受降城(今内蒙古巴彦淖尔狼山西北),因与前任都尉守寡之妻有奸情,又延误战机,获罪下狱自杀。田顺因虏获不多,盗而增之以邀功,获罪下狱自杀。

⑦充国夺将军印：此事未见记载。

⑧魏相：字弱翁。少学《易》，初为郡卒史。昭帝时举贤良，任茂陵令，迁河南太守，抑制豪强势力，注意整顿吏治。因得罪大将军霍光，被诬谮下狱。居年余，被赦出狱，复为茂陵令，迁扬州刺史。后征为谏大夫，又复出任河南太守。宣帝即位，入为大司农，三年后升御史大夫。曾上书建议削霍氏大权，宣帝善之，任为给事中，得入禁中，参与中朝决策。地节三年（前67），又代韦贤为丞相，封高平侯。元康二年（前64），匈奴击车师屯田兵，宣帝欲大兴兵伐匈奴，他认为民力疲惫，上书谏止。又请帝遣吏巡行天下，举贤才，平冤狱，省诸用，宽赋役，重农务积粟，皆被采纳。神爵三年（前59），病卒于任上。谥“宪”。

	前70	前69
	四 汉宣帝本始四年。	**地节元年** 汉宣帝地节元年。
大事记	十月乙卯[1],立霍后[2]。 十月乙卯,立霍光之女为皇后。	
相位	**二** 韦贤为相的第二年。	**三** 韦贤为相的第三年。
将位		
御史大夫位		

前68

二

汉宣帝地节二年。

四

韦贤为相的第四年。

三月庚午[1]，将军光卒[2]。

三月庚午，大将军霍光去世。

二月丁卯[3]，侍中、中郎将霍禹为右将军[4]。

二月丁卯，侍中、中郎将霍禹任右将军。

	前67 三 汉宣帝地节三年。
大事记	立太子[1]。 立刘奭为太子。 五月甲申[2]，贤老[3]，赐金百斤。 五月甲申，丞相韦贤告老退休，赐黄金百斤。
相位	六月壬辰[4]，御史大夫魏相为丞相，封高平侯。 六月壬辰，御史大夫魏相出任丞相，被封为高平侯。
将位	七月，安世为大司马、卫将军。禹为大司马[5]。 七月，张安世为大司马、卫将军。霍禹为大司马。
御史大夫位	御史大夫邴吉[6]。 邴吉出任御史大夫。

前66	前65
四 汉宣帝地节四年。	元康**元**年 汉宣帝元康元年。
二 魏相为相的第二年。 七月壬寅①，禹腰斩②。 七月壬寅，大司马霍禹因谋反被腰斩。霍氏被灭门。	**三** 魏相为相的第三年。

	前64	前63
	二 汉宣帝元康二年。	**三** 汉宣帝元康三年。
大事记		
相位	**四** 魏相为相的第四年。	**五** 魏相为相的第五年。
将位		
御史大夫位		

前62

四

汉宣帝元康四年。

六

魏相为相的第六年。

八月丙寅①，安世卒。

八月丙寅，大司马、卫将军张安世去世。

【注释】

宣帝本始四年（前70）

①十月乙卯：此年十月无“乙卯”，疑误记。

②立霍后：立霍光之女为皇后。霍后，名成君。其母毒死许后，送她进宫，此年立为皇后。受其母指使，数欲毒杀太子刘奭（许皇后生，即元帝），事泄，霍氏谋反被诛，她被废居昭台宫，后自杀于云林馆。

宣帝地节二年（前68）

①三月庚午：三月初八。

②将军光卒：霍光去世。

③二月丁卯：此年二月无“丁卯”，疑误记。

④霍禹：霍光之子。昭帝时任中郎将。宣帝地节二年（前68）任右将军，并嗣父爵为博陆侯。次年，任大司马。四年，与霍氏宗族子弟谋反，被张章、董忠等告发，被腰斩。

宣帝地节三年（前67）

①立太子：太子刘奭，许皇后所生。即日后的汉元帝。

②五月甲申：五月二十九。

③贤老：丞相韦贤告老退休。老，告老，致仕。按，丞相致仕自韦贤始。

④六月壬辰：六月初七。

⑤禹为大司马：宣帝罢免霍禹右将军之职，只保留大司马虚衔，冠小冠，无印绶。此为宣帝削霍氏权力之举措。

⑥邴吉：又作“丙吉”。武帝末年在治“巫蛊狱”时，汉宣帝刚刚出生几个月，受祖父卫太子牵连被关在狱中。丙吉挑选谨慎厚道的女囚，命令她们护养宣帝。武帝病重欲尽杀狱中囚犯，邴吉不许

执行命令的使者进入杀宣帝。后遇大赦,邴吉将宣帝送到其外祖史家抚养。霍光欲废刘贺另立新帝,他建议立宣帝。

宣帝地节四年(前66)

①七月壬寅:此年七月无“壬寅”,疑误记。

②禹腰斩:霍氏谋反事泄,霍禹被腰斩,霍云、霍山、范明友自杀,其母霍显及诸女昆弟皆弃市。与霍氏相连坐诛灭者数千家。

宣帝元康四年(前62)

①八月丙寅:八月十一。

	前61
	神爵**元**年 汉宣帝神爵元年。
大事记	上郊甘泉太畤、汾阴后土[①]。 宣帝在甘泉的太一畤、汾阴的后土祠举行郊祭。
相位	**七** 魏相为相的第七年。
将位	四月,乐成侯许延寿为强弩将军。后将军充国击羌[②]。酒泉太守辛武贤为破羌将军[③]。韩曾为大司马、车骑将军。 四月,乐成侯许延寿任强弩将军。后将军赵充国出击作乱的羌人。酒泉太守辛武贤任破羌将军。韩曾任大司马、车骑将军。
御史大夫位	

前60	前59
二 汉宣帝神爵二年。	**三** 汉宣帝神爵三年。
上郊雍五畤[①]。祋祤出宝璧玉器[②]。 宣帝在雍县的五帝畤郊祭。祋祤出现了宝璧玉器。	三月，相卒。 三月，丞相魏相去世。
八 魏相为相的第八年。	四月戊戌[①]，御史大夫邴吉为丞相，封博阳侯。 四月戊戌，御史大夫邴吉出任丞相，被封为博阳侯。
	御史大夫望之[②]。 萧望之出任御史大夫。

	前58	前57
	四 汉宣帝神爵四年。	五凤元年 汉宣帝五凤元年。
大事记		
相位	**二** 邴吉为相的第二年。	三 邴吉为相的第三年。
将位		
御史大夫位		

前56

二 汉宣帝五凤二年。
四 邴吉为相的第四年。 五月己丑[1]，增卒。 五月己丑，大司马、车骑将军韩增去世。
五月，延寿为大司马、车骑将军。 五月，许延寿任大司马、车骑将军。
御史大夫霸[2]。 黄霸出任御史大夫。

	前55	前54
	三 汉宣帝五凤三年。	**四** 汉宣帝五凤四年。
大事记	正月，吉卒。 正月，丞相邴吉去世。	
相位	三月壬申[①]，御史大夫黄霸为丞相，封建成侯。 三月壬申，御史大夫黄霸出任丞相，被封为建成侯。	**二** 黄霸为相的第二年。
将位		
御史大夫位	御史大夫延年[②]。 杜延年出任御史大夫。	

前53

甘露元年 汉宣帝甘露元年。
三 黄霸为相的第三年。
三月丁未①，延寿卒。 三月丁未，大司马、车骑将军许延寿去世。

【注释】

宣帝神爵元年（前61）

①甘泉太畤：即太一畤，祀天神泰一的神坛，在甘泉宫南（今陕西咸阳淳化西北）。太，一作“泰”。汾阴后土：祭土地神后土的神坛。在汉汾阴县（今山西运城万荣西南）。太一畤与后土都是武帝所置。

②“四月”几句：此年西羌反，四月，宣帝命许延寿、赵充国出击西羌，“发三辅、中都官徒弛刑，及应募佽飞射士、羽林孤儿，胡、越骑，三河、颍川、沛郡、淮阳、汝南材官，金城、陇西、天水、安定、北地、上郡骑士、羌骑，诣金城”。许延寿，宣帝许皇后之父许广汉少弟。宣帝未立时，曾流落民间，其兄弟多方周济帮助。及宣帝即位，任为侍中，封关内侯。元康二年（前64），进爵为乐平侯（《汉书》作“乐成侯”）。

③酒泉太守辛武贤为破羌将军：六月，拜辛武贤为破羌将军，与许延寿、赵充国军并进。酒泉，汉郡名。治禄福（今甘肃酒泉）。本匈奴浑邪王地，汉武帝元狩二年（前121）置郡。

宣帝神爵二年（前60）

①雍五畤：祭祀黄帝、炎帝（赤帝）、青帝、白帝、黑帝五帝的五处畤之合称。在今陕西宝鸡凤翔西南秦雍城之郊。

②祋祤（duì yǔ）：汉县名。治今陕西铜川耀州。

宣帝神爵三年（前59）

①四月戊戌：四月二十九。

②御史大夫望之：萧望之出任御史大夫。萧望之，字长倩。治《齐诗》，又从名儒夏侯胜攻读《论语》《礼服》，其学识为京师诸儒所称道。宣帝时，霍光秉政，经长史丙吉荐举被召，以儒学教授太子

（即元帝）。

宣帝五凤二年（前56）

①五月己丑：此年五月无“己丑”，疑误记。

②御史大夫霸：黄霸出任御史大夫。黄霸，字次公。历任河东均输长、河南太守丞，以宽和知名。宣帝即位，召为廷尉正、丞相长史。后因罪下狱，在狱中从夏侯胜学《尚书》。被释后任扬州刺史、颍川太守。执法公平、仁厚爱民，赐爵关内侯，召为太子太傅，迁御史大夫。

宣帝五凤三年（前55）

①三月壬申：此年三月无“壬申”，疑误记。

②御史大夫延年：杜延年出任御史大夫。杜延年，字幼公，酷吏杜周之子。以发觉左将军上官桀等谋乱罪，封为建平侯。对霍光持刑罚严，他辅之以宽。宣帝即位，入为给事中，居九卿之位十余年。后为北地、西河太守，入为御史大夫。

宣帝甘露元年（前53）

①三月丁未：此年三月无“丁未”，疑误记。

前52

	二 汉宣帝甘露二年。
大事记	赦殊死[1],赐高年及鳏寡孤独帛,女子牛酒。 凡不是死罪的犯人一律赦免,赐给老年人以及鳏夫寡妇孤儿布帛,赐女子牛和酒。
相位	四 黄霸为相的第四年。
将位	
御史大夫位	御史大夫定国[2]。 于定国出任御史大夫。

前51

三

汉宣帝甘露三年。

三月己丑[1]，霸薨。

三月己丑，丞相黄霸去世。

七月丁巳[2]，御史大夫于定国为丞相，封西平侯。

七月丁巳，御史大夫于定国出任丞相，被封为西平侯。

太仆陈万年为御史大夫[3]。

太仆陈万年出任御史大夫。

	前50	前49
	四 汉宣帝甘露四年。	黄龙**元**年[1] 汉宣帝黄龙元年。
大事记		
相位	**二** 于定国为相的第二年。	**三** 于定国为相的第三年。
将位		乐陵侯史子长为大司马、车骑将军[2]。太子太傅萧望之为前将军。 乐陵侯史子长任大司马、车骑将军。太子太傅萧望之任前将军。
御史大夫位		

前48	前47	前46
孝元初元**元**年[①] 汉元帝初元元年。	**二** 汉元帝初元二年。	**三** 汉元帝初元三年。
四 于定国为相的第四年。	**五** 于定国为相的第五年。	**六** 于定国为相的第六年。
		十二月，执金吾冯奉世为右将军[①]。 十二月，执金吾冯奉世任右将军。

【注释】

宣帝甘露二年（前52）

①赦殊死：赦免罪在斩首以下的所有罪犯。殊死，指殊死刑，斩首的死刑。按，此次宣帝大赦及赏赐百姓，是因为“凤皇甘露降集，黄龙登兴，醴泉滂流，枯槁荣茂，神光并见”等祥瑞。

②御史大夫定国：于定国出任御史大夫。于定国，字曼倩。少时学法于父，以才高举侍御史，迁御史中丞。宣帝时为光禄大夫，甚见任用，数年超擢为廷尉。以治狱平恕，民自以不冤，迁御史大夫。

宣帝甘露三年（前51）

①三月己丑：三月初六。

②七月丁巳：此年七月无“丁巳”，疑误记。

③陈万年：字幼公。原为郡吏，后升任县令、广陵太守，入为右扶风，迁太仆。善谄媚权贵，尝以全部家产赂遗外戚许、史两家，尤善事乐陵侯史高。丞相丙吉荐之于宣帝，擢为御史大夫。

宣帝黄龙元年（前49）

①元年：此年十二月，宣帝驾崩。

②乐陵侯史子长：名高，字子长。宣帝祖母史良娣之侄。宣帝即位，以外戚召为侍中。又因平定大司马霍禹等谋叛有功，地节四年（前66）封为乐陵侯。宣帝临终拜大司马、车骑将军，领尚书事，与萧望之、周堪同受遗诏辅佐元帝。

元帝初元元年（前48）

①初元元年：宣帝于上年十二月去世，元帝刘奭（shì）继位。此年改元初元。

元帝初元三年（前46）

①执金吾：即中尉，武帝改名执金吾。为列卿之一，秩中二千石。主要职掌是担任宫殿之外、京城之内的警卫消防工作，并督巡三辅治安，有权直接逮捕罪犯，巡行郡县。皇帝出行时，则充任护卫及仪仗队。特殊情况下，亦奉命征伐。冯奉世：字子明。学《春秋》，通晓兵法。宣帝时，曾出使大宛，率兵攻破莎车，以功升任光禄大夫、水衡都尉。元帝即位，又以破西羌军功，迁右将军典属国。

	前45	前44
	四 汉元帝初元四年。	**五** 汉元帝初元五年。
大事记		
相位	**七** 于定国为相的第七年。	**八** 于定国为相的第八年。
将位		二月丁巳[①],平恩侯许嘉为左将军[②]。 二月丁巳,平恩侯许嘉任左将军。
御史大夫位		中少府贡禹为御史大夫[③]。十二月丁未[④],长信少府薛广德为御史大夫[⑤]。 中少府贡禹出任御史大夫。十二月丁未,长信少府薛广德出任御史大夫。

前43

永光元年 汉元帝永光元年。
十月戊寅①，定国免②。 十月戊寅，免除于定国的丞相之职。
九 于定国为相的第九年。
七月，子长免，就第③。 七月，大司马、车骑将军史子长被免职家居。
九月，卫尉平昌侯王接为大司马、车骑将军④。 九月，卫尉平昌侯王接任大司马、车骑将军。
二月，广德免⑤。 二月，免除薛广德的御史大夫之职。
七月，太子太傅韦玄成为御史大夫⑥。 七月，太子太傅韦玄成出任御史大夫。

【注释】

元帝初元五年（前44）

①二月丁巳：二月十四。

②许嘉：元帝外祖父平恩侯许广汉之侄，成帝许皇后之父。宣帝时任中常侍。广汉卒，因无子，他得以在元帝初元元年（前48）嗣为平恩侯。不久迁左将军。

③中少府：官名。皇后宫称中宫，中宫之少府称中少府，秩中二千石，均为士人担任。掌山海池泽之税、禁中之钱以给私养，供宫中财政支出。是所谓"皇后卿"之一。贡禹：字少翁。以明经洁行著名。元帝初即位，与王吉同被征为谏议大夫。多次上书要求选贤能、诛奸臣、修节俭。元帝纳其言，下令减赋役，以赈贫民。后迁光禄大夫，累官至御史大夫，数月卒。

④十二月丁未：十二月初三。

⑤长信少府：原为长信詹事。景帝时改名。掌皇太后宫中事务，秩二千石。薛广德：字长卿。通《鲁诗》。经御史大夫萧望之推荐，被宣帝征为博士。迁谏大夫、长信少府。继贡禹为御史大夫，在任直言敢谏。

元帝永光元年（前43）

①十月戊寅：此年十月无"戊寅"，疑误记。

②定国免：于定国免相。元帝继位后，关东连年遭受灾害，百姓流离失所，大批涌入关内，元帝以此责备丞相、御史大夫等人。此年春天降霜，夏季寒冷，太阳暗而无光，元帝又下诏责备大臣，于定国惶恐不已，上书自责，并归还侯印，自请告老还乡。

③子长免，就第：史高亦因天灾民饥自向元帝告老，汉元帝赐其安车驷马、黄金，致仕家居。

④王接：宣帝之舅王无故之子。宣帝五凤元年（前57）嗣位为平昌

侯。元帝初元元年(前48)任卫尉。后升任大司马、车骑将军。按,宣帝之母王氏家族代替祖母史氏家族掌握了朝政。

⑤二月,广德免:薛广德为御史大夫不数月,陨霜杀稼,天下大饥。元帝以灾害连连,人民流亡,下诏责问三公,薛广德与丞相等一起自请免职致仕。据《汉书·薛广德传》:“广德为御史大夫,凡十月免。”按此表,广德去年十二月为御史大夫,此年二月免,则只有两个月。《史记斠证》曰:“案《汉纪》‘二月’作‘七月’,《通鉴》作‘九月’。疑‘九月’是。”

⑥韦玄成:字少翁,韦贤之子。明于《诗》《论语》。韦贤死,不得已嗣位。宣帝高其节,以为河南太守。元帝即位,迁太子太傅,代薛广德为御史大夫。

前42	
	二 汉元帝永光二年。
大事记	三月壬戌朔，日蚀。 三月壬戌是初一，发生日食。
相位	二月丁酉，御史大夫韦玄成为丞相，封扶阳侯。丞相贤子。 二月丁酉，御史大夫韦玄成出任丞相，被封为扶阳侯。他是丞相韦贤的儿子。
将位	七月，太常任千秋为奋武将军，击西羌[①]。云中太守韩次君为建威将军[②]，击羌，后不行[③]。 七月，太常任千秋任奋武将军，出击西羌。云中太守韩次君任建威将军，出击羌人，后来没有出行。
御史大夫位	二月丁酉，右扶风郑弘为御史大夫[④]。 二月丁酉，右扶风郑弘出任御史大夫。

前41

三 汉元帝永光三年。
二 韦玄成为相的第二年。
右将军平恩侯许嘉为车骑将军[①],侍中、光禄大夫乐昌侯王商为右将军[②],右将军冯奉世为左将军。 右将军平恩侯许嘉任车骑将军,侍中、光禄大夫乐昌侯王商任右将军,右将军冯奉世任左将军。

	前40	前39	前38
	四 汉元帝永光四年。	**五** 汉元帝永光五年。	建昭**元**年 汉元帝建昭元年。
大事记			
相位	**三** 韦玄成为相的第三年。	**四** 韦玄成为相的第四年。	**五** 韦玄成为相的第五年。
将位			
御史大夫位			

前37

二 汉元帝建昭二年。
六 韦玄成为相的第六年。
弘免[1]。 免除郑弘的御史大夫之职。
光禄勋匡衡为御史大夫[2]。 光禄勋匡衡出任御史大夫。

前36

	三 汉元帝建昭三年。
大事记	六月甲辰[1]，玄成薨。 六月甲辰，丞相韦玄成去世。
相位	七月癸亥，御史大夫匡衡为丞相，封乐安侯。 七月癸亥，御史大夫匡衡出任丞相，被封为乐安侯。
将位	
御史大夫位	卫尉繁延寿为御史大夫[2]。 卫尉繁延寿出任御史大夫。

前35	前34
四 汉元帝建昭四年。	**五** 汉元帝建昭五年。
二 匡衡为相的第二年。	**三** 匡衡为相的第三年。

前33

	竟宁元年 汉元帝竟宁元年。
大事记	
相位	**四** 匡衡为相的第四年。
将位	六月己未，卫尉杨平侯王凤为大司马、大将军[①]。 六月己未，卫尉杨平侯王凤任大司马、大将军。 延寿卒。 御史大夫繁延寿去世。
御史大夫位	三月丙寅[②]，太子少傅张谭为御史大夫[③]。 三月丙寅，太子少傅张谭出任御史大夫。

前32	前31
孝成建始**元**年[①] 汉成帝建始元年。	**二** 汉成帝建始二年。
五 匡衡为相的第五年。	**六** 匡衡为相的第六年。

【注释】

元帝永光二年（前42）

①七月，太常任千秋为奋武将军，击西羌：据《汉书·元帝纪》，此年七月西羌反，元帝命右将军冯奉世出击；八月，命任千秋与另将五校尉共同进军。至十一月汉军大破西羌。任千秋，字长伯。弋阳侯任宫之子。元帝初元二年（前47）嗣爵。奋武将军，《汉书·元帝纪》作"奋威将军"。

②云中太守韩次君为建威将军：《汉书·冯奉世传》记为拜定襄太守韩安国为建威将军。《资治通鉴》亦同。此或有误。

③后不行：冯奉世与任千秋出兵之后，元帝又发募士万人。后听闻西羌已破，遂还。

④郑弘：字穉卿。明晓经籍，兼通法律政事。初任南阳太守，有治绩，迁淮阳相。元帝时，征入为右扶风，擢御史大夫。

元帝永光三年（前41）

①右将军平恩侯许嘉为车骑将军：此年四月，大司马、车骑将军王接去世，许嘉接任。右将军，当作"左将军"。元帝初元三年冯奉世为右将军，初元五年许嘉为左将军，下文"右将军冯奉世为左将军"，则许嘉时为左将军。《汉纪》正作"左将军"。

②王商：字子威。宣帝舅王武之子。以肃敬敦厚称。甘露二年（前52），袭父爵为乐昌侯。推财以分异母诸弟，身无所受，宣帝因擢为诸曹侍中、中郎将。元帝擢为右将军、光禄大夫。

元帝建昭二年（前37）

①弘免：御史大夫郑弘被免职。时京房以"诽谤朝廷，诖误诸侯，窥导以邪意，漏泄省中语"被杀，京房曾与郑弘谈及相关内容，郑弘因此被降职为光禄勋。

②匡衡:字稚圭。少好学,凿壁借光以读书,终成《诗》学大家。宣帝时虽有太子太傅萧望之等多次举荐,终因宣帝不喜儒未能重用。元帝即位,迁给事中,屡上疏主张端正朝纲朝纪,以诗礼教化天下,谏劝远离奸佞,变更侈靡之俗,甚合元帝之意,任为光禄大夫、太子少傅、光禄勋、御史大夫。

元帝建昭三年(前36)

①六月甲辰:六月十九。

②繁(pó)延寿:字子惠。一作"李延寿""鲧延寿"。宣帝时曾任丞相司直。元帝即位,迁执金吾。建昭二年(前37)迁卫尉,次年,再迁御史大夫。在职注意选推人材,谷永、野王均受他荐举。

元帝竟宁元年(前33)

①六月己未,卫尉杨平侯王凤为大司马、大将军:此年五月元帝去世,六月,王凤拜大司马、大将军辅政。王凤,字孝卿。元帝王皇后之弟。元帝永光二年(前42),袭父爵为阳平侯。建昭三年(前36),为侍中卫尉。为大司马、大将军后,倚王太后,专权蔽主,王氏之子弟分据要官,兄弟七人皆封为列侯,几满朝廷。六月己未,六月二十二。

②三月丙寅:此年三月"丙寅",疑误记。

③张谭:字仲叔。元帝时任光禄大夫。永光四年(前40),为京兆尹。未能胜任,徙为太子少傅,升御史大夫。

成帝建始元年(前32)

①建始:上年五月元帝去世,成帝继位,此年改元。

前30

	三 汉成帝建始三年。
大事记	十二月丁丑，衡免①。 十二月丁丑，免除匡衡的丞相之职。
相位	**七** 匡衡为相的第七年。 八月癸丑②，遣光禄勋诏嘉上印绶免③，赐金二百斤。 八月癸丑，派光禄勋诏示许嘉上缴车骑将军印绶，免职，赐黄金二百斤。
将位	十月，右将军乐昌侯王商为光禄大夫、左将军④，执金吾弋阳侯任千秋为右将军。 十月，右将军乐昌侯王商任光禄大夫、左将军，执金吾弋阳侯任千秋任右将军。 谭免⑤。 免除张谭的御史大夫之职。
御史大夫位	廷尉尹忠为御史大夫⑥。 廷尉尹忠出任御史大夫。

前29

四

汉成帝建始四年。

三月甲申[1]，右将军乐昌侯王商为右丞相[2]。

三月甲申，右将军（应为左将军）乐昌侯王商出任右丞相。

任千秋为左将军，长乐卫尉史丹为右将军[3]。

任千秋任左将军，长乐卫尉史丹任右将军。

十月己亥[4]，尹忠自刺杀[5]。

十月己亥，御史大夫尹忠自杀。

少府张忠为御史大夫[6]。

少府张忠出任御史大夫。

	前28	前27	前26
	河平元年 汉成帝河平元年。	二 汉成帝河平二年。	三 汉成帝河平三年。
大事记			
相位	二 王商为右丞相的第二年。	三 王商为右丞相的第三年。	四 王商为右丞相的第四年。
将位			十月辛卯[1]，史丹为左将军，太仆平安侯王章为右将军[2]。 十月辛卯，史丹任左将军，太仆平安侯王章任右将军。
御史大夫位			

前25	前24
四 汉成帝河平四年。	阳朔**元**年 汉成帝阳朔元年。
四月壬寅[1]，丞相商免。 四月壬寅，免除王商的丞相之职。	
六月丙午[2]，诸吏散骑光禄大夫张禹为丞相[3]。 六月丙午，诸吏散骑光禄大夫张禹出任丞相。	**二** 张禹为相的第二年。

【注释】

成帝建始三年（前30）

①十二月丁丑，衡免：十二月二十四，匡衡免相。匡衡因为利用郡图之误，非法扩大食封土地四万多亩而被举报，遂免职。

②八月癸丑：八月初四。

③遣光禄勋诏嘉上印绶免：此年秋，关中大雨四十余日，京师人无故相惊，言大水至，长安中大乱；又有名叫陈持弓的九岁小女孩入未央宫掖庭殿门，直至勾楯禁中才被发觉。因为这些灾异，“大司马将军许嘉赐金、安车驷马，免”。

④光禄大夫：战国时称中大夫。汉武帝太初元年改光禄大夫。掌天子顾问应对，秩比二千石。

⑤谭免：御史大夫张谭因选举不实而被免职。

⑥尹忠：字子宾。元帝初元四年（前45）为廷尉。成帝建始二年（前31）为诸吏光禄大夫。三年，为御史大夫。

成帝建始四年（前29）

①三月甲申：三月初八。

②右将军乐昌侯王商为右丞相：去年王商已改任左将军，此“右将军”当为“左将军”。

③史丹：字君仲。乐陵侯史高之子。甚得元帝宠信。曾谏元帝止声乐，主立太子刘骜为嗣君。成帝立，历任长乐卫尉、右将军、光禄大夫等职。

④十月己亥：此年十月无“己亥”，疑误记。

⑤尹忠自刺杀：此年秋，黄河决口，淹兖、豫四郡三十二县，尹忠因所言方略疏阔，遭成帝严责，自杀。

⑥少府：官名。秦始置，掌山海地泽之税，以供官廷之用，为皇帝的私府，兼管皇帝衣食器用、医药娱乐丧葬等事宜，位列九卿。汉

沿置。张忠：字子赣。成帝时任司隶校尉、少府。建始三年（前30），又以少府代理廷尉。曾以多取封邑土地等事劾丞相匡衡，衡因此免为庶人。四年，迁为御史大夫。后病卒于任上。

成帝河平三年（前26）

①十月辛卯：十月三十。

②平安侯王章：字子然。宣帝王皇后兄王舜之子。建昭四年（前35）嗣父爵为平安侯（《汉书》作“安平侯”）。

成帝河平四年（前25）

①四月壬寅：四月二十。

②六月丙午：六月二十五。

③散骑：为加官。汉武帝元鼎三年（前114），以其掌顾问应对，属中朝官之一。张禹：字子文。经学家。元帝时奉诏为太子（成帝）授《论语》，迁光禄大夫。出为东平内史。成帝即位，以帝师封关内侯，官光禄大夫给事中领尚书事。代王商为丞相，封安昌侯。

	前23	前22
	二 汉成帝阳朔二年。	三 汉成帝阳朔三年。
大事记		
相位	三 张禹为相的第三年。	
将位	张忠卒。 御史大夫张忠去世。	九月甲子[1]，御史大夫王音为车骑将军[2]。 九月甲子，御史大夫王音任车骑将军。
御史大夫位	六月，太仆王音为御史大夫[1]。 六月，太仆王音出任御史大夫。	十月乙卯[3]，光禄勋于永为御史大夫[4]。 十月乙卯，光禄勋于永出任御史大夫。

前21	前20
四 汉成帝阳朔四年。	鸿嘉**元**年 汉成帝鸿嘉元年。
	三月，禹卒。 三月，丞相张禹去世。
七月乙丑，右将军光禄勋平安侯王章卒。 七月乙丑，右将军光禄勋平安侯王章去世。	四月庚辰，薛宣为丞相[①]。 四月庚辰，薛宣出任丞相。
闰月壬戌，永卒。 闰月壬戌，御史大夫于永去世。	

【注释】

成帝阳朔二年（前23）

①王音：元帝王皇后从弟。成帝河平三年（前26），以侍中、中郎将为太仆。此年代张忠为御史大夫。数谏正，有忠节。

成帝阳朔三年（前22）

①九月甲子：九月初二。

②御史大夫王音为车骑将军：王音代王凤为大司马车骑将军，封安阳侯。

③十月乙卯：十月十八。

④于永：于定国之子。娶宣帝长女馆陶公主。元帝永光四年（前40）嗣父爵为西平侯，为散骑光禄勋，此年代王音为御史大夫。

成帝鸿嘉元年（前20）

①薛宣：字赣君。大将军王凤闻其名，荐为长安令。以明习文法诏补御史中丞，总管各部刺史。曾多次上疏成帝陈政事，自身执法严明。后出任临淮太守、陈留太守，皆有治绩。征入为左冯翊，严惩贪官污吏。迁少府。鸿嘉元年（前20）代于永任御史大夫。同年，代张禹为丞相，封高阳侯，食邑千户。

【集评】

王应麟曰："史迁易编年为纪传，而《将相名臣年表》之作复以汉兴以来大事为之记，盖以存《春秋》之法也。上自高祖肇造，下迄天汉，纪年之后凡开基创业则书之，高帝元年春王汉，秋定雍；二年定塞、翟等国，据荥阳；三年定魏、伐赵；四年定齐及燕；五年破楚、践位是也。伐叛诛暴则书之，若高祖之击信、布，孝景之击吴、楚是也。凡定都营国则书之，若都关中、城长安，若长乐、未央之成，太仓、西市之立是也。封建朝觐则书之，若高祖王兄仲于代，文帝王诸子于太原等国，景帝立河间诸王，武帝立六安诸王，与夫楚元、齐悼之来朝，诸侯王之至长安是也。凡尊亲、立朝、册后、建储之礼则书之，若高祖之尊上皇，惠、景之立高、文庙，与夫太子之立书于高帝之二年，卫后之立书于元朔之初载是也。凡肆眚除虐、导民兴利则书之，若赦复作、除孥律，孝悌力田之置，八铢钱货之行是也。凡郊祀、正朔、祥瑞、灾异则书之，若渭阳之祀、雍畤之幸、建元之纪号、太初之正历，与夫汾阴宝鼎之出、河决地动之异是也。”(《玉海·汉大事纪》)

吴见思曰：“自古之待功臣者每以汉高为口实，将如淮阴之钟室，布、越之菹醢；相如萧何之谨饬，而上林一请不免于下吏。噫，亦薄甚矣！故子孙习之，而申屠嘉不免于呕血，周亚夫不免于饿死。至孝武之世，丞相多至自杀，而将帅以坐法抵罪失侯者往往而有。此史公年表之所以作也。史公生于此时，目击心慨，未免言之过甚，故后人削之，此序论之所以缺乎！呜乎，孔子《春秋》皆口授，而定、哀之间多微辞，岂无故哉！”(《史记论文》)

汪越曰：“《汉书百官公卿表》详一代之官制，《史记》但表相与将、御史大夫，意在论世知人，以备劝惩，故举其大者，不在备官，若曰于此得贤任职，斯可也。”(《读史记十表》)

【评论】

《太史公自序》说：“国有贤相良将，民之师表也。维见汉兴以来将相名臣年表，贤者记其治，不贤者彰其事。作《汉兴以来将相名臣年表》第十。”可见此表制作宗旨。择任将相关系国家兴亡，而汉帝赏轻罚重，对功臣猜忌迫害，而武帝更是用亲斥疏，丞相多备员而已，且十位丞相中三位免官，三位自杀，一位被判死刑，将帅中也多有以坐法抵罪失侯者。司马迁有鉴于此，故作此表以示对于贤相良将的重视。《新唐书》立《宰相表》，应该就是向《史记》学习的结果。

班固《汉书》就说《史记》“十篇缺，有录无书”，张晏具体列出了十篇之目，而《汉兴以来将相名臣年表》即为其中之一。今天《史记》中的这篇表是从什么时候、由什么人加进去的，详情已不得而知了。但明、清以后学者断然否定此表者不多，多数人认为武帝以前的部分是司马迁所作，区别只在或断于“元狩”，或断于“太初”，或断于“征和”而已。

但即以武帝以前的部分而言，问题也不少。如“大事记”一栏，许多重大事件没有，有些小事反而写得较详。如高祖九年“大事记”里就记载了未央宫建成，置酒前殿，刘邦戏谑其父之事，此事又见《高祖本纪》，这种事情有必要记在“大事记”里吗？武帝时期的“大事记”有许多空格，是未及记？不便记？还是被删去了？这些都不得而知。但有人说这是司马迁故意留白以示批判，则未免穿凿，求之太深。再如表中“相位”，谱列历朝丞相比较完备，但把张苍的“计相”也写了进去，计相是丞相府属官，主管各地向朝廷上报的户口、钱粮、盗贼多少等事务和文书，并不是丞相，写在这里是不对的。“将位”应写“三公”一级的太尉、大将军、骠骑将军，可表中还写进了前、后、左、右甚至一些杂号将军，杂号将军顶多相当于卿，照此而言，“相位”中也该写进“九卿”一类官员。

此表中有一种绝无仅有的书写方式——倒书，即把将相大臣的罢免、死亡、设太尉等一些大事倒着写在表格中。一般情况是丞相的正常任职在“相位”栏，其罢免、死亡上提倒书记入下一年的“大事记”中；相应的，将与御史大夫的正常任职在“将位”和“御史大夫位”，他们的罢免、死亡上提一栏，将倒书记入下一年的“相位”，御史大夫倒书记入“将位”。整体类似《三代世表》中的“旁行邪上”。前人对此有多种解释，归纳下来大致有以下几种：第一，以倒书记“三公”罢免与死亡，更为醒目，方便阅读；第二，现在见到的倒书文字可能原来写于竹简背面，后人不明其意，转抄时将之写成倒书；第三，将“三公”去职的各种原因写成倒书，是为了彰显“贤者记其治，不贤者彰其事”的写作意图；第四，可能本表尚未完成，只是一个稿本，倒书是作者自己的特殊标记，便于以后修改;第五,因汉帝对大臣刻薄寡恩,“三公”多不得善终,以倒书暗示对汉帝的不满与指责。这些现在都只能作为参考,难以成为定论。“倒书”是宋代刻本给我们提供的现象,是不是司马迁的原样尚未可知。

总之,《汉兴以来将相名臣年表》如今所呈现的模样,是后人完全重作的呢?还是后人对司马迁原表进行了大量删削与补续而形成的呢?只能留待进一步考古发现。

书

《史记》的“书”共有八篇。《太史公自序》说:“礼乐损益,律历改易,兵权山川鬼神,天人之际,承敝通变,作八书。”司马贞《索隐》曰:“八书,记国家大体。”赵翼《廿二史札记》说:“八书乃史迁所创,以纪朝章国典。”可知“八书”是关于八个专题的制度史。

按《太史公自序》所说,“礼乐损益”对应《礼书》《乐书》,“律历改易”对应《律书》《历书》,“山川”对应《河渠书》,“鬼神”对应《封禅书》,“天人之际”对应《天官书》,“承敝通变”对应《平准书》(当然也可以理解为是对八书的总括),八书已经齐备,可是“兵权”却没有对应的篇章。关于“兵权”的内容在《律书》中有一点,但“国之大事,在祀与戎”,“兵权”是非常重要的,不应与声律混在一起,更不应只有几百个字。这个问题与“八书”的散佚有关。班固时就说《史记》“十篇缺,有录无书”,根据晋人张晏的说法,《礼书》《乐书》《律书》都在其中。据后人考证,《史记》原本是律历合一作《律历书》,还有单独的《兵书》,后《兵书》大部分散佚,后人就从原《律历书》中割出声律部分与仅存的一小段《兵书》佚文拼凑出了《律书》,还修改了《太史公自序》中关于《律书》的说明,弄成了现在这个样子的“八书”。

史记卷二十三

礼书第一

【释名】

《礼书》是晋人张晏所说《史记》十篇“有录无书”者之一，经考证，大多数学者认为开头的“太史公曰”至“垂之于后云”一段序言确系司马迁所做，正文则为后人采《荀子》论礼之文合成。所以讨论司马迁的思想与学术，仅以序言为限。由本篇序言可知，《礼书》讨论的是“礼”的产生、功用，“礼”与“仪”的关系，以及三代至秦、汉以来礼的发展变化等，是研究司马迁礼学思想的重要文献。

太史公曰：洋洋美德乎！宰制万物，役使群众，岂人力也哉①？余至大行礼官②，观三代损益③，乃知缘人情而制礼④，依人性而作仪⑤，其所由来尚矣⑥。

【注释】

①“洋洋美德乎”几句：“宰制万物”“役使群众”，是指礼的功用。司马迁认为，礼的美德盛大无涯在于它可以规范人伦纲常与社会秩序。洋洋，盛大、无涯貌。宰制，统辖，控制。

②大行礼官：即大鸿胪。大行，接待宾客的官员。《周礼·秋官》有大行人。秦称典客。景帝中六年（前144）改称大行令。武帝太

初元年(前104)改称大鸿胪。

③三代:夏、商、周三个朝代的合称。损益:增减,盈亏。此指礼的演变。

④缘:徇,顺。礼:社会生活中由于风俗习惯而形成的行为准则、道德规范和各种礼节。此指规定人的社会行为的法则、规范、仪式。

⑤仪:法则标准,行为规范。

⑥尚:此指时间久远。

【译文】

太史公说:礼的美德盛大无涯啊!它可以主宰万物,役使众生,这难道是人力所能为的吗?我曾到大行礼官的府衙,查阅夏、商、周三代礼制演变的文献,才知道古人是遵循人情而制定礼,依据人性而制定仪,这是由来已久的啊。

人道经纬万端[①],规矩无所不贯,诱进以仁义,束缚以刑罚,故德厚者位尊,禄重者宠荣,所以总一海内而整齐万民也[②]。人体安驾乘,为之金舆错衡以繁其饰[③];目好五色[④],为之黼黻文章以表其能[⑤];耳乐钟磬[⑥],为之调谐八音以荡其心[⑦];口甘五味[⑧],为之庶羞酸咸以致其美[⑨];情好珍善,为之琢磨圭璧以通其意[⑩]。故大路越席[⑪],皮弁布裳[⑫],朱弦洞越[⑬],大羹玄酒[⑭],所以防其淫侈,救其凋敝[⑮]。是以君臣朝廷尊卑贵贱之序,下及黎庶车舆衣服宫室饮食嫁娶丧祭之分[⑯],事有宜适,物有节文[⑰]。仲尼曰:"禘自既灌而往者,吾不欲观之矣[⑱]。"

【注释】

①经纬:织物的纵线和横线。比喻条理、秩序。万端:形容方法、头

绪、形态等极多而纷繁。

②总一：统一。总，聚合，汇聚。整齐：整治，使有条理，使齐一。

③错：以金银嵌饰。衡：车辕前面的横木。

④五色：青、赤、白、黑、黄五种颜色。古代以此五者为正色。

⑤黼黻（fǔ fú）：古代礼服上所绣的黑、青两色花纹。亦比喻华丽的词藻。黼，古代礼服上白黑相间的花纹，取斧形，象临事决断。黻，古代礼服上绣的黑与青相间的亞形花纹。文章：错杂的色彩或花纹。

⑥钟磬（qìng）：钟和磬，古代礼乐器。磬，古代打击乐器。状如曲尺。用玉、石或金属制成。悬挂于架上，击之而鸣。

⑦调谐：调和，协调。八音：我国古代对乐器的统称，通常为金、石、丝、竹、匏、土、革、木八种不同质材所制。荡：震荡，激荡。

⑧甘：嗜好，爱好。五味：指酸、苦、甘、辛、咸五味。

⑨庶羞：多种美味。庶，众多。羞，美味的食品。后多作“馐”。

⑩琢磨：雕刻和磨治玉、石。圭璧：古代帝王、诸侯在朝聘或祭祀时所用的玉器。圭，长条形，上尖下方。其名称、大小因爵位及用途不同而异。璧，扁平、圆形、中心有孔。边阔大于孔径。《后汉书·明帝纪》：“亲执珪璧，恭祀天地。”通：畅通。

⑪大路越席：天子坐的车用蒲席作垫子，以示节俭。下三句与此相对成文，用意略同。大路，天子车的总名。亦作“大辂”。路，即“辂”，大车。多指帝王所乘的车子。越席，用蒲草编结的席子，不缘边。

⑫皮弁（biàn）布裳：为王者视朝的常服。皮弁，冠名。用白鹿皮做成，为视朝的常服。布裳，粗麻布衣服。裳，古代称下身穿的衣裙，男女皆服。此处泛指衣服。

⑬朱弦：染成红色的丝弦。洞越：谓贯通瑟底部的孔。越，瑟底孔。

⑭大（tài）羹：不加调味品的肉汁。大，同“太”。玄酒：祭礼中当酒

用的清水。亦指淡薄的酒。

⑮凋敝:衰败,破败,困乏。

⑯分:界限。

⑰节文:节制修饰。谓制定礼仪,使行之有度。

⑱"仲尼曰"几句:见于《论语·八佾》。大意是说,鲁国举行的禘祭之礼,自灌以后,次序颠倒,我不愿再看了。禘(dì),古代帝王、诸侯举行各种大祭的总名。这里指隆重的宗庙大祭,只有天子才能举行。灌,一本作"祼(guàn)"。古代祭祀的一种仪式。斟酒浇地以求神降临。孔安国曰:"禘祫之礼,为序昭穆也……灌者,酌郁鬯,灌于太祖,以降神也。既灌之后,别尊卑,序昭穆。而鲁为逆祀,跻僖公,乱昭穆,故不欲观之矣。"鲁君祖先在太庙中按前后顺序排列,鲁文公二年升鲁僖公的享祀之位于鲁闵公之上。僖公是闵公之弟,继闵公即位,又传位于自己的儿子文公。孔子认为鲁文公不按前后秩序举行禘礼,破坏了等级名分,所以他说从第一次献酒后就不想再看了。

【译文】

做人的道理虽有千头万绪,但无不贯穿一条基本准则,就是以仁义诱导人们,并以刑罚相约束,所以,德厚之人地位尊崇,俸禄多的人享受荣耀恩宠,以此来统一天下人的意识,整肃人心。人的身体乘车马感到舒适,就以金饰车,又雕镂车衡,镶金错银,加上繁琐的装饰;眼睛爱看五色,就设计了黑、青色错杂的花纹,使外表形态更美好;耳朵喜欢听钟磬等动听的声音,就调和各种乐器以激荡人心;嘴巴喜欢吃美味食物,就烹调出佳肴异馔,或酸或咸,各尽其美;人情喜爱珍贵善美的物事,就以美玉制成圭璧,又加琢磨,以顺人意。这样下去,如何得了?于是帝王乘坐的大辂车只铺草席,帝王视朝只戴白鹿皮冠穿粗麻布衣服,帝王用的瑟使用染成红色的丝弦且瑟底两孔上通,帝王的祭祀大礼只用不调五味的肉羹、以清水代酒,用这些做法防止过分奢侈,以挽救衰败。所以上至君臣等朝廷中的尊卑贵贱秩序，下到黎民百姓衣食住行、婚丧嫁娶的等级，凡事皆有适宜之度，万物皆有节制性文饰。孔子说："禘祭自第一次献酒之后，次序颠倒，我不愿再看了。"

周衰，礼废乐坏①，大小相逾②，管仲之家③，兼备三归④。循法守正者见侮于世⑤，奢溢僭差者谓之显荣⑥。自子夏⑦，门人之高弟也，犹云"出见纷华盛丽而说，入闻夫子之道而乐，二者心战，未能自决"⑧，而况中庸以下⑨，渐渍于失教⑩，被服于成俗乎⑪？孔子曰"必也正名"⑫，于卫所居不合⑬。仲尼没后，受业之徒沉湮而不举⑭，或适齐、楚，或入河、海⑮，岂不痛哉？

【注释】

①礼废乐坏：礼乐为儒家政治伦理思想的核心，儒家以礼乐并举，《荀子·乐论》云："乐合同，礼别异。"乐着重于融合人的性情，礼着重于严肃宗法等级，二者相辅而行，均用来调节上下关系，维护宗法等级制度。礼废乐坏意味着宗法等级制度的基础遭到破坏。

②大小：指尊卑秩序，上下关系。逾：越过，超越。

③管仲：字仲，名夷吾。初事公子纠，后由鲍叔牙推荐，齐桓公任以为相，尊称仲父。在齐进行改革，主张通货积财，富国强兵，九合诸侯，一匡天下，使桓公成为春秋五霸之首。

④三归：学界关于"三归"有不同的解释，如：娶三姓女子、三处家庭、管仲之采邑、按常例缴纳给公家的市租等，不尽相同。

⑤循法守正：遵循法度、守正不阿。法，礼法，法则，规章。

⑥奢溢僭（jiàn）差：奢侈过分、超越等级。溢，满而外流。引申为过度，过分。僭，越分，越级。指超越身份，冒用在上者的礼仪和职

权。差,差别。引申为等级。

⑦自:虽然,即使,尽管。子夏:姓卜,名商。春秋末晋国温(今河南汤阴北)人。孔子学生。以文学见称。曾仕于鲁,为莒父宰。孔子死后,居于西河,李克、吴起、田子方、段干木皆曾受业。魏文侯尊以为师,受经艺。

⑧"出见纷华盛丽而说"几句:语见《韩非子·喻老》子夏答曾子语,又见于《韩诗外传》卷二闵子骞答子贡语,文字稍有差异。二者心战,指追求华丽与乐闻道义两种思想在内心的斗争。心战,犹言内心矛盾。

⑨中庸:平常的。犹言中材、中人。

⑩渐渍(zì)于失教:逐渐受到不良教化的影响。渍,浸染,沾染。

⑪被服于成俗:受社会上的积习影响。被服,衾被衣服。这里用如动词,以身着被服喻身处其中,亲身感受。

⑫必也正名:语出《论语·子路》。正名,辨正名分。即用君臣父子等尊卑上下的名分来约束人与人之间的伦理关系。

⑬于卫所居不合:谓当时孔子在卫国的所见所闻大都不合乎尊卑上下的礼仪。不合,指卫灵公好色,好战,与孔子主张的仁义、尊卑、礼让不合。

⑭沉湮(yān):埋没,淹没。不举:不显,不被提拔。

⑮或适齐、楚,或入河、海:《论语·微子》载鲁哀公时,礼崩乐坏,鲁国乐师四处逃亡,"大师挚适齐,亚饭干适楚,三饭缭适蔡,四饭缺适秦,鼓方叔入于河,播鼗武入于汉,少师阳、击磬襄入于海。"

【译文】

周室衰微,礼乐制度遭到破坏,人们开始无视尊卑等级,竞相逾越,管仲之家,兼备不应享有的"三归"待遇。遵循法度、守正不阿的人受到世俗的欺侮,奢侈过分、超越等级的人被尊为显贵享有殊荣。尽管子夏是孔子门下最优秀的学生,尚且还说"出门若看见繁华盛丽的事物就欣喜，回来聆听夫子之道就快乐，这两种情感在内心缠斗，无法做出决断”，更何况是中材以下的人呢，他们逐渐受不良教化的影响，被社会上的积习所浸染呢？孔子说“一定要辨正名分”，当时孔子在卫国所见所闻大都不合尊卑上下的礼仪。孔子死后，受业弟子们被埋没而不被举用，有的去了齐国、楚国，有的到了黄河、海滨一带，难道不让人痛惜吗？

至秦有天下，悉内六国礼仪①，采择其善，虽不合圣制②，其尊君抑臣，朝廷济济③，依古以来。至于高祖，光有四海④，叔孙通颇有所增益减损，大抵皆袭秦故⑤：自天子称号下至佐僚及宫室官名，少所变改。孝文即位，有司议欲定仪礼⑥，孝文好道家之学⑦，以为繁礼饰貌，无益于治⑧，躬化谓何耳⑨，故罢去之⑩。孝景时，御史大夫晁错明于世务刑名⑪，数干谏孝景曰⑫：“诸侯藩辅，臣子一例⑬，古今之制也。今大国专治异政，不禀京师，恐不可传后⑭。”孝景用其计，而六国畔逆⑮，以错首名⑯，天子诛错以解难。事在《袁盎》语中⑰。是后官者养交安禄而已⑱，莫敢复议。

【注释】

①内：同“纳”，接纳，容纳，采纳。

②不合圣制：不符合圣人制礼的原意。圣制，谓圣人制礼的原意。制，成法，准则。方苞曰：“礼之失，自春秋始，极于战国。至秦有天下，遂杂采六国之仪，而尽废三代之礼。盖将极情纵欲，凡势力之所能逞则恣焉，而深恶夫古礼之大为之防也。”按，法家宣扬君权神圣，主张尊君抑臣，与儒家主德政者不同。司马迁从儒家立场立论，故言秦仪“不合圣制”。

③其尊君抑臣，朝廷济济：方苞曰：“秦人以私意背天理，故不合圣人

制礼之意。其尊君抑臣，即所谓不合圣制者，而仪法则依托于古，称其朝廷济济，以汉袭秦故，故不敢斥言其非也。”济济，威仪盛大的样子。

④光有四海：即广有天下。光，广阔，遥远。

⑤叔孙通颇有所增益减损，大抵皆袭秦故：叔孙通为刘邦制订了一套礼仪。他曾对刘邦说：“五帝异乐，三王不同礼，礼者，因时世人情为之节文者也。故‘夏、殷、周之礼所因损益可知’者，谓不相复也，臣愿颇采古礼与秦仪杂就之。”叔孙通，事迹见《刘敬叔孙通列传》。

⑥有司议欲定仪礼：指汉文帝十四年春，鲁人公孙臣以终始五德上书，言“汉得土德，宜更元，改正朔，易服色。当有瑞，瑞黄龙见”一事。详《历书》《孝文本纪》《张丞相列传》。有司，官吏。古代设官分职，各有专司，故称。

⑦孝文好道家之学：道家之学，指流行于汉初的黄老刑名之学，主张清静无为与循名责实。是老子思想与法家学说结合的产物。《史记·儒林列传》载“孝文帝本好刑名之言”，应劭《风俗通·正失》载文帝“本修黄老之言”，“孝文好道家之学”盖谓此。

⑧以为繁礼饰貌，无益于治：大意是说，繁复的礼仪只能缀饰外表，无益于治民。繁礼饰貌，指儒家之学。道家以“慈”“俭”“不敢为天下先”为“三宝”，认为“我无事而民自富”，主张“去甚，去奢，去泰”，实为文帝思想渊源所自。

⑨躬化谓何耳：大意是说，治国要靠以身作则，倡导节俭，这没有什么可置疑的。躬化，谓亲自示范，教化人民。躬，亲自。《孝文本纪》载：汉文帝“即位二十三年，宫室苑囿狗马服御无所增益，有不便，辄弛以利民……上常衣绨衣，所幸慎夫人，令衣不得曳地，帏帐不得文绣，以示敦朴，为天下先。治霸陵皆以瓦器，不得以金银铜锡为饰，不治坟，欲为省，毋烦民”。

⑩罢去之：不再讨论这类事情。

⑪世务：时事要务。刑名：即刑名之学。以申不害为代表，主张循名责实以强化上下关系。后世泛指法家思想及其治国主张为刑名之学。又因法家治国，强调法、术，故亦称刑名法术之学。

⑫干谏：直言进谏。干，犯，抵触。

⑬臣子一例：一概是天子的臣子。一例，一概，一律。

⑭“今大国专治异政”几句：此指大国专治异政、不禀京师的僭礼越上的积习，恐怕不可使传于后世诸侯。

⑮六国畔逆：“六”乃“七”字之误，此指吴楚七国之乱。也有一种说法认为吴、楚、赵、菑川、济南、胶西为六国也。齐孝王狐疑城守，三国兵围齐，齐使路中大夫告天子，故不言七国也。畔逆，背叛。畔，通“叛”。

⑯以错首名：意谓以诛晁错为起兵的首要借口。名，名义，借口。

⑰事在《袁盎》语中：此事详见《史记·袁盎晁错列传》。

⑱养交：谓豢养其私交以成朋党。安禄：安享俸禄。

【译文】

秦国统一天下后，东方六国的礼仪制度被全部接纳，采用其中较好的部分，虽说并未完全符合圣人制礼的原意，但因其尊君抑臣，使朝廷威仪隆重，仍依据古代以来的传统。及至汉高祖时，广有天下，叔孙通对前代礼制稍做增减，基本沿袭秦朝旧制：上到天子称号，下到臣僚、宫室、官名，很少有变更的。文帝继位后，有关官员建议制订各种仪礼规范，文帝喜好道家学说，认为繁复的礼仪只能缀饰外表，无益于治民，治国要靠以身作则，倡导节俭，没有什么可置疑的，所以朝廷不再讨论这类事情。景帝时，御史大夫晁错精通当世要务和刑名之学，数次在景帝面前直言进谏说：“藩国的诸侯，一概是天子的臣子，这是古今的定制。现在诸侯大国独断专行，实施异政，不向京师禀告，这种做法恐怕不能传于后世诸侯。”景帝采纳他的建议，而七国叛乱，就以诛杀晁错为起兵的首要借口，景帝诛杀了晁错以纾解危难。此事记载在《袁盎晁错列传》中。从此以后，朝廷的官员只是结交朋党，安享俸禄而已，无人敢再议论这事了。

今上即位[1]，招致儒术之士，令共定仪，十余年不就[2]。或言古者太平，万民和喜，瑞应辨至[3]，乃采风俗，定制作[4]。上闻之，制诏御史曰[5]："盖受命而王，各有所由兴，殊路而同归[6]，谓因民而作，追俗为制也。议者咸称太古[7]，百姓何望？汉亦一家之事，典法不传[8]，谓子孙何？化隆者闳博[9]，治浅者褊狭[10]，可不勉与[11]！"乃以太初之元改正朔[12]，易服色[13]，封太山[14]，定宗庙百官之仪，以为典常[15]，垂之于后云。

【注释】

①今上：指汉武帝。

②十余年不就：武帝即位后令儒生草拟封禅仪，"群儒既已不能辨明封禅事，又牵拘于《诗》《书》古文而不能骋"，以致数年不就，于是武帝尽罢诸儒不用。

③瑞应：古代以为帝王修德，时世清平，天就降祥瑞以应之，谓之瑞应。辨：通"遍"，遍及，周遍。

④制作：指礼乐等方面的典章制度。

⑤制诏御史：皇帝给御史大夫下令。汉代时，皇帝先将自己的意思下达给御史，由御史形成文件；之后将文件发至丞相府，由丞相复议后再上呈皇帝批示，而后下达全国。

⑥殊路而同归：途径不同而原则一致。同归，此指遵循同一原则。

⑦咸称太古：都称说远古的礼仪制度。咸，都。

⑧典法：指汉家自己的礼仪制度。按，汉人对制礼作乐的主张大致有两种，一种是恢复上古三代时的古礼，另一种是根据汉代具体

情况，制定汉家的一代之制。叔孙通、汉武帝都是后一种主张。

⑨闳博：宏伟博大。

⑩褊（biǎn）狭：指心胸、气量、见识等狭隘。

⑪勉：尽力，努力。

⑫太初之元：即太初元年，前104年。改正（zhēng）朔：改革历法，采用新历。正朔，古历法术语。即正月朔日，一年开始的第一天。正，一年之始。朔，一月之始。秦建亥，以夏历十月为岁首。汉武帝改以建寅之月为岁首，历代沿用，即今之“阴历”。

⑬易服色：变换车马服饰所崇尚的颜色。服色，车马和祭牲的颜色。历代各有所尚，如夏尚黑，殷尚白，周尚赤之类。

⑭封太山：古代帝王祭天的典礼。封指祭天，禅为祀地。封禅就是祭祀天地。古代封禅主要在泰山，因为泰山为东岳，东方主生，是万物之始，阴阳所交会。

⑮典常：常道，常法。

【译文】

当今天子即位，罗致了一批精通儒学的士人，让他们共同商定封禅礼仪，过了十多年还没有完成。有人建议说古代天下太平，百姓和睦喜乐，各种祥瑞纷纷降临，这才采集各地风俗，制定礼仪制度。天子听后，命令御史说：“凡承受天命而为帝王者，各有自己兴起的缘由，但殊途同归，都是因顺民情建立制度，追随风俗而制定礼仪。现在谈论礼制的人都称道上古，百姓还有什么指望？汉家也建立了一朝一代的事业，汉家自己的礼仪制度不能传承，我们将如何向子孙交代？教化深远的君主气象宏伟博大，而治绩平庸的君主心胸狭窄，能不努力吗！”于是在武帝太初元年实行新历法，变换车马服装所崇尚的颜色，在泰山上筑坛祭天，制定宗庙、百官的礼仪，并将之作为常法，流传于后世。

礼由人起[①]。人生有欲，欲而不得则不能无忿，忿而无度量则争，争则乱。先王恶其乱，故制礼义以养人之欲[②]，给人之求，使欲不穷于物，物不屈于欲[③]，二者相待而长[④]，是礼之所起也。故礼者养也。稻粱五味，所以养口也；椒兰芬茝[⑤]，所以养鼻也；钟鼓管弦，所以养耳也；刻镂文章[⑥]，所以养目也；疏房床第几席[⑦]，所以养体也。故礼者养也。

【注释】

①礼由人起：礼是由人的需要而制定的。

②养人之欲：意谓保养、调理人们的欲望。养，供养，调节，养护。

③屈（jué）：竭尽，穷尽。

④二者相待而长：杨倞《荀子注》云："欲与物相扶持故能长久。"待，等待。这里指谐调，配合。长，长久。

⑤茝（zhǐ）：香草名。即白芷。

⑥刻镂文章：雕琢刻镂的纹饰。刻木曰刻，刻金曰镂。文章，错杂的色彩或花纹。

⑦疏房：敞亮的房间。疏，窗户。床第（zǐ）：床和垫在床上的竹席。泛指床铺。第，竹篾编织的床垫。几席：几和席，为古人凭依、坐卧的器具。

【译文】

礼是由于人的需要而产生的。人生而有欲望，欲望得不到满足就会产生怨愤，怨愤不能节制就会与人争斗，争斗就会产生动乱。古代帝王憎恶动乱，故而制定礼仪来调节人们的欲望，满足人们的需求，使欲望不因财物的缺乏而得不到满足，财物不因满足欲望而被耗尽，二者互相谐调而长久，这是礼产生的原因。所以礼是保养的意思。稻粱五味，是用来保养嘴巴的；椒兰香草，是用来保养鼻子的；钟鼓管弦，是用来保养耳朵的；雕琢刻镂的纹饰，是用来保养眼睛的；敞亮的房间、床铺、几、席，是用来保养身体的。因此，礼是保养的意思。

君子既得其养，又好其辨也[①]。所谓辨者，贵贱有等，长少有差，贫富轻重皆有称也[②]。故天子大路越席，所以养体也；侧载臭茝[③]，所以养鼻也；前有错衡[④]，所以养目也；和鸾之声[⑤]，步中《武》《象》[⑥]，骤中《韶》《濩》[⑦]，所以养耳也；龙旂九斿[⑧]，所以养信也[⑨]；寝兕持虎[⑩]，鲛韅弥龙[⑪]，所以养威也。故大路之马，必信至教顺[⑫]，然后乘之，所以养安也。孰知夫出死要节之所以养生也[⑬]？孰知夫轻费用之所以养财也？孰知夫恭敬辞让之所以养安也？孰知夫礼义文理之所以养情也[⑭]？

【注释】

①辨：《荀子》"辨"作"别"，分别，谓贵贱、长少、贫富、尊卑等的区别。

②称：扬倞《注》云："称谓各当其宜。"

③侧载臭茝（chǎi）：谓天子出行，常置香草于身边。侧，身边。臭茝，气味芬芳的香草。臭，这里指香。

④错衡：花纹交错的横木。

⑤和鸾：车上的响铃，和铃在轼，鸾铃在衡。

⑥步中《武》《象》：慢行中合着《武》《象》的节奏。步，行走，步行。中，应和。《武》，即《大武》，周武王之乐。《象》，周武王之舞。

⑦骤中《韶》《濩》：奔驰时合乎《韶》《濩》的节奏。骤，奔驰。《韶》，舜乐。《濩》，汤乐。

⑧龙旂（qí）九斿（liú）：龙旗上有九条飘带。龙旂，古代旗名。上画交龙、竿头系铃，天子做仪卫之用。九斿，亦作"九旒"或"九游"，古代旗名。斿，旗上的下垂饰物。《礼记·乐记》："龙旂九

旒，天子之旌也。”

⑨信：谓使人能辨认而见信。

⑩寝兕（sì）：伏着的犀牛。持虎：蹲着的虎。持，通“跱”，蹲着。寝兕与持虎都是画在天子车轮上的图案。

⑪鲛韅（xiǎn）：用鲨鱼皮做的韅。韅，系在马背的皮带。一说，指马腹带。弥龙：在车衡轭两端用金属片装饰成的龙头。

⑫信至教顺：谓天子之马非常驯良，训练有素。信至，王先谦《荀子集解》：“信至，谓马调良之极。”顺，柔顺，和顺。

⑬出死：献出生命。要节：要立名节。养生：犹今言永生，永垂不朽。

⑭文理：指区别等级的礼文礼节。

【译文】

君子满足了欲望，又喜爱礼的区别。所谓礼的区别，是指贵贱有等级，长幼有差别，贫富尊卑都有其特定的身份。所以天子乘坐座席上铺着蒲草的大路车，是为了保养身体；身边常置香草，是为了保养鼻子；车辕前端有文饰过的衡轭，是为了保养眼睛；和铃、鸾铃在车慢行时，与《武》乐、《象》舞相配合，在车奔跑时，铃声节奏与《韶》乐、《濩》乐相配和，是为了保养耳朵；天子用上画交龙、竿头系铃的龙旗和下垂九条飘带的九斿旗做仪卫，是为了培养威信；在车厢上画上伏卧的独脚犀牛和蹲踞的猛虎，用鲨鱼皮做马肚带，在衡轭两端装饰着用金属片制成的龙头，是为了培养威严。所以驾天子大路车的马一定要调教得十分驯服，然后才能乘坐，是为了保证安全。谁又知道为立名节而死才能使生命不朽？谁又知道节俭费用才能聚守财富？谁又知道要做到恭敬辞让才能保证安全？谁又知道懂得礼义重视礼节才能涵养性情？

人苟生之为见，若者必死①；苟利之为见，若者必害；怠惰之为安，若者必危；情胜之为安，若者必灭。故圣人一之于礼义，则两得之矣②；一之于情性，则两失之矣。故儒者将使人两得之者也，墨者将使人两失之者也[3]：是儒墨之分。

【注释】

①若者：此人，这样的人。

②两得之：此指儒家使礼义与情性二者可以兼得。

③墨者将使人两失之者也：《索隐》曰："墨者不尚礼义而任俭啬，无仁恩，故使人两失之。"按，墨子反对形式化的礼乐和儒家的厚葬，认为儒者"繁饰礼乐以淫人，久丧伪哀以谩亲"，主张节用、"兼爱"，故被司马迁认为"两失"。

【译文】

一个人只看到生，这样的人就一定会死；如果只看到利益，这样的人就一定会受到损害；如果只安于懈怠、苟安，这样的人就一定危险；如果只喜欢纵情欢乐，这样的人就会灭亡。所以一个人专心于礼义，那么两方面都能得到；专心于情性，那么两方面都会丧失。所以儒家要使人们两方面都得到，墨家要使人们两方面都丧失，这是儒家、墨家的分别。

治辨之极也[1]，强固之本也，威行之道也，功名之总也[2]。王公由之，所以一天下、臣诸侯也；弗由之，所以捐社稷也[3]。故坚革利兵不足以为胜，高城深池不足以为固，严令繁刑不足以为威。由其道则行[4]，不由其道则废。楚人鲛革犀兕所以为甲[5]，坚如金石；宛之钜铁施[6]，钻如蜂虿[7]，轻利剽遬[8]，卒如熛风[9]。然而兵殆于垂涉，唐昧死焉[10]；庄蹻起，楚分而为四参[11]。是岂无坚革利兵哉？其所以统之者非其道故也。汝颍以为险[12]，江汉以为池[13]，阻之以邓林[14]，缘之以方城[15]。然而秦师至，鄢、郢举，若振槁[16]。是岂无固塞险阻哉？其所以统之者非其道故也。纣剖比干[17]，囚箕子[18]，为炮格[19]，刑杀无辜，时臣下懔然[20]，莫必其命[21]。然而周师至，而令不行乎下，不能用其民。是岂令不严，刑不陵哉[22]？其所以统之者非其道故也。

【注释】

①治辨：指处理事务合宜。辨，同“办”，治理。极：顶点，最高地位。

②总：纲要。

③捐：毁掉。

④道：此指礼义之道。

⑤鲛（jiāo）革：鲨鱼皮。犀兕（sì）：犀牛。皮坚厚，可制甲。这里指其皮。

⑥宛：楚国地名，在今河南南阳，为战国时楚国著名铁产地。钜铁：《集解》徐广曰：“大刚曰钜。”此指钢铁。施：矛。

⑦钻：指矛刃和箭头。虿（chài）：蝎子一类的毒虫。

⑧剽遫（piào sù）：轻捷。遫，同“速”。

⑨卒：同“猝”，突然。熛（biāo）风：飙风，疾风。

⑩然而兵殆于垂涉，唐昧死焉：唐昧，一作“唐蔑”。楚怀王二十八年（前301），齐将匡章、魏将公孙喜、韩将暴鸢攻楚方城，唐昧率楚军夹沘水列阵，相持六月，后在垂沙（今河南唐河西南）大败，被杀，楚失去宛、叶以北地。见《吕氏春秋·处方》《史记·楚世家》等。殆，危险。这里指失败。垂涉，一作“垂沙”。战国楚邑，在今河南唐河县一带。

⑪庄跻（qiāo）起，楚分而为四参：庄跻，一作“企足”。战国时楚人。楚怀王二十八年，齐、魏、韩联军大败楚将唐昧于垂沙，他领导人民起义，曾攻到楚国郢都（今湖北荆州纪南城）。楚分而为四参，指使楚国四分五裂。四参，一作“三四”。参，通“三”。

⑫汝颍：两水名。为淮河支流。《正义》引《括地志》云：“汝水源

出汝州鲁山县西伏牛山，亦名猛山。汝水至豫州郾城县名溃水。《尔雅》云‘河有雝，汝有濆’，亦汝之别名。颍水源出洛州嵩高县东南三十五里阳乾山，俗名颍山。《地理志》高陵山，汝出，东南至新蔡县入淮；阳乾山颍水出，东至下蔡入淮也。”

⑬江汉：《正义》：“江即岷江，从蜀入，楚在荆州南。汉江从汉中东南入江。四水为楚之险固也。”

⑭邓林：在今湖北襄阳南之凤林山。《索隐》：“襄州南凤林山是古邓祁侯之国，在楚之北境，故云阻以邓林也。”

⑮缘：绕着，沿着。方城：《正义》引《括地志》云：“方城，房州竹山县东南四十一里。其山顶上平，四面险峻，山南有城，长十余里，名为方城，即此山也。”一说方城，又名万城、连堤。春秋、战国时楚国所筑长城。全长千余里，主要以方城山等连接河堤筑成。《淮南子·地形训》列为九塞之一。春秋、战国时，楚凭此与中原诸国抗衡。

⑯“然而秦师至”几句：《史记·白起列传》载，楚顷襄王二十年（前279），秦将白起攻楚，拔鄢、邓五城。次年攻入纪郢，楚都东迁于陈（今河南淮阳）。鄢、郢，均为楚地名，分别在今湖北宜城南和湖北荆州纪南城，两地曾先后为楚都。振槁，摇动枯叶。槁，特指枯叶。

⑰比干：商朝贵族。纣王叔父，官少师。纣王淫虐无度，国势危急。比干多次劝谏纣王，被剖心而死。事详《殷本纪》。

⑱箕（jī）子：商纣叔父。封国于箕，故称箕子。纣暴虐，箕子谏，不听，乃披发佯狂为奴，为纣所囚。周武王灭商，释箕子之囚，以箕子归镐京。事详《殷本纪》《周本纪》及《尚书·洪范》等。

⑲炮格：相传纣王制造的一种酷刑。以炭烧热铜柱，令有罪者爬行其上，即坠炭上烧死。

⑳懔（lǐn）然：危惧貌，戒惧貌。

㉑莫必其命：《索隐》：“言无人必保其性命。”

㉒陖(jùn):严厉。

【译文】

礼,是治理国家的最高准则,是使国家强大的根本,是威力盛行天下的途径,是建立功名的纲要。天子诸侯遵循它,就能一统天下、臣服诸侯;不遵循它,就会毁掉社稷。所以坚固的铠甲和锐利的兵器不足以取得胜利,高高的城墙和深深的护城河不足以坚不可破,严厉的法令和繁多的刑罚不足以威吓人民。遵循礼义之道就通行,不遵循礼义之道就失败。楚国人用鲨鱼皮、犀牛皮制成铠甲,坚硬得就像金石一样;宛地的钢铁制成的矛,厉害得如同毒蝎一样;士兵行动轻快敏捷,迅速得就像旋风一样。然而兵败垂涉,唐昧战死;庄蹻起兵反叛,楚国就四分五裂了。这难道是没有坚甲利兵吗?是因为他用来统治的办法并不是礼义之道的缘故啊!楚国以汝水颍水作为天险,以长江汉水作为护城河,用邓林作为屏障,用方城作为围墙。然而秦国的军队一到而鄢、郢就被攻陷了,就像摇落枯树叶一样。这难道是因为没有坚固的要塞和险阻吗?是因为他用来统治的办法并不是礼义之道的缘故啊!商纣王将比干剖腹挖心,囚禁了箕子,制造了炮格的酷刑,滥杀无辜,臣下心惊肉跳,不知是否能保住性命。然而周军一到,政令就不能在下面执行了,也不能役使他的人民了。这难道是政令不严厉、刑罚不严苛吗?是因为他用来统治的办法并不是礼义之道的缘故啊!

古者之兵,戈矛弓矢而已,然而敌国不待试而诎[①]。城郭不集[②],沟池不掘,固塞不树,机变不张[③],然而国晏然不畏外而固者[④],无他故焉,明道而均分之[⑤],时使而诚爱之[⑥],则下应之如景响[⑦]。有不由命者,然后俟之以刑[⑧],则民知罪矣。故刑一人而天下服。罪人不尤其上[⑨],知罪之在己也。是故刑罚省而威行如流[⑩],无他故焉,由其道故也。故由其道则行，不由其道则废。古者帝尧之治天下也，盖杀一人刑二人而天下治⑪。传曰“威厉而不试，刑措而不用⑫”。

【注释】

①诎（qū）：折服，屈服。

②城郭：泛指城墙。内城墙曰城，外城墙曰郭。集：成就，完成。

③机变不张：机谋权变不施展。张，施行，举用。

④晏然：安宁，安定。

⑤均分之：此指使礼义与情性等量齐观。

⑥时使：指使用民力得其时。诚爱之：以诚心爱民。

⑦应之如景响：如影随形、如响随声。景响，影子和回声。比喻反应迅速。

⑧俟之以刑：而后加之以刑罚。俟，等待。

⑨不尤其上：不责怪司法者对他的惩罚。尤，责备，怪罪。

⑩威行如流：威令之行如流水一样畅通。

⑪杀一人刑二人：杀一人，谓殛鲧于羽山；刑二人，谓流共工于幽陵，放驩兜于崇山。事详《五帝本纪》。

⑫刑措：谓刑法搁置不用，比喻无人犯法。措，弃置，搁置。

【译文】

古时的兵器，只不过是戈、矛、弓、箭罢了，然而不等使用就使敌国屈服了。城郭不修理，护城河不挖掘，要塞不设立，机谋权变不施展，然而国家安定不畏外敌而且非常巩固，这没有别的原因，是因为实行了礼义之道而用等级名分进行协调，按时使用民力而真诚地爱护他们，人民和君主如影随形、如响随声。有不遵从命令的，然后用刑罚惩治，那么民众就知罪了。所以惩治一人而天下人就顺服。犯罪的人也不怨恨他的君主，知道罪过在于自己。所以刑罚简省而威力强大，这没有别的原因，是因为遵循了礼义之道的缘故。所以说遵循礼义之道则事兴，不遵循礼义之道则事废。古时帝尧治理天下,只杀了一人、惩处了两个人而天下就得到治理。古书上说"威势勇猛却不使用,刑罚设置而不施行"。

天地者,生之本也;先祖者,类之本也[①];君师者[②],治之本也[③]。无天地恶生[④]?无先祖恶出?无君师恶治?三者偏亡[⑤],则无安人[⑥]。故礼,上事天,下事地,尊先祖而隆君师[⑦],是礼之三本也。

【注释】

①类之本:家族形成的根本。类,族类。

②君师:古代君、师皆尊,故常以君师称天子。

③治之本:国家、社会能够太平的根本。

④恶生:人类怎么生活?恶,疑问代词。相当于"何""安""怎么"。

⑤偏亡:此指缺少某一方面。

⑥无安人:人们的生活就得不到安定。

⑦隆君师:尊崇君主。隆,尊崇,尊重。

【译文】

天地,是生命的本源;祖先,是种族的本源;君主,是治国的本源。没有天地,哪有生命?没有祖先,后代怎么出生?没有君主,怎么治国?这三个方面缺少一个,人们就不会安定。所以礼上事奉天,下事奉地,尊敬祖先而推崇君主,这是礼的三个根本。

故王者天太祖[①],诸侯不敢怀[②],大夫士有常宗[③],所以辨贵贱。贵贱治[④],得之本也[⑤]。郊畴乎天子[⑥],社至乎诸侯[⑦],函及士大夫[⑧]。所以辨尊者事尊[⑨],卑者事卑,宜钜者钜,宜小者小。故有天下者事七世,有一国者事五世,有五乘之地者事三世，有三乘之地者事二世，有特牲而食者不得立宗庙[10]，所以辨积厚者流泽广[11]，积薄者流泽狭也。

【注释】

①王者天太祖：帝王把上天看成他的太祖，所以在祭祀上天时，让他们的祖先陪着上天享受祭祀。

②诸侯不敢怀：诸侯则是受命于帝王，他不敢怀有祭天时以其祖配天的想法。怀，心中存有。

③大夫士有常宗：大夫、士又是诸侯的支系，他们把诸侯的别子视为自己百世不迁的大宗。常宗，由嫡长子所传之宗，为族人百世不迁之大宗。

④贵贱治：此指亲疏贵贱清楚有序。治，与“乱”相对，这里指清楚有序。

⑤得之本：道德秩序就有了准则。得，通“德”，道德。

⑥郊畴（chóu）乎天子：郊祀祭天只允许王者进行。畴，类。

⑦社至乎诸侯：祭祀土地神则从天子开始到诸侯为止。社，社祭。古谓祭祀土地神。

⑧函及士大夫：包括大夫、士，也可以祭祀社神。函，包容，包括。

⑨所以辨尊者事尊：其用意在于区分只有尊贵的人才能事奉尊贵。

⑩“故有天下者事七世”几句：《礼记·王制》曰：“天子七庙，三昭三穆，与大祖之庙而七；诸侯五庙，二昭二穆，与大祖之庙而五；大夫三庙，一昭一穆，与大祖之庙而三，士一庙；庶人祭于寝。”事七世，可以祭祀七代祖先。有五乘之地者，有能出五乘兵车之采地的大夫，杨倞《荀子注》：“五乘之地，谓大夫有采地者。”有三乘之地者，有能出三乘兵车之采地的士。有特牲而食者，有一牛而耕的庶人。

⑪积厚者：仁德累积之厚者，即地位崇高的人。流泽广：其福泽可以

上及祖先，下及子孙。

【译文】

因此王者把太祖当作天来祭祀，而诸侯则不敢怀有这种想法，大夫和士都有百代不变的大宗，这是为了辨别亲疏贵贱。亲疏贵贱清楚有序，这是道德的根本。只有天子才能到郊外祭天，祭祀地神则从天子开始到诸侯为止，大夫、士成群可设置里社，故社祭之礼中也包含士大夫阶层。这是用来区分只有尊贵的人才能事奉尊贵，卑贱的人只能事奉卑贱，适宜做大事的就做大事，适宜做小事的就做小事。所以拥有天下的君主祭祀七代祖先，拥有一个国家的诸侯祭祀五代祖先，拥有五乘兵车之采地的大夫可以祭祀三代祖先，拥有三乘兵车之采地的士可以祭祀两代祖先，有一牛而耕的百姓不能设立宗庙祭祀祖先，这么做在于区分功绩大的流传的恩德就大，功绩小的流传的恩德就小。

大飨上玄尊①，俎上腥鱼②，先大羹③，贵食饮之本也④。大飨上玄尊而用薄酒⑤，食先黍稷而饭稻粱⑥。祭哜先大羹而饱庶羞⑦，贵本而亲用也⑧。贵本之谓文，亲用之谓理⑨，两者合而成文⑩，以归太一⑪，是谓大隆⑫。故尊之上玄尊也，俎之上腥鱼也，豆之先大羹⑬，一也。利爵弗啐也⑭，成事俎弗尝也⑮，三侑之弗食也⑯，大昏之未废齐也，大庙之未内尸也，始绝之未小敛，一也⑰。大路之素帱也，郊之麻绕，丧服之先散麻，一也⑱。三年哭之不反也，《清庙》之歌一倡而三叹，县一钟尚拊膈，朱弦而通越，一也⑲。

【注释】

①大飨（xiǎng）：合祭历代祖先。亦称祫祭。上玄尊：崇尚奉上一杯清水。上，崇尚，讲究。玄尊，盛玄酒的杯子。玄酒，古代行祭礼

时当酒用的水，以其色黑，谓之玄，而太古无酒，此水当酒所用，故谓之玄酒。尊，亦作“樽”，酒杯。

②俎（zǔ）上腥鱼：祭祀的案板上摆着一条生鱼。俎，古代祭祀、燕飨时陈置牲体或其他食物的礼器。腥鱼，生鱼。

③先大羹：首先奉上不加调味品的肉汁。大，通“太”。大羹，未加调味品的肉汁。

④贵食饮之本：以水代酒，食用生肉及未加调味品的肉汁，皆为上古时代的饮食习俗。谓不忘上古时先祖们的原始饮食。

⑤上玄尊而用薄酒：先献上一杯清水，而后又献上一杯薄酒。

⑥食先黍稷而饭稻粱：在进献食物时，先献上黍稷，而后献上做熟的稻粱。

⑦祭哜先大羹而饱庶羞：杜预曰：“《史记·礼书》‘哜’下有‘先’字，疑史公原文作‘先大羹’，后人因《大戴》之文，妄增‘哜’字耳。”今据削“哜”字。大意为在每月祭祀近祖的时候，先进上太羹而后进上多种佳肴。庶羞，众多美食。

⑧贵本而亲用：孔广森《大戴礼记补注》：“玄酒、黍稷、大羹，是贵本；酒、稻粱、庶羞，味美，故亲用。”贵本，即贵饮食之本。指大飨和常祭时陈设玄酒、黍稷、大羹等尊崇始祖的原始饮食。亲用，重视实用。此指随后敬献给祖先薄酒、稻粱、庶羞等今人所食用的精美食品。

⑨贵本之谓文，亲用之谓理：尊重饮食的本源叫做礼的形式，接近实用叫做礼的常理。杨倞《荀子注》：“文谓修饰，理谓合宜。”

⑩两者合而成文：两者合起来成为完备的礼仪。杨倞《荀子注》：“贵本、亲用，两者相合，然后备成文理。”

⑪以归太一：谓大飨和常祭时酌献的食品合乎贵本、亲用的仪文礼节，目的是归本于原始自然。《礼记·礼运》：“夫礼，必本于太一。”太一，指远古时代的原始朴素状态。

⑫大隆：至高无上。隆，指至尊。

⑬豆：古代食器。亦用作装酒肉的祭器。

⑭利爵弗啐：代死者受祭的人不把献酒人献上的酒喝尽。利爵，古代祭祀毕告成之爵，或谓佐食者献于尸之爵。利，佐食。祭祀时，助尸享食者。弗啐，不一口饮尽。

⑮成事俎弗尝：祭祀完毕时俎中的生鱼不吃。

⑯三侑（yòu）之弗食：劝食者三次劝尸食而不食。侑，劝食。多用于酒食、宴饮。

⑰“大昏之未废齐也”几句：杨倞云：“此三者皆礼之初始，质而未备，故云一也。”大昏之未废齐，意指婚礼还没有进行醮礼时。大昏，大婚礼。昏，同“婚”。指天子或诸侯的婚娶。废齐，通“发斋”，举行斋戒。古“废”“发”音近通用。齐，古“斋”字。婚礼未行斋戒告神以前，也即未进行醮礼时，礼尚未备。大庙之未内尸，祭祀太庙而代死者受祭的人还没有进庙。尸，古代祭祀时代死者受祭的人。始绝之未小敛，人刚死还没有换上寿衣时。始绝，人刚去世。未小敛，还未给死者穿衣。给死者穿衣谓小殓，入棺则谓大殓。敛，通“殓”。

⑱“大路之素帱（chóu）也”几句：素帱、麻绕（miǎn）、散麻三事均取其质无文饰，亦贵本之意，故云一也。素帱，白色的车帷。麻绕，麻布帽。散麻，未加编结的自然散乱的麻带，系于腰间，服丧所用。

⑲“三年哭之不反也”几句：三年哭之不反，谓服斩衰三年之丧的人，哭声直放，若往而不返。反，同“返”。古时五种丧服中最重者为斩衰。《清庙》，《诗经·周颂》首篇。故《孔子世家》说：“《清庙》为《颂》始。”这是周天子祭祀宗庙祖先所唱的乐歌，歌颂周文王及其群臣之功德。一倡而三叹，《集解》引郑玄曰：“倡，发歌句者。三叹，三人从叹。”县一钟尚拊膈，《索隐》：“县一钟尚拊

膈。拊音抚。膈，悬钟格。膈，不击其钟而拊其格，不取其声，亦质也。”朱弦而通越，《索隐》：“大瑟而练朱其弦，又通其下孔，使声浊且迟，上质而贵本，不取其声文。”三者均取其声质朴平实，近古贵本，故云一也。

【译文】

在太庙中举行合祭历代祖先的大飨礼时，尊崇盛有清水的酒樽和放置生鱼的俎，并以不加调味品的肉汁为先，这是尊重饮食本源。举行大飨礼时，先献上一杯清水，而后又献上一杯薄酒，先献上黍、稷，再端上熟米饭。每月举行祭祀近祖的常祭时，先献上不加调味品的肉汁，再端上各种美味的食物，这是尊重饮食的本源而又接近实用。尊重饮食的本源叫礼的形式，接近实用叫礼的常理，两者合起来成为完备的礼仪，从而回归太古时代的简约质朴，这叫大隆。所以酒杯里以清水为最高祭品，俎上以生鱼为最高祭品，豆中先放上不加调味品的肉汁，这与太古时代是一样的。代死者受祭的人不把献酒人献上的酒喝尽，祭祀完毕时俎中的生鱼不吃，劝受祭者吃东西的人三次劝食而自己不吃，这与太古时代是一样的，婚礼还没有进行醮礼时，祭祀太庙而代死者受祭的尸还没有进庙时，人刚死还没有换上寿衣时，这与太古时代是一样的。天子大辂车上素色的车帘，郊外祭天时的麻布帽，居丧时先在腰间系上散乱的麻带，这与太古时代是一样的。三年服丧，哭声直放，若往而不返；唱《清庙》之歌，一人领唱而三人应和；奏乐时仅悬挂一钟，敲击钟格，弹奏有红色丝弦、底下通孔的琴瑟，这与太古时代是一样的。

凡礼始乎脱[①]，成乎文[②]，终乎税[③]。故至备[④]，情文俱尽[⑤]；其次，情文代胜[⑥]；其下，复情以归太一[⑦]。天地以合[⑧]，日月以明，四时以序，星辰以行，江河以流，万物以昌，好恶以节[⑧]，喜怒以当。以为下则顺，以为上则明。

【注释】

①始乎脱：开始时简略。脱，简易，疏略。

②成乎文：言礼成就有文饰。文，指礼节仪式。

③终乎税：税，通“悦”。意为到使人愉悦结束。

④至备：谓最完美的礼制。

⑤情文俱尽：谓情与文两者都尽善尽美。情，人情。文，指仪文形式。

⑥情文代胜：此指或文胜情，或情胜文，是情文更代相胜也。代胜，更迭交换。

⑦复情以归太一：《索隐》：“言其次情文俱失，归心浑沌天地之初，复礼之本，是归太一也。”复，返回。

⑧天地以合：天地调和、融洽。

⑨好恶以节：使人的情绪得以节制。节，节制。

【译文】

凡是礼，总是从简略开始，逐渐形成仪式，到使人愉悦结束。所以最完备的礼，感情和礼仪都能得到充分的发挥；其次，感情和礼仪互有胜负；再次，使感情归向于太古时代的质朴。礼使天地调和，日月明朗，四时更迭有序，星辰运行正常，江河奔流，万物昌盛，好恶适中，喜怒得当。用礼来治理下民就和顺，用礼来约束君主就英明。

太史公曰[①]：至矣哉[②]！立隆以为极，而天下莫之能益损也[③]。本末相顺[④]，终始相应[⑤]，至文有以辨，至察有以说[⑥]。天下从之者治，不从者乱；从之者安，不从者危。小人不能测也[⑦]。

【注释】

①太史公曰：《索隐》：“已下亦是太史公取荀卿《礼论》之意，极言礼之损益，以结《礼书》之论也。”

②至矣哉：这里指礼之尽善尽美。至，最高境界。

③立隆以为极，而天下莫之能益损也：立礼为事物、行为的最高准则，有了此准则后，人们不能随便地加减它。

④本末相顺：谓文理统一与归复人情依巡相应。本，谓文理结合。末，谓复情，即归复人情。顺，依巡，即周而复始地承续相伴。

⑤终始相应：谓完备的仪文形式与初始的简约质朴依巡相应。应，与“顺”互文见义，义同。

⑥至文有以辨，至察有以说：王念孙曰：“‘以’犹‘而’也，言至文而有别，至察而有说也。《史记》‘以有’二字皆倒转，误也。”察，分别辨析，昭著明显。这里指明辨是非。说，同“悦”，喜悦。

⑦小人：犹庶人。不能测：不可揣摩，不能破坏。底本作“不能则”，误。依《荀子》改作“测”。

【译文】

太史公说：礼至高无上啊！建立最完备的礼制，并把它作为最高的行为准则，那么天下就没有人能随便增减它。礼的根本和末节一致，开始和结束相互照应，极其完备而又有等级差别，最是非分明又足以慰悦人心。天下人遵从礼就大治，不遵从礼就会混乱；遵从礼就会安定，不遵从礼就会危险。小人是不能理解礼的这些作用的。

礼之貌诚深矣[①]，“坚白”“同异”之察[②]，入焉而弱[③]；其貌诚大矣[④]，擅作典制褊陋之说[⑤]，入焉而望[⑥]；其貌诚高矣，暴慢恣睢[⑦]，轻俗以为高之属，入焉而队[⑧]。故绳诚陈[⑨]，则不可欺以曲直；衡诚县，则不可欺以轻重；规矩诚错[⑩]，则不可欺以方员[⑪]；君子审礼[⑫]，则不可欺以诈伪。故绳者，直之至也；衡者，平之至也；规矩者，方员之至也；礼者，人道之极也[⑬]。然而不法礼者不足礼[⑭]，谓之无方之民[⑮]；法礼足礼，谓之有方之士。礼之中，能思索，谓之能虑；能虑勿易，谓之能固[16]。能虑能固，加好之焉[17]，圣矣。天者，高之极也；地者，下之极也；日月者，明之极也；无穷者，广大之极也；圣人者，道之极也[18]。

【注释】

①礼之貌：指礼制仪文。貌，面貌，外在形式。

②“坚白”“同异”：战国时惠施、邓析、公孙龙等辩论的专题。

③入焉而弱：只要与礼一比较起来就显得卑弱不堪了。弱，懦弱，败坏。《荀子》作“溺”，被淹没。

④其貌诚大：言礼的外形庄严博大。

⑤褊（biǎn）陋之说：狭隘浅陋的言论。

⑥入焉而望：与礼一比就显得令人憎恶了。望，恨，怨。

⑦恣睢（suī）：放纵暴戾。

⑧入焉而队：和礼一比就从天空掉下来了。队，同“坠”。

⑨绳诚陈：只要有准绳放在那里。陈，列，摆着。

⑩规矩诚错：只要把圆规和直角尺摆在那里。错，通“措”，放置。

⑪方员：同“方圆”。

⑫君子审礼：一个人只要能真正地了解礼。

⑬人道之极：谓区分人类尊卑贵贱的最高准则。

⑭不法礼：不遵守礼制。法，遵守。不足礼：对礼制认识得不充分。

⑮无方之民：缺乏道义的人。

⑯固：笃信，信念坚定。

⑰加好：再加上爱好。

⑱圣人者，道之极也：《正义》：“道谓礼义也。言人有礼义，则为圣人，比于天地日月，广大之极也。”

【译文】

礼的仪文实在深奥，"坚白""同异"的明察诡辩，进入到礼中就显得卑弱；礼的仪文实在是博大，擅自编制的典章制度、僻陋邪说，进入礼中就相形见绌了；礼的仪文实在是高明，暴虐傲慢、恣肆放纵、轻视习俗自以为高尚的人，进入礼中就垮掉了。所以墨线真的摆在面前，就不能用曲直来欺骗了；秤真的悬挂在面前，就不能用轻重来欺骗了；圆规曲尺真的放在面前，就不能用方圆来欺骗了；君子只要仔细把握住明辨是非的礼，就不可能在狡诈虚伪面前受到欺骗。因此，墨线，是直的最高标准；秤，是公平的最高标准；规矩，是方圆的最高标准；礼，是人道的最高准则。然而不效法礼，不重视礼，就叫没有原则的人；效法礼、重视礼，就叫有原则的贤士。在礼的范围内思考探索，就叫善于思虑；在礼的范围内善于思虑且不改变，就叫信念坚定。善于思虑、信念坚定，再加上喜欢它，这就是圣人了。所以天，是最高的了；地，是最低的了；日月，是最光明的了；无穷，是最广大的了；圣人，是礼义的最高准则了。

以财物为用，以贵贱为文，以多少为异，以隆杀为要①。文貌繁②，情欲省，礼之隆也③；文貌省，情欲繁，礼之杀也；文貌情欲相为内外表里，并行而杂④，礼之中流也⑤。君子上致其隆⑥，下尽其杀⑦，而中处其中⑧。步骤、驰骋、广骛不外⑨，是以君子之性守宫庭也⑩。人域是域，士君子也⑪；外是，民也。于是中焉，房皇周浃⑫，曲得其次序⑬，圣人也。故厚者，礼之积也；大者，礼之广也；高者，礼之隆也；明者，礼之尽也⑭。

【注释】

①以隆杀为要：要以礼节的隆重与简单来显示地位的重要。杀，简省。

②文貌繁：礼节仪式繁多。文貌，礼节仪式。

③礼之隆也：这就是礼仪方面的东西太多了。

④并行而杂：意即相辅相成，彼此统一。杂，集，相搭配。王念孙曰："杂，读为集。《尔雅》：'集，会也。'言文礼情用并行而相会也。集、杂古字通。"

⑤礼之中流：这是礼的中道、正道。王先谦曰："中流，犹中道。"

⑥上致其隆：向上极尽礼之丰盛之美。

⑦下尽其杀：向下极尽礼之简约之用。

⑧中处其中：中则曲尽情文，得其中和。中，指文情并行的礼之中流。

⑨步骤、驰骋、广骛不外：步骤，缓行和疾走。广骛，《荀子》作"厉骛"。厉，疾飞。骛，奔驰。此处步骤、驰骋、广骛三者虽表示的速度不同，但无论轻重缓急，都不会超出礼的范畴。

⑩君子之性守宫庭也：意谓礼为君子的宫廷，君子守之不离。

⑪人域是域，士君子也：人居于礼制之中，就是士君子。前"域"字，意为居处；后"域"字，意即范围，指礼之范围。

⑫房皇：通"彷徨"，徘徊。指自由地走来走去。周浃（jiā）：周遍，遍及。浃，遍及，满。

⑬曲得其次序：全面周详地掌握礼的次序。曲，曲尽，妥帖。

⑭礼之尽也：《正义》："言君子内守其礼，德厚大积广，至于高尊明礼，则是礼之终竟也。"

【译文】

礼，是用财物作为工具，用贵贱作为文饰，用多少作为差别，用隆重和简省作为枢要。礼节仪式繁多，而情感的成分收敛，这是隆重的礼；礼节仪式简省，而情感的成分丰富，这是简约的礼；礼节仪式、情感成分互为内外表里，并行而又交错，这是适中的礼。作为君子，上则充分利用礼文丰盛之美，下则充分体会礼文简约之用，中则曲尽情文，得其文情并行的礼之中和。无论轻重缓急，都不会超出礼的范畴，所以君子守礼就如

同守宫廷一样不离不弃。人能在礼的范围内行动，这是士君子；超过礼的范围，就是普通百姓。在礼的范围内，应对自如，处处符合礼的次序，这是圣人。圣人所以敦厚，这是学习礼长期积累的结果；圣人所以大度，这是学习礼范围广博的结果；圣人所以高尚，这是礼修养深厚的结果；圣人所以明察，是涉及礼所有领域的结果。

【集评】

张守节曰："天地位，日月明，四时序，阴阳和，风雨节，群品滋茂，万物宰制，君臣朝廷尊卑贵贱有序，咸谓之礼。五经六籍，咸谓之书。故《曲礼》云：'道德仁义非礼不成，教训正俗非礼不备，分争辩讼非礼不决'云云。"(《〈史记·礼书〉正义》)

唐顺之曰："叙礼制兴废有典有则，中间叹恨褒贬之义令人读之慨然。"(《史记评林》引)

茅坤曰："太史公于礼乐之旨，原不十分见透，故述荀卿论礼之言而作《礼书》，述《乐记》之言而作《乐书》，其所发明处多揣摩影响而成文，然其深者亦尽微妙矣。……'礼由人起'以下采荀卿之言而成文，于汉朝礼仪不相及矣。……'太史公'以下，文多类子书中来，而太史公所自为文往往跌宕遒逸，而此独简古，岂太史公之才本变幻百出，采荀卿言为《礼书》，辄摹画之耶！"(《史记评林》)

【评论】

司马迁将《礼书》列于八书之首具有深刻的现实意义。司马迁作八书的目的是记载历代改制的情况以"承敝通变"，探索西汉改制的政治现实，而礼乐就是汉代政治制度和思想文化领域的重要内容，即董仲舒所谓："王者必受命而后王，王者必改正朔，易服色，制礼乐，一统于天下。"(《春秋繁露·三代改制质文》)治理国家，首先要确立"君臣朝廷尊卑贵贱之序"，明辨"黎庶车舆衣服宫室饮食嫁娶丧祭之分"，使"事有宜适,物有节文”,所以定礼乐以明等级是改制的核心。司马迁作八书而以《礼书》为首,在汉初改制及建立大一统王朝统治秩序中具有重要的象征意义。同时作者把礼仪抬到“宰制万物,役使群众”的高度,明显使本文具有八书总序的性质。

司马迁在《太史公自序》中说:“维三代之礼,所损益各殊务。”礼不是一成不变的千古法则,每个时代依据不同时代特点都要对其进行增损改造,而史家的任务就是要“略协古今之变”,探索“损益”的基本规律,这是司马迁“通古今之变”史学思想的具体表现。司马迁一方面从传统儒家思想出发,对“洋洋美德”的三代礼制充满着眷恋和景仰,并深深感叹于春秋“礼废乐坏,大小相逾”,另一方面又公开讲“三代损益”,承认“礼废乐坏”是基于时代变化的客观规律。他一方面说秦国统一天下,“悉内六国礼仪”“不合圣制”;另一方面又说“其尊君抑臣,朝廷济济,依古以来”,对秦王朝依据古代传统,损益六国礼仪的做法给予充分的肯定。对于汉代的修礼,他一方面不满于自高祖至武帝的历次修礼都不合古礼,一方面又对汉武帝敢于摒弃古礼,封泰山,定宗庙百官礼仪,“因民而作,追俗为制”,改正朔服色,成汉朝一家典法的胆量和卓识给予赞扬。从司马迁这些有关“礼乐损益”的记述中,体现出司马迁“事异备变”的历史进化观,这在《齐太公世家》《鲁周公世家》《六国年表》等文中也有所体现。

司马迁在讲礼的产生与功用时说,“缘人情而制礼,依人性而作仪”“事有宜适,物有节文”,意思是说人有体、目、耳、口、情等方面的欲望,礼仪制度的建立是遵循人情与人性的,是用疏导的方法“以防其淫侈,救其凋敝”。这同《荀子·礼论》所说的“人生而有欲……先王恶其乱也,故制礼义以分之,以养人之欲,给人之求,使欲必不穷乎物,物必不屈于欲,两者相持而长,是礼之所起也”的意思完全一致。荀子提出“性恶”论,强调“礼”的外在约束作用,强调后天教育的作用,司马迁也讲“人道经纬万端,规矩无所不贯,诱进以仁义,束缚以刑罚”,这也与荀子的思想一脉相传。尤其是他的“事异备变”的历史进化观,更可见荀子“法后王”主张的影响。由此可知司马迁的礼制思想受到了荀子的深刻影响。因此再看正文汇集的材料全部来源于《荀子》,宋代学者吕祖谦认为它们可能是司马迁所罗列,是“草具而未成者”,也是有一定道理的(参看《东莱吕太史别集》卷一四)。

阅读司马迁这八百来字的《礼书》序言,我们感到它追根溯源、平实质朴,不高自标置的史家风范,和后来高调张扬礼教,一味强调严密控制人的思想和行为有着本质的区别。文中举了子夏说自己“出见纷华盛丽而说,入闻夫子之道而乐,二者心战,未能自决”的例子,生动地表现了“情”与“礼”在内心冲突的实际情形,也生动地体现了真实的“发乎情,止乎礼义”。

正文从“礼由人起”至“是儒墨之分”,采自《荀子·礼论》;从“治辨之极也”至“刑措之不用”,采自《荀子·议兵》;从“天地者生之本也”至篇末“明者礼之尽也”,也是采自《荀子·礼论》,只是在引文“至矣哉”前加了“太史公曰”四字,混淆视听,以《荀子》原文冒充司马迁的论赞,确系后世妄人之所为。至于王鸣盛《十七史商榷》云:“《礼书》《乐书》,虽是取荀卿《礼记》,其实亦是子长笔,非后人所补,不知张晏何以云亡?”吕祖谦以为正文部分为司马迁罗列而未经改定的资料;以及有人认为司马迁作《史记》“厥协六经异传,整齐百家杂语”,其取荀卿《礼论》《议兵》成《礼书》,取《礼记·乐记》成《乐书》如同集《诗》《书》《春秋》《左传》《国语》等而成唐虞三代本纪、列国诸侯世家一样,本无不可,故不能论定《礼书》《乐书》的作者不是司马迁。我们仅将这些观点排列于此,供读者比较。

乐书第二

【释名】

在儒家看来，礼乐互为表里、同为治国安邦的重要手段，故《乐书》与《礼书》蝉联，在“八书”中序列第二。在礼乐文化中，“乐”是音乐、诗歌、舞蹈的组合体，统治阶层用于宗庙祭祀、宫廷宴会、外交酬答等场合，是一种具有教化、交际功能的工具；另一方面也指民间音乐、歌舞。《乐书》中的“乐”主要指前一种。

《乐书》也是张晏所说十篇“有录无书”者之一。《乐书》与《礼书》相同，也是由序与正文组成。经考证，序从篇首至“世多有，故不论”为司马迁所作，自“又尝得神马渥洼水中”至“黯诽谤圣制，当族”一段，与史实有较大出入，当为后人所续。正文自“凡音之起”始，依次取《礼记·乐记》之《乐本》《乐论》《乐礼》《乐施》《乐情》《乐言》《乐象》《乐化》《魏文侯》《宾牟贾》《师乙》《奏乐》《乐器》（《奏乐》《乐器》不见于今本《乐记》，据余嘉锡《太史公书亡篇考》卷上补之）诸章拼凑而成，当是后人所为，但也有人认为是司马迁辑录的资料，“草具而未成”者。

太史公曰：余每读《虞书》[①]，至于君臣相敕[②]，维是几安[③]，而股肱不良[④]，万事堕坏[⑤]，未尝不流涕也。成王作《颂》[⑥]，推己惩艾[⑦]，悲彼家难[⑧]，可不谓战战恐惧，善守善终哉？君子不为约则修德[9]，满则弃礼，佚能思初[10]，安能惟始，沐浴膏泽而歌咏勤苦[11]，非大德谁能如斯！传曰“治定功成，礼乐乃兴”[12]。海内人道益深，其德益至，所乐者益异。满而不损则溢，盈而不持则倾[13]。凡作乐者，所以节乐。君子以谦退为礼，以损减为乐，乐其如此也。以为州异国殊，情习不同[14]，故博采风俗，协比声律[15]，以补短移化[16]，助流政教[17]。天子躬于明堂临观[18]，而万民咸荡涤邪秽[19]，斟酌饱满[20]，以饰厥性[21]。故云《雅》《颂》之音理而民正[22]，噭噭之声兴而士奋[23]，郑卫之曲动而心淫[24]。及其调和谐合，鸟兽尽感[25]，而况怀五常[26]，含好恶，自然之势也！

【注释】

①《虞书》：《尚书》组成部分之一。包括《尧典》《大禹谟》《皋陶谟》以及从《尧典》中分出之《舜典》、从《皋陶谟》中析出之《益稷》共五篇。其《大禹谟》系《古文尚书》篇名。主要记载上古时代唐尧、虞舜和夏禹等的史实。这里指《皋陶谟》。

②君臣相敕：指舜、禹、皋陶、伯夷君臣相互告诫、相互勉励。敕，诫饬，告诫。详见《夏本纪》与《尚书·皋陶谟》。

③维是几安：由此而使国事近于安定。是，此，指舜禹君臣相互告诫。几，近，差不多。“维是几安”与下句“万事堕坏”相对为文。

④股肱（gōng）：原意为大腿和胳膊。喻辅佐君主的大臣。

⑤万事堕（huī）坏：谓国事败坏。堕，损毁，败坏。

⑥成王作《颂》：此指成王所作《诗经·周颂·小毖》一诗。成王，指周成王姬诵。成王年少即位，周公摄政，管叔、蔡叔散布流言以离间成王与周公的关系。成王疑周公，管叔、蔡叔乘机联合武庚和东夷反叛。成王悔悟而迎周公，作《小毖》之诗以自责。诗

中用“予其惩而毖后患”,“自求辛螫”和“未堪家多难,予又集于蓼”等语,来惩戒自己往日误信流言,致国危迫。下文所谓“推己惩艾,悲彼家难”即由此而来。后用为君主自我惩戒并求助于群臣之典。

⑦推己惩艾:从自己的失败中吸取教训。惩艾,受挫败而知悔戒。艾,通“乂”,儆戒。

⑧家难:指管、蔡之乱带来的危难。

⑨约:不足,贫困。与下文“满”字相对成文。

⑩佚:安逸,安乐。

⑪膏泽:滋润作物的雨水。此指恩惠。

⑫治定功成,礼乐乃兴:语出《礼记·乐记》,原文是“王者功成作乐,治定制礼”。

⑬持:执,护持。倾:覆,翻。

⑭情习:指民情与风俗。

⑮协比:调和,使和谐。声律:五声六律。五声,指宫、商、角、徵(zhǐ)、羽。六律,指黄钟、太簇、姑洗、蕤(ruí)宾、夷则、无射。

⑯补短移化:补救缺失,改变教化。移化,改变风俗教化。

⑰助流:佐助推行。流,传布,扩散。

⑱躬:亲自,亲身。明堂:古代天子宣明政教的地方,凡朝会、祭祀、庆赏、选士、养老、教学等大典,均在此举行。

⑲荡涤:清洗,清除。

⑳斟酌:斟酒。引申为斟酌取舍,这里指吸收美德。

㉑饰:装饰,修整。厥:其。性:德行,涵养。

㉒《雅》《颂》:《诗经》内容和乐曲分类的名称。雅乐为朝廷的乐曲,颂乐为宗庙祭祀的乐曲。二者被称为“正乐”。理:整理,治理。《论语·子罕篇》:“子曰:‘吾自卫返鲁,然后乐正,《雅》《颂》各得其所。’”民正:谓民心纯正。

㉓嗷（jiāo）噭（jiào）之声：高亢激昂之声。嗷噭，高亢激昂。

㉔郑卫之曲：又称“郑卫之音”或“郑卫之声”，春秋战国时郑、卫两国的民间音乐。与传统的雅乐不同，因其细腻动听而往往被认为是“靡靡之音”。先儒都强调近雅乐而远郑声。孔子说，治国就要“放郑声，远佞人”，因为“郑声淫，佞人殆”（《论语·卫灵公》）；还说“恶郑声之乱雅乐也，恶利口之覆邦家者”（《论语·阳货》）。

㉕鸟兽尽感：《尚书》之《尧典》《皋陶谟》载，尧、舜曾命夔为乐官，主持音乐，由于音乐“八音克谐”，优美动听，引来“鸟兽跄跄”“凤皇来仪”“百兽率舞”。

㉖五常：古代五种伦理道德。即父义，母慈，兄友，弟恭，子孝。亦有人解释为仁，义，礼，智，信。

【译文】

太史公说：我每次读《虞书》，当读到君臣相互告诫、勉励，由此使国家近于安定，而由于股肱之臣不贤良，致使国事败坏的内容时，无不涕泪交流。周成王所做的《周颂》，责备自己未能防患于未然，悲痛家中所遭遇的祸难，难道不是恭敬谨慎、善始善终的君王吗？君子不因追求俭约而修治功德，不因生活富足而废弃礼仪，欢逸时能不忘当初的劳苦，平安时能想到创始时的艰难，沐浴在幸福之中而时忆往昔的勤苦，如果不是有崇高道德的人，谁还能够这样！古代礼书说“治定功成，礼乐乃兴”。四海之内，仁义之道愈是深入人心，愈接近于德化的境界，人的喜乐就愈不相同。水满而不疏导就会泛溢，器盈而不扶持就会倾覆。大凡作乐的本意，是为了让欢乐有度。君子以谦虚退让为礼，以节制欲望为乐，乐的产生就在于此啊。由于国度地域不同，民情风俗也不尽相同，所以要博采各地习尚，调和声律来与之配合，以此补救时弊，移风易俗，助推政教的流布。天子亲临明堂观乐，而大众能受乐的感化而荡涤心灵中的污秽，吸收美德，以修养其情操。所以说《雅》《颂》之音得到遵循且广泛传播则民风为之正，激昂高亢的乐声一起则士气就会为之振奋，郑、卫的乐曲一响就会使人心生邪念。一旦乐与情性和合共谐，鸟兽也可以尽被感动，何况含五常之性，怀好恶之心的人呢？受乐的感染更是自然而然的趋势啊。

治道亏缺而郑音兴起①，封君世辟②，名显邻州，争以相高③。自仲尼不能与齐优遂容于鲁④，虽退正乐以诱世⑤，作五章以刺时⑥，犹莫之化。陵迟以至六国⑦，流沔沉佚⑧，遂往不返⑨，卒于丧身灭宗，并国于秦。

【注释】

①治道亏缺：此指政治败坏。

②封君世辟：指诸侯国君。封君，《汉书·食货志》颜师古注："封君，受封邑者，谓公主及列侯之属也。"世辟，世代相袭的国君。辟，国君。

③争以相高：争以郑声相夸耀。

④自仲尼不能与齐优遂容于鲁：《索隐》："齐人归女乐而孔子行，言不能遂容于鲁而去也。"孔子任鲁国司寇，摄行相事，齐国恐鲁国因此而霸，遂赠鲁定公女乐八十人。孔子以为爱淫乐者必导致政治腐败。季桓子接受了女乐，三日不听政，于是孔子辞官而去。事详《孔子世家》。优，古代表演乐舞、杂戏的艺人。遂容，此处指并立，共处。又，王叔岷《史记斠证》："遂，犹终也。"

⑤退正乐：退而整理音乐。诱世：劝诫世人。

⑥五章：《索隐》认为"五章"即《孔子家语》所云"孔子嗤季桓子，作《诗》曰：'彼妇人之口，可以出走。彼妇人之谒，可以死败。优哉游哉，聊以卒岁。'"梁玉绳则认为"五章"不知所指。

⑦陵迟：衰颓。

⑧流沔（miǎn）：流连沉溺。沉佚：沉溺放纵而不加节制。

⑨不返：此指不能归于正道。

【译文】

政治败坏导致郑乐兴起，那些封国之君，世袭之主，声名显赫之人，争相抬高郑音。自从不与齐国的女优并容于鲁国之日起，孔子虽然退出鲁国政界，专心从事整理雅正的音乐来引导世人，创作五章乐歌以讥刺时事，仍不能感化世人。就这样不断衰败到战国时期，诸侯封君们流连沉湎在安乐之途，终至于身死族灭，国土也被强秦兼并。

秦二世尤以为娱。丞相李斯进谏曰："放弃《诗》《书》[①]，极意声色，祖伊所以惧也[②]；轻积细过，恣心长夜[③]，纣所以亡也。"赵高曰："五帝、三王乐各殊名[④]，示不相袭。上自朝廷，下至人民，得以接欢喜[⑤]，合殷勤[⑥]，非此和说不通[⑦]，解泽不流[⑧]，亦各一世之化，度时之乐，何必华山之騄耳而后行远乎[⑨]？"二世然之。

【注释】

①放弃《诗》《书》：泷川曰："李斯所焚止民间《诗》《书》，盖惧黔首以古非今也，而官府旧藏仍存，且其言见便而发，前后往往相异，见本传所记可以观矣。放弃《诗》《书》之谏，史公所记，未必失其实。"按，泷川之言为是。《诗》指《诗经》，《书》指《尚书》，皆为儒家的重要经典。

②祖伊：商末大臣。因见纣王荒于淫嬉，不理朝政，将为周所灭，曾向纣王进谏，劝其改弦易辙，力图振足。但未被采纳。事详《殷本纪》。

③恣心长夜:《殷本纪》:帝纣“好酒淫乐,嬖于妇人……以酒为池,悬肉为林,使男女倮相逐其间,为长夜之饮”。恣心,肆意,放纵欲望。长夜,通宵达旦。

④五帝、三王乐各殊名:《汉书·礼乐志》载:“黄帝作《咸池》,颛项作《六茎》,帝喾作《五英》,尧作《大章》,舜作《招》,禹作《夏》,汤作《濩》,武王作《武》。”五帝,传说中的五位上古帝王,说法不一。《五帝本纪》以黄帝、颛项、帝喾、唐尧、虞舜合称五帝(《世本》及《大戴礼记》与此相同)。三王,指夏禹、商汤及周文王。一说,指夏禹、商汤及周文王、周武王。

⑤接欢喜:交流欢乐的感情。

⑥合殷勤:融洽亲切的情意。

⑦和说不通:和乐的感情不能相通。说,同“悦”。

⑧解(xiè)泽不流:推行的恩泽得不到传布。解泽,散布恩泽。

⑨騄(lù)耳:良马名。亦作“绿耳”,以耳绿得名。为周穆王八骏之一。

【译文】

秦二世格外喜好声色以娱耳目。丞相李斯进谏劝诫道:“放弃《诗》《书》所载的正道,醉心于音乐和女色,殷代贤臣祖伊因此产生深深的忧惧;轻视细小过失的积累,恣意于长夜的欢乐,是殷纣王灭亡的原因。”赵高说:“五帝、三王的乐曲名称各不相同,表明彼此不相因袭。而上自朝廷,下至百姓,都靠它来交流欢乐之情,融合殷勤之意,否则和悦的感情不能沟通,推行的恩泽不能流布,这只不过是一世的教化,适应时俗的音乐,哪里一定要有华山的騄耳骏马,然后才能远行呢?”秦二世以为赵高说得对。

高祖过沛诗《三侯之章》[①],令小儿歌之。高祖崩,令沛得以四时歌儛宗庙[②]。孝惠、孝文、孝景无所增更,于乐府习常肄旧而已[3]。

【注释】

①《三侯之章》:《索隐》以为即《大风歌》:“大风起兮云飞扬,威加海内兮归故乡,安得猛士兮守四方!”又以“侯”“兮”同为语辞,此诗有三“兮”字,故称“三侯之章”。《大风歌》见《高祖本纪》。

②高祖崩,令沛得以四时歌儛(wǔ)宗庙:《汉书·礼乐志》云:“高祖既定天下,过沛,与故人父老相乐,醉酒欢哀,作《风起》之诗,令沛中僮儿百二十人习而歌之。至孝惠时,以沛宫为原庙,皆令歌儿习吹以相和,常以百二十人为员。”儛,舞蹈,跳舞。

③乐府:原为汉代专掌音乐之官署名,借以指汉乐府官署采集、创作的乐歌。汉惠帝时已有乐府令,武帝时始立乐府,掌管宫廷、巡狩、祭祀所用的音乐,也采民歌以配乐。肄(yì):学习,练习,演习。

【译文】

高祖路过故乡沛县时,作《三侯之章》,即《大风歌》,叫当地儿童歌唱。高祖驾崩后,孝惠帝命沛县按四季在他的宗庙里歌唱舞蹈。孝惠帝、孝文帝、孝景帝时没有什么扩大改变,只是让乐工们在乐府经常演练这些旧的乐章罢了。

至今上即位[1],作十九章[2],令侍中李延年次序其声[3],拜为协律都尉[4]。通一经之士不能独知其辞,皆集会五经家,相与共讲习读之,乃能通知其意[5],多尔雅之文[6]。

【注释】

①今上:指汉武帝刘彻。

②十九章:指《汉书·礼乐志》记载的《郊祀歌》。即:《练时日》一,

《帝临》二,《青阳》三,《朱明》四,《西颢》五,《玄冥》六,《惟泰元》七,《天地》八,《日出入》九,《天马》十,《天门》十一,《景星》十二,《齐房》十三,《后皇》十四,《华烨烨》十五,《五神》十六,《朝陇首》十七,《象载瑜》十八,《赤蛟》十九。

③侍中:官名。秦时为丞相属吏,西汉为加官,掌侍从皇帝,出入宫廷,应对顾问,地位显贵,外戚往往以侍中进升。李延年:西汉武帝时的音乐家,李夫人之兄,以李夫人故得幸于武帝。李夫人死后以爱弛被杀。事详《佞幸列传》。次序:编排。

④协律都尉:官名。汉武帝时始置。掌管音乐,调和律吕,监试宫廷乐人典课。不常置。

⑤"通一经之士不能独知其辞"几句:胡三省曰:"汉时,五经之学各专门名家,故通一经者不能尽通歌诗之辞意,必集五经家相与讲读,乃得通也。"五经家,指《诗》《书》《易》《礼》《春秋》五经博士。汉武帝建元五年(前136)置五经博士之职,始有"五经"之称。

⑥尔雅之文:典雅纯正之文。尔雅,近乎雅正。指文辞典雅纯正。

【译文】

当今皇上即位后,作了《郊祀歌》十九章,下令侍中李延年谱曲,并任命他担任协律都尉一职。只通晓一种经书的人还不能单独理解歌词的含义,必须集中通晓五经中每一经的专家,大家一起讨论研读,才能完全理解它的含义,因为歌词中使用了很多典雅纯正的文字。

汉家常以正月上辛祠太一甘泉[①],以昏时夜祠,到明而终。常有流星经于祠坛上。使僮男僮女七十人俱歌。春歌《青阳》,夏歌《朱明》,秋歌《西暤》,冬歌《玄冥》[②]。世多有,故不论[③]。

【注释】

①汉家常以正月上辛祠太一甘泉：元鼎五年（前112），汉武帝在甘泉宫立泰畤坛以祭天。祭日定为正月上旬的辛日。太一，天神名。《封禅书》："天神贵者太一。"甘泉，汉宫殿名。在陕西淳化西北甘泉山。本秦离宫，汉武帝复增通天、高光、迎风三宫。天汉四年（前97），汉武帝召见诸侯于甘泉宫，定舆服制，颁于天下。

②"春歌《青阳》"几句：《青阳》《朱明》《西暤》《玄冥》，皆为乐歌名。见汉武帝时所作《郊祀歌》十九章。

③世多有，故不论：言四时歌世上多有其词，故于此不再论载。

【译文】

汉代常于正月上旬的辛日在甘泉宫祭祀太一神，从黄昏时开始夜祭，到天亮时才结束。祭祀时常有流星经过祭坛的上空。于是下令童男童女七十人一齐唱歌。春季唱《青阳》，夏季唱《朱明》，秋季唱《西暤》，冬季唱《玄冥》。这些歌词社会上多有流传，所以这里就不再细说了。

又尝得神马渥洼水中[①]，复次以为《太一之歌》[②]。歌曲曰："太一贡兮天马下[③]，沾赤汗兮沫流赭[④]。骋容与兮跇万里[⑤]，今安匹兮龙为友。"后伐大宛得千里马[⑥]，马名蒲梢，次作以为歌[⑦]。歌诗曰："天马来兮从西极，经万里兮归有德。承灵威兮降外国，涉流沙兮四夷服。"中尉汲黯进曰[⑧]："凡王者作乐，上以承祖宗，下以化兆民[⑨]。今陛下得马，诗以为歌，协于宗庙[⑩]，先帝百姓岂能知其音邪？"上默然不说。丞相公孙弘曰[⑪]："黯诽谤圣制，当族[⑫]。"

【注释】

①得神马渥洼水中：据《汉书·武帝纪》，马生渥洼水中，作《天马

之歌》,在元鼎四年(前113)秋。渥洼水,古水名。在今甘肃敦煌西南汉龙勒县故址南。师古注引李斐曰,这是一种出没于敦煌界中渥洼水旁的野马,与凡马不同,献马者故神其说,"云从水中出"。此水出自当金山,北流至龙勒故城南汇为泽,复北流没入沙漠中。

②次:编次。此指作歌。

③太一贡兮天马下:《汉书·礼乐志》颜师古注云:"言此天马乃太一所赐,故来下也。"

④沾:沾濡,沾染,润泽。赭(zhě):赤色。按,此马当与《汉书·武帝纪》所载大宛之汗血马同种。

⑤骋容与兮跇(yì)万里:这里形容千里马奔跑时昂扬从容的神态。骋,纵马奔驰。容与,从容自得的样子。跇,超逾,跨越。

⑥后伐大宛得千里马:《汉书·武帝纪》记载,太初四年(前101),"贰师将军广利斩大宛王首,获汗血马来,作《西极天马之歌》",即是其事。应劭曰:"大宛旧有天马种,蹋石汗血。汗从前肩髆出,如血。号一日千里。"大宛,西域古国名,国都贵山城(今乌兹别克斯坦卡散赛),辖境在今中亚费尔干纳盆地一带。

⑦马名蒲梢,次作以为歌:《太一之歌》与《西极天马之歌》均属《郊祀歌》第十章之《天马》歌。然较之《天马》歌,《太一之歌》少"志俶傥"以下四句,《西极天马之歌》文字颇不同。次,编次。

⑧中尉:官名。战国时赵置,负责选任官吏。秦汉时为武职,掌管京师治安。汉武帝时更名执金吾,汉诸王国皆置中尉。汲黯:字长孺。濮阳(今河南濮阳)人。常直言切谏,曾反对武帝对匈奴的战争。事迹详见《汲郑列传》。但本传中无汲黯为中尉事。

⑨兆民:众百姓。兆,极言其多。

⑩协:谐和音律。引申为演奏。

⑪公孙弘:武帝初举贤良,征为博士。后因使匈奴还报,不合帝意,

以病免归。事详《平津侯主父列传》。

⑫黯诽谤圣制，当族：学者考证，马生渥洼水，作歌是在元鼎四年（前113）之秋；获大宛马作歌，是在太初四年（前101）之春，而公孙弘卒于元狩二年（前121）三月，不可能有“诽谤圣制”之说。圣制，皇帝的命令。古代称皇帝诏命为制。当族，判以灭族之罪。当，处断其罪，犹今言“判处”。

【译文】

又曾在渥洼水中得到一匹神马，于是又编次了《太一之歌》。歌中说：“太一恩赐啊，天马降临；流出赤色汗液啊，吐着赭色唾津。从容驰骋啊，超越万里；谁能和它比肩啊，只有龙和它齐头并进。”后来讨伐大宛国时得到千里马，马的名字叫蒲梢，为此又编次了一首歌。歌中说：“天马到来啊，来自遥远的西方；经过万里长途啊，归于有德之邦。承蒙上天神威啊，降伏外国；跋涉穿过大漠啊，四夷归服。”中尉汲黯进谏说：“大凡帝王作乐，对上用来奉祀祖宗，对下用来教化万民。现在陛下获得神马，为此作诗来歌唱，并在宗庙里演奏，先帝和百姓难道能听懂这种音乐吗？”皇上沉默了，心里很不高兴。丞相公孙弘说：“汲黯诽谤皇上的意旨，罪该灭族。”

凡音之起[①]，由人心生也。人心之动，物使之然也[②]。感于物而动，故形于声[③]；声相应，故生变；变成方[④]，谓之音；比音而乐之[⑤]，及干戚羽旄，谓之乐也[⑥]。乐者，音之所由生也，其本在人心感于物也。是故其哀心感者，其声噍以杀[⑦]；其乐心感者，其声啴以缓[⑧]；其喜心感者，其声发以散[⑨]；其怒心感者，其声粗以厉[⑩]；其敬心感者，其声直以廉；其爱心感者，其声和以柔[⑪]。六者非性也[⑫]，感于物而后动，是故先王慎所以感之。故礼以导其志，乐以和其声，政以壹其行，刑以防其奸。礼乐刑政，其极一也，所以同民心而出治道也。

【注释】

①音：曲调。包括有词的歌和无词的曲。《乐记》中的“音”与“声”“乐”相对，郑玄以为宫、商、角、徵、羽五音相杂调和谓之“音”，单出谓之“声”。

②人心之动，物使之然也：人心的变化是由外界事物影响的结果。动，指感情的变化。

③感于物而动，故形于声：人心感受外物而发生变动，就表现为“声”。形，表现，体现。

④方：此指声按照一定方式、形式排列组合，即构成的音阶、曲调等。

⑤比：编排。乐之：用乐器演奏。

⑥及干戚羽旄，谓之乐也：再配合上用舞蹈道具表演的舞蹈，这就是“乐”。干戚，跳武舞时所执的舞具。干，盾。戚，斧形的器具。羽旄，跳文舞时所执的舞具。羽，雉羽。旄，旄牛尾。本篇所谓“乐”，正是音乐与舞蹈的结合。

⑦噍（jiāo）：急促。杀（shài）：衰退，消减。

⑧啴（chǎn）：宽舒。

⑨发：扬。散：畅达。

⑩粗：粗犷，壮猛。厉：高急，凌厉。

⑪和：温和，不乖。柔：致顺。

⑫六者：上述六种声音。

【译文】

“音”的缘起，是从人心所产生的。人心的活动，是外界事物触发的结果。有感于外界事物而心动，所以用“声”表现出来；不同的声彼此应和，所以产生变化；把声的变化按着一定的规律表现出来，就称作“音”；

排列这些“音”而且配上乐器演奏，并手持干、戚、羽、旄跳舞，就称作“乐”。乐，是从音产生的，它的根源在于人心感应外界的事物。因此当哀伤的心有所感应时，发出的声音是急促而衰弱的；当欢乐的心有所感应时，发出的声音是宽绰而舒缓的；当喜悦的心有所感应时，发出的声音是开朗而畅达的；当愤怒的心有所感应时，发出的声音是粗暴而凌厉的；当虔敬的心有所感应时，发出的声音是刚直而廉正的；当爱慕的心有所感应时，发出的声音是和美而温柔的。这六种声音，并非天性，而是受到外界事物触动才发生的。因此先王对于能触动人的事物十分慎重。所以用礼义来引导人们的心志，用音乐来和同人们的声音，用政治来统一人们的行止，用刑法来防止人们的奸邪。礼、乐、刑、政，它们终极目标是一致的，都是用来统一民心，实现政治清明天下太平的理想。

凡音者，生人心者也。情动于中，故形于声，声成文①，谓之音。是故治世之音安以乐②，其正和；乱世之音怨以怒③，其正乖④；亡国之音哀以思⑤，其民困。声音之道，与正通矣。宫为君，商为臣，角为民，徵为事，羽为物⑥。五者不乱，则无怗懘之音矣⑦。宫乱则荒，其君骄；商乱则搥⑧，其臣坏；角乱则忧，其民怨；徵乱则哀，其事勤⑨；羽乱则危，其财匮。五者皆乱，迭相陵⑩，谓之慢⑪。如此则国之灭亡无日矣⑫。郑卫之音，乱世之音也，比于慢矣⑬。桑间濮上之音⑭，亡国之音也，其政散⑮，其民流⑯，诬上行私而不可止⑰。

【注释】

①成文：意同上文“成方”，指合成为一定的形式，即曲调。文，指文采。

②治世：太平的时期。安：安详。

③乱世：动乱的时期。怨：怨恨。

④乖：反常，不和谐。

⑤思：深沉，忧郁。

⑥“宫为君”几句：宫、商、角、徵（zhǐ）、羽，即“五音”或“五声”，是我国古代五声音阶中的五个音级，相当于简谱中的1、2、3、5、6。这里的宫、商、角、徵、羽，不是指五个单音，而是曲调的调式。事，劳役，役事。物，财物，物资。

⑦沾懘（zhān chì）：指音调敝败不和谐、不流畅。

⑧搥（duī）：《礼记》《说苑》作“陂”。陂（bì），倾斜。这里指邪恶。

⑨其事勤：指劳役的繁重。

⑩迭（dié）相陵：这里指五声互相混淆缠杂。

⑪慢：慢音，放肆而没有规矩的音乐。

⑫无日：不久，没几天。

⑬比：接近。

⑭桑间濮上之音：桑间、濮上都在春秋时卫国境内，曾以侈靡之乐闻名于世，后作为淫靡风俗流行之地的代称。

⑮散：荒散，迷乱。

⑯流：放纵，不受约束。

⑰诬上行私：谓臣下欺罔君上，徇私舞弊。诬，诬罔，欺骗。

【译文】

音，是产生于人的内心的。情感在心中激宕，因此表现为“声”，“声”组合成一定形式的曲调，就称作“音”。所以治世之音安详而喜乐，表示政治和谐；乱世之音怨恨而愤怒，表示政治混乱；亡国之音悲哀而忧郁，表示人们困苦。声音的道理，是与政治相通的。宫声代表国君，商声代表臣下，角声代表百姓，徵声代表役事，羽声代表物资。这五种调式不混乱，就不会有不和谐的声音。宫声混乱音调就散漫，象征君主骄纵；商声混乱音调就倾颓，象征吏治腐败；角声混乱音调就忧愁，象征百姓怨恨；徵声混乱音调就哀伤，象征百姓役事繁重；羽声混乱音调就危殆，象征财物匮乏。五种调式都发生混乱,彼此混淆侵凌,就叫做“慢音”。如此,国家灭亡的日子就不远了。郑、卫两地的音乐,是乱世之音,已接近于慢音了。桑间濮上的音乐,是亡国之音,它反映政教散乱,百姓放纵,臣下欺罔君上、图谋私利而无法遏止。

凡音者,生于人心者也;乐者,通于伦理者也①。是故知声而不知音者,禽兽是也;知音而不知乐者,众庶是也②。唯君子为能知乐。是故审声以知音③,审音以知乐,审乐以知政,而治道备矣④。是故不知声者不可与言音,不知音者不可与言乐。知乐则几于礼矣⑤。礼乐皆得,谓之有德⑥。德者,得也。是故乐之隆,非极音也;食飨之礼,非极味也⑦。《清庙》之瑟,朱弦而疏越,一倡而三叹,有遗音者矣⑧。大飨之礼⑨,尚玄酒而俎腥鱼⑩,大羹不和⑪,有遗味者矣⑫。是故先王之制礼乐也,非以极口腹耳目之欲也,将以教民平好恶而反人道之正也⑬。

【注释】

①乐者,通于伦理者也:乐是和各类事物的道理息息相通的。伦理,各类事物的条理,此指人与人之间的道德关系。

②众庶:众民,百姓。

③审:审察,研究。

④治道备:完全掌握治国的道理。

⑤几于礼矣:差不多了解礼了。几,接近,差不多。

⑥有德:就是对礼乐皆有深切的体会和心得。

⑦“是故乐之隆”几句:陈澔《礼记集说》云:“乐之隆盛,不是为极声音之美;食飨禘祫之重礼,不是为极滋味之美。盖乐主于移风

易俗,而祭主于报本反始也。”隆,隆重,盛大。极,穷尽。食飨之礼,食礼和飨礼,古代招待宾客及宗庙祭祀的礼仪。具体仪式仪节已不得而知。

⑧“《清庙》之瑟”几句:《清庙》,《诗经·周颂》篇名。是周人祭祀先祖文王时演奏的乐章。朱弦,瑟上采用朱红色丝弦,以使声音重浊。疏越,疏通瑟底之孔,以使声音迟缓。越,瑟底孔。一倡而三叹,宗庙奏乐,一人始唱,三人赞叹而应和之。倡,亦作“唱”,发起,倡导。这里指开始歌唱。有遗音者矣,这样才能保持古代先王的“遗音”。

⑨大飨之礼:合祭先王的祭礼。

⑩玄酒:大飨时所用代酒的水。腥鱼:生鱼。

⑪大羹不和:不加调味品的肉汁。大,通“太”。和,调和。

⑫有遗味者矣:这样才能保持古代先王的“遗味”。按,用清淡的食品祭祀先祖,亦表示不忘古代的本色。

⑬平好恶:孔疏:“将以教民均平好恶,使好者行之,恶者避之。”即节制、调节好恶之情。平,平衡,调节,控制。反人道之正:回归先王纯正的人生道路。反,同“返”,返回,恢复。

【译文】

音,产生于人的内心;乐,是可以通达人事伦理的。因此,只懂得“声”而不懂“音”的,是禽兽;只懂得“音”而不懂得“乐”的,是庶民。唯有君子能够懂得“乐”。因此,从审察“声”而懂得“音”,从审察“音”而懂得“乐”,从审察“乐”而懂得政治,这样,治理国家的道理就算完全掌握了。不懂何谓“声”的人,就不能与他讨论“音”;不懂何谓“音”的人,就不能与他讨论“乐”。懂得了“乐”,就接近于懂得礼了。礼、乐都有心得,就称之为有德。德,就是有得于礼、乐。所以,乐盛大隆重,不是为穷极对音乐的欣赏;举行食、飨之礼,不是为穷极对美味的享受。伴奏《清庙》乐章的瑟,拨着红色的弦,疏通琴底的调音孔,一人领唱,三人应和咏叹，形式简朴但余音袅袅。大飨之礼，将清水放在上位，俎上摆置生鱼，肉汁里不加调味品，食物简单却余味无穷。所以先王制礼作乐，并不是用以穷极口腹耳目等感官的欲望，而是用以教导人们节制欲望、平衡好恶，进而归返人性的正道。

人生而静①，天之性也；感于物而动，性之颂也。物至知知②，然后好恶形焉。好恶无节于内，知诱于外，不能反己，天理灭矣③。夫物之感人无穷，而人之好恶无节，则是物至而人化物也④。人化物也者，灭天理而穷人欲者也。于是有悖逆诈伪之心，有淫佚作乱之事。是故强者胁弱，众者暴寡，知者诈愚，勇者苦怯，疾病不养，老幼孤寡不得其所，此大乱之道也。是故先王制礼乐，人为之节：衰麻哭泣⑤，所以节丧纪也⑥；钟鼓干戚，所以和安乐也；婚姻冠笄⑦，所以别男女也；射乡食飨⑧，所以正交接也⑨。礼节民心，乐和民声，政以行之，刑以防之。礼乐刑政四达而不悖⑩，则王道备矣。

【注释】

①静：平静。指人初生时没有外物的影响，还没有情感、欲望的躁动。

②知（zhì）知：前“知”同“智”，指心智；后“知”为感知、知晓。

③天理：上天之理，犹天性。指天所决定的人的本性，即天赋善性。

④人化物：人化于物，即人天赋的善性受外物影响而异化。

⑤衰（cuī）麻：指丧服，因为丧服均用粗麻布制成。哭泣：指丧礼中各种有关哭泣的规定。

⑥丧纪：丧事。纪，犹事也。

⑦冠笄（jī）：指男女的成年礼。古代男子二十岁举行加冠仪式，女子十五岁举行插簪仪式，表示成年。笄，簪子。

⑧射：射礼。古代男子习射比武，常举行射礼。射礼有大射、宾射、燕射、乡射四种。将祭择士为大射，诸侯来朝或诸侯相朝而射为宾射，宴饮之射为燕射，卿大夫举士后所行之射为乡射。乡：谓乡饮酒礼。古代礼俗。古时乡学，三年业成后，经考核，德艺贤能者可荐升于君，并由乡大夫作主人，以隆重仪式为之设宴送行，待以宾礼，饮酒酬酢，称作乡饮酒礼。食飨（xiǎng）：用酒食宴请宾客。

⑨正交接：规范人们的社会交往。交接，交往，结交。

⑩四达而不悖：通行于四方而无所阻逆。

【译文】

人生来是平静的，没有情欲的躁动，这是天赋的本性；感受到外物而心动，这是人的本性产生的欲求。外物来到，心智便不断地感知它，然后内心就生出好恶。如果好恶在内心无法制约，心智又被外物诱惑，不能回到初生时平静的本性，天生的理性就泯灭了。外物对人的影响是无穷尽的，倘若人的内心好恶不能节制，这样，随着外物的到来，人就渐渐被物化了。人被物化，就会泯灭天理而穷尽欲求。于是就有了悖乱叛逆、狡诈虚伪之心，有了骄纵淫逸、为非作乱之事。所以强者胁迫弱者，多数欺侮少数，聪明人欺骗愚钝者，胆大的凌辱胆小的，有病的人无法治病疗养，老人、幼童、丧父的孤儿、丧子的独身老人都找不到安置之所，这是导致国家社会大乱的邪道。所以先代君王制礼作乐，使人以此节制自己。制定丧服的等次与哭泣的礼数，是用来节制丧事的；制定钟鼓干戚乐舞的礼制，是用来调和安乐的；制定婚礼、冠礼、笄礼，是用来区别男女的；制定射礼、乡饮酒礼和用酒食宴请宾客，是用来规范交际的。礼可以节制民心，乐可以调和民声，政可以推行国政，刑可以防止奸邪。礼、乐、刑、政，能通达于四方而不悖乱，那么王道之治就完备了。

乐者为同[①]，礼者为异[②]。同则相亲，异则相敬。乐胜则流[③]，礼胜则离[④]。合情饰貌者[⑤]，礼乐之事也。礼义立[⑥]，则贵贱等矣；乐文同[⑦]，则上下和矣；好恶著，则贤不肖别矣；刑禁暴，爵举贤，则政均矣[⑧]。仁以爱之[⑨]，义以正之[⑩]，如此则民治行矣[⑪]。

【注释】

①乐者为同：乐是为了和合情感。同，协调感情。

②礼者为异：礼是为了区别差异。异，区分差异。

③乐胜则流：乐如果过度就会轻慢不敬。胜，过分。流，放纵，无节制。

④礼胜则离：礼的功能在使人分别远近亲疏，若用礼过度则使人疏离不和。离，疏远。

⑤合情：调和内在的感情，这是乐的功能。饰貌：修饰外在的行为仪态，这是礼的功能。

⑥礼义：同“礼仪”。

⑦乐文：指乐曲。

⑧政均：为政公平。

⑨仁以爱之：用乐是为了以仁心爱护人民。

⑩义以正之：明礼是为了以义理规范人民。

⑪民治行：谓社会政治可以顺利实行。民治，治理民众之事，即政治。

【译文】

乐是为了和合情感，礼是为了区别差异。情感和合就能彼此亲近，区别差异就能互相尊敬。乐如果过度就会轻慢不敬，礼如果过度就会疏离失和。调和感情、修饰仪态，这是礼和乐的功能。礼仪确立，贵贱等级就分明了；乐曲和谐，上下关系就和睦了；喜好与厌恶明确，贤人与不肖、好人与坏人就分清了；用刑罚来禁止暴虐，用爵位来选拔贤能，政治就平和清明了。以仁来关爱保护人们，以义来匡正管教人们，这样，就能把人们治理好了。

乐由中出[①]，礼自外作[②]。乐由中出，故静[③]；礼自外作，故文[④]。大乐必易，大礼必简。乐至则无怨[⑤]，礼至则不争。揖让而治天下者[⑥]，礼乐之谓也。暴民不作，诸侯宾服，兵革不试[⑦]，五刑不用[⑧]，百姓无患，天子不怒，如此则乐达矣[⑨]。合父子之亲，明长幼之序，以敬四海之内。天子如此，则礼行矣。

【注释】

①乐由中出：乐发自内心。

②礼自外作：礼表现于外在。

③静：王引之曰："古字'静'与'情'通。"情，诚实。

④文：文章，礼仪法度。

⑤乐至：谓音乐的功能发挥到极点。至，极，顶点。

⑥揖让而治天下：比喻以文德治天下。揖让，宾主相见时互相拱手表示谦让。

⑦试：用。

⑧五刑：中国古代的五种刑罚。商周时期指墨刑、劓刑、刵刑、宫刑、大辟；隋唐至清指笞刑、杖刑、徒刑、流刑、死刑。

⑨乐达：音乐的效用彻底发挥。

【译文】

乐是从内心产生的，礼表现于外在。乐从内心产生，所以诚实无伪；礼在外表反映，所以仪式雍容。大乐一定是平易的，大礼一定是简约的。乐教施行了，就没有怨恨；礼教施行了，就不会相争。靠着谦让就能治理天下的，说的就是礼乐了。不会有暴民暴乱，诸侯臣服于天子，武器军备不动用，五刑不施行，百姓没有忧患，天子不会恼怒，这样，乐教的目的就达到了。促进父子亲情，明确长幼之序，使四海之内相互尊敬。天子这样做，礼的教化就推行了。

大乐与天地同和，大礼与天地同节。和，故百物不失[①]；节，故祀天祭地[②]。明则有礼乐[③]，幽则有鬼神[④]，如此则四海之内合敬同爱矣。礼者，殊事合敬者也[⑤]；乐者，异文合爱者也[⑥]。礼乐之情同[⑦]，故明王以相沿也[⑧]。故事与时并[⑨]，名与功偕[⑩]。故钟鼓管磬羽籥干戚[⑪]，乐之器也；诎信俯仰级兆舒疾[⑫]，乐之文也[⑬]。簠簋俎豆制度文章[⑭]，礼之器也[⑮]；升降上下周旋裼袭[⑯]，礼之文也[⑰]。故知礼乐之情者能作[⑱]，识礼乐之文者能术[⑲]。作者之谓圣，术者之谓明。明圣者，术作之谓也[⑳]。

【注释】

①百物不失：万物不失其本性。

②祀天祭地：指人们能按尊卑秩序祭祀天地。

③明：人间。

④幽：幽冥世界，与人间相对。

⑤礼者，殊事合敬者也：礼虽有不同的等级规范，而其目的是为了合敬。

⑥乐者，异文合爱者也：乐虽有不同的曲调形式，而其目的是为了合爱。

⑦礼乐之情同：指礼、乐虽然殊事异文，但是其合敬同爱的内在精神却是一致的。情，犹精神。

⑧故明王以相沿也：所以贤君沿用礼乐而不变。

⑨事与时并：礼须应时宜，视时而起。事，即礼。

⑩名与功偕：命名的音乐与时代的功业相匹配。据说，圣王作乐，都依据得天下之功而名乐曲，如尧作《大章》、舜作《大韶》、禹作《大夏》、汤作《大濩》、武王作《大武》等皆是。名，指乐。

⑪钟鼓管磬：均为古代演奏之乐器。钟为铜制，鼓为皮制，磬为石制，为打击乐器；管为竹制，为吹奏乐器。羽籥（yuè）干戚：均为

古代舞蹈用的舞具。籥，也作“龠”，编管乐器，也可作为舞具。《诗经·邶风·简兮》：“左手执籥，右手秉翟。”孔颖达《毛诗正义》：“籥虽吹器，舞时与羽并执，故得舞名。”

⑫诎（qū）信俯仰：指表演乐舞时屈伸俯仰等各种舞姿变化。诎信，通“曲伸”。级兆舒疾：指舞者的位置和速度。级，《礼记·乐记》作“缀”，孔颖达曰：“缀谓舞者行位相连缀也。”此指舞队的位置。兆，舞者活动的范围。舒疾，舞蹈动作的舒缓与急促。

⑬乐之文：表演乐的外在形式。

⑭簠簋（fǔ guǐ）俎豆：簠与簋。盛放黍稷稻粱的两种礼器。方形曰簠，圆形曰簋。俎，古代祭祀或宴会时盛牛羊肉的器具。木制，漆饰，也有用青铜制的。豆，木制，高足圆盘，以陈干肉。制度文章：指各种礼仪制度。

⑮礼之器：实行礼的器物和规范。

⑯升降上下周旋裼（xī）袭：指演礼仪式上所行的各种动作。裼袭，古代行礼的动作。袒开上衣，露出内衣，谓之“裼”；覆盖上衣，不使内衣见于外，谓之袭。盛礼以袭为敬，非盛礼以裼为敬。

⑰礼之文：施行礼的外在形式。

⑱知礼乐之情者能作：礼乐之情，指礼乐发自内心的真实情感。作，谓制礼作乐。

⑲术：通“述”，阐述，传授。下同。

⑳明圣者，术作之谓也：“哲人”与“圣人”的区别，就在于一个是“述”，一个是“作”。

【译文】

大乐与天地一样协和万物，大礼与天地一样节制万物。因为能协和，所以万物不失本性；因为有节度，所以按礼节祭祀天地。人间有礼乐教化，幽冥中有鬼神护佑扶持，这样，四海之内就能使人们互相尊敬、互相亲爱。礼，以不同的仪节使人彼此敬重；乐，以不同形式的乐曲使人亲近相爱。礼与乐的精神作用是相同的，所以圣明的君王都重视礼乐，世代沿袭。因此，圣王所制定的礼仪与所处的时代相符，所制定的乐名与所建的功业相称。所以，钟、鼓、管、磬，羽、籥、干、戚，都是表现乐的器具；屈伸、俯仰、分合、快慢，都是表现乐的形式。簠、簋、俎、豆、制度、文章，都是表现礼的器具和规范；升降、上下，周旋、裼袭，都是表现礼的形式。所以懂得礼乐精神和作用的人能够制作礼乐，懂得礼乐表现形式的人能够传授礼乐。能制作礼乐的人称为"圣"，能传授礼乐的人称为"明"。所谓"明圣"，就是传授礼乐、制作礼乐的意思。

乐者，天地之和也；礼者，天地之序也。和，故百物皆化①；序，故群物皆别。乐由天作②，礼以地制③。过制则乱④，过作则暴⑤。明于天地，然后能兴礼乐也。论伦无患⑥，乐之情也；欣喜欢爱，乐之官也⑦。中正无邪，礼之质也；庄敬恭顺，礼之制也⑧。若夫礼乐之施于金石⑨，越于声音⑩，用于宗庙社稷，事于山川鬼神，则此所以与民同也⑪。

【注释】

①百物皆化：万物化生。化，融合，融化。

②乐由天作：乐是取法天之万物平等的道理而创造的。

③礼以地制：礼是根据地之山川高卑的道理而制定的。

④过制则乱：制礼失序，则尊卑上下的等级就会混乱。

⑤过作则暴：作乐失和，则会导致人们偏激放纵。

⑥论伦无患：《集解》引王肃说："言能合道论，中伦理而无患也。"伦，伦理道德。此指乐的旋律曲调有条理而不错乱。

⑦官：功能。

⑧礼之制：孔疏："礼之节制也。"

⑨金石：指钟磬等乐器。

⑩越：发扬，传播。

⑪与民同：从天子到平民都相同。

【译文】

乐，象征天地的和谐；礼，象征天地的秩序。有和谐，所以万物化生；有秩序，所以万物有别。乐是按照天的道理而创作的，礼是按照地的道理而制作的。乐若过度就会造成秩序紊乱，礼若过度就会产生暴戾暴虐。明了天地的道理，然后才能制礼作乐。旋律曲调有条理而不错乱，是乐的内容；乐使人欣喜欢乐，是乐的功能。中正平和而无邪恶，是礼的本质；待人接物庄敬恭顺，是礼的规范。至于将礼乐借由金石乐器表现出来，借助声音传播开去，用于宗庙社稷的祭祀，用于山川鬼神的祭奠，这些则是天子与百姓都相同的。

王者功成作乐，治定制礼。其功大者其乐备，其治辨者其礼具[①]。干戚之舞，非备乐也[②]；亨孰而祀，非达礼也[③]。五帝殊时，不相沿乐；三王异世，不相袭礼。乐极则忧，礼粗则偏矣[④]。及夫敦乐而无忧，礼备而不偏者[⑤]，其唯大圣乎？天高地下，万物散殊[⑥]，而礼制行也；流而不息[⑦]，合同而化[⑧]，而乐兴也[⑨]。春作夏长，仁也；秋敛冬藏，义也。仁近于乐，义近于礼。乐者敦和[⑩]，率神而从天[⑪]；礼者辨宜[⑫]，居鬼而从地[⑬]。故圣人作乐以应天，作礼以配地。礼乐明备，天地官矣[⑭]。

【注释】

①其治辨：犹言政教广被四方。辨，周遍，全面，遍及。

②干戚之舞，非备乐也：《正义》曰："干戚，（周）舞也，乐以文德为

备，故用朱丝疏越。干戚之舞，故非备乐也。”备，完备，周全。

③亨孰而祀，非达礼也：陈澔曰：“熟烹牲体而荐，不如古者血腥之祭为得礼意，故云非达礼也。”亨孰，同“烹熟”。亨，同“烹”。孰，同“熟”。达，具。

④乐极则忧，礼粗则偏矣：陈澔曰：“若奏乐而欲极其声音之娱乐，则乐极悲来，故云乐极则忧；行礼粗略而不能详审，则节文之仪，必有偏失而不举者，故云礼粗则偏矣。”极，过分。

⑤及夫敦乐而无忧，礼备而不偏者：郝懿行《礼记笺》曰：“敦者，乐不及也。备者，礼不粗也。”敦，厚，盛大。

⑥万物散殊：万物布散其中。

⑦流而不息：言天地二气，流行不息。

⑧合同而化：合同阴阳，化育万物。

⑨而乐兴也：圣人效法天地和谐以作乐，并使之兴盛。

⑩乐者敦和：乐在本质上是敦厚贵同的。敦和，敦厚和谐。

⑪率神而从天：遵循天神的意志而顺应自然之万物平等的道理。率，遵循，遵从。

⑫礼者辨宜：礼在本质上是区别同异等差的。

⑬居鬼而从地：《正义》曰：“居鬼犹循神也。鬼，谓先贤也。”按，古人以人死为鬼，这里指先王。居，遵循，遵从。

⑭天地官矣：是取法天地自然的结果。官，法则，取法。

【译文】

君王功业创立后就制作乐，政治安定后就制定礼。王道功业伟大的，所制作的乐就完备；政教广被四方的，所制定的礼就周全。拿着干戚跳舞，不算是完备的乐；用烹熟食物祭神，不算是周全的礼。五帝时代不同，因此不互相沿袭乐制；三王时代不同，因此不互相沿袭礼制。乐，超过极限就会生发忧虑；礼，制作粗疏就会出现偏差。要想使乐盛大而又无忧虑，能使礼完备而又无偏差，那只有大圣人才能做到吧？天在上地在下，万事万物品类各异，为区别上下尊卑，因而制定了礼；天地之气流动不止，为合和阴阳，化育万物，因而兴起了乐。春天萌生，夏天成长，体现了天地的仁；秋天收获，冬天储藏，体现了天地的义。仁与乐相近，义与礼相近。乐能敦睦亲和，就是要遵循神的旨意而顺从天之道；礼能区别异同，就是要遵从鬼的旨意而顺从地之道。所以圣人作乐以顺应天时，制礼以配合地意。礼和乐显明而完备，都是取法天地自然的结果。

天尊地卑，君臣定矣。高卑已陈，贵贱位矣①。动静有常，小大殊矣②。方以类聚，物以群分，则性命不同矣③。在天成象，在地成形④，如此，则礼者天地之别也⑤。地气上隮⑥，天气下降，阴阳相摩，天地相荡⑦，鼓之以雷霆，奋之以风雨⑧，动之以四时⑨，煖之以日月⑩，而百化兴焉⑪，如此，则乐者天地之和也。

【注释】

①“天尊地卑”几句：孔疏：“卑谓泽也，高谓山也。”尊卑之位像山泽。这是借自然地势的高低，来比喻人之贵贱。陈，陈列，分布。位，确定名位。

②小大：泛指万物。

③“方以类聚”几句：《正义》曰：“方，谓行虫。物，谓殖生者。性之言生也。命，生之长短。”方、物，原指走兽飞禽之类，泛指万物。性命，生命。这里指本质特征。

④在天成象，在地成形：孙希旦曰：“在天而日月星辰之成象，在地而山川人物之成形。”

⑤礼者天地之别也：凡此皆礼之见于天地者，乃天地自然之别。

⑥上隮（jī）：上升。隮，登，升。

⑦荡：震动，激荡。

⑧奋：迅猛，迅疾。这里用如动词。

⑨动：推移，交替运转。

⑩煖：温暖。引申为照耀。

⑪百化：万物滋长。

【译文】

天高而尊，地低而卑，君臣尊卑取法天地而定。山高泽低已有布陈，身份贵贱取法自然而定。天地阴阳的动静有一定的规律，大小万物的差异就显现了。飞禽走兽，各以种类而聚；草木竹树，各以族群而分，那么万物的禀性、生命是各不相同的。天空中日、月、星辰形成各种天象，大地上鸟兽、草木生成各种形态，这样，礼就是用以显示天地万物的差异和区别的。地气上升，天气下降，阴阳交接摩擦，天地互相激荡，雷霆震动，风雨迅疾，四时更迭，日月照耀，而万物就兴旺生长，这样，乐就是用以显示天地万物的和谐的。

化不时则不生[①]，男女无别则乱登[②]，此天地之情也。及夫礼乐之极乎天而蟠乎地[③]，行乎阴阳而通乎鬼神，穷高极远而测深厚[④]，乐著太始而礼居成物[⑤]。著不息者天也[⑥]，著不动者地也。一动一静者，天地之间也。故圣人曰“礼云乐云”[⑦]。

【注释】

①化不时则不生：化育不得其时则万物不能生长。

②男女无别则乱登：男女无分别则淫乱之事发生。登，造成，发生。

③蟠（pán）：孔疏：“言礼乐下委于地。”

④测深厚：测，穷尽，无限深入。王引之曰：“测，尽也。谓尽其深厚，

非谓测知其深厚也。穷、极、测，皆尽也。言礼乐之大无所不至，穷乎高，极乎远，而尽乎深厚也。”

⑤著：处。太始：始生万物之天。成物：指地。万物生成于地，故称地为“成物”。

⑥著不息者天也：郑玄曰：“著犹明白也，息犹休止也。”

⑦礼云乐云：《论语·阳货》：“子曰：‘礼云礼云，玉帛云乎哉？乐云乐云，钟鼓云乎哉？’”孔子意在强调礼乐的内容应重于形式，本处可理解为乐的含义取法于天，礼的含义取象于地。

【译文】

化育万物不符合天时就不能生长，男女无分别淫乱之事就会发生，这是天地间的情理。至于礼乐，上达于天而下至于地，行于阴阳之间与鬼神相通，它的影响可以达到极高极远的地方，渗透到极深极厚之处。乐处于始生万物的上天中，礼处于生成万物的大地之上。明白运动不息的是上天，明白永不变化的是大地，而有动有静的，是天地之间的万物。所以，圣人常说“乐的含义取法于天，礼的含义取象于地”。

昔者舜作五弦之琴，以歌《南风》①；夔始作乐，以赏诸侯②。故天子之为乐也，以赏诸侯之有德者也。德盛而教尊，五谷时孰③，然后赏之以乐。故其治民劳者，其舞行级远④；其治民佚者⑤，其舞行级短。故观其舞而知其德，闻其谥而知其行⑥。《大章》⑦，章之也⑧；《咸池》⑨，备也⑩；《韶》，继也⑪；《夏》，大也⑫；殷、周之乐尽也⑬。

【注释】

①《南风》：古诗歌名。诗曰：“南风之薰兮，可以解吾民之愠兮。南风之时兮，可以阜吾民之财兮。”

②夔始作乐,以赏诸侯:夔,人名,舜时乐官。曾将《南风》诗谱曲赏赐诸侯。郑玄曰:“夔欲舜与天下之君共此乐也。”

③时孰:按时成熟。孰,同“熟”。

④故其治民劳者,其舞行(háng)级远:古代天子按诸侯政绩优劣行赏,君德薄,使人民劳苦的,赏给这个诸侯的乐舞者的人数就少,舞者间的行距就大。舞行级,舞者间行间距离。级,《礼记·乐记》作“缀”,《正义》曰:“缀,谓列也。”即行列位置。与后文“其治民佚者,其舞行级短”正相反。

⑤佚:通“逸”,安逸,安乐。

⑥谥(shì):谥号。人死后依其德行、功过所定的称号。

⑦《大章》:尧时乐名。相传是歌颂尧的圣明大德的音乐。

⑧章:表彰,显扬。

⑨《咸池》:郑玄曰:“黄帝所作乐名也,尧增修而用之。咸,皆也;池之言施也,言德无不施也。《周礼》曰《大咸》。”

⑩备:完备,谓美德备施。《集解》引王肃曰:“包容浸润,行化皆然,故曰备也。”

⑪《韶》,继也:《韶》,舜时乐名。舜绍承尧,所以乐名为“韶”。

⑫《夏》,大也:《夏》,禹时乐名。禹能光大尧、舜之德,所以乐名为“夏”。夏,大。

⑬殷、周之乐尽也:殷乐指《大濩》,周乐指《大武》。殷、周之乐尽也,是说殷、周之乐表现文治武功达到了极致。

【译文】

从前,舜制作五弦琴以歌唱《南风》;乐官夔于是制作乐章,用来赏赐给诸侯。所以天子制乐,就是用来赏赐给有德的诸侯的。德行高尚而教化尊崇,五谷按时成熟丰收,那么就把乐赏赐给诸侯。所以诸侯治理百姓而使其劳苦的,天子赏赐给诸侯的舞队就规模小,人数少,舞者的行距就大;诸侯治理百姓而使其安逸的,天子赏赐给诸侯的舞队就规模大,人数多，舞者的行距就小。所以观看诸侯所展示的舞蹈，就可以知道他的德行；听到诸侯死后的谥号，就可以知道他的善恶。《大章》，彰显尧的德治；《咸池》，表现黄帝之德遍施天下；《韶》，体现舜能继承尧志；《夏》，反映禹能光大尧、舜之德。殷、周之乐，充分反映了当时的文治武功的盛况。

天地之道，寒暑不时则疾[①]，风雨不节则饥[②]。教者，民之寒暑也，教不时则伤世[③]；事者，民之风雨也，事不节则无功[④]。然则先王之为乐也，以法治也，善则行象德矣[⑤]。夫豢豕为酒，非以为祸也[⑥]，而狱讼益烦，则酒之流生祸也[⑦]。是故先王因为酒礼，一献之礼，宾主百拜，终日饮酒而不得醉焉[⑧]，此先王之所以备酒祸也。故酒食者，所以合欢也。

【注释】

①寒暑不时：犹气候反常。不时，不合时令。疾：产生疾病。

②节：调节。

③“教者”几句：教，指乐。《正义》曰：“寒暑不时，既为民疾苦，乐教不时，则伤世俗之化也。”

④“事者”几句：事者，指礼。《正义》：“风雨不节，则民饥馑；礼事不节，则治无功也。”

⑤以法治也，善则行象德矣：郑玄曰：“以法治，以乐为治之法。”《正义》：“言先王为乐，必以法治，治善，则臣下之行，皆象君之德也。”

⑥夫豢（huàn）豕为酒，非以为祸也：养猪和造酒，本为飨祀养贤，而非制造祸端。豢，养。为酒，做酒，造酒。

⑦酒之流：谓饮酒无度。流，放纵无度。

⑧“一献之礼”几句：孔颖达曰：“壹献之礼，宾主百拜者，谓士之飨礼唯有壹献，言所献酒少也；从初至末，宾主相答，而有百拜，言拜

数多也。是意在于敬，不在酒也。终日饮酒而不得醉焉者，谓飨礼也，以其恭敬示饮而已，故不得醉也。”一献，敬酒一次。百拜，泛指宾、主彼此跪拜多次。行饮酒礼时，除了基本的献、酢、酬之外，还包含许多仪节，宾、主在各种仪节进行时，必须互行拜礼，所以称“宾、主百拜”。

【译文】

天地之间的道理，寒暑不应时令就会发生疾病，风雨不合节气就会发生饥荒。乐的教化犹如寒暑，不应时令就会伤害世风；礼的教化犹如风雨，不合节气就会劳而无功。所以先王作乐，作为治世之法，运用得当就能使百姓的行为合乎道德规范。养猪和酿酒，不是为了制造祸患，而诉讼官司日益频繁，就是因为饮酒放纵无度而造成的祸患。因此先王制定了饮酒礼。饮酒行一献之礼，宾、主之间须行种种拜礼，所以喝酒喝上一整天也不会醉倒，这是先王用来预防喝酒酿祸的方法。所以酒食是用来聚会同欢的。

乐者，所以象德也；礼者，所以闭淫也①。是故先王有大事②，必有礼以哀之；有大福③，必有礼以乐之：哀乐之分，皆以礼终④。

【注释】

①闭淫：杜绝淫邪。

②大事：谓死丧。

③大福：谓祭祀吉庆。

④哀乐之分，皆以礼终：哀伤与喜乐的程度，最终都以合乎礼仪为终结。分，分寸，限度。终，完成，结局，最终论定。

【译文】

乐，是用来体现德行的；礼，是用来防止淫逸的。因此先王遇死丧大事，一定用相应的礼来表示哀伤之情；遇吉庆大事，一定用相应的礼来表示喜乐之心：哀伤与喜乐的程度，最终都以合乎礼仪为终结。

乐也者，施也；礼也者，报也①。乐，乐其所自生；而礼，反其所自始②。乐章德③，礼报情反始也。所谓大路者④，天子之舆也；龙旂九旒⑤，天子之旌也；青黑缘者⑥，天子之葆龟也⑦；从之以牛羊之群，则所以赠诸侯也⑧。

【注释】

①"乐也者"几句：孔颖达曰："言作乐之时，众庶皆听之，而无反报之意，但有恩施而已。礼尚往来，受人礼事，必当报之也。"

②"乐"几句：乐，是内心产生快乐的结果；而礼则要追反原始，对原施恩者予以报答。孙希旦引朱熹曰："乐，乐其所自生；礼，反其所自始。亦如乐由中出，礼由外作。"反，同"返"，回报，报答。

③章：彰显，显扬。

④大路：装饰质朴的大车。路，即"辂"。古代天子车的一种，用以祀天。

⑤龙旂（qí）：古代旗名。上画交龙，竿头系铃，天子作仪卫之用。九旒（liú）：亦作"九斿（liú）"。旒，旗上的飘带。

⑥缘：指龟甲的边缘。

⑦葆龟：《礼记》作"宝龟"，用以占卜。葆，通"宝"。

⑧所以赠诸侯：孔颖达曰："前明乐者为施、礼者为报，此明礼报之事。诸侯奉其土地所有来朝天子，天子以此等之物报之。"

【译文】

乐，是施予；礼，是报答。乐，是发自内心的快乐，而礼是追念起始的先祖。乐是彰显德行，礼则是报答恩情，追念本始。所谓大辂，是天子的车；有九条飘带并画有龙的旗，是天子的旌旗；有青黑色边缘的龟甲，是天子的宝龟；再加上成群的牛羊，这些都是天子用来赠给诸侯的。

乐也者，情之不可变者也；礼也者，理之不可易者也。乐统同[①]，礼别异[②]，礼乐之说贯乎人情矣[③]。穷本知变，乐之情也[④]；著诚去伪，礼之经也[⑤]。礼乐顺天地之诚[⑥]，达神明之德[⑦]，降兴上下之神[⑧]，而凝是精粗之体[⑨]，领父子君臣之节[⑩]。

【注释】

①乐统同：乐是为了协调感情。郑玄曰："统同，同'和合'也。"

②礼别异：礼是为了分别等差。

③礼乐之说贯乎人情矣：礼和乐能统同、别异，所以其中的道理能贯通人们的感情。贯，通。

④穷本知变，乐之情也：孔颖达曰："以乐本出于人心，心哀则哀，心乐则乐，是可以原穷极本也。若心恶，不可变恶为善，是知变也。"穷，尽，寻根究源。本，谓乐本心而起，即源于人之情感。情，本性，实质。

⑤著诚去伪，礼之经也：显示人类真诚的品德，去除那些虚伪的表现，这是礼的原则。著，显示，发扬。经，常规，原则。

⑥礼乐顺天地之诚：谓礼乐表现天地的本质。诚，本性，本质。"乐由天作"，远近和合，是顺天之诚；"礼以地制"，尊卑有序，是顺地之情。

⑦达神明之德：《正义》曰："礼乐不失，则天降甘露，地出醴泉，是通于神明之德也。"达，通。

⑧降兴上下之神：孙希旦云："言礼乐用之祭祀，可以感格鬼神，若

《周礼》言‘天神皆降，地祇皆出’是也。”降，下。兴，出。

⑨凝是精粗之体：孔疏：“言礼乐之能成就正其万物大小之形体也。”凝，成也。精粗，指万物大小。

⑩领父子君臣之节：调理父子君臣间的关系。领，犹理治也。节，限节，法度，引申为关系。

【译文】

乐，所表达的是不可改变的感情；礼，所表达的是不可变易的道理。乐的功用在于统一和同人心，礼的功用在于区别尊卑贵贱，礼和乐的学说贯通了人情。探究人们内心的本源，进而推知它的变化规律，这是乐的实质；显扬真诚，去除虚伪，这是礼的原则。礼和乐能顺依天地的情理，通达神明的恩德，使上至天神下至地祇莅临人间，成就万物大小不同之形体，调理父子君臣间的关系。

是故大人举礼乐，则天地将为昭焉①。天地欣合，阴阳相得②，煦妪覆育万物③，然后草木茂，区萌达④，羽翮奋⑤，角觡生⑥，蛰虫昭稣⑦，羽者妪伏⑧，毛者孕鬻⑨，胎生者不殰⑩，而卵生者不殈⑪，则乐之道归焉耳⑫。

【注释】

①是故大人举礼乐，则天地将为昭焉：大人用礼乐，则天地和谐，而生养万物的功用将更加昭显。大人，谓有德者。昭，彰明，显著。

②天地欣合，阴阳相得：天地欣然结合，阴阳调和交会。孔颖达曰：“言体谓之天地，言气谓之阴阳。”《正义》：“欣，喜也；合，犹蒸也。礼乐化行，故天气下，地气蒸合，阴阳交会，故相得也。”

③煦妪（xù yǔ）：抚育，养育。妪，育。覆育：抚养。天覆盖万物，地生育万物，故称“覆育”。

④区（gōu）萌：植物出芽。蜷曲而出曰“区”，直出曰“萌”。区，通“句”，弯曲。

⑤羽翮（hé）奋：谓鸟类顺利生长。羽翮，羽翼，代指飞鸟。翮，羽茎。奋，鸟振翅。

⑥角觡（gé）生：指走兽开始生养。觡，骨角，即动物的犄角外没有外皮包裹，如鹿角。此处“角觡”泛指走兽。

⑦蛰（zhé）虫昭稣：孔颖达曰：“蛰虫之类，皆埋藏其体，近于死，今复得活，似暗而遇晓，死而更息也。”蛰虫，伏藏过冬的昆虫。昭苏，苏醒，恢复生机。昭，晓。苏，苏醒。

⑧羽者：指鸟类。妪伏：鸟类以体伏而孵卵。

⑨毛者：指兽类。孕鬻（yù）：怀胎生育。鬻，通“育”。

⑩殰（dú）：指胎死腹中。

⑪殈（xù）：禽鸟之卵未得孵化而开裂。

⑫乐之道归焉：孔疏：“谓归功于乐也。”

【译文】

所以圣人推行礼乐，则天地和谐，而生养万物的功用将更加昭显。天地之气交合，阴阳相互交感应和，抚育万物，然后草木茂盛，植物发芽生长，飞禽振翅高翔，走兽长出犄角，蛰伏的冬虫苏醒，鸟类孵卵育雏，兽类怀孕生育，胎生的不会胎死腹中，卵生的不会卵破蛋裂，这一切都归功于乐的效用。

乐者，非谓黄钟、大吕弦歌干扬也①，乐之末节也②，故童者舞之；布筵席，陈樽俎，列笾豆，以升降为礼者，礼之末节也③，故有司掌之。乐师辩乎声诗，故北面而弦④；宗祝辩乎宗庙之礼，故后尸⑤；商祝辩乎丧礼，故后主人⑥。是故德成而上，艺成而下⑦；行成而先，事成而后⑧。是故先王有上有下，有先有后，然后可以有制于天下也。

【注释】

①黄钟、大吕：黄钟是十二律中阳律之首，大吕是十二律中阴律之首。这里以黄钟、大吕代指十二律。弦：指琴瑟等弦乐器。干：盾。扬：郑注："钺也。"即前文之"戚"，斧形器具。"干""戚"都是跳武舞时所执的舞具。

②乐之末节也：乐本"穷本知变"，"黄钟大吕弦歌干扬"，皆"乐之器"与"乐之文（表现形式）"，而非"乐之情（本）"，故云乐之末节。

③"布筵席"几句："布筵席，陈樽俎，列笾豆，以升降为礼者"，皆"礼之器"与"礼之文"，而非"礼之情（本）"，故云礼之末节。筵，竹席。古人设席不止一层，紧靠地面的一层称"筵"，筵上面的就称"席"。樽俎，古代盛酒食的器皿。樽以盛酒，俎以盛肉。笾（biān）豆，笾和豆。皆为古代礼器。笾竹制，盛果品；豆木制，盛肉食。

④乐师辩乎声诗，故北面而弦：意谓乐师虽能辨晓乐歌，但仅知乐之技艺末节，所以只能坐处卑位奏乐。

⑤宗祝辩乎宗庙之礼，故后尸：意谓宗祝虽能分别宗庙礼仪，但不是受祭神主，所以只能处于卑位，在神主"尸"后赞司礼仪。宗祝，宗，宗伯；祝，太祝。二者都是掌宗庙祭祀之礼的官。

⑥商祝辩乎丧礼，故后主人：意谓商祝虽能辨别死丧傧相礼仪，但不是发丧之主，所以只能处于卑位，在主人之后主持礼仪。商祝，熟悉商礼的太祝。商人崇奉鬼神，周代丧礼多继袭商人，故有商祝之称。

⑦是故德成而上，艺成而下：德成，谓掌握礼乐之情（本质意义）。艺成，通晓礼乐之末节（器与文）。德成而上，孔疏："则人君及主人之属是也，以道德成就，故在上也。"艺成而下，孔疏："言乐师、商祝之等，艺术成就而在下也。"

⑧行成而先，事成而后：孔颖达曰："德在内而行在外，行成则德成矣。在身谓之艺，所为谓之事，事成则艺成矣。"

【译文】

所谓乐，并非是指敲击黄钟、大吕、弹拨琴瑟而歌、执盾举钺而舞，这些只不过是乐的细枝末节，所以就让孩子们去舞去跳吧；铺设筵席，陈设酒樽、食俎，摆放笾、豆，以及登堂下阶等礼节，这些只不过是礼的细枝末节，所以就让相关的人员去操办吧。乐师会声律诗句，所以就让他们面朝北演奏；宗伯、太祝懂得宗庙中的礼节，所以就让他们跟在尸后主持祭祀仪式；商祝懂得丧葬之礼，所以就让他们跟在主人身后主持丧礼仪式。因此掌握礼乐本质意义的居于上位，通晓礼乐之末节的居于下位；有德行的人排在前，懂技艺的人排在后。所以先王确定了有上有下、有先有后的尊卑次序，然后才为天下制礼作乐。

乐者，圣人之所乐也，而可以善民心。其感人深，其风移俗易，故先王著其教焉。

【译文】

乐，是圣人所喜爱的，它可以使民心向善。它感人至深，能移风易俗，所以先王特别强调乐教。

夫人有血气心知之性①，而无哀乐喜怒之常②，应感起物而动③，然后心术形焉④。是故志微焦衰之音作⑤，而民思忧；啴缓慢易繁文简节之音作⑥，而民康乐；粗厉猛起奋末广贲之音作⑦，而民刚毅；廉直经正庄诚之音作⑧，而民肃敬；宽裕肉好顺成和动之音作⑨，而民慈爱；流辟邪散狄成涤滥之音作⑩，而民淫乱。

【注释】

①血气:血液和气息,指人的情感。心知:指人的理智。

②而无哀乐喜怒之常:而哀乐喜怒的情感却不是固定不变的。常,常情。

③应感起物而动:它感受外界事物而发生变化。

④心术:思虑和心计。形:犹"见"也。即显露,表现。

⑤志微焦衰之音:纤细微眇而又急促的乐音。志微,乐音纤细微小。按,"志微焦衰之音"与下文"啴缓慢易繁文简节之音"等五音都是就乐音而言,各句句式亦同,王、孙之说近是。焦衰,乐音急促。《礼记》作"噍杀"。

⑥啴(chǎn)缓慢易繁文简节之音:舒缓自然,富于文采,而又简洁愉快的乐音。缓,《礼记》作"谐",宽和。慢易,平缓。易,平。繁文,指曲调曲折多变。简节,节奏简略。

⑦粗厉:乐音粗疏而又威猛严厉。猛起奋末:谓乐之始刚猛,乐之终奋迅。奋末,奋发,奋动。广贲:昂扬。贲,通"愤"。

⑧廉直经正庄诚之音:凌厉、率直、刚强、端正、矜严、诚笃的乐音。廉,棱角,锋利。经,《礼记》《说苑》作"劲",刚强有力。

⑨宽裕肉好顺成和动之音:舒展、圆润、流畅、活泼的乐音。肉好,璧的周边叫"肉",孔叫"好"。这里指音的圆润。郑玄曰:"肉,或为润。"陈澔曰:"'其爱心感者,其声和以柔',故此等音作,则知其民之慈爱。"

⑩流辟邪散狄成涤滥之音:放纵、偏僻、淫邪、散乱、急促、放荡而又烦杂的乐音。辟,偏,邪,不正。狄成,指音乐疾速。涤滥,指音乐如水之泛滥,往而不返。

【译文】

人生来就有血气、有感知外物的天性,而哀乐喜怒的情思却不是恒常不变的,都是对外物有所感应必定产生活动,然后才产生哀乐喜怒之情。所以细微、急促的音乐产生，人们听了就会忧郁；宽舒、平和、调子曲折而徐缓的音乐产生，人们听了就会感到康乐；激烈、威猛、奋发、昂扬的音乐产生，人们听了就会变得刚毅；廉正、厚重、端庄、诚恳的音乐产生，人们听了就会肃然起敬；宽和、圆润、流畅、和顺的音乐产生，人们听了就会变得慈爱；邪僻、怪诞、疾速无度、放纵散漫的音乐产生，人们听了就会变得淫乱。

是故先王本之情性，稽之度数[①]，制之礼义，合生气之和[②]，道五常之行[③]，使之阳而不散[④]，阴而不密[⑤]，刚气不怒，柔气不慑[⑥]，四畅交于中而发作于外[⑦]，皆安其位而不相夺也。然后立之学等[⑧]，广其节奏[⑨]，省其文采[⑩]，以绳德厚也[⑪]。类小大之称[⑫]，比终始之序[⑬]，以象事行[⑭]，使亲疏、贵贱、长幼、男女之理皆形见于乐[⑮]：故曰“乐观其深矣”。

【注释】

①稽：考核。度数：即十二音律的度数。

②合生气之和：适应阴阳二气的融和状态。生气，天地所生的阴阳之气。

③道（dǎo）五常之行：道，引导。五常，指金、木、水、火、土五行。古人认为万物起源和变化于金、木、水、火、土五种物质，又以十二律配十二月，以金、木、水、火、土“五行”，配宫、商、角、徵、羽“五声”。

④使之阳而不散：使具有阳刚气质的人不放任。阳，《正义》：“谓禀阳气多人也。”散，流散，放任。

⑤阴而不密：具有阴柔气质的人不拘泥。密，闭塞，拘泥，不灵活。

⑥柔气不慑：具有阴柔气质的人不恐惧。慑，畏惧，胆怯。

⑦四畅：阴、阳、刚、柔四气畅通。

⑧立之学等：谓根据人的禀赋气质的差异制订学习音乐的进度。

⑨广其节奏：增加学习者乐曲节奏的训练。

⑩省其文采：审查乐曲的组织结构。省，审查，研究。文采，孔颖达曰："文采，谓乐之宫商相应，若五色文采。"

⑪以绳德厚：谓以学等、节奏、文采来衡量仁德与忠厚。绳，准度，度量，衡量。德厚，说法不一。王引之曰："德厚，犹言仁厚。'德厚'二字平列。"

⑫类小大之称：意谓规范"五声"大小，使各得其宜。《礼记》《说苑》"类"作"律"，"律"通"类"。陈澔曰："律，以法度整齐之也。……宫音至大，羽音至小，律之使各得其称。"称，合适，适宜。

⑬比终始之序：意谓序列"十二律"高低，使各得其序。陈澔曰："比，以次序联合之也。……始于黄钟，终于仲吕，比之使各得其序。"比，按一定规律排列组合。

⑭以象事行：谓以"声""律"的清浊、高下、律吕、阴阳来象征亲疏、贵贱、长幼、男女等伦理关系。如宫象君，商象臣，角象民，徵象事，羽象物之类。象，形状，相貌。这里指法象、效法、象征。事行，事理与行为。指人的社会关系和行为准则。

⑮形见（xiàn）：表现。见，同"现"。

【译文】

因此，先王作乐是根据人天生的情思心性，审核音律度数，制定礼仪制度，融合阴阳二气化生万物的和谐，遵循五行相生相克的运行规律，使具有阳气气质的人不放任，具有阴柔气质的人不拘泥，具有刚性气质的人不暴怒，具有柔性气质的人不畏惧，阴、阳、刚、柔四种气质畅通交流于内心而激发体现于外表，都各得其所而不互相干扰侵夺。然后根据气质的差异订立学习音乐的进度，逐步增加节奏的训练，审察他们演奏乐曲的组织结构，用以考量德行的深厚。规范音律高低合度，排列乐章前后顺次，用以模拟人事等级伦理的关系，使得亲疏、贵贱、长幼、男女的区别，都经由乐表现出来，所以说："通过乐可以深刻地观察社会。"

土敝则草木不长①，水烦则鱼鳖不大②，气衰则生物不育，世乱则礼废而乐淫。是故其声哀而不庄，乐而不安③，慢易以犯节④，流湎以忘本⑤。广则容奸，狭则思欲⑥，感涤荡之气而灭平和之德⑦，是以君子贱之也。

【注释】

①土敝：土地劳敝，地力尽竭。

②水烦：水流烦扰、湍急。

③是故其声哀而不庄，乐而不安：孔颖达曰："谓男女相爱涕泗滂沱，是其哀也；男女相说，歌舞于市井，是不庄也。俾昼作夜，是其乐也。终至灭亡，是不安也。"

④慢易：怠忽轻浮。犯节：节奏混乱。

⑤流湎（miǎn）：放纵无度。忘本：谓遗失了音乐调和性情的本质。

⑥广则容奸，狭则思欲：孔疏："广，谓节间疏缓，言音声宽缓，多有奸淫之声也"；"狭，谓声急，节间迫促，乐声急则动发人心，思其情欲而切急"。容奸，包藏淫邪。思欲，使人思情欲。

⑦感涤荡之气而灭平和之德：王引之曰："涤荡之气，谓逆气也。平和之德，谓顺德也。"泷川引查德基曰："涤荡之气，言气之邪也；平和之德，言德之正也。"涤荡，邪逆，放荡。

【译文】

土地贫瘠，草木就不生长；水中烦扰，鱼鳖就长不大；阴阳之气衰弱，生物就不能顺利长成；世道混乱，礼就会被废弃而乐就会淫邪。所以，这种声音悲哀却不庄重，快乐却不安详，散漫简易却节奏紊乱，流连沉湎却忘记根本。声音宽缓而包含着淫邪，声音迫促而情欲急切，这种声音激发人们动乱逆反的情绪，泯灭人们平和善良的德性，所以君子鄙薄轻视它。

凡奸声感人而逆气应之，逆气成象而淫乐兴焉。正声感人而顺气应之，顺气成象而和乐兴焉①。倡和有应②，回邪曲直各归其分③，而万物之理以类相动也④。

【注释】

①和乐：和谐的音乐。与上文“淫乐”相对。

②倡和有应：一唱一和，互相呼应。倡，唱。和，应答。

③回邪：邪曲，邪僻。分：部分，类别。

④万物之理以类相动也：谓“奸声”“正声”各按其类别互相呼应。如“逆气”应“奸声”而“淫乐兴”，“顺气”应“正声”而“和乐兴”等。

【译文】

凡是奸邪的声音感染人，人们内心就产生邪逆之气来应和；内心的邪逆之气显现出来的时候，放荡淫乱的音乐就产生了。中正的声音感染人，人们内心就产生和顺之气来应和；内心的和顺之气显现出来的时候，和谐中正的音乐就产生了。唱与和彼此响应，乖违邪辟、曲直善恶各自回归本分，而世上万事万物的道理，也一样是同类相互触动应答的。

是故君子反情以和其志①，比类以成其行②。奸声乱色不留聪明③，淫乐废礼不接于心术④，惰慢邪辟之气不设于身体，使耳目鼻口心知百体皆由顺正⑤，以行其义⑥。然后发以声音，文以琴瑟⑦，动以干戚，饰以羽旄，从以箫管⑧，奋至德之光，动四气之和⑨，以著万物之理⑩。是故清明象天，广大象地，终始象四时[11]，周旋象风雨；五色成文而不乱[12]，八风从律而不奸[13]，百度得数而有常[14]；小大相成，终始相生[15]，倡和清浊，代相为经[16]。故乐行而伦清，耳目聪明，血气和平，移风易俗，天下皆宁。故曰“乐者，乐也”[17]。君子乐得其道，小人乐得其欲。以道制欲，则乐而不乱；以欲忘道，则惑而不乐。是故君子反情以和其志，广乐以成其教[18]，乐行而民乡方[19]，可以观德矣。

【注释】

①反情：指去除人性中的淫逸之情，恢复天赋的善性。

②比类：陈澔《礼记集说》：“分次善恶之类也。”比，分次，比较。

③奸声乱色：淫邪之声、迷乱之色。不留聪明：谓不使之停留于耳目，即不看不听。聪明，指耳与眼。

④废礼：衰败之礼。不接于心术：谓不使之与心灵相沟通。接，连接，联系。心术，心道，犹今言心灵，思想。

⑤知：同“智”。

⑥义：宜。

⑦文以琴瑟：谓以琴瑟合于歌咏。文，文饰。

⑧从以箫管：用箫管来伴奏。

⑨动：感应。四气之和：谓四时和合有序的变化，即四时有序，阴阳调和，寒暑以时之类。

⑩著：显明，显著。万物之理：谓天地万物自然和谐的变化规律。

⑪终始象四时：十二律终于仲吕，始于黄钟，像四时的变化终而复始。

⑫五色成文而不乱：王引之曰：“五色，当以所用之器言之，若帗舞之列五采缯，皇舞之析五采羽，璧翣之垂五采羽，皆五色也。他若瑟有朱弦，舞有朱干，钟有青赤黄景黑。其余乐器髹画者，亦具

五色，若牍有两空髹画，雅有两纽疏画，是也。乐器备五色，而皆秩然有序，故曰：'五色成文而不乱。'"五色，青、赤、白、黑、黄色。古人以五色、五音与五行相配，所以这里五色实代指宫、商、角、徵、羽五音与金、木、水、火、土五行。

⑬八风：八方之风，即条风（东北风）、明庶风（东风）、清明风（东南风）、景风（南风）、凉风（西南风）、昌盍风（西风）、不周风（西北风）、广莫风（北风）。这里以"八风"代指"八音"，即金、石、丝、竹、匏、土、革、木八类乐器。

⑭百度得数而有常：指音乐节奏像昼夜计时百刻那样有一定之规。百度，即百刻，古代计时分一昼夜为一百刻。

⑮小大相成，终始相生：谓"五声"大小，相辅相成；"十二律"高低，终而复始，即前文所谓"类小大之称，比终始之序"。

⑯倡和清浊，代相为经：谓"十二律"或唱或和，或清或浊，互相交替，形成规律。倡和，即"唱和"。先发声者为倡，后应声者为和。清浊，十二律中，前六律黄钟至仲吕为浊，后六律蕤宾至应钟为清。各律依次从低到高，从长到短。代，《礼记·乐记》作"迭"，更迭，交替。经，常法，准则，规律。

⑰乐（yuè）者，乐（lè）也：音乐，就是快乐。

⑱广：推广。乐：正乐。成其教：达到教化的目的。

⑲乡方：归于正道。乡，通"向"，归向。方，正道，仁义之道。

【译文】

因此君子要去除人性淫溺之情，恢复善性以和谐心志，比照善类用以成就自身的德行。奸邪之声、迷乱之色不在耳朵、眼睛驻留，淫乱之乐、邪恶之礼不与心志相接，怠惰、轻慢、邪戾之气不让身体沾染，让耳朵、眼睛、鼻子、嘴巴、心智以及身体的各部分都能循着和顺中正之气而得到正常的发展。然后用声音来抒发，用琴瑟来演奏，用干戚来舞动，用羽旄来装饰，用箫管来伴奏，发扬最高之德的光辉，感应四时之气的和谐，彰显天地万物的道理。因此，这种音乐清清明明是天的征象，广袤宏大是地的征象，乐章终始交替是四季的征象，乐舞周旋往来是风雨的征象。五音构成音乐，像五色一样不紊乱；八种乐器和谐成律，像八风一样不侵夺；音乐的节奏变化，像一昼夜有一百刻一样有规律。音律的高低相辅相成，乐曲首末承转呼应，唱与和、清音与浊音，相互交替形成规律。所以这种音乐一经推行，就能使人事伦理清明，人会变得耳聪目明，血气平和，进而移风易俗，天下安宁。所以说："音乐，就是快乐。"君子乐在得到仁义之道，小人乐在满足欲望。用仁义之道来节制欲望，就能享受快乐而不迷乱；为了欲望而忘却仁义之道，就会迷乱而享受不到快乐。所以君子去除淫逸之情，恢复天赋善性，以和谐心志，推广正乐以成就教化，音乐推行了，人们就向着正道前行，这样就可以通过音乐观察人们的德行了。

德者，性之端也[①]；乐者，德之华也[②]；金石丝竹，乐之器也。诗，言其志也[③]；歌，咏其声也[④]；舞，动其容也[⑤]：三者本乎心[⑥]，然后乐气从之[⑦]。是故情深而文明[⑧]，气盛而化神[⑨]，和顺积中而英华发外[⑩]，唯乐不可以为伪[⑪]。

【注释】

①德者，性之端也：德，是人性的根本。性之端，情感的根本。端，首要，根本。

②乐者，德之华也：音乐，是道德的外在表现。孔颖达疏："乐者，德之华也者，德在于内，乐在于外，乐所以发扬其德，故乐为德之光华也。"

③诗，言其志也：孔疏："诗谓言词也，志在内，以言词言说其志也。"

④歌，咏其声也：孔疏："歌谓音曲，所以歌咏其言词之声也。"

⑤舞，动其容也：孔疏："哀乐在内，必形见于外，故以其舞振动其容也。"

⑥本乎心：心指"性"，即本于"德"的情感。

⑦乐气：《礼记》作"乐器"。

⑧情深：道德情感深挚。情，即本于德的心性、情感、志向。文明：文采灿烂。文，这里指将情、志表达出来的诗、乐、舞等艺术形式。

⑨气盛而化神：这里指诗、乐、舞表演时的出神入化。气盛，道德修养淳厚。化神，变化神妙。

⑩和顺积中：和合顺畅之气蕴藏于心中。和顺，是就道德而言，谓由"情深""气盛"而形成的和合顺畅之气。英华发外：神采之美表现于外在。英华，是就诗、乐、舞等艺术形式而言，谓由"文明""化神"而表现出的艺术之美。

⑪唯乐不可以为伪：谓有德，然后有性；有性，然后有乐，故乐不可以做伪。

【译文】

德，是人性的根本；乐，是道德的外在表现；金、石、丝、竹，是演奏乐的器具。诗篇，用以表达人的志向；歌咏，用以传达人们的心声；舞蹈，用以展现人们的仪容：诗、歌、舞三者都是发自于人的内心，然后配以乐器演奏。所以感情深厚文采就鲜明，气势旺盛变化就神妙，内心蕴藏着和合顺畅之气，美好的神采就通过音乐表现出来，唯有乐是不可以作伪的。

乐者，心之动也；声者，乐之象也[①]；文采节奏[②]，声之饰也。君子动其本，乐其象，然后治其饰[③]。是故先鼓以警戒，三步以见方，再始以著往，复乱以饰归[④]，奋疾而不拔，极幽而不隐[⑤]。独乐其志[⑥]，不厌其道[⑦]；备举其道[⑧]，不私其欲。是以情见而义立，乐终而德尊；君子以好善，小人以息过[⑨]。

故曰："生民之道[10]，乐为大焉。"

【注释】

①象：形象，表象，表现形式。

②文采节奏：指乐舞的结构编排和节奏快慢。文采，郑注："乐之威仪也。"指音乐的规模构架。

③"君子动其本"几句：意谓君子内心受感动，演奏乐曲以表现音乐形象，然后表演舞蹈以动其形容。本，指心，即内心情感。

④"是故先鼓以警戒"几句：以周乐《大武》的表演为例，描述乐舞表演的过程。

⑤奋疾而不拔，极幽而不隐：这两句描述乐舞的形态。谓舞蹈动作迅疾有力而不凌乱，含蓄深刻而又明朗畅快。拔，倾侧，歪斜。

⑥独乐其志：既以实现自己的愿望为快乐。

⑦不厌其道：又不违背仁义之道。厌，厌倦，违背。

⑧备举其道：既能全面推行仁义之道。

⑨息过：改正错误。息，止，改正。

⑩生民之道：生养民人之道。

【译文】

乐，是内心感动的反映；声，是乐的表现手法；文采节奏，是声的加工修饰。君子的本性受到感动，便以乐来表现，然后加工修饰文采节奏。所以，演出《大武》舞时要先击鼓以表示警戒，舞蹈开始时先举足踩脚三回，以表示舞队行进的方向；第二段舞蹈开始时，也一样要先举足踩脚三回，以表示舞队前往的方向，表现武王伐纣两次进兵，到舞蹈终结时，再整饬舞队表现武王凯旋，舞蹈动作迅疾而不紊乱，音乐意味深长而不隐晦。《大武》乐舞表现了武王实现灭商之志的欣喜，又不违背仁义之道；它充分地称扬仁义之道，不纵容个人的私欲。所以，《大武》乐舞既表达了情感又确立了义理，乐舞终了，而它所倡导的德行受到尊重。君子因此更加乐于行善，小人因此发现自己的过错。所以说："养育人们的办法中，乐教是最重要的。"

君子曰：礼乐不可以斯须去身[①]。致乐以治心[②]，则易、直、子、谅之心油然生矣[③]。易、直、子、谅之心生则乐，乐则安，安则久，久则天，天则神。天则不言而信，神则不怒而威。致乐，以治心者也；致礼，以治躬者也。治躬则庄敬，庄敬则严威。心中斯须不和不乐，而鄙诈之心入之矣；外貌斯须不庄不敬，而慢易之心入之矣。故乐也者，动于内者也；礼也者，动于外者也。乐极和，礼极顺。内和而外顺，则民瞻其颜色而弗与争也，望其容貌而民不生易慢焉。德辉动乎内而民莫不承听[④]，理发乎外而民莫不承顺[⑤]，故曰"致礼乐之道，举而错之天下[⑥]，无难矣"。

【注释】

①斯须去身：这里是说礼乐一刻都不能离身。斯须，须臾，片刻。

②致：指深入体会研究。

③易、直、子、谅：孔疏："易，谓和易。直，谓正直。子，谓子爱。谅，谓诚信。"

④德辉：用来形容内心的平和、安宁。辉，光辉。

⑤理：行止符合礼制规定。

⑥错：通"措"。

【译文】

君子说：礼乐须臾也不能离身。致力于以乐来治理修养内心，那么平易、正直、慈爱、诚信之心就会油然而生。有了平易、正直、慈爱、诚信之心就会感到精神快乐，精神感到快乐就会心灵安宁，心灵安宁就会长寿，长寿就会通达上天，通达上天就能感应神明。修养达到最高境界，就会像天一样虽不言不语却有威信；像神一样虽不愠不怒但自有威严。学习乐，是为了陶冶内心；学习礼，是为了端正举止。行为端正了，态度就能庄重恭敬；态度庄重恭敬了，就会气势威严。如果心中有须臾的不和谐、不快乐，那么鄙陋狡诈的念头就会乘隙而入；如果外貌有须臾的不端庄、不恭敬，轻易怠慢的念头就会乘隙而入。所以说，乐是影响人的内在的精神，而礼则是影响人的外在的仪容。乐的极致是和，礼的极致是顺。做到内心和悦而外貌恭顺，那么百姓只要看到他的神色就不会与他相争，只要望见他的容貌就不会产生轻慢之心。所以德性润泽于内心，百姓没有不听从的；仪表庄重恭敬，百姓没有不顺从的。所以说："致力于礼乐之道，以礼乐之道来治理天下，要治理好天下是没有什么困难的。"

乐也者，动于内者也；礼也者，动于外者也。故礼主其谦，乐主其盈①。礼谦而进②，以进为文③；乐盈而反④，以反为文。礼谦而不进，则销；乐盈而不反，则放。故礼有报而乐有反⑤。礼得其报则乐，乐得其反则安。礼之报，乐之反，其义一也。

【注释】

①故礼主其谦，乐主其盈：郑注："礼主于减，人所倦也。乐主其盈，人所欢也。"这是说，礼仪繁复，易生倦心，所以要适当减省，做到简单易行。而乐令人欢乐，人们都喜闻乐见，所以要丰满充盈。

②进：郑注："谓自勉强也。"即自我勉励。

③以进为文：不断进取，使人格更美好。文，犹美也，善也。

④乐盈而反：反，郑注："谓自抑止也。"这是说，乐丰满充盈，反而需要自我抑制，并以自我抑制为美为善。

⑤报：郑注："读曰'褒'，犹进也。"

【译文】

乐，是感动于人的内心的；礼，是感动于人的外在的。所以礼要减省繁琐，做到简单易行；乐要丰满充盈，做到令人欢欣。礼虽减省但也要自我勉励，礼以自我勉励为善为美；乐虽丰满充盈但也要自我抑制，乐以自我抑制为善为美。礼，如果减省了却不自我勉励，就会销蚀消亡；乐，如果充盈了而不自我抑制，就会放任放纵。所以礼要自我勉励而乐要自我抑制。礼做到自我勉励就会快乐，乐做到自我抑制就会安宁。礼的自我勉励，乐的自我抑制，二者的意义是一样的。

夫乐者，乐也，人情之所不能免也[①]。乐必发诸声音[②]，形于动静[③]，人道也[④]。声音动静，性术之变[⑤]，尽于此矣。故人不能无乐，乐不能无形。形而不为道[⑥]，不能无乱。先王恶其乱，故制《雅》《颂》之声以道之，使其声足以乐而不流[⑦]，使其文足以纶而不息[⑧]，使其曲直繁省廉肉节奏[⑨]，足以感动人之善心而已矣，不使放心邪气得接焉[⑩]，是先王立乐之方也[⑪]。是故乐在宗庙之中，君臣上下同听之，则莫不和敬；在族长乡里之中[⑫]，长幼同听之，则莫不和顺；在闺门之内[⑬]，父子兄弟同听之，则莫不和亲。故乐者，审一以定和[⑭]，比物以饰节[⑮]，节奏合以成文[⑯]，所以合和父子君臣，附亲万民也，是先王立乐之方也。故听其《雅》《颂》之声，志意得广焉[⑰]；执其干戚，习其俯仰诎信[⑱]，容貌得庄焉；行其缀兆[⑲]，要其节奏[⑳]，行列得正焉，进退得齐焉。故乐者天地之齐[㉑]，中和之纪[㉒]，人情之所不能免也。

【注释】

①免:抑制,避免。

②发诸声音:通过声音来表现。

③形:表现。动静:指舞蹈。

④人道:人情。指人之常情,人的自然禀性。

⑤性术:情性的表现方式。性,心性,情志。

⑥道:同“导”,引导。

⑦流:淫放。

⑧使其文足以纶而不息:孔疏:“言乐德深远,论量义理而不可销尽。”文,指篇辞。

⑨曲直繁省廉肉节奏:曲直,指声音的曲折和平直。繁省,犹多少。指曲调的复杂和简单。廉肉,犹肥瘠。指音量的细小和宏大。节奏,指乐曲的快慢、缓急、高低、停顿。

⑩放心:谓放恣之心。邪气:谓淫邪之气。

⑪方:道,即道理,原则。

⑫族长乡里:皆古代地方行政单位名。《训纂》引王引之说:“是百家为族,二百五十家为长也。”又,一万二千五百家为乡,二十五家为里。

⑬闺门:内室之门,古代女眷居内室,这里借指家庭。

⑭审一以定和:审定音律以求得乐调的和谐。审一,指细审各人的喜怒哀乐差异来调和乐曲。孔疏:“人声虽一,其感有殊。或有哀乐之感,或有喜怒之感,当须详审其声,以定调和之曲矣。”孙希旦认为,“一”指中声,即“五声”中的宫声,应审定中声以调和五声。

⑮比:配合。物:指乐器。饰:修饰,表现。

⑯成文:郑玄曰:“‘五声’‘八音’克谐相应和。”

⑰志意得广:谓心胸宽广。志意,志向和思想。这里指心胸。

⑱诎(qū)信:即“曲伸”。诎,屈。

⑲缀兆：即“级兆”。孔疏：“缀，表也。兆，域也。”指舞者站立行列的位置及进退的范围。

⑳要其节奏：要，会，合。

㉑乐者天地之齐：上文云“大乐与天地同和”，与此句意相同。齐，同，和谐，协调。

㉒中和之纪：中和，和谐，协调。纪，总要，纲纪。上文云“乐者为同”，又云“乐统同”，故王引之曰：“‘纪’与‘齐’皆是‘统同’之意。”《礼记·中庸》曰：“喜怒哀乐之未发谓之中，发而皆中节谓之和。”

【译文】

乐，是让人快乐的，这是人之常情所不能避免的。人快乐了，就一定要发出声音来表现，通过动作来表达，这是人的自然之道。声音和动作，人的情性之道的变化表达尽在于此。所以人不能没有乐，而乐不能没有表现的形式。乐的表现形式如果不加以引导，就不能不发生错乱。先王以乱为耻，所以制定了《雅》《颂》之诗乐加以引导，使其乐声足以使人快乐而不淫逸放荡，使其文辞足以讨论义理而不会无话可说，使其声调或曲折、或平直，或繁复、或省约，或有棱有角、或丰满柔和、或节奏明快，足以感动人的善心，不让放荡之心与邪恶的念头玷污人，这就是先王所确立的关于乐的原则。所以乐在宗庙之中演奏，君臣上下一起听就无不和谐肃敬；在族长乡里演奏，长幼老少一起听就无不和气顺从；在家门之内演奏，父子兄弟一起听就无不和睦亲爱。因此，乐，要仔细地审定一个声再加以调和，配上各种乐器来装饰节奏，使节奏合成为乐章，所以用它来使父子、君臣协调和谐，使万民顺从亲附，这就是先王所确立的关于乐的原则。所以听《雅》《颂》之声，思想意志就得以拓展广大；手执盾与斧，练习俯仰屈伸的姿态，容貌就变得庄重严肃；按照所站立的行列中的舞位和区域进退舞动，配合乐曲的节奏，行列就能规规正正，进退就能整整齐齐。所以乐是天地的教化，是统领与协和社会的纲纪，是人情不可或缺的。

夫乐者，先王之所以饰喜也；军旅鈇钺者[①]，先王之所以饰怒也。故先王之喜怒皆得其齐矣[②]。喜则天下和之，怒则暴乱者畏之。先王之道，礼乐可谓盛矣。

【注释】

①鈇（fǔ）：通"斧"。斧钺（yuè），都是刑杀的器具。

②齐：对等，匹配。《礼记》"齐"作"侪"。侪（chái），同辈，同类。

【译文】

乐，是先王用来表达喜悦的；军队和斧钺，是先王用来表达愤怒的。所以先王的喜悦和愤怒都找到了相应的表达形式。先王如果喜悦，天下就和美；先王如果愤怒，暴乱之徒就畏惧。先王的治国之道，可以说礼乐隆盛，发挥了巨大的作用。

魏文侯问于子夏曰[①]："吾端冕而听古乐则唯恐卧[②]，听郑卫之音则不知倦。敢问古乐之如彼，何也？新乐之如此，何也？"

【注释】

①魏文侯：战国时魏国国君，名斯。一说名都。曾拜子夏为师。子夏：姓卜，名商，字子夏。孔子的弟子。事迹见《仲尼弟子列传》。

②端冕而听：表示态度严肃，恭敬。端冕，即玄端和大冠，古代礼服与礼冠名。此指穿端戴冕。玄端，黑色的祭服。古乐：指先王之正乐。

【译文】

魏文侯问子夏："我身穿玄端礼服、头戴冕冠聆听古乐，就唯恐打瞌睡；但是听郑、卫的音乐，就不知疲倦。请问听古乐会让我那样是为什么呢？听新乐会让我这样又是为什么呢？”

子夏答曰：“今夫古乐，进旅而退旅[①]，和正以广[②]，弦匏笙簧合守拊鼓[③]，始奏以文，止乱以武[④]，治乱以相[⑤]，讯疾以雅[⑥]。君子于是语[⑦]，于是道古[⑧]，修身及家，平均天下：此古乐之发也[⑨]。今夫新乐，进俯退俯[⑩]，奸声以淫，溺而不止，及优侏儒[⑪]，獿杂子女，不知父子[⑫]。乐终不可以语，不可以道古：此新乐之发也。今君之所问者乐也[⑬]，所好者音也[⑭]。夫乐之与音，相近而不同。”

【注释】

①进旅而退旅：指舞蹈时舞者的同进同退。旅，郑注：“犹俱也。俱进俱退，言其齐一也。”与下文“进俯退俯”相对。

②和正以广：指歌声的平和端正，气象广大。

③弦匏（páo）笙簧：皆乐器名。弦，指琴瑟类的弹奏乐器。匏笙，指笙竽一类的吹奏乐器。匏比笙大，有四十六只簧管，笙一般只有十三至十九只簧管。簧，本指金属或其他材料制成的在乐器中发声的薄片。这里泛指簧管发声的乐器。合守：一起等待。合，会，皆。拊鼓：打击乐器。用来领奏和节制其他乐器。拊，拊搏。以皮为表，内装谷糠，形如革囊。堂上的乐器要待击拊后而奏，堂下的乐器要待击鼓后而奏。

④始奏以文，止乱以武：谓始奏乐时，先击鼓以警示乐者、舞者准备。乐舞将演完时，击金铙以退场。文，指鼓。乱，乐曲的尾声。武，指铙（náo），一种青铜制作的打击乐器，形似铃而口朝上，柄在下。

⑤治乱：治理纷乱的节奏。相：即拊。即拊搏。

⑥讯疾：即迅急。节制迅急的节奏。讯，通“迅”。雅：一种打击乐

器。形如漆桶，口小腹大，腹围两围，长五尺六寸，用羊皮蒙口，两侧有纽，系有带。

⑦于是语：在这时发表议论。

⑧道古：此指道古论今。

⑨发：发挥的作用。

⑩进俯退俯：舞队进退动作参差不齐。俯，郑注："犹曲也，言不齐一也。"

⑪优：俳优，即以乐舞谐戏为业的艺人。侏儒：身材矮小的人。古代杂技、滑稽演员多为侏儒。

⑫獶（náo）杂子女，不知父子：意谓歌舞时表演者像猕猴一样地男女杂处，不分父子尊卑。獶，同"猱"。郑注："猕猴也。言舞者如猕猴戏也，乱男女之尊卑。"

⑬所问者乐：乐，指"古乐"，即下文所谓"德音"。

⑭所好者音：音，指"新乐"，即下文所谓"溺音"。

【译文】

子夏回答说："现在演奏古乐，其舞队同进同退，动作齐一，曲调平和中正而宽广，琴、瑟、笙、簧等管弦乐器都等待拊、鼓的击奏调控，一击鼓就开始演奏，一击铙音乐就终了，用拊来调节收场之乐曲，用雅来控制快速的节奏。表演完毕，君子们就要在一起评议，道古论今，发表修身齐家、治国平天下的议论：这都是古乐能够引发的。现在演奏新乐，舞队进退动作参差不齐，曲调邪恶放浪，使人沉溺其中而无法自拔；再加上俳优和侏儒，舞者就像猕猴，男女尊卑混杂，不分父子。歌舞完毕，无法让人互相讨论，也不能说古论今：这就是新乐所引发的。现在国君您问的是乐，而您喜好的则是音。乐与音虽然相近却是不同的。"

文侯曰："敢问如何？"

子夏答曰："夫古者天地顺而四时当[①]，民有德而五谷昌，疾疢不作而无祆祥[②]，此之谓大当[③]。然后圣人作为父子君臣以为之纪纲[④]，纪纲既正，天下大定，天下大定，然后正六律[⑤]，和五声，弦歌《诗·颂》[⑥]，此之谓德音，德音之谓乐。《诗》曰：'莫其德音，其德克明。克明克类，克长克君。王此大邦，克顺克俾。俾于文王，其德靡悔。既受帝祉，施于孙子。'[⑦]此之谓也。今君之所好者，其溺音与[⑧]？"

【注释】

①四时当：四时得当。当，得当，适宜，指四时调和。

②疾疢（chèn）：疾病。疢，热病，泛指病。祆（yāo）祥：怪异现象的先兆。祆，古人称反常怪异的事物。天反时为灾，地反物为祆。

③大当（dàng）：指天地之间无不得当。

④圣人作为父子君臣以为之纪纲：此指圣人兴起，制定了父子、君臣的纲常。纪纲，法则，准则。

⑤六律：指黄钟、太蔟、姑洗、蕤宾、夷则、无射六阳律。

⑥弦歌《诗·颂》：孔疏："谓以琴瑟之弦，歌此《诗·颂》也。"

⑦"《诗》曰"几句：出自《诗经·大雅·皇矣》。所引内容是赞美王季和文王的美德。郑注："德正应和曰'莫'，照临四方曰'明'，勤施无私曰'类'，教诲不倦曰'长'，庆赏刑威曰'君'，慈和遍服曰'顺'。'俾'当为'比'，声之误也。择善从之曰'比'。施，延也。"靡悔，没有缺失。悔，高亨《诗经今注》："古语称小过为悔。"帝祉，上天的福泽。祉，福。

⑧溺音：使人沉迷自失的音乐。溺，沉没，沉迷。

【译文】

文侯问："请问这是怎么回事？"

子夏答道："古时天地和顺，四时得当，百姓有德而五谷丰登，疾病不发作也没有怪异之事，这就叫大得当。然后圣人兴起，制定了父子、君臣的纲常，纲常准确明了，天下就大定，天下大定，然后规正六律，调和五声，演奏琴瑟等乐器来歌《诗经》的《颂》，这就叫做‘德音’，德音才能称作乐。《诗经·大雅·皇矣》中说：‘王季的德音天下应和，他的德行照临四方。德行照临四方，勤劳施惠于民。为民师长，教诲不倦，为民君上，赏罚分明。他治理大国，慈和为善，择善而从，令四方顺服。等到其子文王继位，他的德行完美、无可怨悔。不但得到上帝赐予的福祉，还将传给子孙后代。’说的就是这个意思。如今国君您所喜好的，乃是让人沉迷自失的音吧？”

文侯曰：“敢问溺音者何从出也？”

子夏答曰：“郑音好滥淫志[1]，宋音燕女溺志[2]，卫音趣数烦志[3]，齐音骜辟骄志[4]，四者皆淫于色而害于德，是以祭祀不用也。《诗》曰：‘肃雍和鸣，先祖是听[5]。’夫肃肃，敬也；雍雍，和也。夫敬以和，何事不行？为人君者，谨其所好恶而已矣。君好之则臣为之，上行之则民从之。《诗》曰‘诱民孔易’[6]，此之谓也。然后圣人作为鞉、鼓、椌、楬、埙、篪[7]，此六者，德音之音也[8]。然后钟、磬、竽、瑟以和之[9]，干、戚、旄、狄以舞之[10]。此所以祭先王之庙也，所以献酬酳酢也[11]，所以官序贵贱各得其宜也[12]，此所以示后世有尊卑长幼序也。钟声铿[13]，铿以立号[14]，号以立横[15]，横以立武[16]。君子听钟声则思武臣。石声硁[17]，硁以立别[18]，别以致死[19]。君子听磬声则思死封疆之臣[20]。丝声哀，哀以立廉[21]，廉以立志。君子听琴瑟之声则思志义之臣。竹声滥，滥以立会[22]，会以聚众[23]。君子听竽笙箫管之声则思畜聚之臣[24]。鼓鼙之声讙[25]，讙以立动[26]，动以进众[27]。君子听鼓鼙之声则思将帅之臣。君子之听音，非听其铿枪而已也[28]，彼亦有所合之也[29]。”

【注释】

①好：偏爱，喜爱。滥：放荡，过度，无节制。一说，好滥，指男女偷情。孔颖达《正义》：“滥，窃也。谓男女相偷窃。”淫：使迷乱，使淫邪。

②燕：安。女：柔媚。一说，燕女，指留恋女色。

③趣数：犹促速。促疾，急速。数，通“速”。烦：烦扰，混乱。

④骜辟：骜，《礼记》作“敖”，通“傲”。傲僻，傲慢邪僻之意。

⑤“《诗》曰”几句：出自《诗经·周颂·有瞽》。《有瞽》是周天子用于宗庙祭祀的乐歌。肃雍和鸣，形容鸣声和敬相应。

⑥“《诗》曰”几句：出自《诗经·大雅·板》。《板》是周大夫讽刺周臣和周王的诗。诱，诱导，教导。孔易，很容易。孔，很，甚。

⑦鞉（táo）、鼓、椌（qiāng）、楬（qià）、埙（xūn）、篪（chí）：皆古代乐器名。鞉，也作“鼗”。长柄小鼓，两旁有耳坠，状似今之拨浪鼓。椌，即“柷（zhù）”，打击乐器。形如方斗，上宽下窄，中有椎柄，以小锤敲击左右发声。雅乐开始时先击柷。楬，即“敔（yǔ）”，打击乐器，木制，状如伏虎，背上有二十七道条状突起物。以木棒敲击发声。雅乐奏完时击敔以止乐。埙，陶制的吹奏乐器。篪，用竹管制成类似笛子的一种吹奏乐器。埙与篪合奏时声相应。

⑧德音之音：六者所发皆质素之声，符合礼乐近古贵本的精神，故曰德音之音。

⑨磬（qìng）：石制的打击乐器。形状像曲尺，悬挂于簴（jù）架敲打演奏。竽：吹奏乐器。外形似笙而稍大，有三十六只簧管。

⑩干、戚：武舞时所执舞具。旄、狄：文舞时所执舞具。狄，通“翟”。

野鸡尾巴上的长羽毛，是跳文舞时所执的舞具。

⑪献酬酳（yìn）酢（zuò）：皆饮酒礼仪。献，敬酒。酬，主人向宾客敬酒，或客人之间互相敬酒。酳，食毕以酒漱口。酢，宾客向主人回敬酒。

⑫官序：指官吏的阶位等级。古代作乐，乐器和舞者行列数量，都按尊卑贵贱有一定的规定，如天子八佾（舞列），诸侯六佾，大夫四佾，士二佾等。

⑬铿：象声词，这里形容钟声洪亮。

⑭立号：发号施令。号，号令。

⑮号以立横：孔疏："谓横气充满也，若号令威严，则军士勇敢而壮气充满。"

⑯立武：显示威武。

⑰石：指磬等石制的乐器。硁（kēng）：象声词。这里形容击磬声刚介清越。《说文》以"硁"为"磬"之古文。古乐器磬即依声得名。

⑱立别：谓分辨节义。

⑲致死：献出生命。

⑳死封疆之臣：勇于为捍卫疆土而献身的大臣。封疆，疆界。

㉑立廉：做到廉洁刚正。廉，廉隅，棱角。用来比喻人的品行清白高洁，端方不苟。

㉒竹声滥，滥以立会：滥，泛滥，这里比喻竽笙箫管之声繁会聒耳，能闻之使人立会。

㉓会：汇集，聚合。

㉔畜聚之臣：指爱恤百姓，使民心安定向善的官吏。畜，畜养。这里指爱抚百姓，体恤民情。聚，会，指会聚百姓，使民心齐一。

㉕鼓鼙（pí）：大鼓和小鼓。讙（huān）：喧哗。

㉖立动：谓受到鼓动。

㉗进众：激励兵众前进。

㉘铿枪：象声词，形容金石和鸣的乐声。

㉙彼亦有所合之也：大意是说乐声与君子所欲求的贤才之间有所契合，闻其声则思其人。

【译文】

文侯又问："请问溺音从何而来呢？"

子夏答道："郑国之音使男女相偷而心志淫邪；宋国之音使人耽于女色而意志消沉；卫国之音节奏急促，使人意志烦劳；齐国之音傲慢邪僻，使人意志骄佚，这四国之音，都滥于色情而对德行有害，所以祭祀时都不用这四国之音。《诗经》说：'肃穆雍和的乐曲奏鸣，祖先的神灵才会来听。'所谓'肃肃'，就是恭敬的意思；所谓'雍雍'，就是祥和的意思。既恭敬又祥和，什么事办不成？作为国君，对自己的好恶要谨慎就行了。国君喜好的，臣下就会去做；上面所做的，百姓就会效仿。《诗经》说："诱导民众是很容易的"，说的就是这个道理。然后圣人制成鞉、鼓、椌、楬、埙、篪，这六种乐器发出的声音都是德音。然后再用钟、磬、竽、瑟来伴奏，手执干、戚、旄、狄来舞蹈。这样的乐才可以用于祭祀先王宗庙，才可以用于敬酒酬酢等礼仪活动，才可以区分官位高低身份贵贱而各得其宜，才可以向后人展示尊卑长幼的次序。钟声铿锵，铿锵之声可以发号施令，号令威严，将士就会雄壮勇敢，雄壮勇敢就能建立武功。因此君子听到钟声铿锵就会想到武臣。磬声刚介清越，刚介清越使人明辨是非，明辨是非就能从容赴死。因此君子听到磬声，就会想到为守卫疆土而死去的将士。琴瑟之声哀怨，哀怨的声音使人清正廉直，清正廉直就会立志向善。因此君子听到琴瑟之声，就会想到立志守义之臣。竹制乐器之声揽聚了众音，众音会聚了民众。因此君子听到竽、笙、箫、管的声音，就会想到容纳安抚百姓之臣。鼓鼙之声喧腾，喧腾的声音使人振奋心动，振奋心动就会率领民众前进。因此君子听到鼓鼙之声，就会想到能够统领军队的将帅之臣。君子听音乐，并不是听听铿锵之声而已，而是要从音乐中听出与自己心相契合的东西来。"

宾牟贾侍坐于孔子[①]，孔子与之言，及乐，曰："夫《武》之备戒之已久[②]，何也？"

答曰："病不得其众也[③]。"

【注释】

①宾牟贾：人名。姓宾牟，名贾。生平不详。侍坐：陪同长者闲坐。

②《武》：即《大武》舞，周代六舞之一。表现周武王伐纣的功业。备戒之已久：谓舞蹈开始时击鼓预备的时间过长。备戒，击鼓警众。

③病不得其众：郑玄注："病，犹忧也。以不得众心为忧，忧其难也。"孔疏："言武王伐纣之时，忧病不得士众之心，故先鸣鼓以戒士众，久乃出战。"

【译文】

宾牟贾在孔子身边陪坐，孔子和他谈话，说到乐时，孔子问他："《武》乐开始之前长时间地击鼓警众，这是为什么？"

宾牟贾答："这表示武王出兵伐纣前担心得不到士众的支持。"

"永叹之[①]，淫液之[②]，何也？"

答曰："恐不逮事也[③]。"

【注释】

①永叹：长声歌唱。永，通"咏"。

②淫液：此处形容乐声连绵不绝。

③恐不逮事：孔疏："象武王伐纣，恐诸侯不至，不逮及战事。"不逮事，赶不上战事。逮，及，赶上。事，戎事。恐怕诸侯不来，

【译文】

孔子又问："长声叹唱，乐声绵延不绝，这是为什么？"

宾牟贾答："这表示武王担心诸侯不能及时到来参战，失去战机。"

"发扬蹈厉之已蚤[①]，何也？"

答曰："及时事也[②]。"

【注释】

①发扬蹈厉：指舞蹈动作的威武雄健，用来表现出征士众精神振奋，意气风发。《正义》曰："发，初也；扬，举袂也；蹈，顿足蹋地；厉，颜色勃然如战色也。"已蚤，太早。蚤，通"早"。实谓舞一开始。

②及时事：此指把握时机进行战斗。

【译文】

孔子又问："舞蹈一开始就迅疾地扬袖顿足，这是为什么？"

宾牟贾答道："这表示把握时机进行战斗。"

"《武》坐致右宪左[①]，何也？"

答曰："非《武》坐也[②]。"

【注释】

①《武》坐：《武》舞之坐，即今之跪，要两膝跪地。致右宪左：指右膝跪至地而左膝抬起。致，指膝至地。宪，通"轩"，高起，提起。

②非《武》坐：不是《武》舞的坐法，《武》舞应当两膝皆致地，现在"致右宪左"，故曰"非《武》坐"。

【译文】

孔子又问："跳《武》舞时舞者坐下，右膝跪地，左膝抬起，这是为什么？"

宾牟贾答："舞者右膝跪地，左膝抬起，这并不是《武》舞的坐法。"

"声淫及商[1],何也?"

答曰:"非《武》音也。"

【注释】

①声淫及商:谓乐声悠扬不绝而含商音。郑注:"言《武》歌在正其军,不贪商也。时人或说其义为贪商也。"孔疏:"淫,贪也。"

【译文】

孔子又问:"人说《武》舞音乐中流出有贪占商的意思,这是为什么?"

宾牟贾答道:"《武》舞音乐是武王用于端正军风的,若有贪占商的意思,那不是《武》舞的音乐。"

子曰:"若非《武》音,则何音也?"

答曰:"有司失其传也[1]。如非有司失其传,则武王之志荒矣[2]。"

【注释】

①有司失其传也:孙希旦曰:"有司传授之误而失其本也。"有司,指乐官、乐师之类。

②志荒:年志荒耄。犹今言老糊涂。荒,老耄,迷乱。

【译文】

孔子说:"如果不是《武》舞的声音,又是什么声音呢?"

宾牟贾答道:"这是乐官传授时说错而失去了《武》舞音乐的本来面貌。如果不是乐官传授有误,那就是武王心志迷乱了。"

子曰:"唯丘之闻诸苌弘[1],亦若吾子之言是也。"

宾牟贾起,免席而请曰[2]:"夫《武》之备戒之已久,则既闻命矣[③]。敢问迟之迟而又久[④]，何也？"

【注释】

①苌弘：字长叔，春秋时周大夫。传说孔子曾向他学习雅乐。事详《国语·周语》下、《吕氏春秋·必己》、王嘉《拾遗记》。《汉书·艺文志》著录有《苌弘》十五篇，今佚。

②免席：避席，即为表示尊敬而离开席位。

③闻命：指上文孔子对宾牟贾的提问，孔子已听到宾牟贾的回答了。举前节第一问"《武》之备戒之已久"来概括上述问答。

④迟之迟而又久：谓舞蹈者站在原地迟迟不动，等待很久。迟之迟，孔疏引贺氏云："备戒已久是迟，久立于缀亦是迟。"因此说"迟之迟"。孙希旦说，《武》舞六成，即六段，每段表演的时间都很长久，然后才能结束，"故重言以见其意也"。

【译文】

孔子说："是的。我曾听苌弘所说，和你所讲的一样。"

宾牟贾站起来，离开席位向孔子请教："关于《武》乐开始前长时间击鼓警众等问题，承您提问，听了我的回答。我想请问《武》乐每节舞者都长久站立等待，是为什么？"

子曰："居[①]，吾语汝。夫乐者，象成者也[②]。总干而山立，武王之事也[③]；发扬蹈厉，太公之志也[④]；《武》乱皆坐，周召之治也[⑤]。且夫《武》，始而北出[⑥]，再成而灭商[⑦]，三成而南，四成而南国是疆[⑧]，五成而分陕，周公左，召公右，六成复缀[⑨]，以崇天子，夹振之而四伐[⑩]，盛威于中国也[⑪]。分夹而进，事蚤济也[⑫]。久立于缀，以待诸侯之至也。且夫女独未闻牧野之语乎[⑬]？武王克殷反商[⑭]，未及下车，而封黄帝之后于蓟[15]，封帝尧之后于祝[16]，封帝舜之后于陈[17]；下车而封夏后氏之后于杞[18]，封殷之后于宋[19]，封王子比干之墓[20]，释箕子之囚[21]，使之行商容而复其位[22]。庶民弛政，庶士倍禄[23]。济河而西[24]，马散华山之阳而弗复乘[25]；牛散桃林之野而不复服[26]；车甲弢而藏之府库而弗复用[27]；倒载干戈[28]，苞之以虎皮[29]；将率之士[30]，使为诸侯，名之曰'建橐'[31]：然后天下知武王之不复用兵也。散军而郊射[32]，左射《貍首》，右射《驺虞》[33]，而贯革之射息也[34]；裨冕搢笏[35]，而虎贲之士税剑也[36]；祀乎明堂，而民知孝；朝觐[37]，然后诸侯知所以臣；耕藉[38]，然后诸侯知所以敬；五者[39]，天下之大教也。食三老五更于太学[40]，天子袒而割牲[41]，执酱而馈[42]，执爵而酳[43]，冕而总干[44]，所以教诸侯之悌也[45]。若此，则周道四达[46]，礼乐交通，则夫《武》之迟久，不亦宜乎？"

【注释】

①居：坐，坐下。

②象成：表现已经成功的事。

③总干而山立，武王之事也：持盾立正，表现武王等待诸侯兵马。总干，持盾。总，持，拿。山立，正立如山不动摇。

④发扬蹈厉，太公之志也：举袖顿足，神情严肃，表现太公统帅士卒作战的奋勇气概。太公，姜太公吕尚。佐武王灭殷，为齐国始祖。事详《齐太公世家》。

⑤《武》乱皆坐，周召之治也：《武》舞行将结束时舞者都跪下，象征周公、召公以文止武，以文德治天下。周召，周公和召公。周公，姬姓，名旦。事详《鲁周公世家》。召公，姬姓，名奭（shì）。周文

王之子，武王弟。与周公旦分陕（今河南三门峡陕州区）而治。据《公羊传·隐公五年》记："自陕而东者，周公主之；自陕而西者，召公主之。"

⑥且夫《武》，始而北出：谓《武》这个舞蹈，一开始表示向北进军。始，始奏乐。指乐舞的第一段。北出，周武王居镐在河南，纣居朝歌在河北，故舞者由南向北出场。

⑦再成而灭商：第二段表示灭掉商朝。再成，犹再奏乐。成，舞蹈的一节。古以乐曲一终（一段完了）为一成。

⑧南国是疆：南国归服，列入疆域。

⑨复缀：郑注："反位止也。"缀，舞者的舞位。这里是说舞者所在舞位的移动，原来移至后面位置的舞者又回到前面了。

⑩夹振之而四伐：夹振之，郑注："王与大将夹舞者，振铎以为节也。"谓夹立舞者两侧以摇铎（用来传布命令的大铃），象征武王与大将军夹军奋铎，发布命令，鼓舞士气。四伐，古代士兵作战时的基本动作和步法，舞者表演以振军威。郑玄曰："伐，谓击刺也，一击一刺曰一伐。"

⑪盛威：显示强盛的军威。

⑫分夹而进，事蚤济也：谓舞者分队前进，各队有振铎者夹立，表示武王用兵，致力于大功迅速告成。事，有致力、追求之意。济，成功。

⑬牧野之语：这是对《武》舞音乐意义的解释。牧野，殷都朝歌近郊，在今河南淇县西南。

⑭反商：郑玄曰："反，当为'及'，字之误也。及商，谓至纣都也。"

⑮蓟（jì）：地名。在今北京西南。

⑯祝：地名。在今山东长清东北，一说山东禹城。

⑰陈：西周封国，妫姓，国都在今河南淮阳一带。《陈杞世家》载："周武王克殷纣，乃复求舜后，得妫满，封之于陈，以奉帝舜祀，是为胡公。"

⑱夏后氏：古称禹受舜禅所建立的夏王朝为夏后氏。《夏本纪》以"夏后"为国号。杞：西周封国，姒姓，国都雍丘，即今河南杞县一带。《陈杞世家》载："周武王克殷纣，求禹之后，得东楼公，封之于杞，以奉夏后氏祀。"

⑲宋：西周封国，子姓，国都商丘，在今河南商丘城南。始封君为殷纣庶兄微子启。《宋微子世家》载："周公既承成王命诛武庚，杀管叔，放蔡叔，乃命微子开代殷后，奉其先祀，作《微子之命》以申之，国于宋。"

⑳封：堆土。往坟上堆土以示崇敬。

㉑箕子：纣王诸父，封于箕，故曰箕子。纣为淫乱，箕子谏，不听，乃披发佯狂为奴，纣又囚之。周武王灭纣，释箕子之囚，访于箕子，问治国之道，箕子为之述《洪范》，于是武王封箕子于朝鲜而不臣。事详《尚书·洪范》《殷本纪》《宋微子世家》。

㉒使之行商容而复其位：使箕子行商礼而恢复其位。俞樾《群经平议》曰："商容，犹言商礼。礼以容仪为主……然则以容言礼，犹以声言乐也。武王优崇箕子，不夺其志，俾得仍用殷礼，故曰释箕子之囚，使之行商容，而复其位。"

㉓庶民弛政，庶士倍禄：为百姓废除殷纣时的苛政，为禄薄者成倍增加俸禄。庶士，众士，指品位低下的广大中下层士大夫。

㉔济河而西：谓灭殷后南渡黄河，西还镐京。

㉕散：放牧。华山：山名。在今陕西华阴南。阳：古以山之南或水之北为阳，山之北或水之南为阴。

㉖桃林：地名。在华山附近。服：驾车，这里即指使用。

㉗弢（tāo）：本意为袋子、套子。引申为用布袋装起来。

㉘倒载：谓兵器的锋刃向内放置。

㉙苞：通"包"。

㉚将率之士：犹言率兵作战的人。

㉛建櫜（gāo）：将兵甲收藏起来。建，通“鞬”，本指马上盛弓矢的器皿，此指藏闭。櫜，收藏兵器之袋。

㉜散军而郊射：解散军队，行郊射之礼，表示止武习文。郊射，周代，郊有学宫，可以习礼。天子出郊祭天，在郊祀和学礼过程中练习射箭，以选拔贤士，谓之郊射。

㉝左射《貍首》，右射《驺虞》：谓诸侯在东学宫习射，歌《貍首》之诗以为节奏；天子在西学宫习射，歌《驺虞》之诗以为节奏。《貍首》，逸诗。《驺虞》，《诗经·国风·召南》中的篇名。

㉞贯革：郑注：“射穿甲革也。”在军中悬挂甲铠而射，并以射穿多重为上，称为“军射”。此处演习礼仪，故停止要射穿甲革的射箭活动。

㉟裨（pí）冕：又称玄冕，古代诸侯卿大夫朝见天子时所服的礼服和礼冠。古者天子有“六服”（诸侯亦服焉），在这六种冕服中玄冕最卑，故称裨冕。搢笏（jìn hù）：把笏板插在礼服外的腰带中。搢，插。笏，笏板。古代大臣朝见天子时手中拿的长板子，上面可以记事。笏板按等级可分为玉笏、象牙笏和竹笏。

㊱虎贲（bēn）之士：勇猛武士。税剑：解去佩剑。税，通“脱”，解去。

㊲朝觐：诸侯朝见天子，春天朝见称“朝”，秋天朝见称“觐”。

㊳耕藉：古代帝王为表示重视农业，鼓励农耕，在每年春耕之前举行仪式，亲自耕种藉田，称耕藉礼。藉，藉田，帝王亲自耕种之田地，种植供祭祀用的谷物。

㊴五者：此指郊射、裨冕、祀乎明堂、朝觐、耕藉。

㊵食（sì）：给人进食，供养。三老五更：均指年老退休经验丰富之人。郑玄曰：“皆年老更事致仕者也，天子以父兄养之，示天下之孝悌也。”太学：古代的国立学校。周代称辟雍，汉武帝元朔五年始设太学，立五经博士。

㊶袒：解上衣露左臂。

㊷酱：用粮食制成的调料。馈：进献食物。

㊸爵：一种有三足，用来盛酒的青铜制酒器。酳（yìn）：向人敬酒。

㊹冕而总干：服冕而执盾以舞。总，执，举。

㊺悌：爱敬兄长。

㊻周道：谓周朝的治国、教化之道。

【译文】

孔子说："坐！我来告诉你。以乐而言，象征着成功之事。舞者手持盾牌，正立如山，这象征着武王威武正立等待诸侯；舞者迅疾地举袖顿足，这象征着太公的志向。《武》乐结束时舞者全部跪下，这象征着周公、召公的天下大治。从《武》乐的每节来说，第一节象征武王北出孟津大会诸侯，第二节象征武王灭商，第三节象征武王领兵南下，第四节象征收复南国疆土，第五节象征周公和召公分陕左右而治天下，第六节舞者回到最初的位置，象征诸侯尊崇武王为天子，表演时天子夹在舞队中振动铎铃，舞者手持戈矛四击四刺，这象征威震中国。既而舞队又分别前进，这象征要早点儿渡河伐纣。舞者站在舞位上久立不动，这表示武王在等待诸侯到来。况且，你难道没有听说过牧野之事吗？武王打败了商纣王，进入纣都，还没下车，就把黄帝的后代分封在蓟，把帝尧的后代分封在祝，把帝舜的后代分封在陈；下车后，又把夏禹的后代分封在杞，把商汤的后代迁移到宋，修葺了王子比干的墓地，释放了牢中的箕子，让他去看望商容并且恢复商容的官位。对百姓施行宽松的政策，对官员成倍地增加俸禄。然后渡过黄河向西，把马放牧于华山的南面，表示不再用它们去驾车；把牛放牧于桃林的原野，表示不再用它们去服役；把兵车铠甲涂上牲血后收藏到府库，表示不再使用它们；把盾牌、戈倒放，用虎皮包扎起来；把带兵的将士封为诸侯，收藏起弓矢、兵器，称之为"建櫜"：这样，天下就知道武王不再打仗了。解散军队后，在郊外的学宫举行礼仪性的射箭活动，在东郊学宫举行的射礼演奏《貍首》，在西郊学宫举行的射礼演奏《驺虞》，射箭是演礼，那种要贯穿革甲的强力射箭终止了；大家身穿礼服，头戴冠，腰插笏板，勇猛的武士也脱下了佩剑；天子在明堂祭祀先祖，人们就懂得了如何行孝道；定期朝见天子，诸侯就懂得了如何为臣下；天子亲自耕种藉田，诸侯就懂得了如何敬奉天地鬼神了；这五件事，就是在普天之下所施行的大教化。在太学中宴请三老、五更，天子袒露左臂亲自切割牲肉，拿着酱请他们蘸着吃，吃完后端起酒杯请他们漱口饮酒，头戴冠冕，手执盾牌，为他们跳舞，这是教导诸侯懂得怎样尊敬兄长。像这样，周的教化就能通达四方，礼乐天下通行，所以，这表现武王功业教化的《武》舞音乐表演要很长的时间，不也是理所当然的吗？”

子贡见师乙而问焉[①]，曰："赐闻声歌各有宜也[②]，如赐者宜何歌也？"

师乙曰："乙，贱工也，何足以问所宜。请诵其所闻[③]，而吾子自执焉[④]。宽而静，柔而正者，宜歌《颂》；广大而静[⑤]，疏达而信者，宜歌《大雅》；恭俭而好礼者，宜歌《小雅》；正直清廉而谦者，宜歌《风》；肆直而慈爱者，宜歌《商》；温良而能断者，宜歌《齐》[⑥]。夫歌者，直己而陈德[⑦]；动己而天地应焉[⑧]，四时和焉，星辰理焉[⑨]，万物育焉。故《商》者，五帝之遗声也，商人志之[⑩]，故谓之《商》；《齐》者，三代之遗声也，齐人志之，故谓之《齐》。明乎《商》之诗者，临事而屡断[⑪]；明乎《齐》之诗者，见利而让也。临事而屡断，勇也；见利而让，义也。有勇有义，非歌孰能保此[⑫]？故歌者，上如抗[⑬]，下如队[⑭]，曲如折[⑮]，止如槁木[⑯]，居中矩[⑰]，句中钩[⑱]，累累乎殷如贯珠[⑲]。故歌之为言也[⑳]，长言之也[㉑]。说之，故言之；言之不足，故长言之；长言之不足，故嗟叹之[㉒]；嗟叹之不足，故不知手之舞之、足之蹈之。"《子贡问乐》[㉓]。

【注释】

①子贡:姓端木,名赐,字子贡。春秋时卫国人,孔子弟子。长于辩论,善经商,累千金,事详《仲尼弟子列传》。师乙:名字叫乙的乐官。师,乐官。

②各有宜:指适合各自的性情。

③诵:述说,论述。

④自执:犹自处,自己选择。执,判断,选取,决定。

⑤广大而静:性情开朗而平和。

⑥"肆直而慈爱者"几句:方悫曰:"肆,宽大而舒缓也。《商》音刚决,故性之柔缓者宜歌之,而变其柔为刚断。《齐》音柔缓,故性刚决者宜歌之,而终至于柔逊。盖各济其所偏,而融会之于平和之地也。"《商》,与下文《齐》皆为古逸诗名。

⑦直己而陈德:端正自己的行为,表达自己的美德。

⑧动己而天地应焉:触动自己的情怀,使天地感应。

⑨理:有条理。指运行有序。

⑩商人:宋为商后,此商人谓宋人。志,记录。

⑪临事而屡断:遇事常能决断。屡,数,常常。

⑫孰能保此:如果不通过唱歌,谁能了解这些呢?保,知道,了解。

⑬上如抗:高音时高亢上扬。抗,高亢。

⑭下如队:低音时有如物体坠落。队,同"坠"。

⑮曲如折:声音回旋时清脆如要被折断。

⑯止如槁木:声音终止时陷入枯木般的沉寂之中。槁木,枯木。

⑰居中(zhòng)矩:孔疏:"言其音声雅曲,感动人心,如中当于矩也。"居,通"倨",指直而折曲。矩,画直角或方形的曲尺。

⑱句(gōu)中钩:孔疏:"谓大屈也,言其音声大屈曲,感动人心,如中当于钩也。"句,同"勾"。钩,圆规。

⑲累累乎殷如贯珠:音符连续不断恰似串珠丰富圆润。累累乎,指

声音连续不断。殷,丰富,充实。

⑳歌之为言:音乐作为一种语言。

㉑长言:犹永言,拖长声调说。

㉒嗟叹:咏叹,吟咏。

㉓《子贡问乐》:四字疑为衍文。也有学者认为此为篇题之名。古书篇题在篇末。

【译文】

子贡见到师乙后,便向他请教道:“我听说唱的歌要适合各自的情性,像我这样的人适合唱什么歌呢?”

师乙答复说:“我只是个地位卑贱的乐工,是没有资格来回答您该唱什么歌这种问题的。但我可以根据我自己的听闻说点看法,供您自己去选择。宽厚平静,柔和正直之人,适合唱《颂》;开朗平和,通达诚实之人,适合唱《大雅》;谦恭谨慎且注重礼节之人,适合唱《小雅》;正直清廉又谦逊之人,适合唱《风》;宽和柔缓又慈爱之人,适合唱《商》;温良且刚决果断之人,适合唱《齐》。歌唱,是为了端正自身行为,彰显自身美德;它通过触动自身情怀使天地感动,四时调和,星辰有序,万物化育。所以,《商》本来是五帝的遗音,商朝人记住它并流传下来,所以称它为《商》;《齐》本来是三代的遗音,齐国人记住它并流传下来,所以称它为《齐》。理解《商》诗的人,遇事常能决断;理解《齐》诗的人,能见利会辞让。遇事能决断,是勇的体现;见利会辞让,是义的体现。有勇又有义,如果不通过唱歌,谁能了解这些呢?所以动人的歌声,在高音时高亢上扬,在低音时如物坠落,歌声回旋时清脆似要被折断,歌声终止时如槁木陷入死寂,小的转折如同曲尺的直角转弯,大的转折如同半环状的钩形,音符连续不断恰似串珠丰富圆润。所以,如果把歌作为语言的话,就是拖长声音的一种讲话形式。人内心喜悦要表达时,所以讲话;讲话仍不能充分表达时,就会拖长声音讲;拖长声音讲还不能充分表达,就会加上咏叹的声音;加上咏叹的声音还不能充分表达时,人们就会不知不觉地手舞足蹈跳起舞来。"《子贡问乐》。

凡音由于人心,天之与人有以相通,如景之象形[①],响之应声。故为善者天报之以福,为恶者天与之以殃[②],其自然者也。

【注释】

①景之象形:人的影子和人的形体一样。景,同"影"。

②殃:灾害,祸害。

【译文】

"音"都是出自人的内心,而天和人是互相感应、彼此沟通的,就像影子反映出物体的形状,回音呼应着发出的响声一样。所以做好事的人,上天就会赐给他福泽,做坏事的人,上天就会加给他灾祸,这是很自然的道理。

故舜弹五弦之琴,歌《南风》之诗而天下治;纣为朝歌北鄙之音[①],身死国亡。舜之道何弘也[②]?纣之道何隘也[③]?夫《南风》之诗者生长之音也,舜乐好之[④],乐与天地同意,得万国之欢心[⑤],故天下治也。夫"朝歌"者不时也[⑥],"北"者败也[⑦],"鄙"者陋也,纣乐好之,与万国殊心,诸侯不附,百姓不亲,天下畔之,故身死国亡。

【注释】

①朝歌:古邑名。在今河南淇县东北。商朝帝乙、帝辛(纣)别都。此处取"早晨唱歌"之意。

②弘:宏大,宽阔。

③隘：狭小。

④乐好：喜爱。

⑤万国：万邦，天下，各国。

⑥夫“朝歌”者不时也：朝歌意为早晨唱歌，时间不会太久，以谶不久之兆，所以说不合时宜。

⑦北：失败，败逃。

【译文】

虞舜弹奏着五弦琴，唱起《南风》之诗，使天下得到治理；商纣听朝歌北鄙的音乐，却弄得身死国亡。舜的前景为什么这么宏远？纣的前途为什么如此狭窄？那是因为《南风》之诗是适合生长的乐歌，舜喜爱它，这种音乐与天地的意志相同，能获得各国诸侯的欢心，所以天下得到了治理。而“朝歌”意为早晨唱歌，时间自然不会太久，预示着其统治也不会长久，故而听这个歌是不合时宜的，“北”意为衰败，“鄙”意为鄙陋，但纣却喜爱这种音乐，这与各诸侯国的百姓爱好并不同，所以诸侯不归附，百姓不亲近，天下人都背叛了他，所以身死国亡。

而卫灵公之时[①]，将之晋[②]，至于濮水之上[③]，舍[④]。夜半时闻鼓琴声，问左右，皆对曰“不闻”。乃召师涓曰[⑤]：“吾闻鼓琴音，问左右，皆不闻。其状似鬼神[⑥]，为我听而写之[⑦]。”师涓曰：“诺。”因端坐援琴[⑧]，听而写之。明日，曰：“臣得之矣[⑨]，然未习也[⑩]，请宿习之。”灵公曰：“可。”因复宿。明日，报曰：“习矣。”即去之晋[⑪]，见晋平公[⑫]。平公置酒于施惠之台[⑬]。酒酣，灵公曰：“今者来，闻新声，请奏之。”平公曰：“可。”即令师涓坐师旷旁[⑭]，援琴鼓之。未终，师旷抚而止之曰：“此亡国之声也，不可遂[⑮]。”平公曰：“何道出[⑯]？”师旷曰：“师延所作也[⑰]。与纣为靡靡之乐，武王伐纣，师延东走，自投濮水之中，故闻此声必于濮水之上。先闻此声者国削。”平公曰：“寡人所好者音也，愿遂闻之。”师涓鼓而终之。

【注释】

①卫灵公：春秋时卫国国君。姬姓，名元，献公之孙，襄公之子。在位期间，孔子仕于卫。晚年，其夫人南子与太子蒯聩有仇隙，蒯聩欲杀南子，未遂，逃奔宋，造成公室内乱。在位四十二年卒，谥灵。事详《左传》及《卫康叔世家》。

②晋：古国名。前11世纪周分封的诸侯国，姬姓。开国君主为周成王弟叔虞。建都于唐（今山西翼城西）。国境在今山西西南部。春秋初，晋昭侯分封叔父成师于曲沃（今山西闻喜东北），造成分裂局面，后为曲沃武公所统一。晋献公迁都绛（今翼城县东南），陆续攻灭周围小国。晋文公改革内政，国家强大，成为春秋五霸之一。

③濮水：古水名。上游有二支：一支于今河南封丘西首受济水，东北流；一支于今原阳北首受河（黄河）水，东流经延津南，至长垣西，二支合。又东流经县北，至滑县东南，又分为二支，一支经山东东明北，东北至鄄城南注入瓠子河；一支经东明南，又东经菏泽北注入巨野泽。历代上下游各支彼通此塞，时有变迁，故古籍所载经流不尽相同。

④舍：住宿。

⑤师涓：卫国乐官。春秋时卫灵公的宫廷乐师。曾随卫灵公赴晋，途中宿濮水之上，灵公夜半听到琴鼓声，要他记下。至晋，灵公命他为晋平公操琴鼓此曲。未终，晋国乐师师旷止之，说是古代师延为商纣王所作的亡国之音，并说“闻此声者其国必削”。

⑥其状似鬼神：看样子像有鬼神。

⑦写之：把乐曲记录下来。

⑧援：操，持，执。

⑨得之：掌握这首乐曲。

⑩然未习也：但是还不是很熟悉。习，熟悉。

⑪去之晋：离开卫国，前往晋国。

⑫晋平公：春秋时晋国国君。晋悼公之子，名彪。在位期间大权旁落，政归赵武、韩起、魏舒三家。死后谥平公。事详《左传》《国语》《晋世家》。

⑬施惠之台：春秋晋国台名。在今山西新绛南。

⑭师旷：春秋时晋国宫廷乐师。字子野。历事悼公、平公。曾劝告悼公要以仁义治国，认为人君之道在于清净无为和博爱任贤。虽双目失明，而精于审音调律。事详《逸周书·太子晋》《左传·襄公十四年》《国语·晋语八》。

⑮不可遂：不能让它奏完。遂，奏完。

⑯何道出：《太平御览·地部》引此作"是何道出"。王念孙曰："此本作'是何道出'也。是，此也。道，从也。言此声何从出也。脱去'是'字，则文义不明。"

⑰师延：商纣时乐师。周武王灭纣，师延投濮水自杀。

【译文】

而在卫灵公的时候，卫灵公将要去晋国，到濮水边，住了下来。半夜时听到弹琴的声音，询问左右侍从，都回答说"没有听到"。于是召来乐官师涓询问道："我听到了弹琴的声音，问左右侍从，却都说没有听见。看样子像是有鬼神，你帮我听听，把乐曲记录下来。"师涓说："好。"于是端坐操琴，边听边记。第二天，师涓说："我记下了这首乐曲，但是还不够熟悉，请再给我一个晚上时间去熟悉它。"灵公说："可以。"于是他们又住了一个晚上。第二天，师涓向灵公报告说："我已经熟悉了。"灵公便离开此地前往晋国，见了晋平公。晋平公在施惠台设酒宴招待灵公一行。酒喝得尽兴的时候，灵公说："这次我来贵国的途中，听到一首新曲子，请让乐师弹奏一下。”晋平公说：“可以。”于是让师涓坐在晋国的乐官师旷的旁边，师涓抚琴弹奏起来。没等弹完，师旷便按住琴弦制止说：“这是亡国之音，不能再弹了。”晋平公问：“乐曲出自什么地方？”师旷回答说：“这是师延的作品。师延曾为商纣作这些靡靡之乐，武王伐纣，师延东逃，投濮水自杀，所以能听到这首乐曲的地点一定是在濮水边上。先听到这首乐曲的人，他的国家也一定会衰亡。”晋平公说：“我爱好的只是音乐，希望能让我听完。”师涓便一直弹到曲终。

平公曰：“音无此最悲乎①？”师旷曰：“有。”平公曰：“可得闻乎？”师旷曰：“君德义薄，不可以听之。”平公曰：“寡人所好者音也，愿闻之。”师旷不得已，援琴而鼓之。一奏之，有玄鹤二八集乎廊门②；再奏之，延颈而鸣，舒翼而舞③。

【注释】

①音无此最悲乎：还有比这支乐曲更具有感染力的吗？最，极其，尤。悲，哀伤，此指音乐感人。

②玄鹤二八：十六只黑鹤。玄，黑。集：落，飞来。

③舒翼：展翅。

【译文】

晋平公问道：“还有比这支乐曲更具有感染力的吗？”师旷说：“有。”晋平公说：“可以让我听听吗？”师旷说：“您在德和义的修养方面还不够，不可听它。”晋平公说：“我喜爱的是音乐，希望能听听这支曲子。”师旷没有办法，只好抚琴弹奏起来。弹奏第一段时，有十六只黑鹤聚集到廊门；弹奏第二段时，这些黑鹤都伸长脖子鸣叫，展翅起舞。

平公大喜，起而为师旷寿①。反坐②，问曰：“音无此最悲乎？”师旷曰：“有。昔者黄帝以大合鬼神[3]，今君德义薄，不足以听之，听之将败。”平公曰：“寡人老矣，所好者音也，愿遂闻之。”师旷不得已，援琴而鼓之。一奏之，有白云从西北起；再奏之，大风至而雨随之，飞廊瓦，左右皆奔走[4]。平公恐惧，伏于廊屋之间。晋国大旱，赤地三年[5]。

【注释】

①为师旷寿：为师旷敬酒。寿，祝寿。特指敬酒或赠送礼物向人祝寿。

②反坐：返回座位。反，同“返”。

③大合鬼神：大会鬼神。合，召集聚会。

④奔走：急走，逃跑。走，跑，逃跑。

⑤赤地：天旱，使禾稼草木干枯，寸草不生。

【译文】

晋平公非常高兴，站起来给师旷敬酒祝福。返回座位以后，问道：“还有比这支乐曲更具有感染力的吗？”师旷说：“有。从前黄帝用它大会鬼神，现在您的德义修养还不够，不能听，如果听了就会招致失败。”晋平公说：“我已经老了，喜爱的就是音乐，希望能让我听完。”师旷没有办法，只好抚琴弹奏起来。弹完第一段时，就有白云从西北方向涌起；弹完第二段时，大风刮过，暴雨随之而来，廊瓦被掀飞，左右大臣四散奔逃。晋平公恐惧，趴在廊屋里。此后晋国发生大旱，三年里寸草不生。

听者或吉或凶[1]。夫乐不可妄兴也[2]。

【注释】

①听者或吉或凶：此指德义深厚者听之则吉，德义菲薄者听之则凶。

②妄兴：随便演奏。

【译文】

听同样一支乐曲，德义深厚者听之则吉，德义菲薄者听之则凶。所以，乐曲是不能随意演奏的。

太史公曰：夫上古明王举乐者，非以娱心自乐，快意恣欲，将欲为治也。正教者皆始于音[1]，音正而行正。故音乐者，所以动荡血脉[2]，通流精神而和正心也[3]。故宫动脾而和正圣[4]，商动肺而和正义，角动肝而和正仁，徵动心而和正礼，羽动肾而和正智。故乐所以内辅正心而外异贵贱也[5]；上以事宗庙，下以变化黎庶也[6]。琴长八尺一寸，正度也[7]。弦大者为宫，而居中央，君也。商张右傍[8]，其余大小相次[9]，不失其次序，则君臣之位正矣。故闻宫音，使人温舒而广大[10]；闻商音，使人方正而好义[11]；闻角音，使人恻隐而爱人；闻徵音，使人乐善而好施；闻羽音，使人整齐而好礼[12]。夫礼由外入，乐自内出。故君子不可须臾离礼，须臾离礼则暴慢之行穷外[13]；不可须臾离乐，须臾离乐则奸邪之行穷内。故乐音者[14]，君子之所养义也[15]。夫古者天子诸侯听钟磬未尝离于庭，卿大夫听琴瑟之音未尝离于前[16]，所以养行义而防淫佚也[17]。夫淫佚生于无礼，故圣王使人耳闻《雅》《颂》之音，目视威仪之礼，足行恭敬之容[18]，口言仁义之道。故君子终日言而邪辟无由入也[19]。

【注释】

①正教：端正教化。

②动荡:振动。

③通流精神:与精神融会贯通。和正心:调和修养性情。正,端正,纠正。引申为修养,涵养。

④动:动荡。圣:疑当为“信”,指信德。古以仁、义、礼、智、信为“五德”。

⑤内辅正心而外异贵贱:对内辅助修养性情,对外分辨贵贱等差。

⑥变化:指移风易俗。

⑦正度:标准的尺度。

⑧商张右傍:发商音的弦安置在发宫音的弦的右侧。张,安置。傍,旁边。

⑨大小相次:按五音高低依次排列。次,依次序排列。

⑩温舒而广大:性情温和舒畅而胸怀广阔。温舒,平和舒畅。

⑪方正而好义:品格端方而追慕道义。方正,端方正直。

⑫整齐:指仪表端庄。

⑬暴慢:凶恶傲慢。穷:充分表现。

⑭乐音:音乐。

⑮养义:修养道义。

⑯前:指席前。

⑰行义:行为道义。

⑱容:仪容,仪表举止。

⑲故君子终日言而邪辟无由入也:郝敬曰:“子长为《乐书》,至取材于荀卿,而当时乐府诸辞不少及,其意可知。余尝谓汉乐府兴,而诗道大坏,此难与俗人言也。千古而上,子长独识此意。”

【译文】

太史公说:上古时代的圣王之所以制作和推行音乐,并非为了愉悦自己,放纵欲念,而是为了治理好天下。端正教化皆是从音乐开始的,音正,人们的行为就会端正。所以音乐就是用来振动人的血脉,沟通人的精神，以及调和、修养人的身心的。因此宫声振动脾脏，从而养人的圣洁之心；商声振动肺脏，从而调和人的正义之心；角声振动肝脏，从而调和人的仁爱之心；徵声振动心脏，从而调和人的礼让之心；羽声振动肾脏，从而调和人的明智之心。所以音乐就是为了对内修养身心，对外分辨贵贱；对上事奉宗庙祖先，对下教化黎民百姓。琴长八尺一寸，这是标准的尺度。琴弦粗的发宫音，安置在琴的中央，象征国君的位置。发商音的弦，安置在发宫音的弦的右侧，其余的弦按五音高低依次排列，次序井然，这样君臣的位置就安置得当了。所以一听到宫音，就会使人性情温畅宽广；一听到商音，就会使人刚正好义；一听到角音，就会使人恻隐仁爱；一听到徵音，就会使人乐善好施；一听到羽音，就会使人端庄好礼。礼由外部规定人们的举止，乐由内心抒发人们的感情。所以君子不能片刻离开礼，如果片刻离开礼，那么凶恶傲慢的行为就会侵蚀人的外表；不能片刻离开乐，如果片刻离开乐，那么奸诈邪恶的欲念就会侵蚀内心。所以音乐，是君子用来修养德行的。古代天子、诸侯在欣赏钟、磬之乐时，从来不离开演奏的宫廷，卿、大夫在欣赏琴瑟之乐时，从来不离开奏乐的厅堂，就是为了修养德行，防止淫逸。淫逸的行为就是因为没有礼的约束才发生的，所以圣王就让人们耳听《雅》《颂》之音，眼观威严的礼仪，实践着恭敬的行为，谈论着仁义的道理。因此，君子整天谈论仁义的道理，邪恶乖僻的欲念就无从侵入他的心灵了。

【集评】

张守节曰："天有日月星辰，地有山陵河海，岁有万物成熟，国有圣贤宫观周域官僚，人有言语衣服体貌端修，咸谓之乐。《乐书》者，犹《乐记》也，郑玄云以其记乐之义也。此于《别录》属《乐记》，盖十一篇合为一篇。十一篇者：有《乐本》，有《乐论》，有《乐施》，有《乐言》，有《乐礼》，有《乐情》，有《乐化》，有《乐象》，有《宾牟贾》，有《师乙》，有《魏文侯》。今虽合之，亦略有分焉。刘向校书，得《乐书》（按：当作《乐

记》)二十三篇,著于《别录》。今《乐记》惟有十一篇,其名犹存也。”(《〈史记·乐书〉正义》)

郭嵩焘曰:“太史公《礼》《乐》二书,皆采缀旧文为之,仅有前序,其文亦疏缓。礼乐者,圣人所以纪纲万事,宰制群动,太史公列为八《书》之首,而于汉家制度无一语及之,此必史公有歁然不足于其心者,故虚立其篇名而隐其文,盖犹《叔孙通传》鲁两生之言:‘礼乐所由起,积德百年而后可兴也,吾不忍为公所为。’但与明其义而已。三代礼乐无复可征,秦、汉以下不足言矣,此史公之意也,概以为褚少孙所补,非也。”(《史记札记》)

尚镕曰:“汉礼既非古,而乐亦然。至武帝极意声色,以李延年为协律都尉,所作所歌,尤非雅乐。汲黯既谏而不悦,公孙弘遂阿主以取容,迁敢论乎!于是以虞周之儆戒发其端,以赵高之阿二世刺其相,已乃痛陈古人之论古乐新声者以为规讽,而终以平公之听乐致灾。夫平公所听,黄帝之乐也,尚以德薄而致灾,况武帝好听俗乐乎!然则迁之用意良苦矣。”(《史记辨证》卷三)

吴汝纶曰:“《礼》《乐》书序,方侍郎皆谓为史公作。今按:二篇笔势略同。《乐书·序》用丞相弘语作结,似仿《平准书》为之。其云‘中尉汲黯’,据黯本传,则未尝为中尉。又《汉书·武纪》渥洼出马作歌在元鼎四年,公孙弘以元狩二年薨,下至元鼎四年,已阅九年。《汲郑传》更五铢钱,召拜黯为淮阳太守事,当在元狩五年,黯居淮阳七岁卒,当在元鼎五年,渥洼出马作歌时,黯在淮阳,不在京师。至得大宛马,作《西极天马之歌》,则在太初四年,黯死已十二年,弘死已廿二年矣。此文叙两马歌词,谓汲黯进谏,公孙弘请族黯,疏舛如此,决非史公作。以《乐书·序》之伪推之,《礼·序》亦伪作也。”(《桐城先生点勘史记》卷二四)

【评论】

《乐论》正文部分由《礼记·乐记》的十余章拼凑而成,不是司马迁所作,故讨论司马迁的思想仅以序言为限。

《太史公自序》说:“乐者,所以移风易俗也。自《雅》《颂》声兴,则已好郑卫之音,郑卫之音所从来久矣。人情之所感,远俗则怀。比《乐书》以述来古,作《乐书》第二。”由此可见,司马迁作《乐书》的目的,是通过记载自古以来“乐”的兴衰变化以见其对社会的影响,探讨发挥其移风易俗,与礼相结合来治理国家的功用。

在本篇序言中,司马迁缕述了自上古三代至汉武帝时“乐”的演变:舜、禹之时,君臣朝会乐舞歌诗,相互告诫、相互勉励;西周成王作《小毖》,惩戒自己往日误信流言,致国危迫;春秋战国时期诸侯们竞相追逐郑音而身死国亡;秦二世听信赵高之言,拒绝李斯劝谏,纵情于音乐酒色而致秦亡;汉初高祖作《三侯之章》始开汉代制乐之风,惠、文、景三帝都以之用于宗庙,除此之外,命令乐府只能练习一些传统的乐曲,表现了“节乐”治国的原则;武帝时强化乐府机构,拜李延年为协律都尉,御制《郊祀歌》十九章用于祭祀,以至夜祠明终,改变了汉初的“节乐”方针。司马迁赞美了上古三代的以“乐”来修养自身德行,批判了春秋战国和秦二世喜爱过分放纵的音乐,并在其影响下丧身亡国,对于汉代的由“节乐”变为作新声颂功名,表现出一定的担忧与批评。这对于汉代制乐用乐的担忧与批评才是本篇的落脚点,正如郭嵩焘所说:“武帝之制乐歌与始皇立石颂功德以鸣得意,同出一源,视三代王者功成作乐,扬诩万物之意,其本源相去远矣。首举古者君臣相敕,恐惧兢业以推知礼乐之原,秦、汉以下之为乐,即是而可以观其得失也,此史公用意最显处。”(《史记札记》)

司马迁认为“乐”有雅正和邪僻之分,对于社会政治的影响很大。雅正的“乐”可以端正民风、鼓舞士气,具有补救时弊、移风易俗和帮助推行政令教化的巨大作用;而邪僻的“乐”,如郑国和卫国的靡靡之音,则使人不免会产生淫乱邪恶的念头。由“乐”可以观“政”,这种观念由来已久,如《左传·襄公十九年》所记的吴季札在鲁观乐时的言论就是对这种观念的具体阐发，这段话也见于《吴太伯世家》。如当为他歌《魏风》，他说："美哉，沨沨乎，大而宽，俭而易，行以德辅，此则盟主也。"为他歌《郑风》，他说："其细已甚，民不堪也，是其先亡乎？"为他歌《齐风》，他说："美哉，泱泱乎大风也哉。表东海者，其太公乎？国未可量也。"为他舞周武王的《大武》，他说："美哉，周之盛也其若此乎？"舞舜的《招箾》，他说："德至矣哉，大矣，如天之无不焘也，如地之无不载也，虽甚盛德，无以加矣。观止矣，若有他乐，吾不敢观。"

由于"乐"有如此重要的社会影响力，所以司马迁非常重视用"乐"来实现移风易俗，治国安邦。乐具有陶冶情操的教育作用，因为它与人的情感相通，既是由人的情感而产生，又可以影响人的情感，所以通过音乐，可以向人们传达"正能量"，使百姓道德高尚，使风俗醇正，社会和谐，从而达到大治。他说："以为州异国殊，情习不同，故博采风俗，协比声律，以补短移化，助流政教。天子躬于明堂临观，而万民咸荡涤邪秽，斟酌饱满，以饰厥性。"希望天子能广泛采取各地风俗，调和声律，以此来补救缺失，辅助教化；而天子应该对"乐"给予足够的重视，亲临明堂观乐，为万民做表率，以此推动雅正之乐的传播，使之深入人心，这样人们的道德水平才能得到普遍提升，实现"乐教"的目的，使天子政教流布于天下，这也就是天子以"乐"为治的实质。

本篇还提出了"节乐"的主张。乐与礼是互为表里相辅相成的，礼是外在的约束，乐是内在的调整，所谓"乐由中出，礼自外作"。乐象征天地的和谐，礼象征天地的秩序，"大乐必易，大礼必简"，最高层次的乐和礼都不应繁复而要简易，这才有利于人们心境平和，社会才能没有争端，其乐融融。"大乐"和"大礼"都是"减损"的结果，所以本篇提出"君子以谦退为礼，以损减为乐"，这就是"节乐"。但不是说乐只要减损就可以了，而是要通过"减损"来达到净化心灵、节制欲望的核心目的。节制欲望是为了居安思危，不受外物影响而始终如一，这样才能避免倾覆。由此可见"节乐"也有着对武帝加大制乐力度的不满。

开篇所描写的舜禹君臣相敕，及成王作颂，推己惩艾，是司马迁理想的礼乐昌明的境界，他以此证明“治定功成，礼乐乃兴”，就是说只有在国家安定、大功告成之时才能兴礼乐之事。通过“节乐”“乐教”可以达到“治定功成”，“治定功成”是制礼兴乐的基础，这是以礼乐治国的正常次序。然而汉武帝是在“治定功成”后定礼仪、改正朔服色、大兴封禅，以及作《郊祀歌》十九章用于祭祀吗？如果我们看下《平准书》《酷吏列传》等篇章中所记述的那种盗贼蜂起，“大群至数千人，擅自号，攻城邑，取库兵，释死罪缚辱郡太守、都尉，杀二千石，为檄告县趣具食；小群以百数，掠卤乡里者不可胜数”的情形，就可以明白司马迁对武帝好大喜功、自欺欺人的讥讽了。

至于序言最后“又尝得神马渥洼水中”至“黯诽谤圣制，当族”一段，因与史实出入较大，历代学者都认为是后人妄加，这应该是正确的。方苞说：“武帝乃次《马歌》荐于宗庙，汲黯所谓先帝百姓岂知其音，盖痛哉其言之也。”（《望溪先生文集》）看出这段文字对武帝的批判性。陈正宏先生则认为：“汉武帝的二马故事绝对真实，当时高层对此有不同意见也绝对真实，但所谓汲黯的批评，所谓公孙弘的阿谀奉承，也许是有意地张冠李戴。这是用黑色幽默的方式，让两位已经去世而生前有矛盾的前高官，在这篇《乐书》里神奇地复活一回，背一次锅，而真实的意图，是借此讽刺汉武帝，如此好大喜功、追求排场，连进口牲畜也要谱一曲交响诗歌功颂德，其实不过是一场既打扰先王、又愚弄百姓的闹剧。”（《时空——〈史记〉的本纪、表与书》）这种视角也颇给人启发。

史记卷二十五

律书第三

【释名】

前人通过大量考证指出：今本《史记》的《律书》，系后人搜集《史记》亡佚的《兵书》的序文，并割取原本《史记·律历书》的部分内容加以拼合而成。故《正义》说："《兵书》亡，不补。略述律而言兵。"

狭义的"律"，指古代用竹管或金属管制成的定音仪器。古人用十二支不同比例长度的管代表不同音高的十二音律。十二音律分阴阳两类，从低音管算起，其中奇数的六律为阳律，称作"六律"；偶数的六律为阴律，称作"六吕"。十二律或者统称"律吕"，或者简称"六律"。《律书》中的"律"，既包括狭义的律（音律），也包括广义的律（律度、规律）。

《律书》分为四部分。第一部分为序言，为司马迁所作，叙述了他对军事问题的总体看法。第二部分介绍"八方之风"如何应和十二音律发生变化。第三部分介绍律度及其计算方法。第四部分论述"律"存在的客观性和普遍性，以及认识和掌握它的重要性和艰巨性。

王者制事立法①，物度轨则②，壹禀于六律③，六律为万事根本焉④。其于兵械尤所重⑤，故云"望敌知吉凶⑥，闻声效胜负⑦"，百王不易之道也。武王伐纣，吹律听声⑧，推孟春以至于季冬，杀气相并，而音尚宫[9]。同声相从[10]，物之自然，何足怪哉？

【注释】

①制事立法：确定章程，建立法度。

②物度轨则：测量器物，制定规则。物度，似应作“度物”。度，测量。

③壹禀于六律：一切都离不开律度。六律，十二律中的六阳声。分别为黄钟、太簇、姑洗、蕤宾、夷则、无射。

④六律为万事根本：《索隐》曰：“《律历志》云：‘夫推历生律，制器规圜矩方，权重衡平，准绳嘉量，探赜索隐，钩深致远，莫不用焉。’是万事之根本。”

⑤其于兵械尤所重：《索隐》云：“《易》称‘师出于律’，是于兵械尤重也。”《正义》引刘伯庄云：“吹律审声，听乐知政，师旷审歌，知晋、楚之强弱，故云‘兵家尤所重’。”

⑥望敌知吉凶：《索隐》曰：“凡敌阵之上，皆有气色，气强则声强，声强则其众劲。律者，所以通气，故知吉凶也。”《正义》曰：“凡两军相敌，上皆有云气及日晕。《天官书》云：‘晕等，力钧；厚长大，有胜；薄短小，无胜。’故望云气知胜负强弱。”

⑦闻声效胜负：《索隐》曰：“《周礼》：‘太师执同律以听军声而占其吉凶’是也。故《左传》称师旷知南风之不竞，此即其类也。”效，验，明白。

⑧吹律听声：吹奏律管，以听察其声音所透出的消息。

⑨“推孟春以至于季冬”几句：意为武王伐纣，太师吹律管，听其声音，从正月到腊月，都含有杀气，但都合于宫调。孟春，古历法术语。一年十二个月分春夏秋冬四季。正、二、三月为春，四、五、六月为夏，七、八、九月为秋，十、十一、十二月为冬。每季三个月，依次称作孟月，仲月，季月。孟春，即春季第一个月（正月）。季

冬,冬季的最后一个月,农历十二月。《正义》曰:“人君暴虐酷急,即常寒应,寒生北方,乃杀气也。”又曰:“《兵书》云:‘夫战,太师吹律,合商则战胜,军事张强;角则军扰多变,失士心;宫则军和,主卒同心;徵则将急数怒,军士劳;羽则兵弱少威焉。’”

⑩同声相从:胜利的军声与吉祥的乐声是相互依傍的,所以听到乐声和就可以断定战必胜。

【译文】

帝王做出重大决策,制定法律,确定度量的规则,都以六律为基础,这是因为六律是事物的根本规律。尤其在兵法之中显得更为重要,以至于有“望敌方阵地上的云气,可知出师的吉凶;听两军发出的声律,可判断谁胜谁负”的说法,这已经是许多帝王确信不会改变的道理了。周武王讨伐商纣王的时候,太师倾听军队乐师吹奏律管发生的声音,乐师们从孟春之律开始,依次奏出仲春、季春、孟夏等直到季冬之律,太师不但听出音律中充满拼杀之气,还在整个音律中听出象征国君之兆的宫声音律处于优势。胜利的军声与吉祥的乐声相随,这是自然之理,有什么可值得奇怪的呢?

兵者,圣人所以讨强暴,平乱世,夷险阻①,救危殆②。自含血戴角之兽见犯则校③,而况于人怀好恶喜怒之气?喜则爱心生,怒则毒螫加④,情性之理也。

【注释】

①夷险阻:铲平不平之处,以喻消灭叛乱。夷,平,平定。

②危殆(dài):犹危险。殆,危险,危难。

③见犯则校(jiào):受到侵犯时一定抵抗。校,反抗。

④怒则毒螫(shì)加:毒螫,毒虫刺人,这里引申为毒害。此处喻人若发怒则必动武。

【译文】

军队，是圣人用来讨伐强暴，平定乱世，消灭叛乱，解救危困的。就连那些口含利齿、头上长角的动物在遇到威胁的时候还会激烈反抗，何况是有七情六欲的人呢？他们高兴时，便会产生仁爱之心；愤怒时，就会动用武力，这是人之常情，合于情理。

昔黄帝有涿鹿之战，以定火灾①；颛顼有共工之陈，以平水害②；成汤有南巢之伐③，以殄夏乱④。递兴递废⑤，胜者用事⑥，所受于天也。

【注释】

①昔黄帝有涿鹿之战，以定火灾：此处原文记载怀疑有误。据《五帝本纪》云：黄帝“与炎帝战于阪泉之野，三战然后得其志；蚩尤作乱，不用帝命，于是黄帝乃征师诸侯，与蚩尤战于涿鹿之野，遂禽杀蚩尤”。火灾，古代阴阳五行学说认为炎帝属火德，“以定火灾”指打败炎帝事。而涿鹿之战是黄帝与蚩尤之间的战争，涿鹿在今河北涿鹿东南。

②颛顼有共工之陈，以平水害：共工，《集解》引文颖曰：“主水官也，少昊氏衰，秉政作虐，故颛顼伐之。本主水官，因为水行也。”颛顼，传说中的上古帝王。为五帝之一。黄帝之孙，号高阳氏。事见《五帝本纪》。按，颛顼打败共工事，《五帝本纪》不载。

③南巢之伐：指成汤打败夏桀事。《正义》引《淮南子》曰：“汤伐桀，放之历山，与末喜同舟浮江，奔南巢之山以死。”南巢，即今安徽巢湖市。

④以殄（tiǎn）夏乱：意即灭掉夏王朝。殄，灭绝，消灭。

⑤递兴递废：谓有兴有废。

⑥用事：当权。

【译文】

从前黄帝有涿鹿之战，平定了属于火德的炎帝的叛乱；颛顼与共工作战，平定了属于水德的共工的叛乱；商汤率军在南巢之地，消灭了夏桀。王朝有兴有废，胜利者就掌管天下大权，这是承受天命。

自是之后，名士迭兴[①]，晋用咎犯[②]，而齐用王子[③]，吴用孙武[④]，申明军约，赏罚必信，卒伯诸侯[⑤]，兼列邦土[⑥]，虽不及三代之诰誓[⑦]，然身宠君尊，当世显扬，可不谓荣焉？岂与世儒暗于大较[⑧]，不权轻重[⑨]，猥云德化，不当用兵[⑩]，大至君辱失守[⑪]，小乃侵犯削弱[⑫]，遂执不移等哉[⑬]！故教笞不可废于家[⑭]，刑罚不可捐于国，诛伐不可偃于天下[⑮]，用之有巧拙，行之有逆顺耳[⑯]。

【注释】

①名士：知名之士，这里主要指军事家。迭兴：一个接一个地兴起。迭，更迭，轮流。

②咎犯：春秋时晋国卿。名狐偃，字子犯。晋文公重耳之舅父，亦称舅犯。随重耳流亡在外十九年，周历各国，注重取信于民。后助重耳回国即位，任上军之佐。又以“尊王”相号召，平定周的内乱。在城濮之战中，率军战胜楚军，并与齐、宋作“践土之盟”，使晋国成为霸主。事见《左传》与《晋世家》。

③王子：名成父，春秋时齐国正卿，著名军事家。姬姓，王子氏，《集解》云一作“王子成甫”，《吕氏春秋》作“王子成父”。齐襄公时为正卿。桓公立，又用为将。申明军约，赏罚必信，能征善战，使桓公“卒伯诸侯”。司马迁将他与姜尚、孙子、吴起并称，赞他能对古传兵法“绍而明之，切近世，极人变”。《汉书·艺文志》“兵

家”著录有《王孙》十六篇，即其所传兵法。事见《左传·文公十一年》。

④孙武：春秋末吴国将领、军事家。后世称“孙子”。字长卿，齐国乐安（今山东惠民）人。据传他流寓于吴，以熟谙兵法，吴王阖闾任为将。辅吴王图强。从吴王伐楚，参谋军事，五战五胜，攻下楚都郢。阖闾死后，又助吴王夫差争霸中原。著有《孙子兵法》十三篇，是我国最早的兵书，被誉为“兵学圣典”，置于《武经七书》之首。事见《孙子吴起列传》。

⑤卒伯诸侯：伯，通“霸”。指在此几人辅佐下，他们的君主日益强大，乃至称霸诸侯。如，咎犯辅佐的晋文公与孙武辅佐的吴王阖庐成为“春秋五霸”之一，王子成父辅佐的齐襄公虽未成为霸主，但他灭纪、灭莱，壮大齐国，确为后来齐桓公的称霸奠定了基础。

⑥兼列邦土：意即吞并小国，使自己国家的版图扩大。

⑦三代之诰誓：这里主要是指《尚书》中所保存的夏、商、周三代有关军事活动的各种文献。誓，军中发布有关告戒、约束将士的号令。如汤伐夏桀的《汤誓》、武王伐纣的《牧誓》等；诰，古代帝王或执政王公对臣民颁布的文告，如《盘庚》《大诰》等是；也有古代名臣对帝王、对王公贵族的告诫之辞，如《酒诰》《康诰》等。

⑧世儒：俗儒。暗于大较：不明大节。大较，大道理，大举措。

⑨权：衡量。

⑩猥云德化，不当用兵：儒家早从孔丘、孟轲就有侈谈道德，空讲仁义的毛病，这在春秋、战国那种特定的情势下，固然有其合理性，但实际上是行不通的，故被人嘲笑为迂腐，司马迁在这个方面也是批儒的。

⑪失守：指失去君位，甚至国家灭亡。

⑫侵犯削弱：被侵犯、被削弱。

⑬遂执不移：（直到遭惨败吃苦头）还在坚守教条，顽固不化。

⑭教笞（chī）：教训鞭笞。笞，笞刑。用竹板或荆条打脊背或臀、腿。

⑮偃：放倒，收起不用。

⑯用之有巧拙，行之有逆顺耳：王元启曰："二句说尽兵家利害，用巧行逆与行顺用拙者同败耳，于此书则尤一篇之枢纽也。"

【译文】

自此之后，知名之士先后出现，晋国重用咎犯，齐国重用王子成父，吴国重用孙武，申明军令，赏罚必信，终于使他们的君主称霸于诸侯，兼并扩展疆土，虽说他们的事业比不上三代时期诰令、盟誓那样影响深远，然而能使自身受宠，国君尊荣，显扬于当世，难道不叫荣耀吗？哪像那些不明白天下大势的世俗儒生，不权衡事情的轻重缓急，侈谈道德仁义，一味反对动兵用武，结果大至君主受辱，国家失守，小至遭受侵犯，国家被削弱，竟还坚持教条，顽固不化！所以，管理家庭不能没有教训鞭笞，管理国家也不能废弃刑罚，要想天下太平就不能没有讨伐叛乱的战争，不过运用起来有的巧妙有的笨拙，实行得合理还是不合理罢了。

夏桀、殷纣手搏豺狼，足追四马①，勇非微也；百战克胜，诸侯慑服，权非轻也。秦二世宿军无用之地②，连兵于边陲③，力非弱也；结怨匈奴，絓祸於越④，势非寡也。及其威尽势极，闾巷之人为敌国⑤。咎生穷武之不知足⑥，甘得之心不息也⑦。

【注释】

①夏桀、殷纣手搏豺狼，足追四马：极言其勇武有力，且又迅捷。按，《殷本纪》写殷纣有所谓"材力过人，手格猛兽"，至于夏桀，则无闻也。四马，四，同"驷"。指驾一车之四马。

②秦二世宿军无用之地：《正义》曰："谓三十万备北阙，五十万守五

岭也。”宿军，驻军。无用之地，因说话人的立场是反对秦始皇对匈奴、南越用兵，故称这些地方对秦朝“无用”。按，秦朝派蒙恬统兵三十万伐匈奴事，见《蒙恬列传》；派屠睢、任嚣、赵佗等统兵五十万伐南越，见《南越列传》及注。

③边陲：边境。

④结（guà）：连及，连结。於（wū）越：这里指岭南地区的南越，“於”字是发语词，与吴国之称“勾吴”意思相同。秦始皇平定南越后，曾在今广东、广西及越南北部一带设置了南海、桂林、象郡三个郡。按，以上两件事都发生在秦始皇时期，非秦二世时事。

⑤闾巷之人为敌国：指陈胜、吴广等人发动了反秦的农民大起义。事在秦二世元年（前209），详见《陈涉世家》。闾巷，里巷。指民间。

⑥咎：灾难。穷武：穷兵黩武，动用所有兵力，肆意发动战争。穷，用尽。黩，轻率。

⑦甘得：犹贪得。甘，美味，引申为嗜好，贪婪。

【译文】

夏桀和纣王都够徒手搏击豺狼，徒步追赶四匹马拉的车，勇力非同小可；百战百胜，诸侯恐惧臣服，权势的确不轻。秦二世驻军于无用之地，聚兵于边境，势力也不能说是弱；他结怨于匈奴，结祸于越国，兵力也不能说少。但当他们威尽势穷，那些平民百姓就成为毁灭他们的强大敌人了。灾祸就产生于穷兵黩武，一味扩张，贪婪之心无休止啊。

高祖有天下，三边外畔[①]；大国之王虽称蕃辅[②]，臣节未尽[③]。会高祖厌苦军事，亦有萧、张之谋[④]，故偃武一休息[⑤]，羁縻不备[⑥]。

【注释】

①三边外畔：指北方的匈奴、岭南的南越、东北的朝鲜都乘机独立称

王，不属汉王朝管辖。畔，通“叛”。按，所谓“三边外畔”亦只大概言之，详见《南越列传》《匈奴列传》《朝鲜列传》。

②大国之王：指楚王韩信、梁王彭越、淮南王黥布等。蕃辅：同“藩辅”，藩国，辅弼。

③臣节未尽：未能尽到作为臣子的义务与职分。

④萧、张之谋：萧何、张良都是刘邦的开国功臣，事详《萧相国世家》《留侯世家》。萧何、张良对刘邦消灭异姓诸侯是起了作用的，但对三边诸国有何筹划，史无明载。

⑤偃武：停息战争。一休息：全部休息。一，一概，全部。

⑥羁縻不备：采取羁縻政策，不加武力防范。羁縻，笼络，怀柔。羁，马笼头。縻，牛笼头。不备，不设边备。

【译文】

高祖做了皇帝以后，国家三面边境都有外患；内部那些大国的诸侯王虽然名义上是藩国，实际上没有尽到作为臣子的本分和职责。正赶上高祖厌战，又有萧何、张良等谋臣出谋划策，所以停止军事行动，对内休养生息，对外实行羁縻政策，不加武力防范。

历至孝文即位[①]，将军陈武等议曰[②]：“南越、朝鲜自全秦时内属为臣子[③]，后且拥兵阻厄[④]，选蠕观望[⑤]。高祖时天下新定，人民小安，未可复兴兵。今陛下仁惠抚百姓，恩泽加海内，宜及士民乐用[⑥]，征讨逆党，以一封疆[⑦]。”孝文曰：“朕能任衣冠[⑧]，念不到此[⑨]。会吕氏之乱[⑩]，功臣宗室共不羞耻[⑪]，误居正位[⑫]，常战战栗栗，恐事之不终[⑬]。且兵凶器[⑭]，虽克所愿，动亦秏病[⑮]，谓百姓远方何？又先帝知劳民不可烦[⑯]，故不以为意[⑰]。朕岂自谓能？今匈奴内侵[⑱]，军吏无功，边民父子荷兵日久[⑲]，朕常为动心伤痛，无日忘之。今未能销距[20]，愿且坚边设候[21]，结和通使，休宁北陲，为功多矣。且无议军[22]。”故百姓无内外之繇[23]，得息肩于田亩[24]，天下殷富，粟至十余钱[25]，鸣鸡吠狗，烟火万里，可谓和乐者乎！

【注释】

①孝文即位：事在前179年。

②陈武：一作“柴武”，又称“柴将军”。西汉诸侯，高祖功臣。秦二世元年（前209）响应刘邦起兵，率众起义于薛，被任为将军，从入关灭秦。曾随刘邦赴“鸿门宴”。楚汉战争中，从韩信大破齐军于历下，有大功。垓下会战时，与周勃共率后路大军。汉高祖六年（前201）封棘蒲侯。

③朝鲜：古国名。秦汉时其地包括今朝鲜半岛北部的一部分，汉武帝时在其地置乐浪郡、临屯郡、玄菟郡、真番郡。全秦：秦朝统治的稳定时期。内属：接受中国朝廷的管辖。

④阻厄：据守险要。

⑤选蠕观望：犹言迟疑观望。选蠕，虫动的样子。选，通“巽”，柔弱。《索隐》曰：“谓动身欲有进取之状也。”此谓图谋作乱。

⑥乐用：愿意为朝廷出力。

⑦一封疆：此指统一天下。一，统一。

⑧能任衣冠：能够自己穿衣服，谓孩童时期。

⑨念不到此：想不到会有今天这一步，指政变后自己成为皇帝。这里是故作客气。

⑩吕氏之乱：指惠帝死后，吕后出面执政，杀刘邦诸子，封吕氏诸人为王，让吕产、吕禄等掌握朝廷大权，刘氏政权已呈行将灭亡之势。事详《吕后本纪》。

⑪功臣宗室：在消灭诸吕的政变中有大功的“宗室”之臣是朱虚侯

刘章；有大功的刘邦旧臣是绛侯周勃与丞相陈平、颍阴侯灌婴等。共不羞耻：恭敬地奉承宗庙社稷，没有愧对先帝，隐指一举消灭了吕氏一党。共，通“恭”。

⑫误居正位：谦言自己被宗室功臣拥立为帝。

⑬恐事之不终：担心自己不能完成任务，没有好的结果。

⑭兵凶器：《老子》有所谓“兵者不祥之器”；又有所谓“师之所处，荆棘生焉；大军之后，必有凶年”。

⑮动亦秏（hào）病：军队一动就要消耗大量的人力物力。秏病，损失，灾害。秏，同“耗”。

⑯先帝：指高祖刘邦。劳民不可烦：即上文所谓“天下新定，人民小安，未可复兴兵”。

⑰不以为意：不以征伐四方，讨击不服为意。

⑱匈奴内侵：文帝时匈奴曾多次入侵，据《汉书·文帝纪》载：“（三年）五月，匈奴入居北地、河南为寇”；“（十一年）匈奴寇狄道”；“十四年冬，匈奴寇边，杀北地都尉卬”等。

⑲荷兵：意同“负戟”，犹今所谓“扛枪”。

⑳销距：消除敌对状态。距，通“拒”，对峙。

㉑坚边设候：坚守边防，远派哨探。候，哨探。

㉒且无议军：王元启曰：“孝文语分四节，首言德不足，常恐内事未康，敢勤远略；次言兵胜亦凶，不宜轻动；次言先帝尚务息民，朕敢求胜先帝；次言北陲未宁，又可别开他衅？辞义周至，昔人谓三代诰命无以过，信然。”

㉓无内外之繇：繇，通“徭”，徭役。内繇指修宫殿、修陵墓、修官府、筑城、开河等；外繇指筑长城，当兵，以及运送粮草等。

㉔息肩于田亩：没有任何徭役，一心从事自家的田间劳动。息肩，卸下肩上的担子。指免除徭役负担，投身于田亩稼穑。

㉕粟至十余钱：按，“粟”下似有脱文，应有“斛”“石”或“斗”字。

【译文】

等到孝文帝即位，将军陈武等议论说："南越、朝鲜在秦国全盛时期臣属于中原，后来他们拥兵据守险要，迟疑观望，蠢蠢欲动。高祖时天下刚刚平定，人民稍微安宁，不可再兴师动众。现在陛下以仁惠抚慰百姓，恩泽施于全国，应该在士卒民众都乐意效力的时候，讨伐叛逆者，统一疆土。"孝文帝回答说："我能登上帝位，这是不曾想过的。只因吕后及其宗族作乱，功臣宗室看得起我，我阴差阳错地继承了社稷，经常战战兢兢，只怕做不好。况且兴兵打仗是凶险的大事，即使能够达到预定目的，但动兵就要使国家耗费资财，又怎样对远征的百姓交代呢？另外先帝深知久经战乱的疲惫百姓不可以再去烦扰，所以不再做这方面的打算。难道我就能说自己可以吗？现在匈奴入侵，军队反击无功，边民父子长期手执兵器作战，我常常为此痛心，一天也不敢忘记。现在边境虽然没有消除对峙状态，但希望可以继续坚守边防，多派哨探，与对方缔结和约，相互通使，以求得北方边境的安宁，这就是很大的功绩了。不要再议论战争的事情了。"因此百姓就没有内外徭役，得以卸去负担专心于从事农业生产，于是天下富庶，十几个铜钱就能买一斛粟米，鸡鸣狗吠，炊烟连绵万里，真可谓一派和乐景象！

太史公曰：文帝时①，会天下新去汤火②，人民乐业，因其欲然③，能不扰乱，故百姓遂安。自年六七十翁亦未尝至市井，游敖嬉戏如小儿状④。孔子所称有德君子者邪⑤！

【注释】

①文帝时：文帝于前179—前157年在位。

②新去汤火：刚脱离水深火热。《索隐》曰："谓秦乱，楚汉交兵之时，如遗坠汤火，即《书》云'人坠涂炭'是也。"

③因其欲然：顺着百姓所向往的那种样子。

④自年六七十翁亦未尝至市井,游敖嬉戏如小儿状:古人认为这是小农经济自给自足的极乐境界。未尝至市井,极言其自给自足,纯朴无求的样子。游敖,游玩。敖,通“遨”。

⑤孔子所称有德君子者邪:《论语·子路》:“子曰:‘善人为邦百年,亦可以胜残去杀矣。’”有德君子,史公以之称赞汉文帝。按,司马迁极力歌颂汉文帝的不打仗,言外之意即用此反射汉武帝的“多欲”政治,讽刺汉武帝对外战争的穷兵黩武,劳民伤财。

【译文】

太史公说:文帝在位期间,恰逢天下刚刚平息战乱,百姓乐于从事生产,朝廷顺应百姓意愿,能做到不去打扰他们,所以百姓安宁。那些六七十岁的老人也没有到过城市,他们嬉戏,如同儿童那样天真烂漫。文帝应当就是孔子所称赞的有德君主吧!

《书》曰七正,二十八舍[①]。律历,天所以通五行八正之气[②],天所以成孰万物也。舍者,日月所舍。舍者,舒气也。

【注释】

①《书》曰七正,二十八舍:凌稚隆引柯维骐曰:“乃太史公自言其《律书》之书,《尚书》并无二十八舍之文。”七正,《索隐》曰:“七正,日、月、五星。七者可以正天时。又孔安国曰:‘七正,日月五星各异政’也。”二十八舍,中国古代天文学划分的星空区域。又称“二十八宿”。因日月五星运动于黄道、赤道附近,古人遂将黄赤道附近的星空划分为二十八个区域,称“二十八舍”。“舍”“宿”就是日月五星所停留的地方。舍,止也,次也。言日月五星运行,或舍于二十八次之分也。

②五行:指水、火、木、金、土。我国古代称构成各种物质的五种元素,古人常以此说明宇宙万物的起源和变化。这种哲学概念至迟

到春秋时期已经形成。《史记》记载似乎更早，但也仅是传说。八正：《索隐》曰："八谓八节之气，以应八方之风。"

【译文】

太史公在《律书》中阐述日月五星、二十八舍和音律历法之间的对应关系。音律与历法，是上天用来贯通五行八正之气，联系万物滋生成熟的周期的。舍，是日月在天上运动所留住的天区。舍，是舒缓气力的意思。

不周风居西北①，主杀生。东壁居不周风东②，主辟生气而东之。至于营室③。营室者，主营胎阳气而产之。东至于危④。危，垝也⑤。言阳气之垝，故曰危。十月也，律中应钟⑥。应钟者，阳气之应，不用事也。其于十二子为亥⑦。亥者，该也。言阳气藏于下，故该也。

【注释】

①不周风：古人制乐，仿效八方风声而谓之音。因此古代所谓的八风实指八音，不是八方八节之风，后世这样解，是一种附会之说。

②东壁：即壁宿，二十八宿之一，玄武七宿的末一宿。有星二颗，即飞马座 γ 和仙女座 α 星。

③营室：即室宿，二十八宿之一。北方七宿的第六宿，由飞马座的两颗星组成。

④危：危宿，二十八宿之一，今属飞马座、宝瓶座。

⑤垝（guǐ）：颓，毁坏。

⑥十月也，律中应钟：《白虎通》云："应者，应也，言万物应阳而动下藏也。"汉初依秦以十月为岁首，故起应钟。

⑦十二子：即子、丑、寅、卯、辰、巳、午、未、申、酉、戌、亥十二地支。

【译文】

不周风居西北方，主扼杀生机。壁宿位于不周风之东，主开辟生气而东往。壁宿向东至室宿。室宿主孕育生产阳气。再向东到达危宿。危，就是毁坏的意思。指阳气被毁坏，所以叫作危宿。历月对应十月，音律对应的是应钟。应钟虽与阳气相应，但这个时节阳气下藏于地，还不能发挥作用。在十二支上与亥对应。亥，同“该”，是闭藏的意思。言阳气隐藏于地下，故称该。

广莫风居北方。广莫者，言阳气在下，阴莫阳广大也，故曰广莫。东至于虚[①]。虚者，能实能虚，言阳气冬则宛藏于虚[②]，日冬至则一阴下藏，一阳上舒，故曰虚。东至于须女[③]。言万物变动其所，阴阳气未相离，尚相如胥也[④]，故曰须女。十一月也，律中黄钟[⑤]。黄钟者，阳气踵黄泉而出也。其于十二子为子。子者，滋也；滋者，言万物滋于下也。其于十母为壬癸[⑥]。壬之为言任也[⑦]，言阳气任养万物于下也。癸之为言揆也，言万物可揆度[⑧]，故曰癸。东至牵牛[⑨]。牵牛者，言阳气牵引万物出之也。牛者，冒也[⑩]，言地虽冻，能冒而生也。牛者，耕植种万物也。东至于建星[⑪]。建星者，建诸生也。十二月也，律中大吕。大吕者，其于十二子为丑[⑫]。

【注释】

①虚：即虚宿，二十八宿之一，今属飞马座和宝瓶座。

②宛藏：蕴藏。宛，通“蕴”。

③须女：星宿名。二十八宿之一，北方玄武七宿的第三宿。有星四

颗，位于织女星之南。今属宝瓶座。

④尚相如胥：意为阴阳二气还没有分离，还互相需要，所以称为“须女”。须，需要。如，随从，附会“须女”之音。

⑤黄钟：《正义》曰：“《白虎通》云：‘黄，中和之气，言阳气于黄泉之下动养万物也。’”

⑥十母：即甲、乙、丙、丁、戊、己、庚、辛、壬、癸十天干。

⑦壬：通“妊”，孕育之意。

⑧揆（kuí）度：揣度，估量。

⑨牵牛：这里指二十八宿之一的牛宿，今属摩羯座。另外指河鼓三星，属牛宿，在今天鹰座。

⑩牛者，冒也：《廿二史考异》云：“牛者，冒也。牛，牙音之收声；冒，唇音之收声；声不类而转相训者，同位故也。”

⑪建星：在南斗，今属人马座。《廿二史考异》云：“唐一行《日度议》谓《甄曜度》及鲁历：南方有狼、狐，无东井、鬼；北方有建星，无南斗。此书述二十八舍，亦以建星易南斗，狼、狐易东井、舆鬼。然则史公所用，殆鲁历与？”《史记志疑》云：“二十八宿中有建、狐、狼、罚，古法也。易以斗、鬼、井、觜自太初起。”可见本书叙述二十八宿采用了鲁历用过的一些古法体系，这些体系是由战国时期魏国的石申与楚国的甘德共同创建的。

⑫大吕者，其于十二子为丑：《史记志疑》云：“徐广曰：‘此中阙，不说大吕及丑。’案一本云：‘丑者，纽也。’据此则释丑之意，后人依别本补入，而大吕一律仍缺。”

【译文】

广莫风居北方。广莫，是说阳气在地下，阴气比阳气盛大，故称广莫。危宿向东到达虚宿。虚宿能实能虚，冬天阳气就潜藏于虚宿，到冬至阴气开始下藏，阳气则开始向上舒展，所以叫虚宿。虚宿向东到达女宿，即须女。这里是万物相互转换之处，阴阳二气尚未分离，还互相需要，故称须女。历月对应十一月，音律对应黄钟。黄钟表示阳气随黄泉向上冒出。十二支与子对应。子，就是滋生；滋，是万物开始在地下滋生的意思。十天干中与壬癸相应。壬即妊，指阳气在地下孕育万物。癸即揆，指万物滋生已可揆度日期，故称癸。须女向东到达牵牛。牵牛是说阳气牵引万物而处。牛，就是往外冒的意思，是说地面虽冻，却不能阻挡万物要冒出地面的意思。牛，也可耕种万物。牵牛向东到建星。建星，是建立新生命的意思。历月对应十二月，音律与大吕相对应。大吕……十二支对应丑。

条风居东北，主出万物。条之言条治万物而出之[①]，故曰条风。南至于箕[②]。箕者，言万物根棋，故曰箕。正月也，律中泰蔟[③]。泰蔟者，言万物蔟生也，故曰泰蔟。其于十二子为寅。寅言万物始生螾然也，故曰寅。南至于尾[④]，言万物始生如尾也。南至于心[⑤]，言万物始生有华心也[⑥]。南至于房[⑦]。房者，言万物门户也，至于门则出矣。

【注释】

①条治：犹治理。

②箕：即箕宿，二十八宿之一，有4颗星，形象“箕”而得名。今属人马座。

③泰蔟：即太蔟。十二律中阳律的第二律。

④尾：即尾宿。二十八宿之一，今属天蝎座。

⑤心：即心宿。二十八宿之一，今属天蝎座。其中心宿二又名“大火”，是观象授时的主要星辰。

⑥华心：《集解》引徐广曰：“‘华’一作‘茎’。”

⑦房：即房宿，二十八宿之一，今属天蝎座。

【译文】

条风居东北方，主管万物出生。条即调理万物促使它们出来，故称条风。向南到达箕宿。箕，是说位置接近地面，象征万物的根基，故称箕宿。条风与历月正月对应，与音律泰蔟对应。泰蔟有万物簇生蓬勃生长之势，所以叫泰簇。十二支与寅对应。寅指万物像螾一样蠕动生长，故称寅。向南到尾宿，是说万物初出地面的细小形状。尾宿南为心宿，心似幼芽顶着皮壳破土而出的形状。再往南到房宿。房，是指万物的门户，到了门边，接下来就该长出地面了。

明庶风居东方。明庶者，明众物尽出也[①]。二月也，律中夹钟[②]。夹钟者，言阴阳相夹厕也。其于十二子为卯。卯之为言茂也，言万物茂也。其于十母为甲乙。甲者，言万物剖符甲而出也[③]；乙者，言万物生轧轧也[④]。南至于氐[⑤]。氐者，言万物皆至也。南至于亢[⑥]。亢者，言万物亢见也。南至于角[⑦]。角者，言万物皆有枝格如角也[⑧]。三月也，律中姑洗[⑨]。姑洗者，言万物洗生。其于十二子为辰。辰者，言万物之蜄也[⑩]。

【注释】

①明众物尽出也：表明万物都冒出了地面。

②夹钟：古代十二乐律中六阴律之一。《集解》曰："《白虎通》云：'夹，孚甲也。言万物孚甲，种类分也。"《天文训》高注曰："夹钟，二月也。夹，夹也，万物去阴，夹阳地而生，故曰夹钟也。"

③符甲：通"孚甲"。《礼记·月令》篇"其日甲乙"郑玄注："万物皆解孚甲，自抽轧而出。"孚，通"稃"，谷皮。这里泛指一般的谷壳。

④生轧轧：比喻万物抽芽时如由孚甲裂缝中挤出。

⑤氐：即氐宿。二十八宿之一，今属天秤座。

⑥亢：即亢宿。二十八宿之一，今属室女座。

⑦角：即角宿。二十八宿之一，今属室女座。

⑧格：树的长枝条。

⑨姑洗：音律名。十二律中的第五律，音调适中，柔和。《白虎通》云："言万物去故就新，莫不鲜明也。"

⑩蜄：通"振"，振动。

【译文】

明庶风居东方。所谓明庶，是说各种植物已冒出地面。历月对应二月，音律对应夹钟。所谓夹钟，指阴阳二气相夹于两侧。十二支与卯对应。卯就是茂，是说万物茂盛。十天干对应甲乙。所谓甲，是说万物破壳而出；所谓乙，指万物抽芽时如由孚甲裂缝中挤出。房宿向南到达氐宿。氐，指万物皆至地面。氐向南为亢宿。亢，是说万物已经高出地面。再向南是角宿。角，是说万物枝杈交错的生长形状。历月与三月相对应，音律对应姑洗。姑洗，是指焕然一新的状态。十二支对应辰。辰，意味着万物振动。

清明风居东南维[①]，主风吹万物而西之。至于轸[②]。轸者，言万物益大而轸轸然[③]。西至于翼[④]。翼者，言万物皆有羽翼也。四月也，律中中吕[⑤]。中吕者，言万物尽旅而西行也。其于十二子为巳[⑥]。巳者，言阳气之已尽也。西至于七星。七星者，阳数成于七，故曰七星[⑦]。西至于张。张者，言万物皆张也[⑧]。西至于注[⑨]。注者，言万物之始衰，阳气下注，故曰注。五月也，律中蕤宾[⑩]。蕤宾者，言阴气幼少，故曰蕤；痿阳不用事，故曰宾。

【注释】

①清明风居东南维:《淮南子·天文训》:“东南为常羊之维也。”高诱注:“四角为维。”四角,四隅也,即东南、东北、西南、西北。

②轸:轸宿。二十八宿之一,今属乌鸦座。

③轸轸(zhěn)然:繁盛的样子。

④翼:即翼宿。二十八宿之一,今属巨爵座和长蛇座。

⑤四月也,律中中吕:中吕,古乐十二律的第六律。其于十二月为四月,因亦用以称农历四月。下文中的蕤宾、林钟等都是对应而言的。《白虎通》云:“言阳气将极,中充大也,故复中言之也。”《天文训》高注:“阳在外,阴在中,所以吕中于阳,助成功也,故曰仲吕也。”

⑥巳:尚镕《史记辨证》云:“辰巳之巳,言阳气已尽,则古音‘以’。”《史记志疑》云:“巳,本十二辰名,又借为语词,后人作两体以别之。”

⑦“西至于七星”几句:《史记识误》云:“按此文顺序,当云:‘景风居南方。言阳气道竟,故曰景风。西至于七星……故曰七星’,下乃接‘其于十二子为午’,盖景风为五月之风,应夏至之候;七星与注,皆五月宿,为景风所经。二宿之前,不言景风,则清明风所终,便失界限,且依前后文例,景风居南方数语,亦不得厕于月律与月辰间也。”七星,即通常所用石氏体系中的张宿,二十八宿之一。

⑧“西至于张”几句:此十二字,应接“阳气之已尽也”句下。正讹本已移正。

⑨注:《天官书》云:“‘柳为鸟注’,则注,柳星也。”柳,即柳宿。二十八宿之一,今属长蛇座。

⑩五月也,律中蕤宾:蕤宾,古乐十二律之一。其于十二月为五月,因亦用以称农历五月。《白虎通》云:“蕤者,下也;宾者,敬也;言

阳气上极，阴气始宾敬之也。”

【译文】

清明风居东南角，主吹万物而西向。角宿往西为轸宿。轸，指植物越发长大而繁盛。轸宿西为翼宿。翼，指万物都有了羽翼。轸翼两宿与历月四月对应，音律对应中吕。中吕，指万物已长至极盛将转向成熟。十二支对应巳。巳，是说阳气已尽。翼宿向西为七星。所谓七星，是说阳数成于七，所以叫七星。七星向西为张宿。张，指万物皆已张开。再往西为注宿。注，是说万物开始衰败，阳气下降，所以叫注。对应五月，音律对应蕤宾。蕤宾，是说阴气微弱，所以叫蕤；阳气萎缩不起作用，所以叫宾。

景风居南方。景者，言阳气道竟[①]，故曰景风。其于十二子为午[②]。午者，阴阳交，故曰午。其于十母为丙丁。丙者，言阳道著明，故曰丙；丁者，言万物之丁壮也，故曰丁。西至于弧[③]。弧者，言万物之吴落且就死也[④]。西至于狼[⑤]。狼者，言万物可度量，断万物，故曰狼。

【注释】

①阳气道竟：意为阳气运行到了尽头。竟，尽。

②午：《天文训》高注：“午者，忤也。”

③弧：古星名，弧矢之简称，又称“天弧”“狼弧”。共九星，呈弓矢状。属井宿。在今小犬、船尾座，靠近天狼星。内三颗为二等，余皆为三至四等星。

④吴落：《集解》引徐广曰：“‘吴’一作‘柔’。”杨慎曰：“‘吴’音‘弧’。弧落，凋落也。注作柔，非。万物之生也柔弱，死也刚强，即云弧落且就死，焉得柔乎？且此篇八风、十二律皆谐音取义，焉

得于弧而言柔落，亦不伦也。”

⑤狼：古星名，参宿东南的一颗亮星，名天狼星，简称“狼”，亦称“犬星”。本篇中是二十八宿之一，在石氏体系中与井宿对应，今在小犬座。

【译文】

景风居南方。景，指阳气运行到了尽头，所以叫景风。十二支对应午。午，指阴阳二气相互交织，所以叫午。十天干对应丙丁。丙，是说阳道显明，所以叫丙；丁，是说万物成长壮大，所以叫丁。由注宿向西为弧星。弧，是说万物凋落，将要枯死。向西到达狼星。狼，寓有度量万物之意，可判断万物之量，故称狼。

凉风居西南维①，主地。地者，沈夺万物气也②。六月也，律中林钟③。林钟者，言万物就死气林林然④。其于十二子为未。未者，言万物皆成，有滋味也。北至于罚⑤。罚者，言万物气夺可伐也。北至于参⑥。参言万物可参也，故曰参。七月也，律中夷则⑦。夷则，言阴气之贼万物也⑧。其于十二子为申。申者，言阴用事，申贼万物⑨，故曰申。北至于浊⑩。浊者，触也，言万物皆触死也，故曰浊。北至于留⑪。留者，言阳气之稽留也，故曰留。八月也，律中南吕⑫。南吕者，言阳气之旅入藏也。其于十二子为酉。酉者，万物之老也⑬，故曰酉。

【注释】

①凉风居西南维：《廿二史考异》云：“西南，坤方也，故主地。”

②沈：《正义》曰：“沈，一作‘洗’。”

③林钟：《正义》引《白虎通》云：“林者，众也。言万物成熟，种类多

也。”

④林林然:林,众多。林林,纷纭貌。

⑤罚:本文中,以罚代参,以参代觜,所以罚与参都是二十八宿之一。

⑥参:参宿,二十八宿之一,今属猎户座。

⑦夷则:《正义》引《白虎通》云:“夷,伤也;则,法也。言万物始伤,被刑法也。”

⑧阴:《集解》引徐广曰:“一作‘阳’。”贼:《集解》引徐广曰:“一作‘则’。”

⑨申贼万物:《索隐》曰:“《律历志》‘物坚于申’也。”

⑩浊:《索隐》曰:“按:《尔雅》‘浊’谓之‘毕’。”即毕宿,二十八宿之一,今属金牛座。

⑪留:《索隐》曰:“‘留’即‘昴’。”

⑫南吕:《正义》曰:“《白虎通》云:‘南,任也;言阳气尚任包,大生荠麦也。’”又《天文训》高注:“南,任也,言阳气内藏,阴侣于阳,任成其功,故曰南吕也。”

⑬酉者,万物之老也:《索隐》曰:“《律历志》‘留孰于酉’。”

【译文】

凉风居西南角,主地。地,可清除断绝万物的生气。对应历月六月,音律对应林钟。林钟,是说万物的衰亡之气已经明显。十二支对应未。未,说的是万物皆已成熟,有滋味了。狼星向北为罚宿。罚,是说万物老熟,可以砍伐。伐星向北是参宿正位。参,是说万物互相掺杂,所以叫参。凉风对应历月七月,音律对应夷则。夷则,指阴气将伤害万物。十二支对应申。申,是说阴气当令,限制并伤害万物,所以叫申。参宿向北是毕宿,毕宿也称浊。浊,是触犯的意思,指万物受阴气触犯而走向衰亡,所以叫浊。再向北是昴宿,昴宿也叫留。留,指阳气仍在逗留,所以叫留。与历月八月对应,与音律南吕对应。南吕,是说阳气运行进入闭藏状态。十二支对应酉。酉,是说万物成熟到老了,所以叫酉。

阊阖风居西方[①]。阊者，倡也；阖者，藏也。言阳气道万物，阖黄泉也。其于十母为庚辛。庚者，言阴气庚万物，故曰庚；辛者，言万物之辛生，故曰辛。北至于胃[②]。胃者，言阳气就藏，皆胃胃也[③]。北至于娄[④]。娄者，呼万物且内之也。北至于奎[⑤]。奎者，主毒螫杀万物也，奎而藏之。九月也，律中无射[⑥]。无射者，阴气盛用事，阳气无余也，故曰无射。其于十二子为戌。戌者，言万物尽灭，故曰戌。

【注释】

①阊阖风居西方：《史记识误》云："按，此文顺序当为：'阊者，倡也；阖者，藏也。言阳气道万物，阖黄泉也。北至于胃。胃者，言气就藏，皆胃胃也'，以下乃接'八月也'云云。'故曰酉'句下，即接'其于十母为庚辛'数语。盖上言'北至于留'，乃记凉风所终之度，自此以后，即阊阖风代之而起，应立秋之候，而胃又阊阖风于八月内所经之宿。故依上文例，均不得散叙在'八月也'句后。且上文释十二子、十母、均属连文，此处于'故曰酉'之下，'其于十母'之上，间以'阊阖风'数语，尤为不例。"

②胃：即胃宿，二十八宿之一，今属白羊座。

③胃胃也：像胃一样包裹食物，这里指收藏。

④娄：即娄宿，二十八宿之一。

⑤奎：即奎宿，二十八宿之一，因其形似胯而得名。古人多因其形亦似文字而认为它主文运和文章。

⑥无射（yì）：《正义》曰："《白虎通》云：'射，终也。言万物随阳而终，当复随阴而起，无有终已。'此说六吕、十干、十二支与《汉书》不同。"

【译文】

阊阖风居西方。阊，是倡导；阖，是闭藏。是说阳气引导万物，闭藏于黄泉之下。十天干对应庚辛。庚，是说阴气改变万物，故称庚；辛，是说万物的新生，所以叫辛。由留向北至胃宿。胃，是说阳气走向闭藏，都隐藏于胃了。胃宿向北是娄宿。娄，有搂抢万物于内之意。再向北是奎宿。奎，主刑杀万物，包罗收藏它们。与历月九月对应，与音律无射对应。无射，是说这个时节阴气强盛，占主导地位，阳气净尽了，所以叫无射。十二支对应戌。戌，是说万物已灭亡，所以叫戌。

律数①：

九九八十一以为宫。三分去一，五十四以为徵。三分益一，七十二以为商。三分去一，四十八以为羽。三分益一，六十四以为角。

【注释】

①律：《梦溪笔谈》卷八："《史记·律书》所论二十八舍，十二律，多皆臆配，殊无义理。至于言数，亦多差舛。"董树年、戴念祖等认为："司马迁《史记·律书》中有'律数'一节，它记述了两种音律数据：其一，'黄钟长八寸七分一，宫'的一组数据，至少从唐代以来就被认为'难晓''多误'。历代学者从弦律出发对第二组数据作出校正更改，其校正值孰是孰非，聚讼千年。"

【译文】

律数：

把九九八十一分长的律管定为宫声。把这个律管截去三分之一，变为五十四分长，定为徵声律数。把五十四分长的律管加三分之一，变为七十二分长，定为商声律数。把七十二分的商声律管减三分之一为四十八分长，定为羽声律数。四十八分羽声律管加三分之一为六十四分长，将其定为角声律数。

黄钟长八寸七分一，宫[①]。大吕长七寸五分三分一。太蔟长七寸七分二，角。夹钟长六寸一分三分一。姑洗长六寸七分四，羽。仲吕长五寸九分三分二，徵。蕤宾长五寸六分三分一。林钟长五寸七分四，角。夷则长五寸四分三分二，商。南吕长四寸七分八，徵。无射长四寸四分三分二。应钟长四寸二分三分二，羽。

【注释】

①黄钟长八寸七分一，宫：《索隐》曰："案：上文云：'律九九八十一以为宫'，故云长八寸十分一宫，而云'黄钟长九寸'者，九分之寸也。刘歆、郑玄等，皆以为长九寸即十分之寸，不依此法也。云宫者，黄钟为律之首，宫为五音之长，十一月以黄钟为宫，则声得其正，旧本多作'七分'，盖误也。"

【译文】

黄钟长八寸七分一为宫。大吕长七寸五分又三分之一。太蔟长七寸七分二为角。夹钟长六寸一分又三分之一。姑洗长六寸七分四为羽。仲吕长五寸九分又三分之二为徵。蕤宾长五寸六分又三分之一，林钟长五寸七分四为角。夷则长五寸四分又三分之二为商。南吕长四寸七分八为徵。无射长四寸四分又三分之二。应钟长四寸二分又三分之二为羽。

生钟分[①]：

子一分[②]。丑三分二[③]。寅九分八[④]。卯二十七分十六[⑤]。辰八十一分六十四。巳二百四十三分一百二十八。

午七百二十九分五百一十二。未二千一百八十七分一千二十四。申六千五百六十一分四千九十六。酉一万九千六百八十三分八千一百九十二。戌五万九千四十九分三万二千七百六十八。亥十七万七千一百四十七分六万五千五百三十六。

【注释】

①生钟分:《索隐》曰:“此算术生钟律之法也。”即计算黄钟与其他各律的比例的方法。钟,指钟律,即音律。分,指比例。

②子一分:《索隐》曰:“自此已下十一辰,皆以三乘之,为黄钟积实之数。”

③丑三分二:《索隐》曰:“案:子律黄钟长九寸,林钟丑衡长六寸,以九比六,三分少一,故云丑三分二,即是黄钟三分去一,下生林钟之数也。”

④寅九分八:《索隐》曰:“十二律以黄钟为主,黄钟长九寸,太蔟长八寸,寅九分八,即是林钟三分益一,上生太蔟之义也。”《正义》曰:“孟康云:‘元气始起于子,未分之时,天地人混合为一,故子数独一。’”

⑤卯二十七分十六:《索隐》曰:“此以丑三乘寅,寅三乘卯,得二十七。南吕为卯,衡长五寸三分寸之一,以三约二十七得九,即黄钟之本数,又以三约十六得五余三分之一,即南吕之长,故云:卯二十七分十六,亦是太蔟三分去一,下生南吕之义。已下八辰并准此。然云丑三分二,寅九分八者,皆分之余数也。”王光祈认为,中国古代算律之法最重要者共有两种,司马迁计算法和郑康成计算法。司马迁的计算法即所谓三分损益法,三分损一,就是以2/3去乘,四分益一,就是以4/3去乘,照着这种计算法所得的结果全

是几分之几，譬如我们以黄钟之数为一，则其余各律之数如下：

（子）黄钟1积实数177147

（丑）林钟$1\times\frac{2}{3}=\frac{2}{3}$（$177147\times\frac{2}{3}=118098$）118098

（寅）大蔟$\frac{2}{3}\times\frac{4}{3}=\frac{8}{9}$（$177147\times\frac{8}{9}=157464$）下准此157464

（卯）南吕$\frac{8}{9}\times\frac{2}{3}=\frac{16}{27}$104976

（辰）姑洗$\frac{16}{27}\times\frac{4}{3}=\frac{64}{81}$139968

（巳）应钟$\frac{64}{81}\times\frac{2}{3}=\frac{128}{243}$93312

（午）蕤宾$\frac{128}{243}\times\frac{4}{3}=\frac{512}{729}$124416

（未）大吕$\frac{512}{729}\times\frac{2}{3}=\frac{1024}{2187}$82944

（申）夷则$\frac{1024}{2187}\times\frac{4}{3}=\frac{4096}{6561}$110592

（酉）夹钟$\frac{4096}{6561}\times\frac{2}{3}=\frac{8192}{19683}$73728

（戌）无射$\frac{8192}{19683}\times\frac{4}{3}=\frac{32768}{59049}$98304

（亥）仲吕$\frac{32768}{59049}\times\frac{2}{3}=\frac{65536}{177147}$65536

这便是“子一分。丑三分二。寅九分八……亥十七万七千一百四十七分六万五千五百三十六”的含义。

【译文】

计算其他律与黄钟律的比例：

子律即黄钟律定为一。丑律即林钟，为黄钟的三分之二。寅律即太蔟，为黄钟的九分之八。卯律即南吕，为黄钟的二十七分之十六。辰律即姑洗，为黄钟的八十一分之六十四。巳律即应钟，为黄钟的二百四十三分之一百二十八。午律即蕤宾，为黄钟的七百二十九分之五百一十二。未律即大吕，为黄钟的二千一百八十七分之一千零二十四。申律即夷则，为黄钟的六千五百六十一分之四千零九十六。酉律即夹钟，为黄钟的一万九千六百八十三分之八千一百九十二。戌律即无射，为黄钟的五万九千零四十九分之三万二千七百六十八。亥律即仲吕，为黄钟的十七万七千一百四十七分之六万五千五百三十六。

生黄钟术曰①：以下生者，倍其实，三其法②。以上生者，四其实，三其法③。上九，商八，羽七，角六，宫五，徵九④。置一而九三之以为法⑤。实如法，得长一寸⑥。凡得九寸，命曰“黄钟之宫”。故曰音始于宫，穷于角⑦；数始于一，终于十，成于三；气始于冬至，周而复生。

【注释】

①生黄钟术：底本“术”字提行作“术曰”，今依《史记正讹》，将“术”字移在“钟”字下，作“生钟术”。研究者多认为这个“黄”字是衍文。此指十二律产生的方法。

②“以下生者”几句：《索隐》曰：“案：蔡邕云：‘阳生阴为下生，阴生阳为上生。’”今云：以下生者谓黄钟下生林钟，黄钟长九寸，倍其实者二九十八，三其法者以三为法，约之得六，为林钟之长也。“下生”即三分损一，减去原律长的三分之一，保留三分之二。

③“以上生者”几句：《索隐》曰：“四其实者，为林钟上生太蔟，林钟长六寸，以四乘六得二十四，以三约之得八，即为太蔟之长。”上生，即三分益一，增加原律长度的三分之一。

④“上九”几句：《索隐》曰：“此五声之数，亦上生三分益一，下生三分去一。宫下生徵，徵益一上生商；商下生羽，羽益一上生角。然此文似数错，未暇研核也。”

⑤置一而九三之以为法：《索隐》曰：“《汉书·律历志》曰：‘太极元气，函三为一，行之于十二辰，始动于子，参之于丑得三，又三之

于寅得九。'是谓置一而九三之也。韦昭曰:'置一而九,以三乘之是也。'乐产云:'一气生于子,至丑而三,是一三也。又自丑至寅为九,皆以三乘之,是九三之也。'"即以"三"乘"三"九次,得19683,这是夹钟的法数。

⑥实如法,得长一寸:《索隐》曰:"实,谓以子一乘丑三,至亥得十七万七千一百四十七为实数。如法,谓以上万九千六百八十三之法除实,得九,为黄钟之长。言'得一'者,算术设法辞也。'得'下有'长','一'下有'寸'者,皆衍字也。韦昭云:'得九寸之一也。'姚氏谓得一即黄钟之子数。"

⑦故曰音始于宫,穷于角:《索隐》曰:"即如上文,宫下生徵,徵上生商,商下生羽,羽上生角,是其穷也。"

【译文】

钟律产生的方法如下:一种叫下生法,是原律数乘以二再除以三而求得。一种叫上生法,是原律数乘以四再除以三而求得。五声以徵为最高音,为九,五声调对应的数分别是商八、羽七、角六、宫五、徵九。分母的计算是用三乘一乘九次而求得。若所求音律的分子与上述分母相等,求得的长为一寸。若所求音律的分子是用三乘一乘十一次而得,则分子与分母相约得到的长度为九寸,这个音律就是"黄钟之宫"。所以说五音以宫声为开端,层层相生,而止于角声;数以一为开端,而止于十,万物则生成于三;阳气萌发始于冬至,以一年为周期周而复始。

神生于无,形成于有①。形然后数,形而成声②,故曰神使气,气就形。形理如类有可类。或未形而未类,或同形而同类,类而可班③,类而可识。圣人知天地识之别,故从有以至未有④,以得细若气,微若声⑤。然圣人因神而存之⑥,虽妙必效情⑦,核其华道者明矣⑧。非有圣心以乘聪明,孰能存天地之神而成形之情哉？神者，物受之而不能知及其去来，故圣人畏而欲存之。唯欲存之，神之亦存。其欲存之者，故莫贵焉。

【注释】

①神生于无，形成于有：《正义》曰："无形为太易气，天地未形之时，神本在太虚之中而无形也。""神"相当于老子所说的"道"，"无"指"虚无"的境界。《老子》："天下万物生于有，有生于无。"

②形然后数，形而成声：《正义》曰："天地既分，二仪已质，万物之形，成于天地之间，神在其中。"数谓天数也，声谓宫、商、角、徵、羽也。言天数既形，则能成其五声也。

③班：通"辨"，区别，辨别。

④故从有以至未有：《正义》曰："从有，谓万物形质也。未有，谓天地未形也。"

⑤以得细若气，微若声：《正义》曰："气谓太易之气，声谓五声之声也。"

⑥然圣人因神而存之：《正义》曰："言圣人因神理其形体，寻迹至于太易之气，故云因神而存之，上云从有以至未有是也。"

⑦妙：微妙。效：显现，显露。

⑧华道：神妙之道。

【译文】

神生于虚无，而形则成于有了天地万物之后。有形才有数，有形才有五声，所以说神产生气，气形成形体。有形物质可以通过类比而进行分类。有的没有成形，不能归类，有的形同类也同，类属是可以分辨的，类是可以认识的。圣人知道天地万物的分别，能从有推知到未成形时，还能分辨刚从虚无之中产生的细微之气和轻微之声。但是圣人借助神来了解万物的，虽然微妙，却能揭示事物之理，研究核实万物神奇的规律也是很明显的。如果没有圣人的智慧再加上耳聪目明，怎么能知道天地间的神秘规律和形成形体的情况呢？神，存在于万物之中，但万物不知道规律之所在和往来的运动，所以圣人敬畏它，想要保存它，正是由于想要把握他，所以神也就存在了。想要神存在，最好的办法就是尊重神的存在。

太史公曰：在旋玑玉衡以齐七政①，即天地二十八宿②。十母，十二子，钟律调自上古。建律运历造日度③，可据而度也④。合符节⑤，通道德，即从斯之谓也⑥。

【注释】

①在旋玑玉衡以齐七政：旋、玑、玉衡、七政皆古天文术语，出自《尚书》。意为用观测北斗星的第二星名旋，第三星名玑，第五星名玉衡来考正日月五星和岁时季节。马融把璇玑比喻为浑仪中可以转动的圆环，玉衡比喻为望筒。旋、玑、玉衡，星名，今均属大熊座。

②即：或。

③日度：日行度数。

④度：测量，度量。

⑤合符节：谓准确无误。

⑥即从斯之谓也：尚镕曰："六律为万事根本，其于兵械尤所重。迁盖本《易》之'师出以律'，作此书以讽武帝之佳兵也。"

【译文】

太史公说：通过旋玑玉衡等进行观测，可知日月五星的运动，看它们在二十八宿的位置。十天干、十二地支与钟律之间的配合源自上古。建立律制，推算历法，规划日行度数，就都有据可依了。事物和天地规律相符合，和天地之道之德相合，这一切都是从建立律历开始的。

【集评】

梁玉绳曰："律为兵家所重，故史公序律先言兵，昔贤谓《律书》即《兵书》，是已。然言用兵之事几七百言，未免于律意太远。且只述历代之用兵，而不详其制，又不及汉景、武两朝，毋乃疏乎？"(《史记志疑》)

黄履翁曰："其著作《律书》也，不言律而言兵，不言兵之用，而言兵之偃，观其论文帝之事，浩漫宏博，若不相类，徐而考之，则知文帝之时，偃兵息民，结和通使，民气欢洽，阴阳协和，天地之气亦随以正，气知律之本也。"(《古今源流至论·别集》)

沈括曰："《史记·律书》所论二十八舍，十二律，多皆臆配，殊无义理。至于言数，亦多差舛，如所谓'律数者，八十一为宫，五十四为徵，七十二为商，四十八为羽，六十四为角'，此止是黄钟一均耳。十二律各有五音，岂得定以此为律数？如五十四，在黄钟则为徵，在夹钟则为角，在中吕则为商。兼律有多寡之数，有实绩之数，有短长之数，有周径之数，有清浊之数。其八十一、五十四、七十二、四十八、六十四，止是实绩数耳。又云：'黄钟长八寸七分一，大吕长七寸五分三分一，大蔟长七寸七分二，夹钟长六寸二分三分一，姑洗长六寸七分四，中吕长五寸九分三分二，蕤宾长五寸六分二分一，林钟长五寸七分四，夷则长五寸四分三分二，南吕长四寸七分八，无射长四寸四分三分二，应钟长四寸二分三分二'，此尤误也，此亦实绩耳，非律之长也。盖其间字又有误者，疑后人传写之失也。余分下分数目，凡'七'字皆当作'十'字，误屈其中画耳。"(《梦溪笔谈·象数二》)

尚镕曰："六律为万事根本，其于兵械尤所重。迁盖本《易》之'师出以律'，作此书以讽武帝之佳兵也。故言诛伐虽不可'偃于天下'，然如秦二世（当作始皇）之'结冤匈奴，絓祸於越，势非寡也；及威尽势穷，闾巷之人为敌国。咎生于穷武不知足，甘得之心不息也'。末遂极称文帝之弭兵以为'和乐'，而律事仅附著于篇。"(《史记辨正·律书》)

【评论】

有关《律书》真伪及与《兵书》的关系问题自张晏以来争论颇多，《太史公自序》之《索隐》与《汉书·司马迁传》颜师古注引张晏语均作"《兵书》亡"。司马贞更明言："《兵书》亡，不补，略述律而言兵，遂分历述以次。"可见《史记》中只有《兵书》《律历书》，而无《律书》。《兵书》亡，好事者遂割裂《律历书》为《律书》《历书》，而以《律书》补《兵书》之缺。下面略述几点理由加以印证。

一、《太史公自序》云："非兵不强，非德不昌，黄帝、汤、武以兴，桀、纣、二世以崩，可不慎欤？《司马法》所从来尚矣，太公、孙、吴、王子能绍而明之，切近世，极人变。作《律书》第三。"从司马迁撰述主旨看，今之《律书》当为《兵书》。

二、《太史公自序》总论八书云："礼乐损益，律历改易，兵权山川鬼神，天人之际，承敝通变，作八书。""礼乐损益"即《礼书》《乐书》；"律历改易"即《律历书》；"兵权，山川，鬼神"即《兵书》《河渠书》《封禅书》；"天人之际"即《天官书》；"承敝通变"即《平准书》。可见《兵书》《律历书》确曾存在。《太史公自序》论《历书》主旨有"律居阴而治阳，历居阳而治阴，律历更相治"之语，亦可证律历原为合篇。

三、余嘉锡《太史公书亡篇考》卷下云："今《律书自序》凡十句，皆言兵事，无一字及于律者，至句末乃曰：'作《律书》第三。'与上文不相关涉，他篇自序，未尝有此也。今之《律书》，在魏晋时已否附入《太史公书》不可知。但张晏所举十篇之目，有《兵书》无《律书》。晏所据者非《史公自序》，即刘歆《七略》也。然则史公所作，本名《兵书》，今《自序》及《司马迁传》中'律书'字，为后人所改，亦明矣。"

今存《律书》自"兵者，圣人所以讨强暴"至"孔子所称有德君子者邪"，皆言兵而不及律，与《太史公自序》所言吻合，当为作者《兵书》佚文。自"《书》曰七正二十八舍"至篇末，皆言律而不复及兵，乃《律历书》移入之文。篇首自"王者制事立法"至"何足怪哉"一段，说到了兵律相关之意。余嘉锡《太史公书亡篇考》卷下云:“若谓古者用兵吹律听声,便名《兵书》为《律书》,则试问兵、律之相关,较之律、历之相关孰重?何以《历书》不言律,而顾于《兵书》言律耶?由斯以谈,即其篇首所谓‘六律为万事根本焉,其于兵械为尤所重’云云者,特出于勉强捏合,其非太史公《兵书》本意,又已明矣。”这一段是讲“律”的议论也不是司马迁的原作。

这篇序言明确地表现了司马迁的兵学思想,将它与《史记》中其他有关军事家的篇章与段落串连起来,一部我国古代军事史的框架就已经清晰地摆在读者面前了。这是《史记》对我国古代文化所做出的又一个方面的卓越贡献。首先,司马迁提出战争应当是讨伐强暴、救助危难和平定乱世的工具的主张。他把战争看作自卫自强的工具,主张“见犯必较”,这是非常值得注意和肯定的进步主张。儒家排斥战争而主张“德化”,法家则注重暴力而提倡“霸道”。司马迁则已经认识到战争的不可避免,承认暴力在一定条件下的合理性。这个认识,同他在《太史公自序》中所说“非兵不强,非德不昌”的话,正是作者战争观念的理论核心。其次,司马迁赞扬诛讨强暴、救助危难的正义战争,赞扬善于用兵平定乱世的名将,提出了“诛伐不可偃于天下”,但应该注意“用之有巧拙,行之有逆顺”,注意慎择良将的正确主张。其三,司马迁论述贪得无厌而穷兵黩武的人虽勇必败、虽威必亡。通过盛赞汉高、孝文二帝偃武修文以安百姓的政策,表现了作者“战不扰民”的主张。他特别描绘了汉文帝注重文治、偃兵息武,从而形成了“天下殷富”的和乐景象,文章未及景、武之世,而用近一半篇幅详写文帝时事,并盛称文帝为“有德君子”,这是对汉武帝穷兵黩武、耗竭民力的否定,可以说“咎生穷武之不足”正是对汉武帝的警告。

《律书》的正文部分是对于“律”的具体介绍。其中心论点是“六律为万事根本”。篇中首先介绍了“八风”运行或主事时,阴阳之气合律消长及物候变化的各种情况,说明万物的成熟,是五行八节之气正常贯通运行的结果;而五行八节之气的正常贯通运行,又有赖于阴阳之气合符律数的正常消长。此后又介绍了五声之间的音高关系、十二律各律管的长度、黄钟与其他各律之间的比例、以及产生五声十二律的方法。最后论述音律由“神”而产生,这个“神”也可以叫“道”,更接近于“规律”,它是无形的,但在它的作用下形成了万事万物,它是客观存在的,而掌握它又是困难的,认为人应该对它保持信仰和尊重的态度。

中国人很早就已经认识到音律的价值,并给予了高度重视,音律与人们日常生活休戚相关。如度量衡就与音律有着紧密联系。《吕氏春秋·古乐》记载了黄帝的乐官伶伦作律,从此中国便有了一种“标准音”;此后,又定黄钟之长为九寸,于是中国人便有了一种“标准尺”;《汉书·律历志》又记载了中国人用黄钟律管取得“标准量”的方法。这便是《律书》中所言“王者制事立法,物度轨则,壹禀于六律,六律为万事根本焉”。这种通过“量音器”(即黄钟律管)规定一切度量衡的方法是非常科学的,因为无论任何物质总不免消长变更,用其制成的“标准度量衡”也会随之变化而失去“标准”性,而音的高低是恒定不变的。古人以音律定度是一种非常先进的方法,这种思路令后人无比敬佩。

战国以来,音律科学中又夹杂了阴阳五行,君、臣、民、事、物等内容,发展成为能够“预测”战争胜负、国家盛衰的具有神秘性的东西,因而律历合并,成为正史不可缺少的一部分。鉴于汉代人的音律观念与先秦大为悬殊,汉代学者迷醉于累黍、候气,贯注于九进制、十进制之争,直到后汉京房(前77—前37)发出“竹声不可度调”的警言之前,汉代人已基本上不辨弦管之别。现《律书》中的大吕、夹钟、仲吕三律管长已与根据“三分损益法”得出的数值不符,对此各家说法不一,总之认为是补写《律书》者弄错了。由于缺乏古代音乐方面的文献资料,这个问题也只能存疑了,但这也反过来说明《律书》原数确实是货真价实的弦律数值。